초등 국어과
교수 학습의 원리와 적용

엄해영 (서울교육대학교 국어교육과 교수)

원진숙 (서울교육대학교 국어교육과 교수)

이재승 (서울교육대학교 국어교육과 교수)

이병규 (서울교육대학교 국어교육과 교수)

이향근 (서울교육대학교 국어교육과 교수)

김도남 (서울교육대학교 국어교육과 교수)

손희연 (서울교육대학교 국어교육과 교수)

초등국어교육연구소 연구총서 9

초등 국어과
교수 학습의 원리와 적용

초판 1쇄 발행 2018년 3월 20일
초판 2쇄 발행 2021년 2월 25일

지은이 엄해영 · 원진숙 · 이재승 · 이병규 · 이향근 · 김도남 · 손희연
펴낸이 박찬익
편집장 한병순
펴낸곳 ㈜ 박이정

주 소 경기도 하남시 조정대로45 미사센텀비즈 7층 F749호
전 화 (031) 792-1193, 1195 / **팩 스** (02) 928-4683
E-mail pijbook@naver.com
등 록 2014년 8월 22일 제2020-000029호

ISBN 979-11-5848-371-5 93370

* 책값은 뒤표지에 있습니다.

초등국어교육연구소 연구총서 9

초등 국어과
교수 학습의 원리와 적용

엄해영 · 원진숙 · 이재승 · 이병규 · 이향근 · 김도남 · 손희연 지음

(주)박이정

• 머리말

　2015년에 국어과 교육과정이 개정되었습니다. 2009년에 개정된 교육 내용을 계승하면서 핵심역량을 강조하고 있습니다. 이에 맞추어 초등학교 새 교과서가 개발이 진행되고 있습니다. 2017년에는 1-2학년군, 2018년에는 3-4학년군, 2019년에는 5-6학년군에 새 교과서가 적용됩니다.

　이번 교육과정에서는 2009년의 교육과정과 같이 국어과 교육 영역을 '듣기·말하기', '읽기', '쓰기', '문법', '문학'의 5개 영역으로 하였습니다. 각 영역별 교육 내용의 선정 과정에서는 핵심역량의 강조와 학년군별 교육의 내용 적정화를 위하여 성취기준의 내용과 수를 조정하였습니다. 또한 국어과 각 영역의 교수-학습과 평가를 강조하기 위하여 각 학년군의 영역마다 교수-학습 방법과 평가 방법의 유의 사항을 제시하고 있습니다. 이 책에서는 2015 국어과 교육과정의 영역별 내용을 충실히 담으면서 초등 국어 교육의 교수-학습 방법을 비롯하여 초등 국어 교육에 대한 기본적인 이해를 돕기 위해 기획되었습니다.

　1장에서는 초등 국어 교육의 교수-학습 방법에 대해 개관하고 국어과의 교수-학습 모형을 자세히 설명하고 있습니다. 2장에서는 듣기·말하기의 본질과 성격, 듣기·말하기 교육의 목표와 내용, 듣기·말하기 교수-학습 방안, 듣기·말하기 평가를 중심으로 자세하게 다루었습니다. 3장에서는 읽기의 본질과 성격, 읽기 교육의 목표와 내용, 읽기 교수-학습 방안, 읽기 평가를, 4장에서는 쓰기의 본질과 성격, 쓰기 교육의 목표와 내용, 쓰기 교수-학습 방법, 쓰기 평가를, 5장에서는 문법 영역의 성립과 성격, 문법 교육의 목표와 내용, 문법 교수-학습 방안, 문법 영역의 평가를, 6장에서는 문학 교육의 본질과 성격, 문학 교육의 목표와 내용, 문학 교수-학습 방법, 문학 교육의 평가를 자세히 다루었습니다.

　이 책이 초등 국어 교육의 교수-학습 방법과 교수-학습 내용 등 하위 영역별 국어과 교육의 특성에 대해 이해하려고 하는 분들에게 많은 도움이 되었으면 합니다. 특히 교육대학 재학생, 교사임용고사를 준비하는 학생, 학교 현장의 선생님, 그 외 국어 교육에 관심을 가지고 있는 분들에게 초등 국어 교육에 대한 좋은 길잡이가 될 수 있기를 바랍니다.

　끝으로 바쁘고 조급한 일정 속에서도 이 책을 예쁘게 꾸며 주신 박이정 출판사의 박찬익 사장님을 비롯한 편집부 직원분들의 헌신에 깊은 감사의 말씀을 드립니다.

2018년 3월 1일
집필자 일동

• 차례

국어과 교수 - 학습 방법의 이해

1. 국어과 교수 - 학습의 관점

국어과 교육은 국어 능력 신장을 위해 구성된 교육과정과 교육과정을 교실 현장에 적용하는 교수 - 학습으로 구성된다. 국어과 교수 - 학습의 관점은 교육과정의 내용을 교실 현장에 어떻게 적용할 것인지를 고민하는 과정에서 교사가 가져야 하는 방향감이다. 교수 - 학습 과정의 방향감은 다양한 측면에서 적용될 수 있으나 제7차 교육과정 이래로 지금까지 국어과 교수 - 학습의 관점은 크게 나누어 세 가지 관점이 작용하고 있는 것으로 이해할 수 있다(신헌재 외 2005: 2~5 참고).

먼저, 국어과 교육이 텍스트를 그 교육의 대상으로 삼기 때문에 텍스트를 중시여기는 텍스트 중심의 관점이다. 둘째, 국어과 교육의 가장 중요한 주체라고 할 수 있는 학습자를 중시여기는 학습자 중심의 관점이다. 셋째, 학습자는 물론 학습의 환경이나 문화적인 배경까지 중요시 하는 생태학적 관점이다. 이 장에서는 세 가지 관점을 살펴보고자 한다.

1) 구조주의와 텍스트 중심의 관점

국어과 교육의 주요 관점으로 먼저 구조주의를 들 수 있다. 구조주의는 모든 대상을 유기적 구조로 이루어진 체계로 파악하는 이론으로, 소쉬르의 언어학이나 레비스트로스의 문화인류학적 탐구 방법에 근간을 둔 세계 인식의 한 방법이다. 구조주의가 구체화된 텍스트 이론도 문학작품을 여러 개의 문장 고리로 이뤄진 언어 표현 구성체인 텍스트로 보면서 그 구조와 기능을 분석하는 문학이론의 하나다.

　이런 이론들이 바탕이 된 구조주의와 텍스트 중심의 관점은 교수-학습 상황에서 학습자의 표현·이해 학습뿐 아니라 교사의 교수에도 영향을 주고 있다. 구조주의적 관점은 대상을 객관적으로 인식하되 대상을 구성하고 있는 요소와 요소들의 유기적인 관계를 중요하게 여긴다. 때문에 이 관점에서는 대상을 구성하고 있는 요소 간의 분석과 요소의 관계 파악을 중요시한다. 예컨대, 한 편의 텍스트는 문장의 몇 가지 주요 요소들로 구성되어 있다고 보기 때문에, 텍스트의 이해는 텍스트 구성 요소들 간의 유기적 인과관계를 분석하여 전체 구조를 인식함으로써 이루어진다는 것이다. 마찬가지로 언어 표현도 먼저 주요 요소를 상정한 뒤, 이 요소들에 합당한 내용을 구성하고 이들 내용이 유기적인 관련을 맺도록 해야 한다고 본다.

　이때의 교수 방법은 바로 이렇게 되도록 교사가 도와주는 데 초점을 두는 것이고, 학습자들의 학습 방법 또한 텍스트가 지닌 요소와 구조를 바탕으로 텍스트를 표현할 수 있도록 반복 훈련하는데 있다고 보는 것이다.

　구조주의적 교수-학습활동에서는 교사가 주로 텍스트의 주요 구성 요소를 제시하기 때문에 학습자가 스스로 텍스트를 구성하는 요소를 분석하기보다는, 교사가 제시한 요소를 수용하는 것이 일반 활동이 된다. 이때 학습자가 수용한 텍스트의 구성 요소는 이해와 표현 활동을 위한 기반이 되므로, 교수-학습에서는 되도록 학습자가 텍스트를 구성하는 요소를 인식해서 스스로 이해와 표현에 이들을 활용할 수 있도록 한다.

　구조주의적 관점에 따른 주요 교수-학습의 방법은 객관적인 인식 구조의 획득이라고 할 수 있다. 따라서 이해와 표현을 위해서는 객관적인 텍스트 구성 요소와 구조 학습이 선행되고, 이들 요소와 구조를 적용하여 이해하고 표현하는 활동이 뒤따라야 한다. 그렇기 때문에 학습자는 한 편의 텍스트를 읽기 전에 텍스트와 관련한 구조화된 인식 구조를 습득해야 한다. 그리고 그 인식의 구조를 활용하여 텍스트를 읽고, 이들 구조를 이루고 있는 요소를 확인하여 내용을 인식하며, 주요 요소들의 관계를 밝혀 텍스트의 중심 내용을 확인하게 된다.

2) 구성주의와 학습자 중심의 교수-학습 관점

　구성주의 인식론적 교육철학으로, 이에 토대를 둔 학습자 중심의 이념은 현재 우리나라 교과교육을 움직이는 주요 관점이다. 구성주의는 기본적으로 인식 주체가 내재적인 인식 구조로 의미를 구성한다고 본다. 그래서 의미 구성주체의 내재적인 인식 구조와 인식 방법에 많은 관심을 가진다. 내재적인 인식 구조는 인지심리학에서 스키마(schema)로 일컫는 배경 지식이 중심이 되고, 인식의 방법은 개별적인 학습자의 사고 작용이 된다. 간단히 말하면 구성주의는 인식 주체자의 배경 지식과 사고 작용에 의하여 의미를 구성하게 된다는 것이다.

구성주의는 크게 두 가지로 구분된다. 하나는 개인이 독자적으로 의미를 구성한다고 보는 개인적(인지적) 구성주의이고, 다른 하나는 타인과의 상호작용을 통하여 의미를 구성한다고 보는 사회적 구성주의이다.

개인적 구성주의는 대상에 대한 인식이 반드시 개인이 가지고 있는 인식 구조에 의하여 일어난다고 보고, 따라서 개인의 인식 구조가 중요하게 다루어진다. 반면, 사회적 구성주의에서는 개인 못지않게 타인과의 상호작용 속에서 사회공동체적 인식이 이뤄진다고 보며 개인의 인식 구조보다는 타인과의 상호작용을 통한 인식구조의 확장과 변화를 강조한다.

이런 구성주의적 관점을 지닌 교수 - 학습이 중시하는 바는, 각 개인이 인식 구조를 갖추고 이를 바탕으로 주체적인 의식 작용을 하도록 돕는 것이다. 이 관점이 구조주의와 다른 점은 이미 형성되어 있는 인식의 구조를 받아들이는 것이 아니라, 인식의 구조를 스스로 구성하고 이 인식 구조를 활용하여 대상을 인식한다는 것이다. 때문에 국어과 교수 - 학습에서 중요한 것은 학습자 개개인의 인식 구조를 갖추어 주는 것과 이 인식 구조가 작용할 수 있도록 하는 기제(전략)를 알려주는 일이라는 것이다. 이때 만일 학습자가 인식 구조를 갖지 못하거나, 인식 작용할 기제를 갖지 못하게 되면 인식이 일어나지 않게 될 것이다. 따라서 여기서 교수 - 학습의 주요 활동은 그 인식 구조를 구성하는 일과 인식 기제를 익히는 일이라고 하겠다.

구성주의 교수 - 학습 관점에서는 사고가 일어나는 토대와 그 과정에 많은 관심을 가질 수밖에 없다. 그리하여 개인적 구성주의 교수 - 학습에서는 주로 학습자의 스키마와 사고 작용에 관심을 가지는 반면, 사회적 구성주의 교수 - 학습에서는 개별 학습자의 사고 작용과 함께 이들 사고를 확장하는 협력과 토의에 관심을 둔다.

그런데 이런 학습자의 인지적 활동은 학습자 중심으로 할 수밖에 없다. 개별적으로 학습을 하든 상호작용을 통하여 학습을 하든, 학습은 학습자 스스로의 사고를 통하여 일어나기 때문에 학습자 중심 교수 - 학습의 중요성이 부각되기 마련이다. 이 학습자 중심 교수 - 학습은 구미제국에서 한동안 큰 붐을 일으킨 총체적 언어교육운동(Whole Language)과 불가분의 관계에 있다.

총체적 언어 학습 관점은 국어과 교육이 의사소통에 요구되는 언어적 기능을 분리하여 교육하는 것을 비효과적이라고 여기고, 언어의 학습은 각 기능들이 총체적으로 이루어져야 한다고 보는 입장이다. 그래서 국어과의 각 영역들을 구분하여 따로 지도할 것이 아니라 듣고, 말하고, 읽고, 쓰며, 국어지식을 탐구하는 모든 영역을 분리하지 않고 함께 지도해야 한다고 보는 것이다. 이 관점에서는 국어과 각 영역의 교육 내용들이 언어 사용 활동 속에서 함께 학습될 수 있다고 보기 때문에 각 영역을 구분하여 지도하는 것을 반대한다. 국어 교과는 다른 교과 및 생활 영역까지 통합시켜 함께 지도함으로써 실제적인 국어 사용 능력을 길러줄 수 있다고 본다.

요컨대, 총체적 언어 교육은 언어적 전체성을 강조한다. 즉 언어를 중심으로 하여 교육 내용들이 서로 연결되어 있는 전체라고 본다. 그래서 언어를 중심으로 한 교과의 통합이나 학습과 생활의 통합을 강조한다. 모든 교과나 생활의 내용들은 언어를 통하여 파악되고 언어를 사용하여 이루어지기 때문에 언어를 중심으로 통합할 수 있다고 보는 것이다.

총체적 언어 학습에서 학습자는 가장 큰 학습 변인이 된다. 모든 학습 활동은 학습자가 흥미를 느낄 수 있어야 하고, 능동적으로 참여할 수 있는 기회와 여건을 마련해줘야 한다고 본다. 이 관점의 교수 - 학습에서는 학습자의 인지능력뿐만 아니라 흥미, 관심, 생활환경 등 학습자에 대한 모든 배려를 중시한다. 이것은 학습자의 개별적인 특성과 욕구를 존중하고 학습자를 신뢰하는 것과 관련된다. 이를 통해 학습자에게 의미 있는 교수 - 학습이 되어야 한다는 것이다.

3) 생태학적 교수 - 학습 관점

초등 국어과 교수 - 학습에 대한 생태학적인 관점은 언어 사용 학습이 인위적으로 만들어진 상황에서가 아닌 실제 언어 사용 맥락 속에서 학습이 이루어져야 한다고 보는 것이다. 생태학은 모든 생물들이 그 주변 환경과 서로 영향 관계 속에서 존재하는 것을 설명하고자 한다. 학습자도 주변 사회 환경과의 영향 관계 속에 있기 때문에 학습 활동도 자연스러운 사회 환경 속에서 이루어져야 한다고 본다. 이 관점에서 보면, 초등 국어과 교수 - 학습 활동은 실제의 자연스러운 언어 상황 속에서 이루어질 수 있도록 노력하는 것이 필요하다. 현재 국어과 교육은 학습자의 사고 활동을 강조함으로써 자연스런 언어 상황에서의 활동보다는 인위적인 언어 사용 상황을 설정한 측면이 있다. 교육의 내용도 언어 사용의 특정 요소에 한정된 측면이 있다. 따라서 언어 사용에 대한 국어과 교수 - 학습은 실제 언어 사용 상황과 분리되어 학습자의 실제적이고 통합적인 언어 사용 능력을 길러주지 못하는 면이 있다.

생태학적인 관점에서 보면 언어는 다른 사람과 함께 하는 사회와 문화적인 영향 관계 속에서 의미를 갖는다. 언어의 사용도 개인만의 사고 활동이나 언어의 한정된 세계 속에서 이루어지는 것이 아니라 다른 사람과 상호작용하는 사회와 문화 맥락 속에서 이루어진다. 학생들의 언어 사용 능력은 실제 언어생활 속에서 학습되어야 향상된다고 할 수 있다. 그렇기 때문에 교육 내용을 단순히 개인의 언어 사용 맥락에서 찾을 것이 아니라 국어로 상호작용하는 맥락 속에서 찾아야 하고, 학습 활동도 단순히 한정된 교실 세계에서만이 아니라 언어를 사용하는 실제 맥락 속에서 찾아야 한다.

이 관점의 교수 - 학습은 실제 생활 속에서 이루어지는 상황 속의 언어 사용을 통한 학습을 강조한다. 이는 다른 사람과의 상호작용을 통한 언어 사용에 대한 학습의 강조뿐만 아니라 사회와 문화 요소에 대한 자각과 이들의 작용으로 이루어지는 언어 사용에 대한 학습의 강조이다. 그래서 다양한 언어 사용 상황 속에서 실제적인 언어 경험을 통한 학습을 해야 한다는 것이다. 즉, 국어과 교수 - 학습은 몇 가지 기능과 전략을 익히는 데만 끝날 것이 아니라 실제 언어생활 맥락 속에서 언어 사용 능력을 길러주어야 한다는 것이다.

생태학적 관점에서 중요한 것은 학습자는 다른 사람과 관계를 맺고 있는 관계 속에 자리한다. 구조주의적 관점이 학습 대상에 초점을 맞추고, 구성주의 관점은 학습자의 인지 활동과 학습자 언어 자체에 초점을 맞춘 것이라면, 생태학적 관점에서는 다른 사람이나 세계와의 관계 속에서 활동하는 학습자에게 초점을 맞추고 있다. 그렇기 때문에 학습자의 국어 사용 능력은 다른 사람과의 관계 속에서 필요하고 다른 사람과의 관계 속에서 향상된다고 본다. 따라서 생태학적인 관점에서의 국어과 교수 - 학습은 학습자의 사회적 관계를 중시할 수밖에 없다.

2. 국어과 교수 - 학습의 방법[1]

교수 - 학습 모형은 교수 - 학습 절차, 전략, 활동, 기법 등을 단순화해 나타낸 하나의 틀이라고 할 수 있다. 건물의 설계도를 보면 건물의 얼개를 알 수 있듯이, 교수 - 학습 모형을 보면 교수 - 학습의 얼개를 알 수 있다. 교사는 교수 - 학습 모형을 활용해 수업을 짜임새 있고 효율적으로 운영함으로써 교수 - 학습의 효율성을 높일 수 있다.

따라서 교사는 교수 - 학습 내용, 학습자의 수준, 자신의 교수 능력, 교수 - 학습 환경 등의 변인을 고려해 최적의 교수 - 학습 모형을 선택하고 수업에 적용할 수 있어야 한다. 여기에서는 국어과 수업에 활용할 만한 모형으로 직접 교수 모형, 문제 해결 학습 모형, 창의성 계발 학습 모형, 지식 탐구 학습 모형, 반응 중심 학습 모형, 역할 수행 학습 모형, 가치 탐구 학습

---

[1] 국어과 교수 - 학습 방법은 2015 개정 국어과 교사용 지도서의 부록 부분에 제시된 모형의 내용을 근간으로 구성되었음을 밝힌다.

모형, 전문가 협동 학습 모형, 토의·토론 학습 모형을 소개하기로 한다.

교수-학습 모형을 적용할 때 몇 가지 고려할 점이 있다. 첫째, 각 교수-학습 모형의 특징, 절차, 활용 등을 충분히 이해하고 그것의 장단점을 고려해야 한다. 둘째, 각 모형에 제시된 절차는 실제 수업 운영 시 구동되는 교수-학습의 절차이므로, 교과서 구성 절차와 다를 수 있다. 예를 들어 교과서 구성 시에는 한두 가지 교수-학습 절차나 주요 활동을 제외하거나 추가할 수 있고, 한두 가지 교수-학습 절차만 집중적으로 제시할 수도 있다. 다만, 모형을 재구성해 활용할 때에는 해당 모형의 주요 특성이나 본질이 훼손되지 않도록 한다. 해당 모형의 본질에서 벗어날 정도로 재구성한다면 다른 적합한 모형을 찾는 것이 바람직할 것이다. 셋째, 현장 실정을 고려해 교수-학습 모형의 적용 단위가 한 차시당 40분이지만, 실제 지도 시에는 두 차시 80분 단위로 하나의 모형을 적용할 수도 있다. 넷째, 수업 운영 시 각 교수-학습 모형의 특성이 잘 드러날 수 있도록 한다. 교수-학습 과정안에는 모형을 적용해 놓고 실제 수업 시에는 그 모형의 특성이 드러나지 않는 경우가 있다. 그리고 각 단계에서는 단순히 절차만 거칠 것이 아니라 의미 있는 학습이 일어나야 한다. 교수-학습 모형은 교수-학습 과정안 자체를 잘 짜기 위한 것이 아니라 수업을 짜임새 있게 운영하기 위한 것임을 잊지 말아야 한다.

1) 직접 교수 모형

(1) 특징

직접 교수 모형은 언어 수행에 필요한 특정 학습 내용이나 과제 해결을 명시적이고 단계적으로 지도하는 데 초점을 두는 교사 중심의 교수 모형이다. 이 교수 모형은 전체를 세부 요소나 과정으로 나눈 뒤, 이를 순서대로 익히면 전체에 도달할 수 있다는 가정에 기초하고 있다. 학습 내용을 세분화해 구체적이고 명시적으로 지도하므로 학습 목표 도달에 유리한 교수 모형이다. 그리고 학습 목표 도달에 불필요한 과정이나 활동을 최대한 배제함으로써 교수-학습의 효율성을 높일 수 있다.

(2) 절차

단계	주요 활동
설명하기	- 동기 유발 - 학습 문제 제시 - 학습의 필요성 또는 중요성 안내 - 학습의 방법 또는 절차 안내
시범보이기	- 적용 사례 또는 예시 제시 - 방법 또는 절차 시범
질문하기	- 세부 단계별 질문하기 - 학습 내용 및 방법 재확인
활동하기	- 적용 - 반복 연습

　설명하기 단계는 학습 내용에 대한 동기를 유발하고 학습 내용을 소개하며, 그것을 왜 학습해야 하는지 그 필요성과 중요성을 인식시키고, 어떤 절차나 방법으로 그것을 습득할 수 있는지 세분화해 안내하는 단계이다.

　시범 보이기 단계는 학습 내용 적용의 실제 예를 보여 주고, 그것의 습득 방법이나 절차를 세부 단계별로 나누어 직접 시범을 보이거나 매체를 활용해 시범을 보이는 단계이다. 질문하기 단계는 설명하고 시범 보인 내용을 더욱 구체적으로 이해시키고, 이를 확인하기 위해 주어진 학습 과제를 해결하는 데 필요한 지식, 전략, 과정 등을 세부 단계별로 질문하고 대답하는 단계이다. 활동하기 단계는 주어진 목표를 달성하기 위해 이미 학습한 지식 및 전략을 사용해 일정한 절차에 따라 언어 자료를 이해하기 위한 활동을 하는 단계이다.

(3) 활용

　직접 교수 모형은 과정이나 절차를 세분화할 수 있고 구체적인 시범이 가능한 학습 과제나 개별 기능 요소를 가르치는 데 적합하다. 따라서 교사가 구체적으로 시범을 보일 수 있는 문제 해결 과정이나 언어 사용 기능 영역에 잘 적용할 수 있으며, 문법이나 문학 영역의 개념이나 원리 학습에도 적용할 수 있다. 학습자의 수준에 비추어 학습 내용이 새롭거나 어려운 경우 또는 학습자가 자기 주도적 학습 능력이 부족한 경우에 적용하는 것이 바람직하다. 교과서의 단원이 '준비학습　기본학습　실천학습'의 흐름으로 구성된다고 볼 때, 직접 교수 모형은 기본 학습 차시에 많이 활용할 수 있는 모형이다.

직접 교수 모형을 수업에 적용할 때 교사는 학습자가 문제 해결 과정을 충분히 이해할 수 있도록 해야 한다. 이를 위해 가르칠 내용이나 과정을 세분화하고, 구체적이고 명시적인 설명과 시범을 할 수 있어야 하며, 단계별로 학습할 내용을 알리고 학습 방향을 이끌 수 있어야 한다. 가시적으로 드러나지 않는 과정을 설명하고 시범 보일 때는 생각 구술법 등을 활용해 볼 만하다. 직접 교수 모형에서는 자칫하면 교사 중심으로 흘러갈 수 있으므로, 설명하기와 시범 보이기 단계에서 학생들의 참여를 최대한 확대하고, 교사 유도 활동과 학생 주도 활동에서는 단순 모방에 그치지 않도록 확장된 사고와 활동을 적극 권장한다.

2) 문제 해결 학습 모형

(1) 특징

문제 해결 학습 모형은 학습자 주도의 문제 해결 과정을 강조하는 학습자 중심의 학습 모형으로, 타 교과에서도 많이 활용하고 있다. 하지만 국어과의 문제 해결 학습은 엄격한 가설 검증과 일반화에 따른 결과에 초점을 두기보다는 그 결과에 도달하기까지의 과정에 초점을 둔다. 즉, 교사나 친구들과 함께 해결해야 할 문제를 확인하고, 문제 해결 방법을 찾아 문제를 해결하며, 이를 일반화하는 활동을 강조한다. 이 모형은 최대한 학습자가 스스로 문제 해결 방법을 찾아 문제를 해결하도록 유도함으로써 자발적인 학습 참여를 유도하고 학습자의 탐구력을 기르는 데 유리하다. 학습자는 문제 해결 과정에서 지식이나 개념을 단순히 수용하는 것이 아니라, 학습자 나름대로 재구성할 수 있으며 학습에 대한 책임감도 느끼게 된다.

(2) 절차

단계	주요 활동
문제 확인하기	- 동기 유발 - 학습 문제 확인 - 학습의 필요성 또는 중요성 확인
문제 해결 방법 찾기	- 문제 해결 방법 탐색 - 문제 해결 계획 및 절차 확인
문제 해결하기	- 문제 해결 활동 - 문제 해결
일반화하기	- 적용 및 연습 - 점검 및 정착

문제 확인하기 단계는 해결해야 할 문제와 관련되는 상황을 파악하고, 그중에서 해결해야 할 문제를 추출하거나 확인하는 단계이다. 문제 해결 방법 찾기 단계는 학습 문제를 해결할 방법을 탐구하고, 이를 바탕으로 하여 학습 문제 해결 절차를 계획하거나 확인하는 단계이다. 문제 해결하기 단계는 탐구한 문제 해결 방법을 바탕으로 하여 문제를 해결하고, 이로써 새로운 원리를 터득하거나 기존의 원리를 재구성하는 단계이다. 일반화하기 단계는 터득한 원리를 다른 상황에 적용하고 연습함으로써 학습 내용을 점검하고 정착하는 단계이다.

(3) 활용

문제 해결 학습 모형은 모든 차시가 해결해야 할 문제(학습 문제)를 포함한다는 점에서 그 적용 범위가 넓다. 다만, 이 모형은 문제 해결 과정을 중시하고 학습자의 탐구 능력을 강조한다는 점, 다소 시간이 걸릴 수 있다는 점에 주의해 적절한 적용 상황을 선택해야 한다. 따라서 이 모형은 이미 학습한 내용을 실제 상황에 적용하는 경우, 학습자의 수준에 비해 학습 내용이나 절차가 쉽고 간결한 경우, 기본 학습 훈련이 잘되어 있는 학습자의 경우에 적용하는 것이 더 바람직할 것이다.

문제 해결 학습 모형을 적용할 때 교사는 학습자에게 문제를 명확히 인식시키고, 학습자가 스스로 문제 해결방법을 탐구하고 문제를 해결할 수 있도록 해야 한다. 이를 위해 문제 해결 방법 찾기와 문제 해결하기 단계에서 교사의 직접적인 개입을 최대한 줄이고 학습자들의 자발적인 탐구 활동을 최대한 강조한다. 이는 학습자에게 해 보라고만 하는 방관자로서 교사를 말하는 것이 아니라, 학습자의 사고를 자극하고 탐구를 지원하는 적극적인 중재자로서 교사를 말하는 것이다. 학습자의 학습 능력이 부족하거나 시간이 충분하지 못할 경우에는 처음부터 일련의 문제 해결 과정을 거치게 하기보다 한두 과정(단계)에서 학습자 주도의 활동을 강조하는 것이 효과적이다. 개별적으로 문제 해결이 어려울 경우에는 모둠별로 문제 해결 방법을 찾고 문제를 해결할 수 있도록 지도한다.

3) 창의성 계발 학습 모형

(1) 특징

창의성 계발 학습 모형은 창의적 국어 사용 능력을 계발하는 데 초점을 두는 모형이다. 즉, 언어 수행 과정에 서 사고의 유창성, 독창성, 융통성, 다양성을 강조하는 모형이라고 할 수 있다. 유창성은 풍부한 사고의 양을, 독창성은 사고의 새로움을, 융통성은 사고의 유연함을, 다양성은 사고의 폭넓음을 뜻한다. 따라서 이 모형은 주어진 문제의 정답을 요구하기보다 학습자의 독창적이고 다양한 아이디어나 문제 해결 방법을 존중한다.

(2) 절차

단계	주요 활동
문제 발견하기	- 동기 유발 - 학습 문제 확인 - 학습의 필요성 또는 중요성 확인 - 학습 과제 분석
아이디어 생성하기	- 문제 또는 과제를 다른 각도에서 검토 - 문제 해결을 위한 다양한 아이디어 산출
아이디어 선택하기	- 아이디어 비교하기 - 최선의 아이디어 선택하기
아이디어 적용하기	- 아이디어 적용하기 - 아이디어 적용 결과 발표하기 - 아이디어 적용 결과 평가하기

문제 발견하기 단계는 학습 문제를 확인하고, 학습 문제 해결을 위해 주어진 학습 과제를 이해하고 분석하는 단계이다. 아이디어 생성하기 단계는 아이디어를 생성할 수 있는 방법을 탐구하고, 이를 바탕으로 하여 다양한 아이디어를 생성하는 단계이다. 아이디어 선택하기 단계는 다양하게 생성된 아이디어를 검토해 최선의 것을 선택하는 단계이다. 그리고 아이디어 적용하기 단계는 앞에서 선택한 아이디어를 실제 상황에 적용해 보고 평가하면서 이를 수정·보완·확정하는 단계이다.

(3) 활용

창의성 계발 학습 모형은 창의적인 아이디어 생성이나 적용이 많이 요구되는 표현 영역, 비판적 이해 영역, 문학 창작 및 감상 영역에 적합한 모형이다. 예를 들어 "이야기를 읽고 줄거리를 간추려 봅시다."라는 차시 학습 목표와 "이야기를 읽고 이어질 이야기를 상상해 써 봅시다."라는 차시 학습 목표가 있을 경우, 전자보다는 후자에 적합한 모형으로 볼 수 있다.

창의성 계발 학습 모형을 적용할 때 교사는 허용적인 수업 분위기를 조성할 수 있어야 하고, 학습자의 아이디어 생성과 적용 과정을 일방적으로 주도하거나 이에 지나치게 개입하지 않아야 한다. 그리고 아이디어 생성하기단계나 아이디어 적용하기 단계에서 모둠 활동을 적절히 활용하는 것도 좋은 방법이다. 저학년 단계에서는 풍부하고 다양한 아이디어를 생성하는 데 초점을 두고, 학년이 올라갈수록 점차적으로 그 아이디어를 검증하고 다듬어 나가는 단계에 이르도록 한다. 그리고 학생이 아이디어 생성에 어려움이 있을 경우를 대비해 교사가 사고를 자극할 수 있는 발문이나 과제를 미리 몇 가지 준비하는 것도 좋다. 아이디어 적용하기 단계에서는 교사가 평가 관점을 명확히 제시해 수업에서 의도한 목표에 부합되는 결과물이 정당한 평가를 받을 수 있도록 해야 한다.

4) 지식 탐구 학습 모형

(1) 특징

지식 탐구 학습 모형은 구체적인 국어 사용 사례나 자료를 검토함으로써 국어 생활에 일반화할 수 있는 개념이나 규칙을 발견하는 데 초점을 두는 학습자 중심의 모형이다. 교사는 학습 과제를 제시하고 학습자가 자발적으로 주어진 맥락에서 다양한 언어 자료를 탐구하고, 그 속에서 일반화할 수 있는 개념이나 규칙을 발견하도록 권장한다. 이러한 과정에서 학습자는 스스로 학습의 필요성을 느끼고 배우게 되므로 유의미한 학습을 할 수 있고 또한 오래 기억할 수 있다. 또 발견 학습 활동을 성공적으로 마쳤을 때 학습자는 지적인 쾌감을 맛보고 새로운 문제에 도전하려는 강한 내적 동기를 형성할 수 있게 된다.

(2) 절차

단계	주요 활동
문제 확인하기	- 동기 유발 - 학습 문제 확인 - 학습의 필요성 또는 중요성 확인
자료 탐색하기	- 기본 자료 또는 사례 탐구 - 추가 자료 또는 사례 탐구
지식 발견하기	- 자료 또는 사례 비교 - 지식의 발견 및 정리
지식 적용하기	- 지식의 적용 - 지식의 일반화

문제 확인하기 단계는 학습 문제를 발견하거나 확인하고 관련 배경지식을 활성화하는 단계이다. 자료 탐색하기 단계는 문제를 해결하기 위해 둘 이상의 사례를 검토하는 단계로, 일관성 있는 지식을 추출할 수 있도록 다양한 사례 제시와 함께 교사의 적극적인 비계[scaffolding, 飛階]가 필요한 단계이다. 지식 발견하기 단계는 둘 이상의 실제 사례로부터 공통점이나 차이점을 추출함으로써 일반화할 수 있는 개념이나 규칙을 발견하는 단계이다. 지식 적용하기 단계는 발견한 개념이나 규칙을 실제의 언어생활에 적용하는 단계이다.

(3) 활용

지식 탐구 학습 모형은 국어 사용 영역의 '지식', '문법 지식', '문학 지식'을 습득하는 데 유용한 모형이다. 예를 들어 '주장하는 글의 특성', '토론할 때 지켜야 할 점', '문장 부호의 종류와 기능', '이어질 이야기를 쓸 때의 주의점' 등을 학습할 때 활용할 수 있다. 그리고 학습자의 학습 동기가 일정 수준을 유지하면서 학습자가 관련된 정보를 많이 알고 있을수록 유리하다. 다시 말하면, 학습자 내적으로 공부할 준비가 되어 있지 않다거나 학습자의 경험이 부족하다면 관련 지식을 스스로 발견하는 학습은 어려울 것이다.

지식 탐구 학습 모형을 적용할 때 교사는 학생이 지식을 발견할 때까지 무작정 기다리는 것이 아니라, 적절한 자료를 제공하고 학습자가 적극적으로 학습에 참여할 수 있도록 유도하는 것이 필요하다. 즉, 절대적인 답변을 하지 않으면서 학생과 함께 탐구하는 동료의 역할을 하되, 필요할 경우에 추가 자료의 지원이나 단계적인 질문으로 탐구 과정을 유도할 수 있어야 한다. 학습 내용의 난이도나 학습자 수준을 고려해 모둠 활동을 적절히 활용할 수도 있을 것이다.

5) 반응 중심 학습 모형

(1) 특징

반응 중심 학습 모형은 수용 이론이나 반응 이론에 근거한 것으로, 문학 작품을 가르칠 때 학습자 개개인의 반응을 중시하는 모형이다. 이는 작품에 대한 해석이 독자(학습자)에 따라 다양하게 나타날 수 있다는 점을 고려한 것이다. 그리고 이 모형은 학습자 개개인의 반응을 최대한 존중하고, 다양하면서 창의적인 반응을 유도함으로써 학습자의 역동적인 참여를 유도하고 흥미를 일으킬 수 있는 장점이 있다. 하지만 개별 학습자의 반응을 강조한다고 하더라도 작품(텍스트)은 여전히 감상의 대상으로서 감상의 중심에 놓일 수밖에 없다. 텍스트와 연결 고리를 가지지 못하는 반응은 무의미한 것일 수밖에 없기 때문이다. 따라서 이 모형은 텍스트와 독자간 교류의 과정과 결과를 강조한다.

(2) 절차

단계	주요 활동
반응 준비하기	- 동기 유발 - 학습 문제 확인 - 학습의 필요성 또는 중요성 확인 - 배경지식 활성화
반응 형성하기	- 작품 읽기 - 작품에 대한 개인 반응 정리
반응 명료화하기	- 작품에 대한 개인 반응 공유 및 상호 작용 - 자신의 반응 정교화 및 재정리
반응 심화하기	- 다른 작품과 관련짓기 - 일반화하기

반응 준비하기 단계는 학습 문제를 확인하고 작품을 이해하는 데 필요한 배경지식을 활성화하는 단계이다.

작품과 관련된 자료를 살펴보거나, 그림 등에 대해 이야기를 나누거나, 일상의 경험을 이야기함으로써 배경지식을 활성화할 수 있다. 반응 형성하기 단계는 작품을 읽으면서 학습자가 최초의 반응을 형성하고, 작품을 읽고 난 뒤의 생각이나 느낌을 반응 일지 등에 간단히 정리해 보는 단계이다. 반응 명료화하기 단계는 각자 정리한 반응을 상호 공유하고 이를 바탕으로 하여 자신의 반응을 정교화하거나 확장하는 단계이다. 반응 심화하기단계는 주제, 인물, 사건, 배경 등을 바탕으로 하여 다른 작품과 관련지어 보면서 작품에 대한 이해도를 높이고, 그 결과를 현실 세계나 자신의 삶에 투영해 봄으로써 반응을 심화하는 단계이다. 특정 주제에 대한 토의나 토론 활동을 하여 반응을 심화하는 방법도 좋다.

(3) 활용

반응 중심 학습 모형은 문학적인 텍스트, 특히 문학 작품에 대한 학습자의 다양한 반응이 요구되는 문학 감상 학습에 적합한 모형이다. 이 모형을 적용할 때에는 특히 작품을 읽고 난 뒤의 반응 활동에 집중한 나머지 정작 감상의 바탕이 되는 작품 읽기와 이해 과정이 소홀히 다루어지지 않도록 주의해야 한다. 그리고 자기중심적인 편협한 텍스트 이해나 해석의 무정부적 상태에 빠지지 않도록 토의·토론을 병행해 보다 타당하고 깊이 있고 확장된 반응을 이끌어 내야 한다. 학습자들은 서로 다른 배경지식을 가지고 있기 때문에 문학 작품에 대해 다양한 반응을 보인다. 이 경우에 처음에는 반응을 자유롭게 표현할 수 있도록 하는 데 초점을 두고, 점차 상호작용 등으로 반응을 명료하고 정교하게 하면서 다른 작품과 관련지어 심화해 나가도록 유도한다. 교사는 학습자 개개인의 반응이 최대한 존중될 수 있는 학습 분위기를 조성하고, 학습자가 단순한 반응을 제시하거나 표현하는 것에 만족하지 말고 타당하고 명료한 반응, 심화되고 확장된 반응을 나타내도록 적극적으로 이끌어야 한다. 그리고 충분한 상호 작용을 거쳐 학습자가 스스로 반응을 성찰할 수 있는 학습 경험을 제공해야 한다.

6) 역할 수행 학습 모형

(1) 특징

역할 수행 학습 모형은 학습자가 구체적인 상황에서 언어 사용을 직접 경험함으로써 학습 목표에 더 효율적으로 도달할 수 있다는 점을 강조한다. 역할 수행을 경험함으로써 학습자는 주어진 문제를 좀 더 정확하고 실감 나게 이해하고, 문제를 더 쉽게 해결해 나갈 수 있다. 즉, 학습자는 주어진 문제 상황을 생각하고, 주어진 상황 속의 인물이 되어 보며, 그 해결책을 제시하는 과정을 거쳐 자신이 부딪힌 문제를 좀 더 효과적으로 해결하는 능력을 기를 수 있다. 그뿐만 아니라 새로운 의미의 발견, 기존의 가정에 대한 의문 제기, 고정 관념 깨기, 대안 시도해 보기 등의 과정을 체험하게 된다. 또 역할을 수행해 다른 사람의 의견이나 행동을 존중하게 되고, 자신의 행동이 다른 사람에게 어떤 영향을 미칠지 생각함으로써 인간의 행동에 대해 통찰력을 얻게 된다.

(2) 절차

단계	주요 활동
상황 설정하기	- 동기 유발 - 학습 문제 확인 - 학습의 필요성 또는 중요성 확인 - 상황 분석 및 설정
준비 및 연습하기	- 역할 분석 및 선정 - 역할 수행 연습
실연하기	- 실연 준비하기 - 실연하기
평가하기	- 평가하기 - 정리하기

상황 설정하기 단계는 학습 문제를 확인하고, 제시된 상황을 분석해 실연할 상황으로 설정하는 단계이다. 준비 및 연습 하기 단계는 설정한 상황에서 등장인물을 분석하고, 배역을 정하고 실연 연습을 하는 단계이다. 실연하기 단계는 학습자가 상황 속의 인물이 되어 직접 역할을 수행해 보는 활동 단계로, 이로써 학습자는 새로운 세계를 경험하게 되며, 그 경험은 사고의 전환으로 이어져 학습자가 언어적 문제 상황을 해결하거나 문학적 상상력을 기르는 데 도움을 준다. 평가하기 단계는 학습자의 역할 수행으로 얻게 된 언어 지식이나 문학적 체험을 서로 주고받음으로써 주관적인 지식을 객관화하고 일반화해 언어생활에 활용하거나 문학적 체험을 확대하는 단계이다.

(3) 활용

역할 수행 학습 모형은 역할놀이 자체가 학습 목적인 경우, 역할놀이가 학습 목표 달성의 중요 수단이 되는 경우, 통합적 언어 활동이 요구되는 경우에 적용하기 알맞은 모형이다. 예를 들면 전화놀이, 토의·토론, 문학 감상 활동 등에 활용할 수 있다. 역할 수행 경험이 풍부하고 표현력이 어느 정도 갖추어진 학습자라면 큰 부담없이 흥미를 느끼며 학습에 참여할 수 있는 모형이다.

역할 수행 학습 모형을 적용할 때 교사는 학습자가 학습 목표를 명확히 인식하고 역할 수행에 임하도록 해야하며, 역할 수행 이후에는 학습 목표 성취를 점검하는 것이 필요하다. 학습자가 역할 수행 활동에만 관심을 두 다 보면 정작 그것으로 학습해야 할 내용을 소홀히 하는 경우가 있기 때문이다. 역할 수행은 대부분의 수업에서 그 자체가 목적이라기보다 목표에 도달하기 위한 수단이라는 점을 염두에 둘 필요가 있다. 역할 수행 학습모형의 적용에 따른 시간 부담을 줄이기 위해 상황 설정을 간단히 하는 방법, 사전에 표현 기능 등 기초 기능 훈련과 학습 경험을 조금씩 해 두는 방법, 다른 시간과 통합해 운영하는 방법 등이 있다. 연속 차시로 운영하는 경우, 첫째 차시는 일반적으로 역할 수행을 위해 대본을 분석하거나 특정 상황을 설정하는 차시이므로 다른 모형을 적용할 수 있고, 둘째 차시만 역할을 수행하는 차시로 운영할 수 있다.

7) 가치 탐구 학습 모형

(1) 특징

가치 탐구 학습 모형은 학습자가 언어에 내재된 가치를 탐구하고, 자신의 관점에서 분석하고 비판적으로 수용함으로써 다양한 가치에 대한 이해심과 비판적 사고 능력을 길러 주는 데 알맞은 모형이다. 언어에 내재된 가치를 발견·분석하고, 이를 재해석하는 과정에서 학습자는 능동적으로 학습에 참여하게 되며, 자신의 가치를 명료화해 긍정적인 자아 개념 학습을 형성할 수 있다. 학습자는 이러한 학습 체험으로 합리적이고 비판적인 사고를 더 많이 할 수 있고, 학습 내용도 더 확실하게 이해할 수 있다. 도덕과의 가치 탐구 학습이 바람직한 가치의 발견이나 내면화에 그 초점이 있다면, 국어과의 가치 탐구 학습은 다양한 가치의 발견과 이에 대한 비판적 수용에 초점이 있다고 볼 수 있다. 즉, 국어과에서 가치를 다루는 목적은 합의된 가치를 이끌어 내거나 내면화하는 데 있는 것이 아니라, 오히려 다양한 가치를 접하고 이를 입증하는 근거와 그것의 타당성을 탐구하고 평가하는 과정에 초점을 둔다.

(2) 절차

단계	주요 활동
문제 분석하기	- 동기 유발 - 학습 문제 확인 - 학습의 필요성 또는 중요성 확인 - 문제 상황 분석
가치 확인하기	- 가치 발견 또는 추출 - 발견 또는 추출한 가치의 근거 확인

단계	주요 활동
가치 평가하기	- 가치의 비교 및 평가 - 가치의 선택
가치 일반화하기	- 가치의 적용 - 가치의 재평가

문제 분석하기 단계는 가치를 추출하거나 발견하기 위한 기초 단계로서, 학습 문제를 확인하고 가치를 포함하고 있는 담화 자료를 분석하는 단계이다. 가치 확인하기 단계는 담화 자료의 분석을 바탕으로 하여 내재된 가치를 발견 또는 추출하고, 그 가치의 근거를 주어진 담화 자료에서 찾는 단계이다. 가치 평가하기 단계는 확인된 가치 하나하나를 비교·분석·비판하고, 자기 나름의 기준을 적용해 가치를 평가하거나 선택하는 단계이다. 가치 일반화하기 단계는 발견하거나 추출한 가치를 어떻게 이해하고 표현할 것인지를 탐구하고 그것을 적용함으로써 가치를 일반화하거나 재평가하는 단계이다.

(3) 활용

가치 탐구 학습 모형은 다양한 가치가 공존하는 상황에서 다양한 가치의 탐구가 필요하거나 특정 가치를 선택해야 하는 국어 사용 영역, 문학 영역, 문법 영역의 수업에 적합한 모형이다. 예를 들면 다양한 견해가 대립되는 글을 읽고 그것을 비교·분석하거나, 특정 논제에 대해 주장하는 글을 쓰거나, 문학 작품에 내재된 다양한 가치를 분석해 자신의 기준으로 재해석하거나, 바람직한 국어 사용 태도나 문화를 탐구할 때 이 모형을 적용할 수 있다.

가치 탐구 학습 모형을 적용할 때 교사는 언어에 내재된 다양한 가치를 공평하게 다룰 수 있어야 한다. 그리고 교사는 학습자에게 한 가지 가치만을 선택하도록 강요하지 말아야 한다. 마찬가지로 학습자가 다양한 가치에 대해 비판만 늘어놓는 것에 그치게 해서도 안 될 것이다. 교사는 학습자가 다양한 가치를 비교·검토하고, 자신만의 가치를 새롭게 재구성할 수 있도록 보장하고 유도해야 한다. 그리고 이 모형의 적용 과정에서 토의·토론 활동을 적절히 활용하는 것이 좋다. 학습자가 토의·토론 활동으로 다양한 가치에 더 정교하고 깊이 있게 접근할 수 있고, 자신의 가치 평가가 타당한지를 성찰할 수 있기 때문이다.

8) 전문가 협동 학습 모형

(1) 특징

전문가 협동 학습 모형은 특정한 주제를 맡은 학습자들끼리 모여 그 주제를 깊이 있게 연구한 다음, 원래의 집단으로 돌아가 서로를 가르치는 방법이다. 예를 들어 '설명적인 글의 구조 파악하기'라는 주제가 있을 때 이 유형을 적용해 볼 수 있다. 설명적인 글은 비교와 대조 구조, 원인과 결과 구조, 서술식 구조 등으로 짜여 있음을 알고, 이들 각각의 구조로 쓴 글을 찾고, 이들 구조가 어떤 특징을 지니고 있는지 깊이 있게 공부해 서로를 가르칠 수 있다. 처음에는 모집단에서 이들 구조 중에서 자기가 하고 싶은 것을 선택한 뒤, 각 모집단에서 같은 소주제를 맡은 학습자들끼리 모여 전문가 집단을 구성한다. 그리고 각 학습자들은 여기에서 깊이 있게 공부한 뒤, 모집단으로 돌아가 서로 배우고 가르친다.

(2) 절차

단계	주요 활동
계획하기 (모집단)	- 동기 유발 - 학습 문제 및 소주제 확인 - 역할 분담
탐구하기 (전문가 집단)	- 주제 해결 방법 탐색 - 주제 해결 - 상호 교수 방법 탐구
서로 가르치기 (모집단)	- 상호 교수 - 질의 및 응답
발표 및 정리하기	- 전체 발표 - 문제점 확인 및 정리

계획하기 단계는 주제를 세분화하고 각 모둠별로 세분화한 주제를 각자 분담하는 단계이다. 탐구하기 단계는 각자 맡은 주제를 탐구하고, 각 모집단에서 동일한 주제를 탐구한 사람끼리 모여서 전문가 활동을 하는 단계이다. 이때 상호 탐구한 내용을 공유하고 모집단으로 돌아가 가르칠 방법을 함께 의논하고 자료를 작성한다. 서로 가르치기 단계는 전문가 활동 결과를 바탕으로 하여 모집단으로 돌아와 각자 탐구한 주제를 모집단구성원들에게 가르치는 단계이다. 발표 및 정리 하기 단계는 모집단별로 활동 결과를 발표하고 전문가 집단 및 모집

단 활동이 잘 이루어졌는지 평가하고 점검하고 정리하는 단계이다.

(3) 활용

국어과에서 이 유형은 대체로 특정한 주제를 깊이 있게 공부할 때 적용할 수 있다. 특히 문법 영역에 해당하는 것이나, 언어 사용 기능 영역 중에서 지식이나 개념을 가르치는 데 적합하다.

이 유형을 적용할 때 처음에는 주제를 확인하고 세분화하는 과정, 그리고 전문가 집단에서 그 소주제를 탐구하는 과정에 교사가 개입하되, 학습자가 어느 정도 단계에 와 있으면 최대한 학습자가 스스로 문제를 찾고 해결하도록 한다. 그리고 전문가 집단에서 소주제를 탐구할 때 탐구 활동이 촉진될 수 있도록 분위기를 만들고 충분한 자료를 확보할 필요가 있다. 전문가 활동이 어려울 경우, 모집단 내에서 각자 주제를 분담해 탐구하고 그 결과를 공유하고 상호 보완 해 전체 과제를 완성하는 과제 분담 탐구 뒤에 협력 방식으로 변형해 운영할 수도 있다.

9) 토의·토론 학습 모형

(1) 특징

토의·토론 학습 모형은 교사와 학생이, 또는 학생들끼리 일정한 규칙과 단계에 따라 대화를 나눔으로써 학습 문제를 해결하거나 학습 목표에 도달하고자 하는 공동 학습 모형의 한 형태이다. 토의는 공동의 관심사가되는 특정 문제에 대해 바람직한 해결 방안을 찾기 위해 구성원들이 협력적으로 의견을 교환하는 대화 형태이다. 토론은 찬반의 의견이 분명한 특정 문제를 놓고 각각의 의견을 대변하는 사람들이 쟁점에 대해 논쟁하는 대화 형태이다. 따라서 학습 상황에 따라 토의 학습 모형과 토론 학습 모형으로 나눌 수도 있다. 토의·토론 학습 모형은 학습자의 자발적인 학습 참여를 유도할 수 있고, 학습 내용을 폭넓고 깊이 있게 이해시키는 데 효과적이다. 아울러 합리적인 상호 작용과 협력적인 의사소통 능력을 길러 줄 수 있고, 분석력, 종합력, 평가력과 같은 고등 사고 능력을 증진하는 데에도 유용한 방법이다. 학습자는 토의·토론 과정에서 자신의 견해나 가치,신념을 성찰하고 재구성할 수 있는 기회를 얻는다. 교사는 토의·토론을 관찰함으로써 학습 상황을 구체적으로 점검하고, 소집단별 지도나 개별 지도 시간을 확보할 수 있다.

(2) 절차

단계	주요 활동
주제 확인하기	- 동기 유발 - 학습 문제 확인 - 토의·토론 목적 및 주제 확인
토의·토론 준비하기	- 주제에 대한 자신의 관점 정하기 - 주제에 대한 자료 수집 및 정리 - 토의·토론 방법 및 절차 확인
토의·토론하기	- 각자 의견 발표 - 반대 또는 찬성 의견 제시
정리 및 평가하기	- 토의·토론 결과 정리 - 토의·토론 평가

주제 확인하기 단계는 토의나 토론의 목적을 명확히 하고, 주제를 확인하거나 선정하는 단계이다. 토의·토론 준비하기 단계는 주제에 대한 자신의 관점을 정하고, 관련 자료를 수집하고 정리하며, 토의·토론 방법 및 절차를 확인하는 단계이다. 이때 각종 도서나 인터넷 검색, 토의, 조사 등의 다양한 방법으로 자료를 확보할 수 있다. 토의·토론하기 단계는 정리된 자료를 바탕으로 하여 자신의 의견을 제시하고, 다른 사람의 의견에 대해 찬성 또는 반대 의견을 제시하는 단계인데, 이때 토의나 토론의 규칙을 준수하도록 강조한다. 정리 및 평가 하기 단계는 토의·토론 결과를 정리하고, 토의·토론 자체를 점검하고 평가하는 단계이다.

(3) 활용

토의·토론 학습 모형은 간단한 정보나 지식의 습득보다는 고차적인 인지 능력의 함양에 적합하며, 특정 문제의 해결 방안을 모색하거나 태도 변화를 꾀하는 데 적합한 모형이다. 따라서 이 모형은 학습 문제 해결을 지향하는 차시의 특성상 대부분의 차시에 응용할 수 있다. 그중에서도 특히 듣기·말하기 영역의 토의 및 토론 수업에 알맞은 모형이다. 이 모형은 학습자의 자발적인 참여와 창의적인 사고를 요구한다. 또 학습자의 의사소통 기능과 대인 관계 기능이 수업 성공의 관건이 된다. 따라서 교사는 학습자가 책임 의식을 가지고 적극적으로 토의·토론에 참여할 수 있도록 지속적으로 관심을 유도해야 하고, 토의·토론에 필요한 기본 화법 등 토의·토론의 방법과 절차를 사전에 꾸준히 지도해야 한다. 또 교사는 토의·토론 주제 선정에서부터 정리 및 평가에 이르기까지 수업 계획과 준비를 철저히 해야 한다. 특히 교사는 토의·토론의 궁극적인 목적과 가치를 인식하고, 토의·토론이 개개인의 의견만 제시하는 것으로 그치지 않도록 주의해야 한다. 아울러 학습자가 토의·토론 자체에 집중해 학습 목표를 소홀히 다루지 않도록 해야 한다.

참고문헌

이재승(2005), 『좋은 국어 수업 어떻게 할 것인가?』, (주)교학사.
최지현 외(2007), 『국어과 교수 · 학습 방법』, 도서출판 역락.
교육부(2017), 초등학교 1학년 국어과 교사용 지도서, (주)미래엔.

탐구문제

1. 국어과 교수 – 학습의 관점을 설명하시오.
2. 직접 교수 모형의 특징과 활용 방안을 설명하시오.
3. 문제 해결 학습 모형의 특징과 활용 방안을 설명하시오.
4. 창의성 계발 학습 모형의 특징과 활용 방안을 설명하시오.
5. 지식 탐구 학습 모형의 특징과 활용 방안을 설명하시오.
6. 반응 중심 학습 모형의 특징과 활용 방안을 설명하시오.
7. 역할 수행 학습 모형의 특징과 활용 방안을 설명하시오.
8. 가치 탐구 학습 모형의 특징과 활용 방안을 설명하시오.
9. 전문가 협동 학습 모형의 특징과 활용 방안을 설명하시오.
10. 토의 · 토론 학습 모형의 특징과 활용 방안을 설명하시오.
11. 이 장에 설명된 학습 모형 중에서 한 가지를 골라 절절한 교수 – 학습 활동을 구안해 보시오.

듣기 · 말하기 교육

1. 듣기 · 말하기의 본질과 성격

1) 듣기 · 말하기의 중요성

현대 사회에서 성공적인 삶을 살기 위해서 무엇보다 필요한 핵심 역량으로 음성 언어를 통한 듣기 · 말하기 능력을 꼽을 수 있다. "어떻게 하면 자신감 넘치는 자세로 내 생각을 사람들에게 논리적으로 전달할 수 있을까?" "어떻게 하면 상대방이 하는 말이 뜻하는 바를 정확히 파악해서 적절하게 대응할 수 있을까?" 사회 생활을 하면서 누구가 겪고 있는 고민들이다. 이미 산업 사회에서 정보화 사회로의 전환이 이루어진 현대 사회는 하루가 다르게 빠른 속도로 변화해 가고 있다. 이러한 현대 사회에서 무엇보다 중요한 것은 정확하고 설득력있게 자신의 의사를 전달할 수 있으면서도 동시에 다른 사람들과 원만한 인간 관계를 맺을 수 있는 말하기 능력이다.

윤현진 외(2007)에서 이루어진 미래 사회에서 요구되는 핵심 역량에 대한 의견을 수렴하는 전문가 델파이 조사 결과에 의하면, 의사소통능력(109.5%), 문제해결능력(85.7%), 시민의식(76.2%), 자기주도적 학습능력(71.4%), 창의력(66.7%), 정보처리능력(61.7%), 다문화 이해능력(28.6%), 삶의 향유 능력(23.8%), 갈등 조정능력(19.0%) 등의 순으로 의사소통능력이 가장 중요한 핵심 역량으로 나타났다. 사람들과 더불어 살면서 듣기 · 말하기를 통해 원활하게 의사소통할 수 있는 능력이야말로 오늘날과 같은 '말의 시대'에 가장 필요한 핵심 역량이라는 것이다.

우리는 흔히 듣기와 말하기 과정인 음성언어를 통한 의사소통 방법을 화법(話法, speech communication)이라고 한다. 그러면 다음의 예화를 통해 화법이 무엇인지 좀더 깊이 생각해 보도록 하자.

한 청년이 웅변술을 배우고자 소크라테스를 찾아왔다. 이 젊은이는 위대한 현인, 소크라테스를 보자마자 자신이 어떤 사람인지, 왜 웅변술을 배우고자 하는지 쉴 새 없이 말을 쏟아냈다. 소크라테스는 아무 말 없이 이 청년의 말을 다 듣고 나서 다음과 같이 말했다.

"자네는 수업료를 두 배로 내야겠네."

청년은 소크라테스에게 왜 그래야 하느냐고 따져 물었다.
소크라테스는 말했다.

"자네에게는 말하는 법을 가르치기 전에 상대의 말을 듣는 법부터 가르쳐야 하기 때문일세."

이 예화는 우리에게 화법이 '말하는 법'과 '다른 사람의 말을 듣는 법', 즉 듣기와 말하기를 함께 포괄하는 것이어야 함을 가르쳐 주고 있다. 대개 사람들은 화법을 단순히 '말 잘 하는 법'이라 생각한다. 하지만 진정한 의미의 의사소통을 하기 위해서는 듣기와 말하기가 모두 중요하다는 것을 알아야 한다. 듣기와 말하기는 별개의 기능이 아니라 늘 함께 기능하는 통합된 화법 능력의 부분으로 이해되어야 할 것이다. 의사소통을 잘 하는 사람은 단순히 말만 잘 하는 사람이 아니라 상대방의 말에 귀 기울여 경청하고, 상대방을 배려하는 관계적 화법에 능한 사람들이라는 것을 기억할 필요가 있다.

화법(話法, speech communication)이라는 말의 어원은 원래 '나누다, 함께 하다, 분배하다'의 의미를 지니고 있는 'communicare'라는 말에서 온 것이다. 이 어원에 비추어 화법의 의미를 생각해 본다면, 화법이란 '인간이 자신의 생각을 말하고 상대방의 말을 듣는 과정을 통해 서로의 지식, 의견, 감정 등을 공유하는 음성언어 의사소통의 방법'으로 규정될 수 있다. 즉 화법이란 최소한 두 사람 이상이 서로 관계를 맺으면서 언어적 행위를 '함께 나누는 과정'이라는 개념을 전제로 하는 것이다. 그러나 이제까지 듣기와 말하기 개념은 상대와 더불어 함께 나누는 과정으로서의 의미보다는 일방적인 정보 전달과 이해라는 의미로 이해되어 왔다(이창덕 외, 2000: 5). 화자가 의도한 의미를 분명하고 정확한 언어로 상대방 청자에게 전달하면, 청자는 그 메시지를 소음만 없다면 화자가 의도한 의미를 왜곡없이 그대로 수신할 수 있는 것으로 보아 왔던 것이다. 그러나 화법이란 이렇게 고정된 의미가 수동적인 청자에게 그대로 일방향적으로 전달되고 수신되는 것이 아니라 서로 말이 오가는 과정을 통해 역동적인 상호 교섭 작용에 의해 의미가 창조되는 것이라 할 수 있다.

듣기와 말하기의 중요성을 정리해 보면 다음과 같다.

첫째, 듣기와 말하기는 개인의 능력을 표출하고 유용한 정보를 받아들이는 중요한 삶의 수단으로 정보 처리나 업무 처리 차원에서 중요한 의미를 지닌다. 사회적 의사소통 상황에서 자신의 아이디어나 감정, 신념을 사람들에게 분명하고 설득력있게 전달하는 말하기 능력, 사람들을 배려하고 존중하면서 발전적인 대안을 도출해 낼 수 있는 토의·토론 능력, 자신이 원하는 것을 얻어낼 수 있는 협상 능력, 이 모두가 현대 사회가 요구하는 훌륭한 인재의 요건이다.

둘째, 듣기와 말하기는 원만하게 인간 관계를 맺고 행복한 삶을 살아가는 데 가장 필요한 중요한 핵심 역량이다. 사람들은 듣기와 말하기를 통해서 가정이나 학교, 직장이라는 사회 속에서 의사를 전달하고 이해받으면서 서로 관계 맺고, 갈등이나 대립 상황에서 문제를 해결해 간다. 이러한 말하기·듣기 능력이야말로 우리가 행복한 삶을 살 수 있도록 해 주는 가장 중요한 능력이다.

셋째, 듣기와 말하기는 우리의 언어 생활 가운데 가장 큰 부분을 차지하는 의사소통의 중핵적인 부분을 이룬다. 우리가 태어나서 제일 먼저 세상을 지각하는 것도 듣기를 통해서이고, 인지적인 사고력의 발달 역시 듣기나 말하기를 통해서 가능해진다. 글을 읽고 쓰는 것을 학습하는 것도 역시 음성 언어를 통한 듣기와 말하기를 통해서 이루어진다. 이렇게 듣기와 말하기는 읽기와 쓰기에 선행하여 가장 먼저 발달하면서 아동의 인지적인 사고 발달과 모든 학습의 토대가 된다는 점에서 매우 중요한 의미가 있다.

넷째, 듣기와 말하기는 학업 성취도와 높은 상관 관계를 갖는다. 학교 생활에서 듣기와 말하기는 학생이 학습에 필요한 정보를 이해하고 자신의 생각을 표현하는 일차적인 방법이다. Wilt(1950)에 의하면, 초등학교 학생들은 전체 학교 생활에서 약 60%를 듣는 일에 시간을 보내고 있는 것으로 나타났다. 학생들은 교사의 설명을 듣고 이해하면서, 동료 학습자와의 듣기와 말하기를 통한 의사소통 과정을 통해서 지식을 확장하고 유의미한 학습을 경험하게 된다. 수업 시간에 주의집중해서 듣고, 들은 내용을 핵심적인 내용을 중심으로 요약해서 정리하고,

이 과정을 통해 자기화된 내용을 자신의 목소리로 발표할 수 있는 학생은 그렇지 않은 학생에 비하여 더 많이 배우고, 더 좋은 평가를 받음으로써 상대적으로 높은 학업 성취도를 이룰 수 있는 것이다.

학생들이 이 시대가 요구하는 말하기, 듣기 능력을 갖추게 하기 위해서 학교 교육에서는 체계적이고 의도적인 계획 아래 다양한 담화를 경험하게 하고 효과적으로 말하고 듣는 방법을 익힐 수 있도록 충분한 기회를 제공해야 한다.

2) 듣기·말하기의 개념과 성격

(1) 듣기의 개념과 성격

① 듣기의 개념

흔히 듣기의 중요성은 사람들이 하루의 언어 생활 중에서 가장 많은 시간을 듣는 데에 할애하고 있다는 점을 통해서 강조되고 있다. Rankin(1926)에 의하면 사람들은 하루 평균 듣기에 45%, 말하기에 30%, 읽기에 16%, 쓰기에 9%의 시간을 보낸다고 한다. 이렇게 우리는 일상생활 가운데 가장 많은 시간을 듣는 데에 시간을 보내면서 여러 가지 업무를 수행하고, 학업에 임하며, 사람들과 관계를 맺게 된다.

듣기란 일차적으로 청각기를 통해 지각된 음성적 정보를 머릿속에서 의미로 변형하여 수용하는 매우 적극적이고 능동적인 과정이라 할 수 있다. 특히 우리가 교육의 대상으로 삼고 있는 듣기는 단순히 외부에서 들려오는 물리적인 소리를 수동적으로 지각하는 활동이라기보다는 주의를 기울여 소리를 지각하고, 자신이 알고 있는 배경 지식과 관련하여 들은 정보를 조직화하고 표현에 함축되어 있는 의미를 해석하고, 그 적절성을 평가하는 매우 능동적이고 적극적인 인지 과정이다.

듣기는 흔히 듣기 행위에 개입되는 사고 수준에 따라 소리 듣기, 의미 듣기로 구분할 필요가 있다. '소리 듣기(hearing)'란 문자 그대로 외부에서 들려오는 물리적인 소리를 수동적으로 지각하는 활동으로 자신의 사전 경험이나 언어적·상황적 배경 맥락을 고려하지 않고 들려오는 말을 축자적으로만 이해하는 수준의 듣기이다. '듣기는 들었는데 무슨 말인지 모르겠다'는 반응이나 '듣기는 들었는데 건성으로 들었다'는 식의 듣기가 바로 이 '소리 듣기'에 해당된다. 이에 비해 '의미 듣기(listening)'는 주의를 기울여 소리를 지각하고 자신이 알고 있는 배경 지식과 관련하여 들은 정보를 조직화하고 해석하고 평가하는 일련의 인지적 과정으로 매우 능동적이면서도 적극적인 활동이라 할 수 있다. 이 의미 듣기는 하루아침에 되는 것이 아니라 적절한 교육과 훈련에 의해서 향상된다는 특징이 있다.

위에서 살펴본 '의미 듣기' 개념에서 미루어 짐작할 수 있는 바와 같이 '듣기'란 단순히 물리적, 생리적 현상이 아니라 그 이상의 의미를 내포하는 개념이라 할 수 있다. 이 듣기 개념은 시대와 관점에 따라 일련의 변천 과정을 거쳐 발전되어 왔다. 듣기 개념은 1950년대 이전에는 들은 정보를 단순히 기억하는 행위로 이해되어 오다가 1960년대 중반에 들어오면서 듣기가 단순한 기억 행위가 아니라 인지적인 사고 작용으로 이해되기 시작하였다. 이후 듣기 개념은 '청각기를 통해서 지각된 음성적 정보를 머리 속에서 의미로 변형하는 고도의 인지적 과정'으로 정의되면서 비로소 듣기 교육이 설 교두보를 마련하게 된다. 즉, 듣기 기능은 단순하게 소리를 듣는 수동적인 행위가 아니라 능동적인 고도의 인지적인 과정이기 때문에 듣기 교육을 통해 효과적으로 듣기 과정을 처리할 수 있는 사고 방법을 가르쳐야 한다는 것이다.

그러나 또한 듣기는 인지적 과정이면서 동시에 상대방과 더불어 함께 의미를 공유해 나가는 상호교섭적인 과정이기도 하다. 즉, 듣기는 구두 언어를 중심으로 한 역동적인 의사소통 상황속에서 이루어지기 때문에 결코 전달된 메시지를 청자 내부에서 일방적으로 이해하는 활동일 수만은 없다. 듣기는 상대방이 전달한 내용에 대해 끊임없이 피드백을 통해서 반응하는 양방향적인 활동이기 때문이다.

또 듣기의 개념 이해에서 꼭 필요한 것 중의 하나는 듣기가 선택적인 지각 과정을 바탕으로 한다는 점이다. 지각이란 외부 세계로부터 주어지는 자극을 감각기를 통해 수용하는 과정을 말한다. 즉 듣기란 들려오는 모든 정보를 있는 그대로 다 수용하는 것이 아니라 편향적으로 특정 정보만을 선택적으로 지각해서 수용하고 이해하는 과정이라는 점이다. 지각이 이루어지려면 우선 감각기를 통해 정보를 수신하는 과정을 거쳐야 하는데, 사람들은 청각기를 통해 수신된 메시지를 주의 집중을 통한 선택적 지각에 의해 자신의 경험이나 지식과 관련해 의미를 재구성하는 일련의 인지적 과정을 통해 조직화하고 해석하는 과정을 거쳐 '의미 듣기'를 하게 된다. 이러한 맥락에서 본다면 듣기 교육을 하는 목적은 언제 어디서나 잘 들을 수 있는 사람을 만드는 것에 두기보다는 실제적인 의사소통 상황 자체에서 필요한 정보를 잘 듣게 하는 데 두어야 할 것이다.

요컨대 이상의 논의를 바탕으로 한 '듣기'의 개념을 정리해 본다면 다음과 같다.

"듣기란 청자가 의사소통 상황에서 음성적으로 입력되는 정보를 선택적으로 지각하여 이를 머리 속에서 자신의 경험이나 지식과 관련지어 의미로 변형하고 재구성하는 일련의 인지적 과정이고, 상대방과 더불어 의미를 공유해나가는 상호교섭적인 과정이다."

② 듣기의 성격

듣기 기능의 본질적 성격은 크게 다음과 같이 정리될 수 있다.

첫째, 듣기는 읽기와 같은 언어 수용 활동이면서 동시에 읽기와는 구별되는 기능이라는 점이다. 듣기는 언어 이해를 중추 과정으로 하는 활동이라는 점에서 읽기와 마찬가지로 지각되는 정보를 청자의 경험이나 배경 지식과 관련지어 의미를 재구성하는 인지 과정을 바탕으로 하고 있다. 청자가 실제로 듣는 것은 언어도 의미도 아닌 음파로 된 말소리이다. 청자는 이 말소리를 단어로 바꾸고, 문장을 만들고, 또 일련의 문장들을 엮어 하나의 온전한 정보나 지식을 구성하는 것이다. 그러나 동시에 듣기는 읽기와는 다른 이해 기능이기도 하다. 문자 언어를 대상으로 하는 읽기에서는 글을 잘 이해하지 못했을 경우 얼마든지 앞부분으로 되돌아가서 읽는 등 독자 스스로가 읽기 과정을 조절할 수 있지만, 시·공간의 제약을 받는 구두 언어를 대상으로 하는 듣기에서는 화자가 제시한 내용을 처리할 수밖에 없다는 점에서 읽기와 구별된다.

둘째, 듣기는 구두 언어 활동을 대상으로 한다는 점이다. 듣기는 필자의 전달 내용에 의존하여 정보 이해가 일방적일 가능성이 큰 문자언어에 비해 화자와 청자가 서로 그 역할을 계속 교대해 가면서 이루어지는 구두언어를 대상으로 하기 때문에 상호 작용적 측면이 훨씬 더 강하다. 또 구두 언어는 청·화자가 '지금, 현재'라는 시간과 '바로 여기'라는 공간을 공유하기 때문에 강세, 어조, 억양, 말하기 속도, 음성 크기 등의 준언어적 특질(paralinguistic feature), 눈빛, 얼굴표정, 제스처, 자세, 침묵 등 비언어적인 특질(nonverbal feature)이 의미있게 작용하게 된다. 대개 구두언어는 문자 언어에 비해 정보 내용이 보다 구체적이고, 구조가 개방적이며, 사회적이고 정의적인 기능을 수행하는 측면이 강하다.

셋째, 듣기는 상대와 더불어 의미를 공유해 나가는 상호교섭적인 성격이 강하다는 점이다. 듣기는 이제까지 많은 사람들이 생각해 온 것처럼 그저 들려오는 소리를 일방적으로 수용하기만 하는 수동적인 행위가 결코 아니다. 듣기는 일방적으로 소리를 듣는 것에 그치는 것이 아니라 이해의 차원이 더해지는 고도의 인지적 과정이면서 동시에 상대방과 더불어 함께 의미를 공유해 나가는 양방향적인 과정이다. 듣기는 결코 전달된 메시지만을 이해하는 활동이 아니라 상대방이 전달한 내용에 대해 끊임없이 피드백을 통해서 반응하는 활동으로 의사소통의 중핵적인 부분을 이룬다. 대화적 상황은 물론이고 화자의 준비된 일방적인 말하기 상황(예를 들어 발표나 연설 등)에서도 청자의 듣는 태도는 그 자체로 화자에게 수많은 의미를 전달하게 된다. 청자가 적극적인 반응을 보이는지, 침묵하고 있는지, 고개를 끄덕이는지 등은 그 자체로 화자에게 많은 메시지를 표현하고 전달한다. 또 청자의 반응은 얼굴 표정, 고개 끄덕임, 침묵 등의 비언어적 태도로 나타날 수도 있지만 질문하기와 겉은 적극적인 언어 표현 행위로도 나타날 수 있다는 점에서 듣기 또한 표현 행위라 할 수 있다. 듣기를 말하기와 통합적으로 가르쳐야 하는 이유는 듣기도 또한 표현 행위이며, 듣기와 말하기가 동시에 발생하기 때문이다(임칠성, 1999).

넷째, 듣기는 문화적 배경을 바탕으로 한다는 점이다. 언어 활동은 사회 활동이고 인간적 만남의 활동이며 더 나아가 문화적 행위이다. 우리의 말 문화는 듣기의 언어적 이해보다는 인간과 인간의 만남의 방식, 혹은 더 넓게는 삶의 방식으로서의 문화적 측면을 더 강조하고 있기 때문이다. 우리말에서 '말을 잘 듣는다'는 표현은 언어적 메시지의 의미를 잘 파악한다는 것을 뜻하는 것이 아니라 '말대로 잘 따라 행동한다'는 실천적 의미를 지니는 것이다. 우리의 말 문화에서는 언어적 메시지보다는 화자의 인간성이나 화자와 청자의 관계를 더 중요하게 생각하였기 때문에 언어 외적인 요소들이나 듣는 태도를 중요하게 생각하였다(임칠성, 1999). 이러한 이유로 듣기 교육에서는 어떤 방식으로 듣는가 하는 태도도 중요한 교육의 대상으로 삼아야 할 것이다.

(2) 말하기의 개념과 성격

① 말하기의 개념

현대 사회에서 무엇보다 중요한 것은 정확하고 설득력있게 자신의 의사를 전달할 수 있으면서도 동시에 다른 사람들과 원만한 인간 관계를 맺을 수 있는 말하기 능력이다. 학교 교육에서 말하기 교육이 중요하다고 할 때, 우선 이 '말하기'가 무엇을 의미하는지에 대한 개념 정리가 선행되어야 할 필요가 있다.

인간의 의사소통 수단 가운데 가장 중요한 말하기는 '화자가 자신이 의도한 내용(의미)을 음성 언어(말)로 변형하는 인지적 과정'(노명완, 1992)이라 정의될 수 있다. 즉, 말하기란 화자가 지니고 있는 배경 지식, 담화 메시지와 관련된 선행 지식, 언어를 처리하는 방법이나 전략에 대한 지식 등 제반 여러 인지적 조건을 바탕으로 하여 표현하고자 하는 의미를 선정, 조직해서 그 내용을 선조적인 언어로 변형하는 의미구성 과정을 통해서 이루어지는 고등 사고 기능이라 할 수 있다. 그러나 말하기의 본질은 이렇게 인지적인 층위에서의 정의만으로는 제대로 드러나지 않는다. 쓰기와 다른 말하기의 본질은 무엇보다 구두 언어를 중심 매체로 한다는 바로 그 점에서 드러날 것이기 때문이다.

말하기는 시간과 공간을 초월해서 작동하는 문자 언어와 달리 시간과 공간을 공유하여 이루어지는 구두 언어를 매체로 하는 활동이기 때문에 화·청자간의 상호 작용이 보다 직접적으로 이루어진다. 이는 아래의 〈표 1〉에 정리되어 있는 바와 같이 정보의 내용이 보다 구체적이고, 구조가 개방적이며, 그 기능이 사회적이고 정의적이라는 점에서 손쉽게 확인된다. 노명완(1997: 7~8)에서는 이 구두 언어의 특성을 다음과 같은 '음성 언어와 문자 언어의 특징 비교'라는 표를 통해 정리하고 있다.

이 구두 언어의 성격은 또한 다음의 표 '가. 매체 및 상황'의 '4. 기능의 양태'에서 볼 수 있는 것처럼 언어적인 측면뿐만 아니라 비언어적·준언어적인 측면까지도 포함하게 된다.

〈표 1〉 음성 언어와 문자 언어의 특징 비교

비교의 관점 및 변인	음성 언어	문자 언어
가. 매체 및 상황 1. 전달 매체	구두 언어: 구두 언어 및 준언어(paralin-guistic) 요소의 활용 가능성(쉼, 강세, 어조, 억양 등).	문자 언어: 문자 언어 및 텍스트에 쓰이는 여러 요소 활용 가능(문장 부호, 문단 부호, 밑줄 등).
2. 시간적 상황	시간 공유('지금', '현재'): 화자와 청자의 공동 관점이 이해에 함께 영향.	시간 공유 없음: 필자의 관점이 독자의 관점과 다를 수 있음. 기록으로 시간 제약 초월.
3. 공간적 상황	공간 공유('여기'): 물리적 환경, 표정, 몸짓, 눈과 눈의 접촉 등 언어 이외의 여러 방법 활용 가능.	공간 공유 없음: 필자의 관점과 독자의 관점이 각기 다를 수 있음. 기록으로 공간 제약 초월.
4. 기능의 양태	언어적 및 비언어적 상호 작용: 상호 호혜적, 화자와 청자의 역할을 계속적으로 바꿈으로써 정보 생산 및 교환에서 피드백과 단서 이용이 큼.	필자의 전달 내용에 크게 의존하여 정보 이해가 일방적일 가능성 큼. 독자층에 대한 필자의 고려 정도에 따라 그리고 필자의 글 구성 전략에 따라 이해 과정에서 글에 나타난 단서 이용 정도가 다양.
나. 정보 5. 내용	대체로 구체적인 내용: 화자와 청자가 공유하는 정보. 내용 이해를 위한 기억 탐색, 인지적 노력이 크게 요구되지 않음.	대체로 추상적 내용: 필자와 독자 사이의 정보 공유 정도에 따라 큰 차이가 날 수 있음. 내용 이해를 위한 기억 탐색, 인지적 노력이 크게 요구됨.
6. 구조	대체로 개방적: 대화 상황에 민감. 생략, 반복, 중복이 허용됨. 선택 어휘의 적합성 요구가 낮음.	대체로 폐쇄적: 관습화된 글 구조. 글 안에서만 민감. 선택하는 어휘의 적합성 요구 높음.

비교의 관점 및 변인	음성 언어	문자 언어
7. 기능	화자와 청자 사이의 사회적, 정의적 관계에 따라 내용이 '나' 중심, '너' 중심 또는 '우리' 중심 구분 가능. 개인 감정 표현, 감정 이입 강함.	객관적 정보의 교환, 글과 독자와의 상호 작용: 특정 독자와의 직접 접촉이 아니므로 '해석'이 허용됨. 심미적 이해.
8. 내용의 양	대체로 적은 양의 내용을 상호 주고 받음.	대체로 많은 양의 정보를 일방적으로 제시, 수용.
9. 내용 제시에서 지켜야 할 규범	의사 소통의 목적에 부응: 내용의 참신성, 진실성, 적합성, 간명성, 상호 작용의 사회적 규범. 전달 매체인 '말'에는 크게 관심이 가지 않음. 표현 방법보다는 표현 내용에 더 관심.	의사 소통의 목적에 부응: 내용의 참신성, 진실성, 적합성, 간명성, 글이라는 산물의 '생산'에 대한 규범. 전달 매체인 '글'에 관심이 큼. 내용과 함께 표현 방법에도 관심이 큼.
다. 정보의 처리		
10. 처리의 인지적 부담	정보의 처리가 비교적 쉬움(심하게는 다른 일을 하면서도 말하기·듣기 병행 가능): 고등 정신 기능의 요구가 절대적이지는 않음. 그러나 기억력은 크게 요구됨. 한 번 들은 말 다시 들을 수 없음.	정보 처리가 쉽지 않음(다른 일을 하면서 읽기·쓰기 병행 불가능): 고등 정신 기능이 크게 요구됨. 그러나 기억력은 크게 요구되지 않음. 이미 읽은 부분이나 쓴 부분을 다시 볼 수 있음.
11. 처리 양식	대체로 자동적으로 처리됨: 화자는 말할 내용의 전체성 고려보다는 지엽적 내용의 연속에 이끌릴 가능성 많음. 따라서 말하거나 듣기는 전체성보다 지엽성, 연속성('그래서', '그 다음에는' 등)이 강함. 이미 말한 내용, 들은 내용 재점검 필요 적음.	대체로 비자동적으로 처리됨: 문장 부호를 비롯하여 낮은 수준의 문장 구조에도 의식적 주의 필요. 지엽적 세부 내용보다 전체 구성 파악이 더 중요. 이미 읽은 내용, 쓴 내용 재점검 필요.
라. 발달		
12. 학습 양식	공식적(자연 상황): 대체로 무의식 중에 획득. 학습의 책임은 자기 자신.	공식적(인위적 교육 상황): 대체로 의식적 노력. 학교 교육과정 중심. 교사 지도가 학습을 주도함.
13. 발달	화자 또는 청자로서의 언어 경험, 사회적 상호 작용 중요.	자연 언어 상황에서의 말하기, 듣기가 선행 조건임. 문자의 해독이 이해의 선행 조건임.

미국의 사회학자 앨버트 메러비안(Albert Meharabian)이 조사한 바에 의하면, 메시지 전달에서 말이 차지하는 비중이 7%, 목소리(음조, 억양, 크기) 등이 38%, 비언어적인 태도가 55%에 달한다고 한다. 이 주장을 그대로 받아들인다면 의사소통에서 언어적 메시지가 차지하는

비중은 겨우 7%밖에 되지 않는다는 말이 된다. 이러한 연구 결과는 인간의 몸짓 언어에 대한 과학적 연구를 집대성하여 동작학(kinesics)이라는 새로운 학문 분야를 창시한 버드휘스텔(Birdwhistell(1952))의 보고서에 의해서도 지지되고 있다. 버드휘스텔이 연구한 바에 의하면 의사소통시 동작언어가 전달하는 정보의 양이 65~70%에 해당되고 음성언어는 불과 30~35%의 정보만을 전달한다는 것이다. 정도의 차이는 있을지언정 이들의 주장을 받아들인다면 실제 의사소통에서 비언어적인 의사소통이 차지하는 비중은 언어적 의사소통이 차지하는 비중에 비해 훨씬 더 크다는 것을 알 수 있다. 비언어적 의사소통이란 문자 그대로 구두 언어를 통한 언어적 메시지를 제외한 나머지 모든 유의미한 의사소통을 가리킨다. 실제로 아이들이 언어를 습득해 나가는 과정을 관찰해 보면 아이들은 음성 언어보다 몸짓언어를 먼저 사용하고 있음을 알 수 있다. 거의 본능적으로 좋으면 고개를 끄덕이고 싫으면 고개를 가로젓는다. 뭔가를 달라는 뜻으로 손을 내어 뻗기도 하고, 구체적인 말을 배우기 이전 단계에서 이미 해당 언어의 억양과 같은 준언어적인 특질부터 배워 나간다.

구두언어로서의 말하기는 축자적인 언어 의미에 기초한 언어적 의사소통의 측면과 함께 화·청자와의 거리, 몸 자세, 몸짓, 얼굴 표정 및 눈빛 등의 비언어적 의사소통(non-verbal communication)의 측면, 쉼, 억양, 어조, 말의 속도 등의 준언어적(paralinguistic) 요소를 함께 포함한다. 이러한 비언어·준언어적 요소들은 언어적 의사소통을 보완, 대치, 강조하는 역할을 하게 된다(이창덕 외, 2000: 165).

이상의 논의를 바탕으로 말하기의 개념을 정의하면 다음과 같다. "말하기란 '화자가 자신이 의도한 내용(의미)을 음성언어로 변형하는 인지적 과정임과 동시에 화자와 청자가 시·공간을 공유하는 구두 언어의 특성을 바탕으로 상호 교섭하면서 함께 의미를 창조해 가는 과정'이다."

② 말하기의 성격

우리는 이제까지 말하기의 본질을 인지적인 측면과 구두 언어성을 바탕으로 한 상호교섭적인 측면에서 살펴보았다. 이러한 논의를 기반으로 말하기의 특성을 정리하면 다음과 같다.

첫째, 말하기란 결코 진공 상태 속에서 이루어지는 법이 없이 언제나 상대방에게 무엇인가 영향을 미치기 위한 목적을 중심으로 이루어진다는 점이다. 이 목적은 크게 정보 전달하기, 요청하기, 제안하기, 설득하기 등 상대방에게 직접적인 영향을 미치기 위한 '언행적 목적'과 상대와의 인간적인 유대 관계를 형성하고 유지해 나가기 위한 '관계적 목적'으로 나뉘어질 수 있다. 의사소통의 목적은 경우에 따라서 언행적 차원에 비중이 주어질 때도 있고, 관계적 차원에 좀더 비중이 주어질 수도 있겠지만 진정한 의미의 의사소통은 서로 다른 이 두 가지 층위의 목적을 동시에 추구하고 달성할 수 있을 때 이루어진다. 예컨대 어떤 사람이 상대방에게 의도했던 자신의 목적을 성공적으로 달성해 놓고도 상대방으로 하여금 불쾌함이나 섭섭함을 느끼게 했다면, 이 사람은 결코 바람직한 의사소통을 했다고 보기 어렵다. 인간의 의사소통이 기본적으로 인간 관계를 떠나서 성립될 수 없다는 것을 고려한다면 이 '관계적 목적'은 효과적인 의사 전달 및 이해라는 '언행적 목적' 못지 않게 중요한 의미를 지닌다. 이렇듯 말하기가 언제나 구체적인 발화 상황 속에서 일어난다는 점을 감안한다면 말하기는 구체적인 발화 상황에서 언어적으로 적절하게 대응하는 능력이라 할 수 있을 것이다.

둘째, 말하기는 듣기와 장면이 함께 이루어지는 통합성을 바탕으로 한다는 점이다. 듣기와 말하기의 통합성은 듣기와 말하기가 서로 교대로 이루어진다는 것을 의미하는 것이 아니라 듣기와 말하기가 동시에 이루어진다는 것을 의미한다. 즉, 말하는 사람은 말을 하면서 동시에 듣게 되고, 듣는 사람은 들으면서 동시에 말하게 된다는 의미의 통합이다. 화자는 말을 하면서 동시에 청자의 언어적. 비언어적 메시지를 해석하여 말하는 내용과 방법을 조정하고, 청자는 화자의 메시지를 해석하면서 의식적, 무의식적으로 그에 대해 반응한다. 이러한 맥락에서 볼 때, 듣기와 말하기는 분리된 기능으로 보기보다는 그 자체로 하나의 통합된 과정으로 보아야 할 것이다. 말하기의 과정에서 통합되는 것은 비단 듣기만이 아니라 장면 역시도 역동적으로 통합된다. 사람들은 말하기가 이루어지고 있는 장면을 해석하고, 그 해석에 따라 화법의 과정을 조정한다.

셋째, 말하기는 상황 의존성을 지닌다. 말하기는 언제나 구체적인 상황과 맥락 안에서 이루어지기 때문에 말로써 전달되는 언어적 정보 이면에는 반드시 일정량의 상황적 정보가 깔려 있게 된다. 상대가 누구인가에 따라 그 사람의 나이나 신분, 친소 관계 등을 고려하여 서로 다른 화계(話階)를 사용하여 말을 하는가 하면 발화 상황이 어떤 상황이냐에 따라 사용하는 말 전체를 달리하기도 한다. 집에서 가족과 하는 말, 학교에서 선생님과 하는 말, 친구들과 하는 말은 서로 다 다르다. 말하기는 이러한 상황 의존성을 지니는 까닭에 얼마나 정확하게 말하는가 이상으로 얼마나 적절하게 말하는가 하는 적절성이 중요하다.

넷째, 말하기는 자기 조정 과정이라는 점이다. 자기 조정이란 초인지(metacognition)를 사용하여 언어 활동 중에서 자신의 언어 사용 상황을 조절하는 것을 말한다. 말하기는 기계적인 기능의 집합이 아니라 상황에 대처하는 지적 활동이다. 능숙하게 말하기 위해서는 말하기 과정에 주체적으로 참여하여 상황을 판단하고 조절해 내는 능력이 필요하다. 다시 말하여 언어 사용 그 자체가 사고의 과정이기 때문에 사고를 효율적으로 하기 위해서는 언어 사용 그 자체를 끊임없이 점검하면서 상황을 조절하고 순간 순간 최적의 의사 결정을 해야 하는데 이것은 초인지에 의한 자기 조정 과정이 없으면 이루어질 수 없다.

다섯째, 말하기는 자신의 정체성을 바탕으로 이루어진다는 점이다. 말을 한다는 것은 말하고자 하는 내용을 상대방에게 전달하고 상대방과 더불어 함께 의미를 만들어가는 과정이기도 하지만 동시에 끊임없이 자신이 어떤 사람인지를 드러내는 과정이기도 하다. 대개 사람들은 이야기하고 있는 내용에만 초점을 둘 뿐 말하기 과정에서 자아가 어떻게 형성되고 변화해 가는지, 자아를 어떻게 드러내고 있는지에 대해서는 별로 의식하지 못하지만 자아를 드러내는 문제는 상대방과 어떤 관계를 맺는가 하는 관계적 측면에서 매우 중요한 의미를 지닌다.

여섯째, 말하기는 발달적 성격을 띤다는 점이다. 말하기 기능의 발달 정도는 개별 학습자들의 지각 능력 및 인지적 능력의 발달에 많이 의존하게 되는데, 학습자들의 발달 특성에 맞추어 적절한 시기에 말하기와 관련되는 여러 가지 지식, 기능, 태도 및 습관 등을 길러주지 않으면 말하기 기능상의 결손을 쉽게 보충해 줄 수 없게 된다. 따라서 학습자들의 발달 특성을 고려하면서 학습자들이 그들의 발달 수준에 맞게 말하기 기능을 계발하고 신장시켜 나갈 수 있도록 체계적으로 지도해 줄 필요가 있다.

3) 듣기 · 말하기의 과정

(1) 듣기의 과정

듣기는 말하기와 마찬가지로 화자, 청자, 메시지, 그리고 듣는 상황이라는 네 가지 요인을 전제로 하는 활동이다. 이 듣기는 청각적 예민성, 교육 경험과 배경 지식, 정의적 · 사회적 적응 정도, 듣는 환경, 듣는 태도, 내용의 어려움 정도, 화자의 목소리와 전달 방법 등 여러 요인들에 의해 영향을 받는다.

이 듣기는 단순히 소리를 듣는 것 이상의 활동으로 인간의 지각 과정과 밀접한 관련이 있다. 지각(perception)이란 문자 그대로 외부 세계로부터 주어지는 자극을 감각기를 통해서 수용하는 과정을 말한다. 지각이 일어나려면 우선 감각기를 통해서 정보를 수용하는 과정이 선행되어야 하는데 이러한 정보는 대개 감각적 자료나 단서의 형태로 유입된다. 그러나 사람들은 동일한 자극이 주어졌다고 해서 모두 동일하게 그 자극을 지각하지는 않는다. 인간은 절대로 정보를 일방적으로 받아들이기만 하는 수동적인 존재가 아니기 때문이다. 인간은 바깥 세계에서 진행되는 것들을 능동적으로 받아들이는 주체로서 무엇을 지각할 것인가를 스스로 선택해서 그것을 특정 구조나 틀로 조직화하고 해석하는 과정을 통해서 그 정보를 의미화한다. 이러한 맥락에서 본다면 인간의 지각 작용이란 실재하는 외부 세계를 마음 속에서 재구성해 내는 매우 심리적이고 인지적인 과정이라 할 수 있다.

듣기는 말소리를 듣는 단계에서부터 들은 내용에 대한 비판 및 감상에 이르기까지 여러 단계의 심리적 과정을 거친다. 이를 단계별로 나누어 정리하면 다음과 같다(노명완, 1997: 14~15).

① 정보 확인하기 단계

듣기의 첫 단계는 화자가 말한 내용에 주의를 기울이고 그 내용을 기억하는 것이다. 청자가 주의를 많이 기울이면 기울일수록 더 많은 내용을 기억할 수 있다. 이 단계에서는 주로 단어 하나하나의 의미를 확인하고, 모르는 단어의 의미는 문맥이나 상황에 기대어 추측하는 활동 등을 하게 된다.

② 내용 이해하기 단계

내용 이해를 위한 듣기란 말 속에 포함된 여러 가지 아이디어들 사이의 관계를 파악하고 이를 연결시키는 지적 작용을 말한다. 화자의 이야기를 전체적으로 이해하기 위해서는 청자는 무엇보다도 먼저 단편적인 정보들을 파악하고 이 정보들 사이의 관계를 연결짓는 일을 해야 한다. 이 단계에서는 자신의 경험이나 배경 지식을 바탕으로 들은 내용을 해석하기도 하고 미처 언급되지 않은 가정이나 다른 관련 내용을 추론하거나 예상되는 결과를 추측하기도 한다. 이 단계에서는 이야기 속에 나오는 내용의 연계성, 시간, 공간, 그리고 원인과 결과 관계를 파악하거나 내용을 비교·대조하고, 이야기 속의 중심 생각을 확인하는 활동 등을 수행하게 된다.

③ 내용 비판하기 단계

내용을 비판하기 위해서는 들은 내용을 분석하고 판단해야 한다. 청자는 표면적인 내용 뒤에 숨겨진 화자의 의도나 가치 등에 대하여 의문을 가지고, 말 속에 어떤 논리상의 모순이나 증거 불충분 또는 불합리한 점 등은 없는지를 탐구하는 자세로 내용을 분석하고 판단하게 된다. 이 단계에서는 주로 정보의 정확성, 타당성, 적절성을 평가하거나 사실과 추론, 가정, 의견을 구분하고 내용의 제한점이나 시사점을 도출하는 활동 등을 수행한다.

④ 내용 감상하기 단계

내용 감상하기는 듣기 기능 중에서 가장 상위 수준의 단계라고 말할 수 있다. 그러나 감상이 반드시 정보의 확인에서부터 비판 단계에 이르는 전과정을 모두 거친 후에 일어나는 것은 아니다. 감상은 첫 단계의 인지적 과정에서 일어날 수도 있고 듣기가 다 끝날 때까지도 아예 일어나지 않을 수도 있다. 감상하기 단계에서는 듣고 이해한 의미에 대한 가치판단이나 정서적 반응으로서의 변화 등이 이루어지게 된다.

한편, 로스(Ross, 1986)는 듣기를 지각하기, 해석하기, 이해하기, 반응하기로 설명하고 있는데, '반응하기'를 듣기의 한 부분으로 설정하고 있음을 주목해 볼 필요가 있다. '반응하기'는 이해의 과정이라기보다는 '이해에 대한 확인'의 과정, 즉 표현의 과정이라는 점에서 듣기의 다른 과정과는 질적으로 다른 특성을 지니고 있다. 그러나 듣기가 말하기 과정과 상호교섭적으로 이루어지면서 의미가 형성됨을 고려한다면 이 '반응하기' 과정이야말로 듣기와 말하기를 의사소통의 연속적 과정으로 연결해 주는 매우 중요한 단계(전은주, 1999)로 인식해야 할 것이다.

(2) 말하기의 과정

말하기란 자신이 의도한 내용을 음성적 언어수단으로 변형해서 표현하는 심리적 과정이라 할 수 있다. 이 말하기의 심리적 과정은 크게 '계획하기', '말할 내용 생성하기', '조직하기', '표현·전달하기', '조정하기'의 단계로 나눌 수 있다.

① 계획하기 단계

모든 말하기 행위는 진공 상태에서가 아니라 언제나 구체적인 상황 맥락 안에서 이루어진다. 따라서 효과적으로 말하기 위해서는 계획하기 단계에서 무엇보다 수사적인 맥락-즉, 언제, 어디에서, 누구에게, 어떠한 목적으로 이야기하는가, 상대방과는 어떤 관계인가, 상대방의 요구와 기대는 무엇인가 등-을 고려해야 할 필요가 있다.

특히 연설 등의 대중 화법의 경우라면 청중의 수준, 지식 정도, 요구, 태도 등을 면밀히 분석하는 일이 무엇보다 중요하다. 화자가 아무리 좋은 의도와 주제를 가지고 준비해서 말하더라도 듣는 사람이 그렇게 받아들이지 않으면 소기의 성과를 거둘 수 없기 때문이다. 또한 효과적인 말하기를 위해서는 어떠한 목적으로 말하려는 것인가에 대한 것부터 분명하게 정리해 둘 필요가 있다. 목적이 분명해야 말할 내용의 주제가 명확해질 수 있기 때문이다.

② 말할 내용 생성하기 단계

말할 내용 생성하기 단계에서는 자신이 의도하는 바를 제대로 표현하기 위해 자신이 가진 배경지식을 활성화시켜야 한다. 글쓰기의 경우와 마찬가지로 말하기에서 많은 사람들이 자신의 의견이나 주장을 분명하게 밝히지 못하는 가장 큰 이유는 주제와 관련된 화자의 배경 지식이 충분하지 못하기 때문이다. 대개 말할 내용의 생성은 주제와 관련된 화자의 배경 지식에 의해 크게 좌우된다. 만일 말할 내용의 생성과 관련되는 배경지식이 부족할 경우에는 관련 자료를 참고하거나 브레인스토밍, 전문가와의 협의 등의 방법을 통해서 필요한 정보와 자료를 탐색해야 한다.

이 단계에서 특히 유용한 배경지식 활성화 방법은 관련 자료를 수집하고 정리하는 것이다. 말하기의 구체적인 목적과 주제가 설정되면 이와 관련된 자료들을 수집하고 취사선택해야 하는데 이때 메시지의 핵심적 내용을 청중이 쉽게 이해하고 기억할 수 있도록 그것을 뒷받침할 수 있는 자료들을 중심으로 선정하여 정리하는 것이 중요하다.

③ 조직하기 단계

효율적인 말하기를 위해서는 생성된 아이디어를 주어진 상황이나 목적, 대상에 적합하게 말할 내용을 잘 조직화할 수 있어야 한다. 아이디어를 조직화하는 방법으로는 주제에 따라 다르겠지만 대개 시간적 순서에 의한 방법, 공간적 순서에 의한 방법, 논리적 방법, 난이도별 방법, 점층식 방법, 문제 해결식 조직 방법 등이 있다. 또 논리적 조직 방법에는 다시 비교와 대조에 따른 조직하기, 예시, 논증, 원인과 결과 관계에 따른 조직하기 등을 들 수 있다.

대개 서론에서는 말하는 이가 이야기하려는 화제에 대해 청중의 주의를 끌면서 흥미와 관심을 유발하고, 청중과 우호적인 관계를 수립하여 청중으로 하여금 말하는 이의 이야기를 듣고자 하는 자세를 갖게 하는 것이 중요하다. 이를 위해서는 이야기의 목적, 동기, 범위 등을 밝혀주거나 내용의 요점 등을 간단히 요약해 주는 것이 좋다. 아울러 결론의 내용을 조직화할 때는 본론의 요점을 간단히 요약하고 강조함으로써 청중이 내용을 명확하게 이해하고 기억할 수 있도록 하는 것이 중요하다.

④ 표현·전달하기 단계

아무리 훌륭한 내용이라도 제대로 표현되고 전달되지 않으면 소용이 없다. 말하기에서 가장 유의해야 할 점은 효과적이고 정확한 표현 방법을 알고 이를 수행하는 것이다. 말하기에서 효과적인 표현과 전달은 정확하고 명확한 발음, 적절한 어휘의 선택, 어법에 맞는 표현, 적절한 내용 배열 및 강조 등을 통해 이루어진다. 또한 말하기의 상황, 화제, 청중, 메시지 내용 등에 맞게 손, 팔, 머리, 어깨, 얼굴, 눈과 몸 전체 등의 몸짓 언어를 적절하게 활용하면서 개방적인 태도로 자신의 입장이나 관점을 상대방에게 전달하는 것이 매우 중요하다.

⑤ 조정하기 단계

말하기 과정이 가지는 가장 큰 특징은 모든 과정이 담화 환경의 지배를 받으면서 순차적으로 이루어지기보다는 동시에 이루어진다는 점이다. 이러한 말하기 과정은 초인지(meta-cognition)에 기초한 조정하기 단계에 의해서 적절하게 통제된다. 이 조정하기 단계가 있음으로 해서 화자는 말하기 과정을 점검할 수도 있고 각 하위 단계들을 필요에 따라 자유롭게 조절할 수도 있게 되고 각 단계별로 필요한 전략들을 탐색하고 수행하고 평가할 수 있게 된다.

2. 듣기 · 말하기 교육의 목표와 내용

1) 듣기 · 말하기 교육의 목표

듣기 · 말하기 교육의 궁극적 목표는 학습자의 음성 언어 의사소통 능력을 함양하는 것이다. 그러나 음성 언어 의사소통 능력이나 화법 개념을 어떤 관점에 바라보는가에 따라 듣기 · 말하기 교육의 목표는 달라질 수밖에 없다. 예컨대 화법 교육이 정확하고 효과적인 듣기 · 말하기 사용의 원리와 방법을 익혀서 원활한 의사소통을 할 수 있는 실제적인 능력을 함양해 주는 것이라 생각하는 교사라면 의사소통에 필요한 효율적인 듣기 · 말하기 전략과 기능을 신장하는 데 교육의 목표를 둘 것이고, 화법 교육이 정확하고 규범적인 언어를 사용할 수 있는 능력을 길러주는 것이라 생각하는 교사라면 표준어와 표준 발음, 호칭, 어법에 맞는 말하기 교육에 목표를 둘 것이다. 이렇게 듣기 · 말하기 교육의 목표는 화법을 바라보는 관점이나 접근법에 따라 차이가 있으며, 학자마다 화법 교육을 각기 다른 관점에서 바라보고 있다.

민병곤(2006)은 화법 교육에 접근하는 관점을 다음과 같이 크게 다섯 가지로 나누고 있다.

형식적 관점 - 듣기·말하기 교육은 표준어와 표준 발음, 어법 등 정확하고 규범적인 음성 언어를 사용할 수 있는 능력을 길러주는 것이다.

기능적 관점 - 듣기·말하기 교육은 의사소통 목적을 달성하는 데 요구되는 효과적인 음성 언어 의사소통 능력을 길러주는 것이다.

전통문화적 관점 - 듣기·말하기 교육은 그 사회의 공동체가 전승해 온 화법 문화를 내면화하는 것이다.

비판적 관점 - 듣기·말하기 교육은 비판적 사고 능력을 바탕으로 언어를 통해 자신들의 말하기 문화와 환경을 비판적으로 이해하고 조망하는 능력을 기르는 것이다.

개인의 성장 관점 - 듣기·말하기 교육은 개인이 자아를 발견하고 대인 의사소통을 통해 사회 구성원으로 성장해 나가는 데 필요한 습관과 태도를 형성하는 것이다.

전은주(1999)에서는 말하기·듣기 교수-학습에서 이루어야 할 일반 목표를 듣기와 말하기 영역으로 나누어 다음과 같이 제시하고 있다.

(1) 듣기 교육의 목표

담화 상황과 목적에 맞게 효과적으로 들을 수 있다.

경청의 방법에 대해 이해하고 이를 적용하여 적극적 듣기를 할 수 있다.

듣는 동안 자신의 사고 과정을 조절할 수 있다.

담화의 관계적 목적을 이루기 위해 잠재적 화자로서의 역할을 수행할 수 있다.

(2) 말하기 교육의 목표

담화 상황과 목적에 맞게 적절하고 효과적으로 말할 수 있다.

담화 과정을 통해 의사소통의 언행적 목적과 관계적 목적을 이룰 수 있다.

자신감있게 말할 수 있다.

말하기 과정에서 자신의 사고 과정을 조절할 수 있다.

전은주(1999)의 논의는 이상적인 청·화자의 요건을 분석적으로 반영하여 실제적인 말하기·듣기 교육 상황에서 활용가능한 현실적인 목표를 정리하여 제시한 것으로 평가된다.

그런가 하면, 이도영(2006)에서는 음성 언어 의사소통 능력 신장이라는 화법 교육의 목표를 다시 개인·심리적 차원, 사회·문화적 차원, 윤리적 차원, 예술적 차원으로 나누어 다음과 같이 제시하고 있다.

개인·심리적 차원: 개인이 가지고 있는 생각을 정확하고 효과적으로 표현하는 것

사회·문화적 차원: 다른 사람과의 올바른 관계 형성과 대화를 통한 문제 해결, 말하기를 통해 다른 사람과 영향을 주고 받으면서 학생들이 올바로 성장할 수 있도록 도와주는 것

윤리적 차원: 우리의 말 문화를 이해하고 실천하는 것

예술적 차원: 말하기를 통해 즐거움을 느끼는 것

또한 류성기(2009)에서는 말하기·듣기 교육의 근본적인 지향이 올바르게 말하고, 올바르게 들으며, 나아가 인간다운 삶을 지향하고, 궁극적으로 인간을 널리 이롭게 하는 홍익인간의 교육, 창의적 사고력을 신장시켜 주기 위한 말하기·듣기 교육, 탐구 능력 신장 중심의 말하기 듣기 교육, 문화 창조의 말하기 듣기 교육이어야 함을 주장하고, 이러한 관점들에 기반해 말하기 듣기 교육의 목표를 다음의 6가지로 정리하고 있다.

상호 관계에 바탕을 두고 올바르게 말하고 듣게 한다.

말하기 듣기에 대한 기본적인 지식을 익히게 한다.

정확하고 효과적인 말하기 듣기 사용의 원리와 방법을 익혀 창의적으로 이해하고 표현하는 말하기 듣기 활동을 하도록 한다.

사고 과정을 조절하면서 말하기 듣기 활동을 하도록 한다.

말하기 듣기의 세계에 흥미를 가지고 음성언어 현상을 탐구하게 한다.

말하기 듣기 활동의 소중함을 알고, 음성 언어의 발전과 음성 언어 문화 창조에 이바지할 수 있는 능력과 태도를 기른다.

노명완 외(2012)에서는 말하기 교육의 목표를 우리 조상들이 말하기 목표를 인격 형성에 두었던 고전적 목표와 말을 정확하고 효과적으로 표현하는 능력을 길러줌으로써 삶의 품격을 높이고 더 나아가 문화 창달에 이바지할 수 있는 현실 목표 차원에서 정리하고, 이를 바탕으로 우리가 지향해야 할 말하기 교육의 목표로 상황에 맞게 말할 내용을 잘 선정하고 구성하여 표현할 줄 아는 표현력 신장, 창의성 계발, 예절바른 말하기 태도와 올바른 말하기 습관 형성,

말하기 문화 고양을 강조하였다.

위에서 제시한 여러 학자들의 논의는 듣기와 말하기의 본질적인 개념과 본질에 비추어 각기 나름의 교육적 타당성을 지니는 것들이므로 이러한 제반 관점을 통합하는 차원에서 듣기와 말하기 교육의 목표를 설정하는 것이 바람직할 것이다.

2015 개정 국어과 교육과정에서는 듣기와 말하기 교육의 목표를 별도로 제시하지 않고 하위 영역의 구분없이 초·중·고 공통 과목 '국어'의 목표를 다음과 같이 제시하고 있다(교육부 2015:4).

> 국어로 이루어지는 이해·표현 활동 및 문법과 문학의 본질을 이해하고, 의사소통이 이루어지는 맥락의 다양한 요소를 고려하여 품위 있고 개성 있는 국어를 사용하며, 국어문화를 향유하면서 국어의 발전과 국어문화 창조에 이바지하는 능력과 태도를 기른다.
>
> 가. 다양한 유형의 담화, 글, 작품을 정확하고 비판적으로 이해하고 효과적이고 창의적으로 표현하며 소통하는 데 필요한 기능을 익힌다.
> 나. 듣기·말하기, 읽기, 쓰기 활동 및 문법 탐구와 문학 향유에 도움이 되는 기본 지식을 갖춘다.
> 다. 국어의 가치와 국어 능력의 중요성을 인식하고 주체적으로 국어 생활을 하는 태도를 기른다.

이와 같은 국어과 교육의 목표에 따라 듣기·말하기 영역의 목표를 추출해 보면, 다음과 같다.

> 듣기·말하기 활동에 대하여 총체적으로 이해하고 음성 언어 의사소통이 이루어지는 맥락을 고려하여 정확하고 효과적으로 듣고 말할 수 있는 능력과 태도를 기르는 것이다.

즉, 현행 교육과정의 말하기·듣기 영역의 교육 목표는 크게 듣기·말하기의 본질, 담화의 유형, 맥락 등 음성 언어 의사소통에 관한 지식을 익히고, 다양한 유형의 담화 상황을 이해하여 내용을 창의적으로 이해하고 이를 효과적으로 표현하는 데 필요한 기능을 익히며, 듣기와 말하기의 가치와 중요성을 인식하고 효과적인 듣기 · 말하기에 필요한 올바른 태도를 함양하는 데 있음을 알 수 있다. 요컨대, 초등학교 듣기와 말하기 영역의 교육은 크게 듣기와 말하기의 개념과 본질에 기반한 음성 언어 의사소통에 관한 제반 지식을 익히는 인지적 영역의 목표, 다양한 유형의 담화 상황을 이해하고 적절하고 효율적으로 표현할 수 있도록 교육하는 기능적 영역의 목표, 우리 삶 속에서 듣기와 말하기가 지니는 중요성을 이해하고 올바른 말하기 · 듣기 태도를 갖도록 교육하는 정의적 영역의 목표를 중심으로 균형있게 이루어져 있다 할 것이다.

2) 듣기 · 말하기 교육의 내용 체계

듣기 · 말하기 영역의 궁극적인 교육 목표는 학생들의 음성언어 의사소통 능력을 함양하는 데 있다. 국어과 교육과정에서는 이러한 듣기 · 말하기 영역에서 어떤 내용을 지도해야 하는 가를 내용 체계표를 통해서 제시해 주고 있다. 국가 수준의 국어과 교육과정의 '내용 체계'는 성취 기준을 선정하는 준거의 기능을 하는데, 2015 개정 교육과정은 2009 개정 국어과 교육과정에 비해서 '내용 체계' 면에서 큰 변화를 보여주고 있다.

2009 개정 국어과 교육과정에서는 다음의 〈표 2〉에서 보는 바와 같이 듣기와 말하기의 교육 내용 체계를 '실제', '지식', '기능', '태도'를 중심으로 구성하고 있다. 국어 교육이 구체적인 담화와 글을 수용하고 생산하는 활동을 지향해야 한다는 관점에서 '실제' 범주를 상위 범주(1차 조직자)로 설정하고 내용 요소 범주(지식, 기능, 태도)를 실제 범주의 지배를 받는 하위 범주(2차 조직자)로 설정하였다. 2009 개정 국어과 교육과정에서 '실제' 범주는 성취 기준 선정 범주에 해당하는데, 다양한 목적의 듣기 · 말하기와 매체 사용에 초점을 두어 구성하였다. 이 가운데 '정보 전달', '설득', '친교 및 정서 표현'은 다양한 목적의 듣기 · 말하기를 기준으로 설정한 것이고, '매체'는 듣기 · 말하기가 이루어지는 상황을 고려하여 설정한 것이다. '지식', '기능', '태도'는 내용 요소 선정 범주에 해당하며, 내용 요소는 담화와 글의 수용과 생산 활동에서 요구되는 세부적인 지식, 기능, 태도를 의미한다.

'지식' 범주는 '듣기 · 말하기의 본질과 특성', '듣기 · 말하기의 유형', '듣기 · 말하기의 맥락' 등 듣기 · 말하기에 대한 지식 요소를 강조하고 있다. '기능'은 담화의 수용 · 생산 활동에 관여하는 사고의 절차나 과정을 중심으로 한 상황 이해와 내용 구성, 표현과 전달, 추론과 평가, 상호 작용과 관계 형성, 초인지를 강조하는 듣기 · 말하기 과정의 점검과 조정의 요소를 아우르고 있다. '태도' 범주는 듣기 · 말하기 활동의 언어 사용과 실천에 수반되는 정의적인 요소들

-가치와 중요성, 동기와 흥미, 공감과 배려, 듣기·말하기의 윤리-을 포함하고 있다.

<표 2> 2009 개정 국어과 교육과정의 듣기·말하기 영역의 내용 체계

실제
다양한 목적의 듣기·말하기 - 정보를 전달하는 말 - 설득하는 말 - 친교 및 정서 표현의 말 듣기·말하기와 매체

지 식	기 능	태도
듣기·말하기의 본질과 특성 듣기·말하기의 유형 듣기·말하기와 맥락	상황 이해와 내용 구성 표현과 전달 추론과 평가 상호 작용과 관계 형성 듣기·말하기 과정의 점검과 조정	가치와 중요성 동기와 흥미 공감과 배려 듣기·말하기의 윤리

2015 개정 국어과 교육과정의 듣기·말하기 영역의 내용 체계는 다음 <표 3>과 같이 1-10학년에 이르기까지 듣기·말하기 영역에서 지도해야 할 내용을 각각 가로축과 세로축으로 나누어 제시함으로써 교육 내용의 수평적, 수직적 위계를 보다 체계적으로 보여주고 있다.

<표 3> 2015 개정 국어과 교육과정의 듣기·말하기 영역의 내용체계표

핵심 개념	일반화된 지식	학년(군)별 내용 요소					기능
		초등학교			중학교 1~3학년	고등학교 1학년	
		1~2학년	3~4학년	5~6학년			
듣기·말하기의 본질	듣기·말하기는 화자와 청자가 구어로 상호 교섭하며 의미를 공유하는 과정이다.			구어 의사소통	의미 공유 과정	사회·문화성	맥락 이해·활용하기 청자 분석하기 내용
목적에 따른 담화의 유형 정보 전달 설득	의사소통의 목적, 상황, 매체 등에 따라 다양한 담화 유형이 있으며, 유형	인사말 대화 [감정표현]	대화 [즐거움] 회의	토의 [의견조정] 토론[절차 와 규칙,	대화[공감과 반응] 면담 토의[문제 해결] 토론[논리적 반박]	대화 [언어예절] 토론 [논증 구성]	생성하기 내용 조직하기 자료·매체

핵심 개념	일반화된 지식	학년(군)별 내용 요소					기능
		초등학교			중학교	고등학교	
		1~2학년	3~4학년	5~6학년	1~3학년	1학년	
친교·정서 표현 듣기·말하기와 매체	에 따라 듣기와 말하기의 방법이 다르다.			근거 발표 [매체활용]	발표내용 구성 매체 자료의 효과	협상	활용하기 표현·전달하기 내용 확인하기 추론하기 평가·감상하기 경청·공감하기 상호 교섭하기 점검·조정하기
듣기·말하기의 구성 요소 화자·청자·맥락 듣기·말하기의 과정 듣기·말하기의 전략 표현 전략 상위 인지 전략	화자와 청자는 의사소통의 목적과 상황, 매체에 따라 적절한 전략과 방법을 사용하여 듣기·말하기 과정에서의 문제를 해결하며 소통한다.	일의 순서 자신 있게 말하기 집중하며 듣기	인과 관계 표정, 몸짓 말투 요약하며 듣기	체계적 내용 구성 추론하며 듣기	청중 고려 말하기 불안에의 대처 설득 전략 분석 비판하며 듣기	의사소통 과정의 점검과 조정	
듣기·말하기의 태도 듣기·말하기의 윤리 공감적 소통의 생활화	듣기·말하기의 가치를 인식하고 공감·협력하며 소통할 때 듣기·말하기를 효과적으로 수행할 수 있다.	바르고 고운 말 사용	예의를 지켜 듣고 말하기	공감하며 듣기	배려하며 말하기	담화 관습의 성찰	

〈표 3〉에서 보는 바와 같이, 내용 체계표의 가로축에는 듣기·말하기 영역 고유의 주요 개념이나 가치, 내용을 '핵심 개념'으로 설정하고, 이 핵심 개념을 간명하게 정의해 주고 있는 '일반화된 지식', '학년(군)별 내용 요소', 각 학년(군)별 내용 요소를 학습했을 경우 학습자가 가질 수 있는 국어적 능력을 압축적으로 보여주고 있는 '기능'들의 목록을 제시해 주고 있다. 또한 표의 세로축에는 기본 항목으로 설정한 '핵심 개념'을 중심으로 듣기·말하기와 관련된 개념적 지식에 해당하는 '본질', 정보 전달, 설득, 친교·정서 표현과 같은 '목적에 따른 담화의 유형'과 '매체', 듣기·말하기 수행과 관련된 교육 내용을 아우르는 '듣기·말하기의 구성 요소', '과정', '전략', 그리고 정의적 교육 내용을 담고 있는 '태도'와 같이 전통적으로 듣기·말하기 영역의 주요 교육 내용으로 인식되어 오던 것들을 핵심적으로 요약하여 제시하고 있다. 이러한 핵심 개념들은 '학년(군)별 내용 요소' 전체를 통어하면서 균형 있는 교육 내용의 구성과 배치, 교육 내용의 학년 간 연계성을 확보해 주는 준거 역할을 할 수 있도록 구조화되어 있다. 〈표 3〉에 제시된 '학년(군)별 내용 요소'는 해당 학년(군)에서 집중적으로 다루되, 학년(군)간 연계성을 바탕으로 다른 학년(군)에서도 융통성 있게 다룰 수 있도록 하였다.

3) 듣기·말하기 교육과정상의 지도 내용

(1) 성취 기준 위계화의 원리

교육 내용의 위계화는 보편적으로 '단순한 내용에서 복잡한 내용으로', '친숙한 내용에서 친숙하지 않은 내용으로', '부분에서 전체적 내용으로(또는 전체에서 부분적인 내용으로)', '선수학습에 기초해서 그 다음 학습으로', '구체적인 개념에서 추상적인 개념으로' 이루어진다.

민현식(2002)은 교육 내용을 단순한 것부터 가르치도록 배치하는 '복잡성', 학습자가 배우기 쉬운 것을 고려하는 '학습 가능성', 교수자가 가르치기 쉬운 것을 고려하는 '교수 가능성'을 고려해야 함을 주장하고 있다. 이관규(2004)에서는 '가치성, 단순성, 학습 가능성, 교수 가능성'을 제시하고 있다. 이관규(2004)에서는 '가치성' 원리를 추가하고, 이 '가치성'이 그 어떤 것보다 우선되어야 하며, 학습자 눈높이에 맞는 교수-학습이 되기 위해서는 '교수 가능성'보다는 '학습 가능성'에 더 큰 가치를 부여해야 함을 주장하였다.

2015 개정 국어과 교육과정 듣기·말하기 영역에서는 지도해야 할 내용을 학년(군)에 따라 초등학교 1-2학년, 3-4학년, 5-6학년, 중학교 1-3학년, 고등학교 1학년으로 단계화하여 '성취 기준'으로 제시하였다. 또한 성취 기준과 관련된 내용의 범위와 수준을 명료하게 제시한 '학습 요소', 성취 기준 설정의 취지나 학습 요소에 대한 상세한 설명이 필요한 경우에 한하여 제시해 주고 있는 '성취 기준 해설', '교수-학습 방법 및 평가 방법에 관한 유의 사항', '국어 자료의 예'를 함께 제시하였다. 모든 성취 기준의 내용과 '국어 자료의 예'는 학습자의 요구와 수준에 따라 통합적 관점에서 내용의 위계성과 학습의 계열성을 고려하여 창의적으로 재구성하여 활용할 수 있도록 하고 있다.

2015 개정 국어과 교육과정의 듣기·말하기 영역의 성취 기준은 학습자의 수행을 강조하여 학습자가 구어 의사소통에서 다양한 담화를 효과적으로 수행하는 데 필요한 내용 요소를 학년(군)별로 담화 유형을 중심으로 제시하고 있다는 점이 특기할 만하다. 성취 기준을 담화 유형별로 살펴보면, 학습자의 인지적 발달 단계와 연령별 지식 습득 방식을 고려하여 초등학교 단계부터 고등학교에 이르기까지 대화, 회의, 토의, 토론, 발표(매체 활용), 협상과 같이 다양한 담화 유형과 매체가 교육 내용 요소로 편입되어 있음을 알 수 있다. 초등학교의 경우, 1-2학년은 인사말과 대화, 3-4학년은 대화와 회의, 5-6학년은 토의와 토론, 발표(매체 활용) 담화를 중심으로 교육하도록 되어 있다.

이 가운데 특히 교육적으로 중요도가 높은 대화, 토의, 토론과 같은 담화 유형은 초등학교는 물론 중학교와 고등학교 수준에서도 반복적으로 심화 확대하여 교육할 수 있도록 내용 구성을 하되, 교육 내용을 위계화하여 제시하고 있어 특기할 만하다. 예컨대, '대화' 담화 유형은 일상 생활에서의 대화의 중요성을 고려하여 1-2학년군부터 10학년까지 지속적으로 교육하도록 하되, '감정 표현(초등 1-2학년)   즐거움(초등 3-4학년)   공감(초등5-6학년)   공감과 반응(중학교 1-3학년)   언어 예절(고등학교 1학년)'과 같이 지속적으로 심화 확대하여 교육함으로써 학습자들의 대인 관계 능력을 점진적으로 신장할 수 있도록 교육 내용을 구조화하고 있음을 확인할 수 있다. 또한 '토론' 교육도 내용의 위계를 '절차와 규칙, 근거(초등5-6학년)   논리적 반박(중학교 1-3학년)   논증 구성(고등학교 1학년)'과 같이 학년(군)별로 학습 내용을 반복 심화할 수 있도록 배열함으로써 교육 내용의 위계성과 연계성을 확보하고 있다.

또한 2015 개정 국어과 교육과정에서는 듣기·말하기 영역의 수행성 확보를 위해 담화 유형별 교육뿐만 아니라 듣기·말하기의 구성 요소, 과정, 전략, 태도에 관한 내용을 학년(군)별 위계를 고려하여 제시하고 있다.

듣기의 경우, '말하는 이와 말의 내용에 집중하며 듣는다'(초등 1-2학년)   '내용을 요약하며 듣는다'(초등 3-4학년)   '드러나지 않거나 생략된 내용을 추론하며 듣는다'/ '상대가 처한 상황을 이해하고 공감하며 듣는 태도를 지닌다'(초등 5-6학년)와 같이 듣기 교육 내용을 '집중하며 듣기   요약하며 듣기   추론하며 듣기/ 공감하며 듣기'와 같이 학년별로 위계화하여 제시하고 있다.

말하기의 경우, '말할 내용 생성 및 조직'에 대한 교육 내용을 중심으로 '일이 일어난 순서를 고려하여 듣고 말한다'(초등 1-2학년)   '원인과 결과의 관계를 고려하여 듣고 말한다'(초등 3-4학년)   '자료를 정리하여 말할 내용을 체계적으로 구성한다'(초등 5-6학년)와 같이 학년(군)별로 '서사 조직 사용하여 말할 내용 구성'   '인과 조직 사용하여 말할 내용 구성'   '자료 정리하여 말할 내용 구성'과 같은 순서로 위계화하여 제시하였다. 또한, '표현'과 관련해서는 '바른 자세로 자신있게 말하기'(초등 1-2학년)   '적절한 표정, 몸짓, 말투로 말하기'(초등 3-4학년)   '매체 자료 활용하여 말하기'(초등 5-6학년)와 같이 교육 내용을 위계화하여 제시하였다.

(2) 학년군별 영역 성취기준

[1~2학년군]

초등학교 1-2학년 듣기·말하기 영역 성취기준은 학습자가 학교생활에 적응하면서 다른 사람과의 상호 작용에 필요한 기초적인 듣기·말하기 능력을 갖추는 데 중점을 두어 설정하였다. 다른 사람의 말을 경청하고 자신의 감정이나 경험을 자신 있게 말하는 활동을 바탕으로 하여 듣기·말하기의 습관과 태도를 바르게 형성하는 데 주안점을 둔다.

[영역 성취 기준]
[2국01-01] 상황에 어울리는 인사말을 주고받는다. [2국01-02] 일이 일어난 순서를 고려하며 듣고 말한다. [2국01-03] 자신의 감정을 표현하며 대화를 나눈다. [2국01-04] 듣는 이를 바라보며 바른 자세로 자신 있게 말한다. [2국01-05] 말하는 이와 말의 내용에 집중하며 듣는다. [2국01-06] 바르고 고운 말을 사용하여 말하는 태도를 지닌다.

(가) 학습 요소

인사말 주고받기, 일의 순서 이해하기, 대화하기(감정 표현), 자신 있게 말하기, 바른 자세로 말하기, 주의 집중하며 듣기, 바르고 고운 말 사용하기

(나) 성취기준 해설

[2국01-01] 이 성취 기준은 생활 속에서 상황에 맞는 인사말을 주고받음으로써 타인과 원만한 관계를 형성하는 능력을 기르기 위해 설정하였다. 학교생활에 적응할 때에도 자연스러운 인사말이 필요하고, 집을 나서거나 집으로 돌아올 때, 사람을 만나거나 헤어질 때, 처음 만나는 사람끼리 자기 소개를 할 때, 상대방에게 고마운 마음을 드러낼 때 등 상황에 따라 주고받는 인사말이 다르다. 학습자가 처할 수 있는 여러 상황별로 어울리는 인사말을 이해하고 연습하는 데 중점을 둔다.

[2국01-03] 이 성취 기준은 대화를 나눌 때 자신의 감정을 적절하게 표현함으로써 타인과의 관계를 유지하고 발전시키는 능력을 기르기 위해 설정하였다. 자신의 감정을 이해하고 상황에 적절하게 감정을 표현하는 것은 자기를 이해하고 대인 관계를 형성하는 데 도움이 된다는 점을 알도록 하고, 기쁨, 슬픔, 사랑, 미움 등 다양한 종류의 감정을 자연스럽게 표현하도록 하는 데 중점을 둔다.

[2국01-05] 이 성취 기준은 바른 듣기 방법과 태도를 배우고 연습함으로써 말하는 이를 존중하고 말의 내용을 정확하게 이해하는 능력을 기르기 위해 설정하였다. 말하는 이와 말의 내용에 주의를 집중하여 듣는 것을 내용을 이해하기 위해서 필요할 뿐 아니라 상대

를 배려하며 듣는 태도의 문제이며 언어 예절과도 관계가 있다. 눈 맞춤, 고개 끄덕임 등의 반응을 보임으로써 상대방의 말에 집중하며 듣고 있음을 상대가 알도록 하는 데 중점을 둔다.

(다) 교수 - 학습 방법 및 유의 사항

일상생활에서 자연스럽게 이루어지는 대화 상황이나 학교에서 이루어지는 교사 및 또래 집단과의 상호 작용 상황을 선정하여 듣기 · 말하기 활동이 이루어지도록 한다.

듣기 활동을 지도할 때에는 학습자의 흥미와 관심을 고려하여 이야기 구조가 있는 담화 를 선정하고 교사가 직접 이야기해 주거나 시청각 매체를 활용하는 등 다양한 방법을 활용할 수 있다.

말하기 활동을 지도할 때에는 학습자가 겪은 일, 읽거나 보거나 들은 이야기를 말하게 하되, 저학년의 특성을 고려하여 교사가 대화를 주도하면서 학습자가 자연스럽게 말하 기 활동에 참여하게 한다.

인사말을 지도할 때는 학습자가 경험할 수 있는 여러 상황을 제시하여 연습하게 하고 생활 속에서 인사말을 자연스럽게 주고받도록 지속적으로 지도한다.

감정을 표현하는 말하기를 지도할 때에는 자신의 감정을 직접 표현하거나 역할극 등을 활용하여 다양하게 표현해 보게 한다.

바른 자세로 말하기를 지도할 때에는 말하기 자세와 관련된 매체 자료를 활용하여 바른 자세, 자신있게 말하기의 특징을 파악하도록 한다.

집중하며 듣기를 지도할 때에는 듣는 이의 반응에 따라 말하는 이의 기분이 어떻게 다른 지 말해 보는 활동을 활용한다.

어법에 맞는 고운 말의 사용은 해당 성취기준의 학습 시간 외에도 일상생활 속에서 지속 적으로 관심을 기울이도록 지도한다.

(라) 평가 방법 및 유의 사항

학습자가 능동적으로 말하기 활동에 참여하도록 격려하여 평가에 부담을 느끼지 않게 한다.

인사말, 감정 표현하기, 바른 자세로 말하기, 바른 말을 사용하는 태도 지니기 등의 학습 요소는 학습자가 학교뿐 아니라 가정에서의 말하기에서도 잘 실천하고 있는지 점검하여 학교 안팎에서 듣기 말하기 능력이 균형있게 발달할 수 있도록 한다.

바른 자세로 말하기와 집중하며 듣기를 연계하여 모든 학습자가 듣기와 말하기 활동에 고루 참여하도록 한다.

[국어 자료의 예 (담화)]
- 가까운 사람들과 주고받는 간단한 인사말 - 주변 사람이나 흔히 접하는 사물에 관해 소개하는 말 - 자신의 감정을 표현하는 간단한 대화 - 사건의 순서가 드러나는 간단한 이야기

[3~4학년군]

초등학교 3-4학년 듣기 · 말하기 영역 성취기준은 일상생활과 학습에 필요한 기본적인 듣기 · 말하기 능력을 갖추고 바람직한 듣기 · 말하기 태도를 생활화하는 데 중점을 두어 설정하였다. 생활 중심의 친숙한 국어 활동을 바탕으로 하여 자신의 의견을 효과적으로 표현하고 상대방의 감정을 고려하여 예의 바르게 듣고 말하는 능력과 태도를 기르는 데 주안점을 둔다.

[영역 성취 기준]
[4국01-01] 대화의 즐거움을 알고 대화를 나눈다. [4국01-02] 회의에서 의견을 적극적으로 교환한다. [4국01-03] 원인과 결과의 관계를 고려하여 듣고 말한다. [4국01-04] 적절한 표정, 몸짓, 말투로 말한다. [4국01-05] 내용을 요약하며 듣는다. [4국01-06] 예의를 지키며 듣고 말하는 태도를 지닌다.

(가) 학습 요소

대화하기(경험 나누기, 대화의 즐거움), 회의하기(의견 교환), 인과 관계 이해하기, 효과적으로 표현하기(표정 · 몸짓 · 말투), 요약하며 듣기, 대화 예절 지키기

(나) 성취기준 해설

[4국01-01] 이 성취기준은 자신의 생각과 느낌, 경험을 다른 사람과 공유하면서 대화의 즐거움을 깨닫고 능동적으로 대인 의사소통에 참여하는 태도를 기르기 위해 설정하였다.

대화에서 상대가 나의 말을 귀담아 듣고 흥미를 보이며, 서로 말의 내용과 감정을 공유하는 과정에서 대화의 즐거움을 느끼게 하는 데 중점을 둔다. 거창하거나 대단한 경험이 아닌 소박하고 친숙한 일상의 경험도 화제로 활용하게 하며, 경험과 함께 감정도 나눌 수 있도록 지도한다.

[4국01-02] 이 성취기준은 의견을 조율하고 타당한 합의안을 선택하는 의사 결정의 기초 능력을 기르기 위해 설정하였다. 학습자가 겪을 수 있는 일상적 문제 중에서 회의 주제를 채택하고, 적절한 근거를 들어 의견을 제안하고 다른 사람의 의견을 경청하며 자신의 의견과 다른 사람의 의견을 비교하도록 한다. 직접 회의를 수행해 보며 회의가 일정한 절차와 방법에 따라 진행됨을 경험하고 회의에 능동적으로 참여하도록 한다.

(다) 교수 - 학습 방법 및 유의 사항

일상생활이나 학교생활에서 자연스럽게 이루어지는 대화 상황을 선정하여 듣기·말하기 활동이 이루어지도록 한다.

듣기 활동을 지도할 때에는 학습자의 인지적 이해 수준을 고려하여 인과 관계 구조가 있는 담화를 선정하고 교사가 직접 이야기해 주거나 시청각 매체를 활용하는 등 다양한 방법을 활용할 수 있다.

회의에서 의견 교환하기를 지도할 때에는 학급 회의를 열게 하여 배운 내용을 적용할 수 있도록 하고, 공식적 말하기에 대한 긍정적 학습 경험을 가지도록 격려한다.

원인·결과를 고려하며 듣기를 지도할 때에는 인과 관계의 담화 표지로 '그래서, 결국, 왜냐하면, 결과적으로, -(으)니까, - 때문에, -의 원인은' 등을 사용할 수 있음을 알려준다.

원인·결과를 고려하여 말하기를 지도할 때에는 학습자가 일상 경험을 바탕으로 하여 인과 관계 구조로 내용을 구성하여 발표하도록 하고, 이를 요약하며 듣기와 연계하여 지도할 수 있다.

적절한 표정·몸짓·말투로 말하기를 지도할 때에는 부탁, 수락, 거절, 사과, 감사, 제안 같은 다양한 목적의 대화 상황에서 언어적 표현을 보강하는 표정, 몸짓, 말투를 선택해서 말해 보도록 지도한다.

예의를 지켜 말하기를 지도할 때에는 나이가 많은 사람과의 의사소통 상황에 국한된 것으로 오해하지 않도록 하고, 문자 메시지를 주고받거나 인터넷상에서 의사소통할 때 다른 사람의 기분과 입장을 배려할 수 있도록 매체 언어 예절을 포함하여 지도한다.

(라) 평가 방법 및 유의 사항

일상 대화나 수업에서 이루어지는 듣기·말하기 활동을 직접 점검하거나 교사 또는 동료 학습자가 기록할 수 있는 점검표나 관찰 기록표 등을 활용할 수 있다.

동료 학습자의 듣기·말하기 활동에 대해 피드백을 할 때에는 단점보다는 장점을 더 많이 찾아보게 하고, 동료 학습자의 피드백을 들을 때에는 열린 마음으로 수용하도록 지도한다.

회의에서 의견 교환하기를 평가할 때, 발언의 횟수를 양적으로 집계하여 평가하지 않도록 지도한다.

적절한 표정, 몸짓, 말투로 말하는지 평가할 때에는 연극 대본, 드라마나 애니메이션의 한 장면을 활용할 수 있다.

[국어 자료의 예 (담화)]
- 높임법이 나타난 일상생활의 대화 - 일상생활에서 가족, 친구들과 안부를 나누는 대화, 전화 통화 - 친구나 가족과 고마움이나 그리움 등의 감정을 나누는 대화 - 학급이나 학교생활과 관련된 안건을 다루는 회의

[5~6학년군]

초등학교 5-6학년 듣기·말하기 영역 성취기준은 일상생활과 학습에 관여하는 듣기·말하기의 기초 지식을 습득하고 효과적으로 듣기·말하기 활동을 하는 데 중점을 두어 설정하였다. 발표·토의·토론 등 공동체 중심의 담화 수행 및 추론하며 듣기와 짜임새 있게 말하기를 연습하고, 듣기·말하기에서 지켜야 할 절차와 규칙, 태도를 학습함으로써 기본적인 의사소통과 관계 형성의 능력을 기르는 데 주안점을 둔다.

[영역 성취 기준]
[6국01-01] 구어 의사소통의 특성을 바탕으로 하여 듣기·말하기 활동을 한다. [6국01-02] 의견을 제시하고 함께 조정하며 토의한다. [6국01-03] 절차와 규칙을 지키고 근거를 제시하며 토론한다. [6국01-04] 자료를 정리하여 말할 내용을 체계적으로 구성한다. [6국01-05] 매체 자료를 활용하여 내용을 효과적으로 발표한다. [6국01-06] 드러나지 않거나 생략된 내용을 추론하며 듣는다. [6국01-07] 상대가 처한 상황을 이해하고 공감하며 듣는 태도를 지닌다.

(가) 학습 요소

구어 의사소통, 토의하기(의견 조정하기), 토론하기(절차와 규칙, 근거와 주장), 발표할 내용 정리하기, 발표하기(매체 활용), 추론하며 듣기, 공감하며 듣는 태도 갖기

(나) 성취 기준 해설

[6국01-01] 이 성취기준은 문어 의사소통과 구분되는 구어 의사소통으로서 듣기·말하기의 특성을 이해하고 듣기·말하기를 하는 능력을 갖추기 위해 설정하였다. 구어 의사소통은 화자와 청자가 언어적·준언어적·비언어적 표현을 통해서 쌍방향적으로 소통하며 의미를 구성하는 과정인데, 순간적이고 일회적이므로 신중함과 주의 집중이 요구된다. 구어 의사소통에서 말하기와 듣기는 순차적으로 이루어지는 것이라기보다 동시적으로 이루어지며 의사소통에 참여하는 사람들이 서로 의논하고 절충하며 의미를 재구성하게 된다. 구어 의사소통은 상대방과 더불어 소통하면서 서로 관계를 형성하고 유지하며 발전시키는 데도 중요한 역할을 한다. 듣기·말하기 활동시 이와 같은 구어 의사소통의 특성을 고려하도록 한다.

[6국01-03] 이 성취기준은 토론의 일반적 절차와 규칙에 대한 이해를 바탕으로 하여 토론에서 타당한 근거를 들며 논리적으로 주장을 펼치는 능력을 기르기 위해 설정하였다. 토론의 구성원은 사회자, 토론자, 판정관, 청중이며, 토론자는 찬성 측과 반대 측으로 나누어 논제에 대한 자신의 주장을 펼친다. 이때 토론의 단계와 정해진 시간을 지키고 타당한 근거를 들어 주장하며 토론에 참여하도록 하는 데 중점을 둔다.

[6국01-05] 이 성취기준은 매체의 특성에 따라 그림, 표, 그래프, 사진, 동영상 등 말할 내용을 구체적으로 형상화하거나 요약적으로 보여주는 그림을 보조 자료로 활용하여 발표하는 능력을 기르기 위해 설정하였다. 화자의 생각을 형상화한 매체 자료를 보조 자료로 활용하면 청자의 흥미를 유발하고 정보를 효과적으로 전달할 수 있으며 설득력을 높일 수 있다. 말하기의 목적과 대상, 말할 내용의 특성에 알맞은 매체와 매체 자료를 활용하여 발표 자료를 구성하고 발표를 해 보도록 한다.

(다) 교수-학습 방법 및 유의 사항

구어 의사소통의 특성을 지도할 때에는 순서 교대가 있는 대면 의사소통 상황을 제시하고, 제시된 자료에서 학습자 스스로 자신의 경험을 활용하여 구어 의사소통의 특성을

찾아내도록 한다.

구어 의사소통의 특성을 지도할 때에는 대화에 실패했던 경험이나 오해를 불러일으킨 경험 등을 이야기하게 하고 이를 학습에 활용하도록 한다.

발표, 토의, 토론 등 각각의 공식적 담화 상황의 특성에 초점을 맞추어 학습자가 공식적 말하기에 자신감을 가지도록 학습자의 수행에 대해 격려하고 칭찬하며 긍정적인 피드백을 한다.

매체 자료의 활용에 대해 지도할 때에는 매체 자료를 양적으로 많이 활용하는 것보다 발표할 내용과 발표를 듣는 대상의 특성, 발표 상황을 고려하여 적절한 자료를 알맞게 활용하게 하여 발표의 효과를 높이도록 한다.

토의에 대해 지도할 때에는 학습자가 적극적으로 의견을 제시하도록 격려하되, 소수의 학습자가 발언권을 독점하지 않도록 유의한다.

토론에 대해 지도할 때에는 논제에 대한 입장을 정하고 주장을 뒷받침할 만한 논리적 근거를 찾아 상대방을 설득하는 방법을 익히도록 한다. 상대방의 의견을 존중하며 듣고 이를 통해 자기 주장의 문제점을 점검하면서 합리적으로 토론해 가는 과정을 익히도록 지도한다.

추론하며 듣기를 지도할 때에는 드러나지 않는 화자의 의도나 관점을 생각하며 듣게 하거나 생략된 내용을 짐작하며 듣도록 지도한다.

(라) 평가 방법 및 유의 사항

공식적인 말하기를 평가할 때에는 말하기 환경도 그와 유사하게 만들어 말하기 평가의 실제성을 높여주고 녹화를 통해 자신의 말하기를 스스로 점검해 볼 수 있는 기회를 제공한다.

매체 활용, 의견 제시, 자료 정리 등의 수행 여부를 기계적으로 평가하지 않도록 유의하고 말하기 효과를 고려하여 수행 수준을 평가하며, 학습자 스스로 칭찬할 점과 보완할 점을 찾아보게 한 후 수정 방향도 함께 논의하는 적극적인 피드백이 이루어지도록 한다. 담화 수행의 전 과정을 연습할 수 있도록 하고, 성취 기준의 초점을 고려하여 평가의 범위를 설정하되 담화 수행의 전체적인 맥락과의 연계성에 유의하도록 한다.

토론의 절차와 규칙에 대한 지식의 수준을 확인하기보다는 학습자의 토론 수행을 관찰함으로써 토론의 절차와 규칙에 대한 이해 및 실제 사용 수준을 평가한다.

- 일상생활이나 학교생활에서 발생한 문제를 논제로 한 토의, 토론
- 조사한 내용에 대해 여러 가지 매체를 활용한 발표
- 주변 사람들과 생활 경험을 나누는 대화
- 설문조사, 면담, 동영상 등을 활용하여 제작된 텔레비전 뉴스, 광고

4) 듣기·말하기 유형별 지도 내용

(1) 듣기 유형별 지도 내용

① 분석적 듣기

분석적 듣기란 상대방이 하는 말을 부분으로 쪼개서 각 부분들을 서로 분석하고 검토함으로써 그 내용을 이해하는 방법이다. 분석적 듣기의 목적은 단순히 들은 정보를 이해하고 수용하는 데 있는 것이 아니라 상대방 입장이나 견해에 대해 지적인 재검토 과정을 거쳐서 비판적으로 이해하도록 하는 데 목적이 있다.

분석적 듣기는 메시지 이면에 함축된 여러 아이디어들을 면밀히 분석하고, 비판적으로 평가하는 합리성을 강조함으로써 자신의 견해와 다른 사람의 견해를 구분하고, 성급한 판단을 유보하면서 들은 내용에 대해 비판적으로 평가할 수 있다는 장점이 있다.

다음은 분석적 듣기 능력을 신장시킬 수 있는 구체적 방법들이다(Stewart & Logan, 1998).

가. 주의 집중하기

바른 자세로 듣기를 방해하는 여러 유형의 소음을 차단하고 주의를 집중하면서 청취를 하는 목적에 대해 인식한다.

나. 들은 내용 조직화하기

들은 내용을 이미 알고 있는 내용과 관련지어 이해할 수 있도록 주요 내용을 중심으로 조직화한다.

다. 들은 내용에 대한 전체적인 밑그림을 그려보기

들은 내용의 밑바탕이 되는 가정이나 전제를 꼼꼼히 검토해 보고 전체적인 관점에서 그 내

용을 찬찬히 조망해 본다.

라. 조용히 핵심 내용을 재진술하기

전달받은 말을 자신이 이해한 자신의 언어로 재진술(paraphrase)해 보도록 한다. 만약 전달받은 내용을 자기 말로 바꾸어 요약하지 못한다면 이는 들은 내용을 제대로 이해하지 못했다는 뜻이 된다. 청자는 이 과정을 통해 충분히 이해하지 못한 내용은 무엇인지, 상대방에게 질문할 필요가 있는 내용은 무엇인지 정리할 수 있게 된다.

마. 상대방 주장의 타당성을 검토하기

전달받은 메시지가 얼마나 진실하고 믿을 만한 것인지 그 타당성을 평가한다.

② 추론적 듣기

추론적 듣기란 언어적 표현은 물론이고 언어적 요소에 덧붙여서 의미를 전달하는 준언어적 표현과 몸짓언어 등의 비언어적 표현들을 단서로 활용하여 그 표현에 함축된 의미를 파악하면서 듣는 방법을 말한다. 준언어적 표현이나 몸짓언어는 언어적 메시지 이면에 숨겨진 화자의 심리를 그대로 노출하면서 언어적 표현을 보완, 대치, 강조하는 역할을 하게 되는데, 듣기를 할 때는 이러한 준언어·비언어적 표현에서 드러나는 화자의 의도를 추론하면서 들을 수 있어야 한다.

가. 화자의 의도를 파악하기 위해 집중해서 듣기

마음과 정신을 집중해서 언어적·준언어적·비언어적 표현에 함축된 의미나 화자의 의도를 파악하도록 한다.

나. 의사소통 참여자들의 소통 방식 파악하기

의사소통 참여자들의 소통 방식이 직접적 / 간접적인지, 협력적 / 대립적인지, 정보 중심적 / 관계 중심적인지, 권위적/민주적인지 파악하고 이들의 소통 방식에 따라 그 의도를 해석하도록 함으로써 불필요한 오해나 갈등을 피하도록 한다.

③ 비판적 듣기

비판적 듣기란 청자 자신의 입장이나 관점을 견지하면서 들은 정보를 이해하고 수용하는 데 그치지 않고 상대방 입장이나 견해에 대해 신뢰성, 타당성, 공정성 등을 평가하면서 듣는 방법이다. 비판적 듣기는 들은 내용을 바탕으로 다음과 같은 판단 기준을 적용해 보도록 한다 (Sprague & Stuart, 2008).

중심 내용들이 주장을 정당화하고 있는가?
주장이 타당한가?
주장이 사실 명제인가, 가치 명제인가, 정책 명제인가?
각 주장에 대한 증거들이 요점과 관련되는가?
예시, 근거, 통계 자료들이 정당한가?
요점들 사이의 관계는 논리적인가?
진술되지 않고 당연한 것으로 전제되어 있는 것들이 과연 타당한 것인가?

④ 공감적 듣기

공감적 듣기란 상대방의 말을 분석하거나 비판하지 않고 감정이입 차원에서 상대방의 생각이나 감정을 깊이 이해하는 목적의 듣기 방법이다. 일체의 판단을 유보하고 상대방 입장에서 자신이 이해하려고 노력하고 있음을 보여주는 공감적 듣기는 상대방으로 하여금 방어벽을 허물고 신뢰와 친밀감을 갖도록 하는 데 중요한 역할을 한다.

공감적 듣기의 핵심은 자신의 견해를 개입하지 않고 상대방의 말을 들어주는 '들어주기'에 있다. 들어주기에는 소극적인 들어주기와 적극적인 들어주기가 있는데 소극적인 들어주기는 상대방에게 관심을 표명하면서 화자가 계속 이야기를 이어갈 수 있도록 화맥을 조절해 주는 격려하기 기술이 중심축을 이룬다. 이에 비해 적극적 들어주기는 화자가 객관적 관점에서 문제에 접근할 수 있도록 화자의 말을 요약, 정리해 주고 반영해 주는 역할을 통해 화자가 스스로 문제를 해결할 수 있도록 도와주는 것(김인자 역, 1984)이다.

다음은 공감적 듣기를 잘 할 수 있도록 해 주는 구체적 방법들이다.

수용적이고 비판적이지 않은 분위기 조성하기
미소와 고개 끄덕임, 눈맞춤 등의 신체적 반응과 맞장구쳐 주기 등과 같은 음성적 반

응 보여주기

화자의 감정에 대해 지지해 주기

화자의 말을 다시 반복하거나 화자의 말을 확인하는 언어적 반응 등으로 상대방을 격려해 주기

상대방의 관점을 직접적으로 반영해 주기

(2) 말하기 유형별 지도 내용

① 연설

연설이란 다수의 청중을 대상으로 하여 정보를 전달하거나 설득하는 것을 목적으로 하는 공식적 말하기의 한 형태이다. 흔히들 연설이라고 하면 많은 사람들 앞에서 연사가 혼자서 일방적으로 미사여구와 진부한 표현을 나열하면서 과장된 동작과 목소리로 행하는 웅변을 생각하는 경향이 있다. 그러나 연설은 이러한 웅변과 다르게 특정 주제에 대한 진실된 내용을 청중들에게 자연스럽게 전달함으로써 생각과 정보를 공유하고, 문제에 대한 해결 방안을 함께 고민하는 공적(公的) 대화의 성격이 강하다.

연설은 그 목적에 따라 크게 청중에게 지식이나 정보를 전달하기 위한 정보 전달 연설, 청중의 신념이나 태도, 행동을 변화시키기 위한 설득 연설, 즐거운 분위기를 조성하고 청중을 유쾌하게 하기 위한 환담 연설 등으로 나뉜다. 연설은 또한 준비하는 시간의 유무에 따라 즉석 연설과 준비한 연설로 나누기도 한다.

연설은 다수의 청중을 대상으로 격식을 갖춰서 메시지를 전달하는 말하기 형태이기 때문에 사전에 철저한 준비가 필요하다. 연설의 목적과 상황에 따라 조금씩 차이는 있겠지만 대개의 경우 연설은 주제 설정하기, 말하기 상황과 청중 분석하기, 자료 수집하기, 아이디어 조직하기, 연설문 작성하기, 예행 연습해 보기 등의 과정적 절차를 거칠 필요가 있다(임칠성 외, 2004: 35).

연설은 기본적으로 설명문과 논술문의 작성 방법과 비슷하므로 기본적인 내용 구성은 쓰기와 통합해서 가르치는 것이 효과적이다. 스피치의 실행 국면에서 중요하게 고려해야 할 것은 청중의 기대에 부합하는 구조로 내용을 구성해서 전달해야 한다는 것이다. 청중은 대개 도입부에서는 간단한 인사나 본격적인 주제에 대한 안내와 관련된 이야기를 기대하고, 본론부에서는 안내된 주제와 관련된 내용이 세 가지 정도의 소주제로 심화되면서 클라이맥스를 향해 발전되어 전개될 것이라 기대하고, 마지막 결론부에서는 다시 본 주제로 돌아와 이제까지 해

왔던 이야기를 다시 강조하고 요약하면서 마무리될 것이라 기대한다. 따라서 연설을 지도할 때는 서론부에서 청중의 주의를 끌 수 있는 장치　관심 끌기, 인용하기, 주변 상황 언급하기 등 서론의 기법을 가르친다. 또 연설의 결론부에서는 '종료 신호-요점 재강조-결언'의 구조를 사용하면서 명언, 격언이나 속담 등을 인용하여 자신이 주장하고자 하는 바를 다시 한 번 강조하거나 발전적인 결언을 하게 한다. 이렇게 스피치는 일반 청중들이 정서적으로 스피치의 구성 방식이라고 합의한 보편적인 구조에 부합되도록 내용을 구성하여 정해진 시간에 맞추어 연설을 끝마칠 수 있도록 지도한다.

② 토의

토의(討議)란, 어떤 문제에 대해 여러 사람들이 공동의 사고를 통해 그 문제를 보다 깊이 이해하고, 그 문제에 대한 최선의 해결책을 찾아 의사를 결정하는 협력적 의사소통 과정이라 할 수 있다. 이러한 토의는 일정한 순서에 의해 진행되는데, 대개 문제의 제시, 문제의 분석, 해결안 제시, 최선의 해결안 선택, 해결안 실시 방안 모색의 순서로 진행된다(이창덕 외, 2010: 303).

토의 진행을 원활하게 하기 위해서 토의 참가자들은 토의의 일반적인 순서와 절차를 염두에 두고, 미리 주제와 관련된 자료를 철저히 검토하여 발표할 의견을 정리한 후, 토의에 참석할 필요가 있다. 이러한 사전 준비 과정 없이는 어떤 문제에 대한 바람직한 해결 방안을 제시하기가 어렵기 때문이다. 또한 사회자는 토의자들이 자기 말만 하고 남의 의견에 귀를 기울이지 않거나 서로 싸우지 않도록 토의를 원만하게 진행할 수 있어야 한다. 토의 참여자들 역시 자기의 의사를 분명하고 조리 있게 표현하면서 다른 사람의 의견을 경청하고 존중하는 예의 바른 태도로 사회자의 지시에 따름으로써 문제에 대한 합리적인 합의점을 찾을 수 있도록 해야 한다.

일반적으로 토의는 그 유형에 따라 진행하는 방법과 준비 사항 등이 달라지기 때문에, 어떤 토의 유형이 있는지 그리고 그 특징이 무엇인지 알아야 할 필요가 있다. 대표적인 토의 유형은 다음과 같다.

가. 패널 토의

패널 토의란 청중들 앞에서 반원으로 앉아서 공적인 문제를 토의하는 방식이다. 패널 토의에서는 특정 문제에 특별히 관심이 있거나 경험이 있는 사람을 배심원(패널리스트)으로 뽑아 서로 의견을 주고받으며, 그것을 바탕으로 공동 토의를 진행하는 방식이다.

나. 심포지엄

미리 3~5명의 발표자에게 특정한 주제를 주고 강연식으로 발표하게 한 뒤, 청중도 질의응답 형식을 통해 참가하는 방식이다. 발표 시간을 다소 비슷하게 고정하여 배정하기 때문에, 연설자끼리 의견 교환이 거의 이루어지지 않으며, 의견 일치를 위한 상호 탐색도 드물다. 어떤 주제에 대해 찬반을 가리는 것이 아니라 그 주제에 대해 여러 관점의 견해를 서로 공유하는 것이 주된 목적이다.

다. 포럼

어떤 문제에 대해 직접 관련 있는 사람들이 모여 공개적으로 토의하는 것으로, 다른 토의 방식과는 다르게 처음부터 청중의 참여를 허용한다.

토의를 가르칠 때는 우선 기본적인 토의의 성격과 목표, 토의의 유형과 절차, 사회자와 참여자의 역할과 바른 말하기 태도 등을 중심으로 교육하고, 실제 토의에 대한 경험을 통해서 협력적 사고와 공동체의 문제해결능력을 배울 수 있도록 해야 할 것이다.

③ 토론

토론은 어떤 논제에 대하여 긍정 측과 부정 측이 논거를 들어 자신의 주장이 옳음을 내세우고, 상대방의 주장이나 논거가 부당하다는 것을 주장함으로써 상대방을 설득하는 경쟁적 의사소통 방법이다. 토의와 토론의 차이점은 토의는 합의점을 도출하기 위해서 진행되는 데 비해 토론은 어떤 쟁점에 대하여 긍정과 부정으로 갈려서 대립을 전면에 드러냄으로써 승패를 가르는 데 목적이 있다는 점이다. 하지만 좋은 토론은 단순히 긍정 측과 부정 측의 승패를 결정지어 상대를 설득하고 제압하는 '싸움'에 그치지 않고 어떤 문제에 대해 토론하는 과정을 통해 상호간에 이해의 폭을 넓힐 수 있게 해 준다. 이러한 토론을 통해 참여자들은 사회의 여러 현상이나 문제점에 대해 정확히 이해할 수 있고 논리적인 사고와 표현의 방법을 익힐 수 있게 된다. 학교 교육에서 토론을 가르쳐야 할 이유이다.

토론 교육을 통해 학습자들은 사회의 제반 현상이나 문제점들에 대해 깊이있는 이해를 경험하고, 근거를 들어 논리적으로 말하는 능력과 상대의 의견을 비판적으로 듣는 능력, 규칙과 예의를 지키며 말하는 태도를 기를 수 있다. 더 나아가 장차 사회 생활을 하면서 겪게 되는 의견 대립을 합리적이고 이성적인 방법으로 해결할 수 있는 능력을 배양하여 건강한 민주 사회의 일원으로 성장하는 데 필요한 기본 소양을 함양하게 된다.

토론 교육의 목표는 학습자가 토론의 방법을 정확히 알고 사용할 수 있게 하는 것이다. 토론 능력은 논제에 대한 자신의 입장을 논리적으로 주장하고, 상대의 주장을 비판적으로 분석하고 이를 바탕으로 반박하며 청중을 설득할 수 있는 능력을 뜻한다. 이러한 토론 능력은 토론의 절차와 방법에 따라 사고하고 표현하는 방법을 이해하고 이를 적용하여 반복적인 수행 경험을 통해 길러지는 것이다.

토론은 실제 참여자-사회자, 토론자, 심사자, 청중-들이 토론을 수행하기 전에 토론을 수행할 수 있도록 일정한 준비를 거쳐야 하고 토론 수행 후에는 긍정 측과 부정 측 중 어느 편이 잘 하였는가에 대한 판정이 이루어져야 한다. 토론자는 입론, 교차조사, 반박 등 단계별 특성에 맞게 발언을 해야 한다. 입론에서는 자신의 주장을 제시하고, 교차조사에서는 상대의 논리적 오류를 지적하고, 반박에서는 입론에서 다룬 쟁점 중 자신에게 유리한 쟁점을 선택하여 상대보다 자신의 논리가 우위에 있음을 입증해야 한다. 발언은 긍정 측부터 하며 마지막 발언도 긍정 측이 한다. 이것은 처음 발언에서 쟁점을 드러내고 주장을 하는 것이 유리한 면보다 불리한 측면이 크기 때문에 마지막 발언의 기회를 긍정 측에게 주는 것이다.

토론의 유형에 따라 토론 과정에 숙의 시간을 사용하는 경우도 있다. 숙의 시간은 토론자가 사회자에게 요청하여 사회자의 승인을 얻어 이루어지며, 스포츠의 작전 시간처럼 같은 편끼리 토론 전략을 상의하게 된다. 상대가 숙의 시간을 요청하면 이쪽 편에서도 상의를 하면 되는데, 토론의 맨 마지막 단계 바로 앞에서는 숙의 시간을 사용할 수 없다. 왜냐하면 상대의 발언이 이미 종료되어, 숙의시간을 갖는 게 상대에게는 무의미하기 때문이다.

토론을 모두 마치면 심사자들이 토론 심사 기준에 의해 평가하게 된다. 평가 후 점수를 합산하여 긍정 측과 부정 측 중 승자를 결정하고 토론을 마무리하게 된다. 경우에 따라서는 토론 배심원에 의한 투표로 승패를 결정하기도 한다.

토론은 규칙이라는 속성 때문에 '게임'이나 '스포츠'에 비유되어 설명되기도 한다. 즉, 토론에는 명확한 규칙이 있고 이러한 규칙의 준수 여부는 토론의 승패를 판정하는 데 중요한 기준이 된다. 상대에 대한 인격적 비난 금지 등 예의 차원의 규칙도 있지만 토론에서 중시되는 것은 시간과 순서에 대한 엄수, 사회자의 진행과 심판의 판정에 승복하는 것 등 절차상의 규칙을 말한다. 토론에는 명백한 순서와 시간에 대한 합의가 존재한다. 주어진 시간에 입론을 하고 또 상대의 주장을 잘 듣고 논리의 오류를 지적하여 질문 및 반론을 하고 자신의 주장을 펼치는 이러한 일련의 절차는 토론에 질서를 부여하고 객관성과 공정성을 확보하는 데 필수적이다(이창덕 외, 2010: 324).

④ 대화

　대화란 두 사람 이상의 대화 참여자가 형식에 얽매이지 않고 자유롭게 화자와 청자의 역할을 순서 교대에 의해 바꾸어가며 서로의 생각과 느낌을 표현하고 이해하는 상호교섭적 활동이다. 대화가 상호교섭적 활동이라 함은 대화가 단지 어떤 정보나 정서만을 주고 받는 것이 아니라 말이 오가는 과정을 통해 상대와 더불어 협력적으로 의미를 구성하고 이를 공유해 나가는 과정을 기반으로 한다는 의미이다.

　사람들이 원활하게 대화를 이어갈 수 있는 까닭은 구체적인 상황과 맥락에 따라 묵시적으로 작용하는 대화의 원리가 존재하고 있기 때문이다. 이러한 대화 원리를 규명하고자 하는 노력은 여러 학자들에 의해 시도되어 왔는데, 대표적인 몇 가지 대화 원리는 다음과 같다.

가. 협력의 원리

　Grice(1975)는 대화는 상호성을 전제로 하는데, 사람들은 대화를 하면서 반드시 지금 하는 말이 지금 이야기되고 있는 대화의 목적이나 요구에 합치되도록 대화를 한다는 '협력의 원리'를 다음과 같이 제시한 바 있다.

〈협력의 원리〉

대화가 진행되는 각 단계에서 대화의 방향이나 목적에 의해 요구되는 만큼 기여를 하라. 이 협력의 원리는 다음과 같은 네 가지의 대화 격률로 실현된다.

a. 양의 격률
　• 지금 주고 받는 대화의 목적에 필요한 만큼만 정보를 제공하라.
　• 필요 이상의 정보를 제공하지 말라.

b. 질의 격률
　• 상위 격률: 진실한 정보만을 제공하도록 노력하라.
　• 격률: 거짓이라고 생각되는 말은 하지 말라.
　　　　 증거가 불충분한 것은 말하지 말라.

c. 관련성의 격률
  • 적합성이 있는 말을 하라.

d. 태도의 격률
  • 상위 격률: 명료하라.
  • 격률: 모호한 표현은 피하라.
    중의성은 피하라.
    간결하게 말하라.
    조리 있게 말하라.

나. 적절한 거리 유지 원리

인간에게는 두 가지 서로 상반된 욕구가 있다. 그 하나는 다른 사람과 관계 맺고자 하는 연관성의 욕구이고 또 다른 하나는 누구에게도 자신의 개인적 영역을 침해받고 싶어하지 않는 독립성의 욕구다. 바람직한 대화는 자기 중심적이 되려고 하는 욕구를 어떻게 상대방의 욕구를 충족시킬 수 있는 방향으로 전환하느냐 하는 문제와 직결된다. 상대방의 관점을 고려하는 대화는 상대방과 적절한 거리를 유지하는 것에서 출발한다. 독립성은 다른 사람과의 일정한 거리를 유지함으로써 가능해지고 연관성은 다른 사람에게 다가섬으로써 가능해진다. 독립을 유지하고 싶어하는 사람에게 가까워지고 싶다고 다가가는 것은 오히려 상대방을 더욱 움츠러들게 하는 결과를 가져 오기 쉽다는 점을 고려하여 적절한 거리를 유지하려는 노력이 필요하다.

미국의 언어학자 로빈 레이코프(Robin Rakoff)는 이 거리 유지 원리를 다음과 같은 지침으로 명쾌하게 정리하고 있다.

a. 상대방과의 거리를 유지하라.
b. 상대방에게 선택권을 주어라. 상대방으로 하여금 의견을 말하도록 유도하라.
c. 항상 우호적인 태도를 견지하라.

대화 교육에서는 대화 상황, 대상, 목적을 정확히 이해하고, 그에 따라 적절하게 조정하며 말하는 대화 능력을 신장시키기 위해 일상 언어 생활에서 기본이 되는 대화의 원리와 상대의 감정이나 의견에 공감하며 대화하는 방법, 다양한 소통 맥락에서 이루어지는 대화 방법 등을 교육해야 한다.

3. 듣기·말하기 교수 – 학습 방안

1) 듣기·말하기 교수 – 학습의 방향

듣기·말하기 교육을 통해 학습자의 듣기·말하기 능력을 신장시키려면 학습자에게 실제 듣기·말하기 수행에 필요한 지식과 그 지식을 사용할 수 있는 수행의 기회를 충분히 주어야 한다. 듣기·말하기 교육이 화법 지식에 대한 교사의 일방적인 설명이 아니라 학습자가 활동을 통해 지식을 이해하고 이해한 지식을 활용하여 실제 다양한 담화를 수행하게 하려면 실제 듣기·말하기 교수- 학습에서는 단순한 지식 중심의 '이해'의 수준을 넘어서 실제 '적용' 과정과 연계되어야 하고, 실제 교실 밖 세계에서 접하거나 접하게 될 말하기·듣기에 대해 경험할 수 있는 실제적 수행을 강조해야 한다. 그리고 무엇보다 듣기와 말하기가 서로 연계된 교수-학습이 될 수 있도록 해야 할 것이다.

(1) 듣기 교수 – 학습의 방향

니콜스(Nichols) 외(1957)의 실험 연구에 의하면 사람들은 아무리 열심히 상대방의 말에 집중해도 누군가의 이야기를 듣고 난 직후에 자신이 들은 내용의 약 절반 정도밖에 기억하지 못하고, 두 달이 지난 후에는 들은 내용의 25% 정도밖에는 기억하지 못한다고 한다. 이 실험 결과는 듣기의 어려움을 단적으로 지적해 준다. 사실 우리 주변에서 듣기를 잘 하는 사람을 발견하기란 쉽지 않다. 듣기 기술을 제대로 교육받아 본 적도 없지만 워낙 듣기 기능 자체가 쉽지 않기 때문이다. 듣기가 쉽지 않다는 것을 우리는 경험을 통해서 안다. 중요한 내용의 강의를 몇 시간만 온통 정신을 집중해서 듣고 나면 온몸이 녹초가 되어 지쳐버릴 만큼 듣기는 엄청난 정신적·육체적 에너지를 요구하는 활동이다.

듣기가 어려운 이유는 지각 과정 자체가 극복해야 할 여러 가지 장애 요인들을 안고 있기 때문이다. 일단 제한된 단기 기억의 용량으로 인해서 주변으로부터 유입되는 엄청난 양의 정보를 모두 다 수용하는 것이 불가능하기 때문에 선택적인 지각이 불가피해진다. 그나마 선택적으로 이루어지는 지각 작용 역시 의식적인 주의집중이 선행되어야만 하는데 이 역시 주의집중을 방해하는 주변의 여러 가지 유형의 소음(noise)이나 자기 중심적 사고, 방어적 성향 등으로 인해서 쉽지 않다. 그런가 하면 상대방이 말하는 속도보다 훨씬 빠르게 진행되는 청자의 사고 속도로 인해서 생기는 '잔류 사고 여유(leftover thinking space)' 때문에 사람들은 듣기에 집중하기보다는 곁길로 빠져서 딴 생각을 하곤 한다. 또 추론 과정에 있어서도 상대방의 외모나 말솜씨, 단편적인 행위 등만을 보고 성급한 판단을 내리거나 즉흥적인 추론이나 과일 반화를 함으로써 내용을 왜곡해서 듣기 쉽다.

그렇지만 의사소통에 능한 사람들은 대개 남다른 경청 능력을 지닌 사람들이다. 이런 사람들은 경청의 방법에 대해 이해하고 이를 적용하여 적극적이면서도 전략적으로 상대방의 말을 들을 줄 안다. 듣기를 잘하는 사람은 듣기가 화자가 전달하는 내용을 수동적으로 받아들이기만 하는 과정이 아니라 메시지를 듣고, 들은 메시지를 해석하고 평가하며 상대방의 메시지에 대해서 적절하게 반응을 보이는 일련의 과정을 거쳐서 이루어지는 능동적인 과정임을 안다. 듣기를 잘 하는 사람들은 이러한 과정을 인지적으로 조절할 줄 알며 담화 상황과 목적에 따라 각기 다른 방법으로 들을 줄 안다(원진숙, 2000).

듣기 교육은 바로 이러한 경청 능력을 지닌 학습자를 길러내는 데 주력하는 방향에서 다음과 같은 사항을 고려하여 이루어져야 할 것이다.

첫째, 듣기 지도의 첫 번째 과제는 학생들에게 듣기의 중요성을 인식시키는 일이다. 효율적인 듣기는 그들의 학교 학습에서, 친구들이나 가족과의 일상생활에서 매우 중요한 것임을 학습자들에게 인식시켜 줄 수 있어야 한다. 듣기야말로 학습의 유용한 도구일 뿐만 아니라 효율적 의사소통의 한 방편이며 사람들과 관계를 맺어 나가는 데 있어 꼭 필요한 필수 기능임을 제대로 인식할 수 있을 때 비로소 효율적인 듣기 교육이 이루어질 수 있을 것이다.

둘째, 듣기는 본질적으로 구두 언어 활동이기 때문에 듣기를 지도할 때에는 이 구두 언어로서의 특성이 많이 반영되도록 해야 할 필요가 있다. 듣기 지도의 재료는 실제로 구두 언어 활동이 발생하는 상황, 즉 대화, 토론, 토의, 연설, 발표 등 다양한 담화 상황에서 취한 것이어야 한다. 이것은 억양, 쉼, 침묵 등이 의미있게 작용해야 함은 물론이고 듣기 장면이 제공하는 비언어적 요소들도 의미있게 작용할 수 있어야 함을 의미한다. 듣기는 언어적 메시지만큼 언어 외적인 메시지에 영향을 받기 때문이다. 청자는 화자의 억양, 쉼, 강조된 표현과 몸짓, 자세, 외모나 복장 등에 의해 영향을 받는다. 대화 상황에서 때론 언어 자체보다는 이러한 비언어적 요소들이 더 중요한 메시지를 전달하기도 한다.

듣기 지도는 바로 이러한 구두언어로서의 특성이 많이 반영되어 있는 다양하면서도 실제적인 듣기 상황 속에서 이루어질 수 있도록 계획되어야 한다. 교사의 말 듣기나 학생 상호간의 말 듣기, 각종 매체를 통한 듣기 등 가능한 한 다양한 듣기 경험을 제공함으로써 실질적인 듣기 기능을 향상시킬 수 있도록 훈련시킬 수 있어야 할 것이다.

셋째, 경청의 방법을 이해시키고 이를 적용하여 적극적 듣기를 할 수 있도록 지도해야 할 필요가 있다. 듣기는 화자가 전달하는 내용을 수동적으로 받아들이는 과정이 아니라 청자 자신의 인지적 과정에 따라 의미를 재구성하고 해석하며 평가하는 적극적인 과정이다. 그러므로 듣기 교육에서는 학생들이 상대가 전달하는 내용에 주의를 집중하여 정보를 수집하고 이를 분석적, 비판적으로 이해하고, 효율적으로 기억하며, 적절한 반응을 보이는 적극적 듣기를 할 수 있도록 지도하는 것이 매우 중요하다.

넷째, 듣기가 언어 이해 과정임을 고려하여 듣기를 듣기 전 단계, 듣는 중 단계, 들은 후 단계로 나누어 체계적으로 교육할 필요가 있다. 그러나 이제까지 듣기 교육은 일방적 듣기 상황만을 대상으로 하여 화자의 언어적 메시지를 어떻게 수용할 것인가에만 초점이 맞추어져서 화자의 언어적 메시지를 축자적으로 해독하기, 언어적 메시지를 배경으로 그 의도를 파악하기, 언어적 메시지를 비판적으로 수용하거나 감상하기 등 분절적인 듣기 기능을 결과 중심으로 접근해 왔을 뿐 듣는 사람의 인지적인 사고 활동에 초점을 맞추어서 체계적으로 이루어져 오지 못했다. 읽기에서 배경지식이 중요한 것처럼 듣기에서도 배경 지식은 중요한 역할을 한다. 청자가 화자의 말을 듣고 그 내용이 청자 자신의 삶에 어떤 의미가 있고 그러한 이해를 바탕으로 청자가 무엇을 할 수 있으며, 청자 자신의 내면에 어떤 변화를 초래할 수 있는가 하는 부분, 즉 듣기를 수행하는 인간의 활동에 초점을 맞추어서 듣기 교육이 이루어져야 한다.

다섯째, 듣기 유형별로 적합한 듣기 방법을 주요 교육 내용으로 제시해 줄 필요가 있다. 듣기 지도는 단순히 '주의 기울이기'의 정도를 넘어서서 듣기 목적과 상황에 따라 적절하게 활용할 수 있는 방법의 발전으로 이어져야 한다. 예를 들어, 강의나 뉴스 등 정보전달을 목적으로 하는 듣기 상황에서 요구되는 듣기 방법과 학교 성적 문제로 고민하는 친구의 이야기를 들어주어야 하는 상황에서 요구되는 듣기 방법은 같을 수 없다. 전자와 같이 정보 전달을 목적으로 하는 듣기 상황에서는 주로 분석적이고 비판적인 듣기 방법이 적절하겠지만 후자와 같은 듣기 상황에서는 감정이입의 차원에서 상대방의 생각이나 감정을 깊이있게 이해하려는 공감적 듣기 방법이 적절할 것이다. 다양한 유형의 듣기 방법을 실제적인 상황을 중심으로 교육시킬 수 있도록 해야 할 것이다.

여섯째, 우리 말 문화와 관련해 듣기 태도의 중요성을 강조해서 지도해야 할 필요가 있다. 이제까지 우리 교육과정상의 듣기 영역은 다분히 쟁론을 강조하는 서양식 말문화의 영향으로 어떤 자세로 듣는가보다는 들은 내용을 정확하게 파악하여 내용의 정확성, 타당성, 효과성 등을 검토하고 화자의 관점과 의견을 비판적으로 평가하도록 하는 방향에서만 이루어져왔다.

우리 말 문화 전통 안에서 듣기란 상대방이 전달하는 메시지를 정확하게 파악하고 그 논리적인 타당성을 따지기보다는 상대방의 말을 듣는 과정을 통해서 상대방과의 삶을 공유하는 인간 관계적 측면을 중시해 왔다. 실제로 어떤 자세로 듣는가 하는 문제는 곧 상대방과 어떤 관계를 맺는가 하는 문제로 직결된다. 이런 맥락에서 본다면 무엇을 듣는가하는 것만큼이나 어떻게 듣는가 하는 듣기 태도야말로 듣기 교육에서 가장 비중있게 실천적으로 다루어져야 할 것이다.

(2) 말하기 교수 – 학습 방향

말하기 능력이란 정도의 문제이긴 하지만 구체적인 의사소통 상황에 적절하게 대응하면서 음성 언어 사용 과정을 통해서 언어 활동의 언행적 목적과 관계적 목적을 동시에 효율적으로 달성할 수 있는 능력을 의미한다. 이러한 능력을 갖춘 사람은 상대방의 기대나 요구를 고려하여 적절하고 효과적인 메시지를 선택하여 말하고 다른 사람이 말하는 것에 민감하게 반응할 줄 알 뿐만 아니라 이러한 말하기 능력의 중요성과 그 의미를 아는 사람이라 할 수 있다. 말하기 교육은 바로 이러한 능력을 지닌 학습자를 길러내는 것을 목표로 다음의 사항을 고려하면서 이루어져야 할 것이다.

첫째, 성공적인 말하기가 언행적 목적과 관계적인 목적을 동시에 추구해야 한다는 점을 감안하여 말하기 교육의 방향 역시 효과적인 메시지의 생산과 전달이라는 언어 수행적 차원에 대한 지도에만 제한되어서 이루어지기보다는 효과적인 인간 관계의 형성과 유지를 위한 방법에 대한 지도도 함께 이루어져야 한다는 점이다. 우리의 삶이 인간 관계를 바탕으로 하고 이 관계를 매개해 주는 것이 언어라는 점을 감안해 본다면 메시지를 잘 준비하여 전달하는 일방적인 말하기 또는 효과적인 표현 전달에만 치중되어 이루어지는 말하기 교육은 지양되어야 할 것이다.

둘째, 말하기 교육은 언어 사용에 필요한 사용 체계에 대한 지식 교육과 이를 실제적인 말하기 상황에서 적용해 보는 과정이 조화롭게 이루어져야 한다는 점이다. 말하기 능력은 실제적 과제(authentic task)를 실제적인 과제 환경 속에서 수행하는 경험을 통하지 않고서는 성취될 수 없다. 그러므로 말하기 교수 - 학습에서는 학생들이 교실 환경에서 실제 세계 상황에서 접하거나 접하게 될 만한 말하기에 대해 경험할 수 있도록 해야 한다.

셋째, 말하기 교육은 내용과 방법을 학습자들의 말하기에 대한 말하기(메타 말하기)에 초점을 맞추고 이에 따라 학생들이 수행한 말하기 자료(대화)를 가지고 정해진 과정에 따라 점검 활동을 하고 학생들이 자신의 말하기를 조정하는 메타인지를 강화하는 방향으로 바꾸어야 할 필요가 있다.

메타 인지, 즉 앎의 과정에 대한 자율적인 점검 및 조절 능력은 소련의 심리학자 비고츠키의 주장에 의하면 인지의 내면화 과정으로서 사회적 상호 작용 속에서 획득된다고 한다. 학생들이 교사의 지도와 안내에 따라 자신의 말하기를 메타적으로 분석하면서 자신의 말하기 특성과 문제점을 인식하고 학생과 교사 모두가 이 문제를 해결하는 방안을 모색한다면 보다 실제적인 말하기 교육이 이루어질 수 있을 것이다. 학습자들이 실제 생활에서 자신들이 수행하는 말하기 장면이나 연극이나 텔레비전 드라마에 등장하는 배우들의 말하기 장면을 대상으로 메타적으로 분석하면 학생들의 흥미를 높일 수 있을 뿐만 아니라 학생들이 상위 인지적인 점검과 조정(문제 발견과 해결)이 이루어져 말하는 방식이나 인식 등 말하기 전반에서 상당한 개선 효과가 있을 것이다.

넷째, 말하기 교육에서 음조, 강세, 말의 빠르기, 목소리 크기, 억양 등의 준언어적(para-linguistic) 측면, 눈빛, 얼굴 표정, 제스처, 몸짓, 자세 등의 비언어적인 측면도 함께 비중있게 다루어져야 한다는 점이다. 이제까지 말하기 교육은 언어적 의사소통에만 치우쳐 왔다. 이는 실제 말하기 과정에서 사람들이 무엇을 말해야 하는가에 대한 언어적 메시지에만 신경을 쓰지 어떻게 말해야 하는가에 대한 표현 방식에 대해서는 거의 신경을 쓰고 있지 않은 현실과 깊은 관련이 있다. 그렇지만 사람들은 언어적 메시지보다는 비언어적 메시지에 주목해서 의미를 파악하는 경향이 있다는 점을 고려한다면 비언어적 측면을 비중있게 교육해야 할 필요가 있다.

다섯째, 말하기 교육은 학습자로 하여금 말하기 불안 증세를 극복할 수 있도록 도와줄 수 있어야 한다는 점이다. 정도의 차이는 있겠지만 사람은 누구나 말하기 불안 증세를 가지고 있다. 말하기 불안 증세는 화자가 자신감을 가질 수 있을 때, 비로소 완화되고 치유될 수 있다. 그러므로 교사는 말하기 교수-학습 과정을 통해서 학습자가 말하기에 자신감을 가질 수 있도록 여러 사람 앞에서 말할 기회를 자주 주고, 말하기 수행을 성공적으로 할 수 있게끔 도와주어서 긍정적 경험을 자주 갖도록 해 주어야 한다. 학생들이 말하기 수행에서 긍정적 경험을 반복하게 되면 모든 말하기 상황에서 긍정적 자아 개념을 가지게 되고 자신감 있게 말할 수 있게 된다.

2) 듣기 · 말하기 교수 – 학습의 방법

(1) 활동 단계별 듣기 지도 방법

듣기 영역의 교수 - 학습 방법으로는 학생들이 실제로 들으면서 활동을 하고, 그 활동 자체를 구분하여 인식할 수 있는 듣기 활동의 단계를 유의미하게 구분하여 듣기 교육의 체계를 설정하는 것이 효율적이다. 듣기는 언어 이해를 중추 과정으로 하는 활동이다. 듣기가 언어 이해를 중추 과정으로 하는 활동이라는 것은 듣기도 다른 언어 이해 과정인 읽기를 과정 중심으로 지도하는 것과 마찬가지로 과정을 중심으로 지도하는 것이 바람직할 수 있음을 시사한다. 유의미한 듣기 활동 단계는 듣기 활동 전 단계, 듣기 활동 단계, 듣기 활동 후 단계로 구분하고 듣기 활동 단계는 다시 읽기와 마찬가지로 듣기 전 단계, 듣는 중 단계, 들은 후 단계의 세 가지로 나누어 살펴 볼 수 있다.

① 듣기 활동 전 단계

듣기 활동 전 단계는 구체적인 듣기 대상물이 없는 상태에서 이루어지는 교육의 단계이다. 여기서는 소리 듣기(hearing)와 의미 듣기(listening)를 구분하고, 듣기의 본질과 과정을 이해하며, 목적에 따른 듣기의 방법을 이해하는 등 주로 듣기에 관한 개념적이고 절차적인 지식을 구축하는 단계이다.

② 듣기 활동 단계

듣기 활동 단계는 주어진 듣기 대상물을 듣는 활동을 하는 단계로서, 들어야 할 대상물과 관련하여 발생하는 활동이나 기능들로 구성된다. 이 단계는 읽기와 마찬가지로 다시 듣기 전 단계, 듣는 중 단계, 들은 후 단계로 나뉜다.

▶ 듣기 전 단계

듣기 전 단계에서는 들어야 할 대상물의 주제와 관련된 배경 지식 구축하기, 화자에 대한 정보 입수하기, 듣기 목적 확인하기, 내용 예측하기, 질문하기, 소음 제거하기 등의 활동이 포함될 것이다.

학생들은 들려주는 모든 내용을 듣는 것이 아니라 들리는 내용만을 듣는다. 예를 들어, 특정 정보의 확인을 위한 듣기에서 청자는 그 특정 정보와 관련되지 않은 내용은 듣지 않을 수 있으며, 또 당연히 듣지 않아도 된다. 이런 사실은 듣기 교수 - 학습 과정에서 듣기 자료를 제시하기 전에 들어야 할 방향을 제시해 주거나 배경지식을 활성해 주어야 한다는 것을 말한다. 들은 내용을 듣는 이가 이미 가지고 있는 배경지식이나 경험과 잘 연결시킬 수 있을 때 그 내용을 보다 잘 이해할 수 있고 오래 기억할 수 있기 때문이다. 또한 들어야 할 목적을 설정하는 것 역시 매우 중요하다. 듣는 목적을 분명히 함으로써 주의를 집중할 수 있고 필요한 내용을 보다 효과적으로 들을 수 있기 때문이다.

▶ 듣는 중 단계

듣는 중 단계에서는 소리 지각, 정보 확인, 내용 이해, 내용에 대한 비판, 듣기 태도 등과 관련된 내용을 중심으로 지도해야 할 것이다. 이 단계에서는 들은 내용을 정확하게 파악하여 내용의 정확성, 타당성, 효과성 등을 검토하고 화자의 관점과 의견을 비판적으로 평가하는 학습 활동을 강조한다. 메모하기 등을 통해 내용을 정리하는 활동, 다른 사람의 말을 주의집중해서 듣는 활동, 들으면서 반응을 보이는 활동, 자기 질문 등을 통해서 자신의 듣기 과정을 점검하고 조절하는 활동 등을 통해서 교수 - 학습이 이루어지는 것이 바람직하다.

이 단계에서 특히 유의해야 할 점은 제시된 듣기 내용을 모두 정확하게 들었는가, 혹은 화자가 전달하고자 하는 의도를 정확하게 파악하였는가 하는 식의 결과에 초점을 맞추는 태도를 지양해야 한다는 것이다. 그보다는 어떤 내용을 지각했으며 왜 그 내용만을 지각했는가, 혹은 어떤 내용을 지각하지 못했고 그 이유는 무엇인가를 파악하도록 하는 것이 중요하다. 또 화자의 의도가 무엇인가를 정확하게 찾아내는 것보다는 나는 왜 화자의 의도가 그렇다고 추론했는가 하는 근거를 파악하도록 해야 할 것이다. 이것은 말하는 사람이나 들어야 할 발화 자체에 초점을 맞추기보다는 듣는 사람의 인지적 사고 과정에 초점을 맞추어야 한다는 것을 의미한다.

▶ 들은 후 단계

들은 후 단계에서는 들은 내용에 대한 내면적 수용과 전이 등과 관련된 내용 등이 포함된다. 들은 내용 요약하기, 결론 도출하기, 자신의 생각이나 삶과 관련짓기, 들은 이야기가 자신에게 주는 의미 찾기 등의 활동을 통해 이 단계의 교수 - 학습 활동을 운영한다.

이 단계에서는 단지 들은 내용을 비판적으로 이해하는 태도에서 한 걸음 더 나아가 그것을 내면화하는 데에 초점을 둔다.

③ 듣기 활동 후 단계

마지막으로 듣기 활동 후 단계에서는 듣기 활동들을 바탕으로 듣기 전략의 조정 및 점검, 듣기 태도에 대한 반성, 듣기 장애 요인 확인 및 조정 등과 관련된 내용이 포함될 수 있다. 이 단계에서는 자신의 듣기 과정 및 태도에 대한 점검 및 평가 작업뿐만 아니라 다른 사람들의 듣는 자세를 관찰한 후 이를 통해 자신의 듣기 자세를 점검할 수 있도록 지도하는 것도 바람직한 한 방안이 될 수 있다.

이상의 내용을 표로 정리하여 제시하면 다음과 같다.

<표 4> 활동 단계별 듣기 지도 내용 (임칠성 외, 1999)

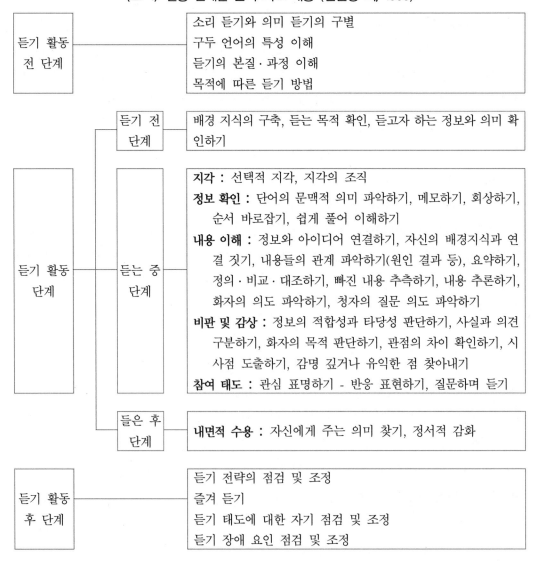

듣기 활동 전 단계		소리 듣기와 의미 듣기의 구별 구두 언어의 특성 이해 듣기의 본질·과정 이해 목적에 따른 듣기 방법
듣기 활동 단계	듣기 전 단계	배경 지식의 구축, 듣는 목적 확인, 듣고자 하는 정보와 의미 확인하기
	듣는 중 단계	**지각** : 선택적 지각, 지각의 조직 **정보 확인** : 단어의 문맥적 의미 파악하기, 메모하기, 회상하기, 순서 바로잡기, 쉽게 풀어 이해하기 **내용 이해** : 정보와 아이디어 연결하기, 자신의 배경지식과 연결 짓기, 내용들의 관계 파악하기(원인 결과 등), 요약하기, 정의·비교·대조하기, 빠진 내용 추측하기, 내용 추론하기, 화자의 의도 파악하기, 청자의 질문 의도 파악하기 **비판 및 감상** : 정보의 적합성과 타당성 판단하기, 사실과 의견 구분하기, 화자의 목적 판단하기, 관점의 차이 확인하기, 시사점 도출하기, 감명 깊거나 유익한 점 찾아내기 **참여 태도** : 관심 표명하기 - 반응 표현하기, 질문하며 듣기
	들은 후 단계	**내면적 수용** : 자신에게 주는 의미 찾기, 정서적 감화
듣기 활동 후 단계		듣기 전략의 점검 및 조정 즐겨 듣기 듣기 태도에 대한 자기 점검 및 조정 듣기 장애 요인 점검 및 조정

(2) 말하기 지도 방법

말하기는 발화 순간마다 발화 상황(분위기, 청자의 태도 등)의 영향을 받게 되며, 그 결과 계획했던 발화 내용이 매순간마다 수정, 보완되어 표현되는 역동적인 과정으로 이루어진다. 대담, 토의, 토론 등에서 이러한 현상은 특히 두드러지게 나타난다. 또한, 말하기에 있어서는 비언어적인 요소들이 언어 내적 요소만큼이나 중요한 역할을 한다. 이런 특성들로 인하여 말하기 수업은 역동적이고 상황에 민감하며 심리적인 요소를 충분히 고려해야 한다.

① 직접 교수법

고등사고기능인 말하기 능력을 신장시키기 위해서 직접 교수 원리에 따라 말하기 기능 수행의 세부 과정을 명시적으로 드러내어 지도하는 것도 유용한 지도방안이 될 수 있다. 이를 위하여 첫째, 설명하기 단계에서는 주어진 학습 목표 또는 학습 과제를 달성하는 데 필요한 사고의 과정에 대하여 구체적으로 설명한다. 둘째, 시범 보이기 단계에서는 주어진 학습 과제를 성취하는 데 필요한 사고의 과정을 구체적이고도 단순한 예를 통하여 앞에서 설명한 원리나 방법을 적용하여 교사가 직접 시범을 보여주거나 모형을 제시한다. 셋째, 설명한 내용과 시범 보인 내용을 보다 구체적으로 이해시키기 위하여 주어진 학습 과제를 성취하는 데 필요한 지식, 원리, 과정 등에 대하여 세부 단계별로 명시적인 질문을 하고 대답하는 활동을 한다. 넷째, 활동하기 단계에서는 주어진 목표를 달성하기 위하여 이미 학습한 지식 및 원리를 사용하여 일정한 절차에 따라 말해보는 활동을 한다(박영목 외, 1995: 64).

이상과 같이 직접 교수법은 교사의 설명과 시범에서 점차 학생들의 활동으로 그 중심이 이양되어 학생의 활동이 중심이 되도록 하는 것을 요체로 한다. 시범 보이기가 강조되는 직접 교수법에 의한 화법 수업에서 교사는 특히 바람직한 말하기 모델로서의 역할을 수행하는 것이 중요하다. 이를 위해서는 표준화된 발음을 할 수 있어야 하고 조음에 신중을 기해야 하며 길러 주고자 하는 말하기 기능과 관련하여 매우 높은 수준의 기능을 지녀야 한다.

말하기의 본질상 말하기 능력은 학습자 스스로 활동을 해야만 학습될 수 있고 신장될 수 있다. 이를 위해 교사는 학생들이 수업에 적극적으로 참여할 수 있는 분위기를 조성해 주고, 학습자의 관심을 이끌어낼 수 있도록 적절한 화제를 선정하고, 모든 학생이 말하기 활동에 참여할 수 있도록 기회를 골고루 많이 부여할 수 있도록 해야 한다.

② 3분 스피치

학생들이 그들의 삶에서 경험한 중요한 생각이나 이야기들을 친구들 앞에서 발표해 보는 활동이다. 주제는 교사가 임의로 정해 줄 수도 있지만 학습자들이 스스로 주제를 선정해서 내용을 구성하도록 하는 것도 좋은 방법이다. 발표자는 친구들이 관심을 가지고 들어줄 만한 흥미로운 이야깃거리를 화제로 선택하여 내용을 구성하고 미리 연습을 거친 뒤에 정해진 시간 안에 스피치를 할 수 있도록 한다. 학생들이 스피치를 할 때 교사는 캠코더 등을 활용하여 실제 말하기 수행 장면을 녹화하여 발표가 끝난 후 다시 돌려 보면서 메타적으로 점검하고 동료들의 반응 평가 등을 경험하게 함으로써 학습자 스스로 자신의 말하기에 대한 메타적 인식을 갖도록 한다.

③ 내재적 수행법

내재적 수행법은 성공적으로 담화 활동을 수행해 나가는 자신의 모습을 연상하게 하는 방법이다. 이 방법은 실제적 수행 활동과 같은 과정으로 진행되지만 행위가 내재적으로 주어지므로 실제적 수행 활동의 전 단계 연습 과정으로 활용될 수 있다. 교실 환경에서 수행하기 힘든 담화 상황이나 말하기 불안증을 완화하기 위한 방법으로 이용될 수도 있다. 내재적 수행법은 실제 수행에서와 꼭같은 과정을 내적연상을 통해 밟아 가므로 실제 수행으로의 전이 가능성이 높으며, 자기 완성적 예언으로 인해 실제 수행에서의 성공 가능성을 높일 수 있다(최미숙 외, 2012: 185).

④ 실제적 수행법

실제적 수행법은 학습자가 실제의 담화 환경이나 이와 유사하게 조정된 교실 환경에서 학습자들의 경험 세계에서 수용 가능한 화제에 대하여 수행해야 할 담화의 종류와 목적, 역할에 맞게 의사소통하게 하는 방법이다. 실제적 수행법에서 '실제'란 학습자의 행위 수행이 실제적으로 이루어진다는 의미와 담화 수행 활동을 구성하는 요소들이 실제적이라는 의미를 포괄하고 있다.

학습자에게 말하기를 수행하게 할 때는 말하기 상황에 대한 정보를 명확히 제시함으로써 실제적인 담화 수행이 가능하도록 한다. 또한 실제적 담화 수행이 끝난 뒤에는 반드시 자신의 수행을 점검할 수 있도록 자기 평가의 기회를 제공함으로써 학습자 스스로 자신의 말하기 수행에 드러난 문제점을 반성적 성찰을 통해 인식하고 이러한 문제들을 조정해 나갈 수 있도록 한다.

⑤ 모의 수행법(역할극)

모의 수행법은 말하기 교수 - 학습에 교육 연극의 기법을 도입하여 담화 상황에서 학습자로 하여금 허구적 역할을 수행하게 한 뒤 현실적 자아로 되돌아오게 함으로써 담화 수행의 방법과 담화에서 참여자들의 관점에 따라 발생할 수 있는 여러 문제들을 이해할 수 있도록 하는 방법이다. 모의 수행법은 학습자가 직접 자신의 입장에서 담화 환경에 맞게 수행을 하는 실제적 수행법과 달리 학습자가 다른 사람의 입장에서 담화를 수행하고, 자신의 입장에서 이를 다시 되돌아보게 하는 것이다(최미숙 외, 2012: 186).

모의 수행법은 구체적인 상황을 설정하여 역할놀이를 통해서 학생들로 하여금 주어진 문제를 좀 더 깊이 있게 이해하고 해결해 나갈 수 있게 함으로써 인간의 행동에 대한 통찰력을 갖게 하는 데 기여할 수 있다. 학생들은 역할놀이 학습을 통해서 주어진 문제 상황에 대해 토론하고 직접 주어진 상황 속의 인물들이 되어서 문제를 경험하고 그 해결책을 모색하는 능력을 기를 수 있다. 학습자들은 또한 이 과정을 통해서 의미 있는 언어활동을 풍부히 할 수 있으며 의사소통 과정에 언어적 요소뿐만 아니라 비언어적 요소도 중요하게 작용한다는 것을 자연스럽게 터득하게 된다.

⑥ 대화 분석적 방법

대화 분석적 방법은 자신 또는 다른 사람이 수행한 듣기 · 말하기 내용과 방법, 태도 등을 분석하는 활동을 통해 화법에 대한 지식을 이해하게 하는 방법이다. 말하기 수행에 대한 영상, 음성, 전사, 사진 자료 등을 분석의 자료로 삼는다. 자료에 나타난 음성 언어 의사소통 상황에서 의미 표현과 이해가 어떻게 진행되었으며, 문제점은 무엇이며, 이를 해결하기 위해서는 어떻게 해야 하는가를 탐색하는 과정에서 효과적인 의사소통 수행에 필요한 지식들을 깨닫게 하는 것이다. 흔히 담화 자료를 분석하고 말하기에 대한 말하기를 통한 교육 방법이라는 의미에서 '담화 분석법', '메타 말하기 방법'이라고도 한다.

4. 듣기 · 말하기 평가

1) 듣기 평가

(1) 듣기 평가의 원리

학교 교육에서 듣기 능력을 체계적으로 평가하기 시작한 것은 매우 최근의 일이다. 우선 듣기 교육 자체가 체계적인 교육 활동의 틀을 제대로 갖추지 못한 채, 일방적인 듣기에만 초점을 맞추어 말하기 교육의 부산물처럼 취급되어 이루어져 왔기 때문에 듣기 평가가 학교 교육에서 교과 활동의 일환으로 제대로 실시되기란 요원한 일일 수밖에 없었다.

듣기 평가는 듣기 교육 전반에 걸쳐서 가치로운 정보를 수집하고 교육적으로 전문적인 판단을 하는 체계적인 과정이라는 측면에서 접근되어야 할 것이다. 이러한 평가 개념은 듣기 영역의 교수 - 학습 과정의 질적 개선을 도모하고 미시적으로는 학습자 개개인에게 가치로운 정보를 제공함으로써 그 교육적 성장을 돕는 데 기여할 수 있다는 점에서 매우 의미가 있다

학습자의 듣기 능력을 평가한다고 할 때 평가의 주안점은 일회적인 결과적 수행이 아닌 일정 기간을 두고 지속적으로 이루어지는 학습자의 질적 변화로서의 발달적 수행에 두어야 할 것이다. 발달적 수행은 잘하고 못함이라는 이분법적인 판단에 의존하는 결과적 수행과 달리 학습자의 개별적인 발달 속도와 잠재 가능성을 중시한다. 학습자의 발달적 수행은 교수 - 학습 과정과 유리된 상태에서 일회적으로 평가되기보다는 실제 교수 - 학습 과정에서의 자연스러운 언어적 수행 장면을 통해서 평가하는 것이 바람직하다.

본 절에서는 듣기 평가가 듣기의 본질 자체에 부합되면서도 듣기 영역의 교수 - 학습 과정의 질적 개선을 도모할 수 있기 위해서 지켜져야 할 몇 가지 원리들을 다음과 같이 제시하고자 한다.

첫째, 듣기 평가는 실제성을 띠어야 한다는 점이다. 듣기 평가가 실제성을 유지하기 위해서는 실제적인 구두 언어로서의 특징이 살아 있는 듣기 자료를 평가 대상으로 삼아야 한다. 듣기 평가에 사용되는 구두 언어 자료는 녹음 자료, 녹화 자료, 현장 자료 등이 이용될 수 있다. 듣기 평가에 사용되는 자료는 말하기 장면을 포함한 비언어적 요소들이나 억양과 같은 준언어적 요소들, 구두언어의 특성-회화사, 일탈, 반복 등-이 의미 있게 작용하는 재료이어야 한다. 또한 실제성을 띤 듣기 평가가 되기 위해서는 다양한 목적과 유형으로 생산되는 여러 가지 담화 상황을 배경으로 한 듣기 자료를 대상으로 할 필요가 있다.

둘째, 듣기 평가는 결과뿐만 아니라 과정에 대한 평가이어야 한다는 점이다. 듣기 평가는 결과적 수행뿐만 아니라 일련의 듣기 수행 과정 및 사용한 듣기 전략의 효용성 등을 평가 대상으로 삼아야 한다. 특히 듣기가 이해 활동이라는 점을 감안하여 듣기 평가를 듣기 전 단계, 듣는 중 단계, 듣는 후 단계로 나누어 체계적으로 듣는 사람의 인지적 사고 활동에 초점을 두는 방향에서 실시해야 할 것이다. 이러한 과정 중심의 평가 원리는 듣기 기능의 본질 자체에 충실한 평가가 될 뿐만 아니라 교수 - 학습 과정에서 학생이 수행한 내용이 그대로 평가

대상이 되게 한다는 점에서 학습자 스스로 자신의 듣기 과정 자체에 대한 인식은 물론 듣기의 문제점을 포착할 수 있게 해 준다는 점에서 매우 의미가 있다.

셋째, 듣기 평가는 지속적으로 이루어져야 한다는 점이다. 듣기 평가는 일회적이고 결과적인 수행이 아니라 시간을 두고 지속적으로 이루어지는 학습자의 발달적 수행에 관심을 두어야 한다. 일회적이고 결과적인 수행만으로는 학습자의 듣기 능력을 타당하게 평가할 수 없을 뿐만 아니라 학습자의 성장이나 발달에 기여할 수도 없기 때문이다. 듣기 평가가 지속적으로 이루어지기 위해서는 듣기 교수 - 학습 과정과 평가 과정이 분리되지 않고 서로 역동적이면서도 순환적인 교수 전반적인 체제 속에서 통합되어 이루어지도록 할 필요가 있다. 평가가 교수 - 학습 과정과 통합되어 이루어질 때 평가는 더 이상 학생들을 서열화하는 까다롭고 거추장스러운 절차가 아니라 수업을 더욱 의미 있는 교육의 장으로 이끌어낼 수 있는 가치로운 기제로 기능할 수 있게 된다.

넷째, 듣기 평가의 주체는 다양해야 한다는 점이다. 지금까지 듣기 평가는 학생들의 결과적 수행을 중심으로 교사에 의해서만 이루어져 왔다. 그러나 이러한 방법으로는 듣기를 수행하는 학습자의 내적 과정을 살필 수 없으므로 매우 제한적인 평가가 될 수밖에 없었다. 듣기 평가의 주체는 물론 교사 집단이나 교사 개인일 수 있지만 동료 학생 집단이거나 학습자 자신일 수도 있다. 다인수 학급 등의 현실적인 교육 여건과 듣기 교육의 효율성에 비추어 볼 때 학생 상호 평가나 자기 평가는 매우 적절한 듣기 평가 방식이 될 수 있다. 예를 들어, 자기 평가는 듣기 태도 평가나 자신의 듣기 문제점을 스스로 분석하고 극복하기 위한 평가에 활용될 수 있는데 특히 자신의 듣기 능력을 반성하고 신장시키고자 하는 동기를 부여할 수 있는 기회를 제공하는 차원에서 유용하게 이용될 수 있다.

(2) 듣기 평가의 내용

듣기 영역의 평가 목표는 듣기의 본질에 대한 이해, 청각적 식별, 사실적 · 추론적 · 비판적 듣기 능력, 듣기 태도의 변화에 중점을 두어 설정한다. 듣기는 정보 확인, 내용 이해, 내용에 대한 비판과 평가 및 감상 등의 층위를 가지는 언어 활동으로 결코 수동적으로 소리를 듣기만 하는 언어 활동이 아니라 의미를 구성하는 능동적이고 적극적인 과정이라는 점을 고려할 필요가 있다. 따라서 듣기 평가는 정보를 확인하고 내용을 이해하는 것에서 더 나아가 내용을 비판하고 평가 · 감상하는 수준, 듣기 학습을 통해 변화하는 듣기 태도의 변화 등을 판단하는 것을 목표로 설정해야 할 것이다.

구체적인 듣기 영역 평가 내용을 제시하면 다음과 같다(전은주, 1999).

1) 정보 확인

   소리를 식별할 수 있다.

   말을 듣고 필요한 정보를 찾을 수 있다.

2) 내용 이해

   상대방의 말을 듣고 중심 내용을 파악할 수 있다.

   전달받은 메시지의 목적, 요점, 세부적 내용 등을 구분할 수 있다.

3) 내용 비판

   상대방의 말을 듣고 사실과 추론을 구분할 수 있다.

   내용의 적절성 등을 비판적으로 검토할 수 있다.

4) 내용 감상

   들은 내용에 대한 가치 판단을 할 수 있다.

   들은 내용에 대한 생각이나 느낌을 말할 수 있다.

5) 과제 수행

   여러 형식의 말하기를 적절한 방법으로 듣고 이해할 수 있다.

   상대방과 적절하게 상호 작용하면서 들을 수 있다.

6) 태도

   바른 자세로 경청할 수 있다.

   상대방의 입장을 존중하면서 들을 수 있다.

   상대방에게 적절한 반응을 하면서 들을 수 있다.

(3) 듣기 평가 방법

① 지필 검사

지필 검사에 의한 듣기 평가 방법으로는 학생들에게 미리 질문지를 나누어주고 듣기 평가 문제를 녹음된 자료로 들려주면서 그 문제에 대한 답을 질문지에 작성하게 하는 방법이 있을 수 있다. 이때 질문지는 문제의 성격에 따라 단답형, 선다형, 서술형 등 여러 형식으로 작성될 수 있으며 문제의 내용으로는 음성, 어휘, 문장, 담화 등 여러 영역을 균형있게 포함될 수 있도록 한다. 담화 형식도 시(동시), 소설(동화) 등의 문학 작품과 대화, 소개, 토의 및 토론, 연설, 강연 등의 형식과 설명, 설득, 주장, 보고 등 담화의 목적과 평가 상황을 유기적으로 관련지어 평가 계획을 수립하는 것이 바람직하다.

② 포트폴리오법

포트폴리오법은 학습자의 변화 과정을 보여줄 수 있는 다양한 자료를 지속적으로 모아 이것을 총체적으로 평가하는 방법이다. 듣기 평가 국면에서 사용될 수 있는 포트폴리오 내용으로는 교사나 학부모의 관찰 평가지, 학습자의 자기평가지, 수행을 담은 기록물 등 듣기 수행에 대한 각종 평가 자료 모음 등이 해당된다. 이 포트폴리오법은 교사에게 학습자의 듣기 능력에 대한 발달적 정보를 종합적으로 파악할 수 있게 할 뿐만 아니라 학습자의 교수 - 학습 과정을 촉진하는 역할까지 한다는 점에서 매우 의미가 있다. 다음과 같은 체크리스트 형식으로 제시된 〈표 5〉의 듣기 행동 관찰평가표나 〈표 6〉의 듣기 기록장은 매우 유용한 포트폴리오의 한 예가 될 수 있을 것이다.

〈표 5〉 듣기 행동 관찰 기록장

듣기 행동과 습관	관찰 일자			
1. 들을 준비가 되어 있는가?				
2. 듣는 동안 주의를 집중하는가?				
3. 말하는 이를 쳐다보면서 듣는가?				
4. 고개를 끄덕이거나 하면서 반응을 보이면서 듣는가?				
5. 중요한 내용을 간단하게 메모하며 듣는가?				
6. 내용을 이해하기 위해 질문하는가?				
7. 선생님이나 친구가 말할 때 예절바르게 듣는가?				

<표 6> 듣기 기록장의 예

듣기 기록장

들은 때 :
화자 :
주제 :
들은 목적 :
제목을 보고 떠올랐던 생각

내용 구조와 요점

착상, 질문, 비판 등의 메모록

유익했거나 감동 깊었던 내용

---

2) 말하기 평가

(1) 말하기 평가의 원리

국어과 교육의 본질 추구에 기여할 수 있는 말하기 교육 현장을 견인할 수 있는 평가 방향을 모색한다고 할 때 무엇보다 먼저 전제되어야 할 사항은 평가를 어떤 관점에서, 어떤 목적으로 사용해야 할 것인가에 대한 대체적인 합의의 도출일 것이다. 2015 개정 국어과 교육과정이 지향하는 말하기 평가는 말하기 교육 전반에 걸쳐서 가치로운 정보를 제공하고 교육적으로 전문적인 판단을 하는 과정이라는 측면에서 접근되어야 할 것이다. 이러한 평가 개념은 거시적으로 말하기 영역의 교수 - 학습 과정의 질적 개선을 도모하고 미시적으로는 학습자 개개인에게 가치로운 정보를 제공함으로써 그 교육적 성장을 돕는 데 기여할 수 있다는 점에서 매우 의미가 있다.

말하기 영역은 우리의 일상적인 삶 속에서 살아 움직이는 '말'을 대상으로 한다. 말하기 교육의 목표가 실제적인 말하기 능력의 신장에 있다면 평가는 당연히 학습자의 실제적인 말하기 능력을 평가할 수 있어야 한다. 평가의 본질적 기능이 교수-학습 결과를 확인하고 그에 기초한 송환 작용으로 교수-학습 활동을 개선하기 위한 것이라면 말하기 평가 목표는 당연히 개별 학생이 각각 미리 설정된 도달점으로서의 학습 목표에 비추어 어떤 측면에서 잘하고 못하는가에 대한 진단적 정보를 제공해 줄 수 있어야 하기 때문이다.

타당하고 신뢰롭게 학습자의 말하기 능력을 평가한다고 할 때 학습자로 하여금 실제적인 언어 사용 상황에서 말하기를 해 보게 하는 수행평가보다 더 좋은 방법은 없다. 수행평가는 구체적 상황하에서 학습자 개개인의 직접적 수행을 통해 평가하기 때문에 기존의 객관식 평가 방식으로선 평가할 수 없었던 부분들-창의성이나 문제 해결력 등의 고등 사고 기능에 대한 평가나 인지 구조의 변화 과정 및 학습 과정에 대한 평가, 학생의 인지적 영역, 학생의 발달 상황이나 흥미, 태도 등의 정의적 영역 등-에 대한 종합적·전인적 평가가 용이하다. 뿐만 아니라 수행평가는 학생이 지닌 여러 측면의 지식이나 능력을 지속적으로 평가할 수 있다는 장점을 지니고 있다.

종래의 객관식 지필검사처럼 교수-학습 결과를 한두 번에 걸쳐서 총괄적으로 평가해서 점수화하는 방식으로는 교수-학습 활동을 개선하기 어렵다. 교수-학습 활동을 개선하기 위해선 교수-학습 결과뿐만 아니라 그 과정에 대한 구체적인 정보 수집과 아울러 학생 개개인의 수준을 여러 측면에서 지속적이면서도 종합적으로 평가할 필요가 있다. 이를 위해선 교사가 교실에서 자연스럽게 일어나는 학생 개개인의 말하기 수행 장면을 수시로 관찰하고 그 결과를 누가적으로 기록하는 형태의 평가 방식이 바람직하다.

말하기 영역의 본질 추구에 기여할 수 있는 말하기 수행평가 원리를 제시하면 다음과 같다.

① 실제성의 원리

말하기 과정에서 발화 상황 및 맥락이 중요하다면 말하기 평가 국면에서도 마땅히 발화 상황 및 맥락이 중시되어야 한다. 실제성의 원리는 말하기 평가가 실제적인 과제를 중심으로 한 맥락화된 평가를 지향해야 한다는 점으로 요약되는데 이를 위해선 무엇보다 다양하면서도 실제적인 평가 맥락이 주요하게 고려되어야 할 것이다.

② 지속성의 원리

말하기 평가는 일회적으로 이루어지기보다는 시간을 두고 지속적으로 이루어짐으로써 학습자의 발달적 수행을 평가할 수 있어야 한다. 일회적인 평가만으로는 학습자의 말하기 능력을 타당하게 평가할 수도 없고 학습자의 발달에 기여할 수도 없다고 보기 때문이다. 다양한 말하기 상황에서 다양한 목적과 유형으로 이루어지는 말하기 수행을 대상으로 한 평가야말로 학습자의 말하기 능력을 타당하게 평가할 수 있을 뿐만 아니라 학습자의 성장에 기여할 수 있다(원진숙, 1999).

이는 달리 말하면 평가가 평가로 끝나는 것이 아니라 학생들의 수행 과정에 대한 교사의 지속적인 관찰과 학생들의 지속적인 자기 평가 과정을 통해 교수 - 학습 과정에 적절한 피드백을 주는 것이 되어야 함을 의미한다. 이 지속성의 원리를 바탕으로 하여 말하기 교수 - 학습 과정과 평가는 지속적으로 연계되며 학습자의 교수 - 학습 목표의 성취를 위해 발전적으로 작용하는 과정의 연속이 될 수 있다(전은주, 1999).

③ 통합성의 원리

말하기는 상황 의존성이 강하므로 말하기 교수 - 학습 과정과 평가가 분리되어 이루어져서는 곤란하다. 말하기 평가를 따로 시간을 마련해서 시행할 경우, 그 말하기는 평소의 말하기와는 다른 말하기가 되어 학생의 실제적인 말하기 능력을 평가하기 어렵다. 따라서 말하기 평가는 실제 말하기 교수 - 학습 과정과 연계해서 학습자 개개인의 말하기의 특성을 파악하고 문제점을 발견하여 개선하는 방향에서 이루어지는 것이 바람직하다. 이러한 통합성의 원리를 토대로 한 평가는 말하기의 지식과 기능 습득뿐만 아니라 학습자 자신의 말하기 생활 전반을 돌아보게 함으로써 실제 학습자의 말하기를 개선하는 데 효과가 있다(이창덕, 1999).

(2) 말하기 평가의 내용

말하기 영역의 평가 목표는 말할 내용의 적절한 선정 및 조직, 정확하고도 효과적인 표현, 과제 수행, 말하기 태도에 중점을 두어 설정하도록 한다. 구체적인 말하기 평가 내용을 제시하면 다음과 같다.

가. 내용 선정

상황, 목적 및 대상, 화제, 주제에 적합한 내용을 선정하여 말할 수 있다.

나. 내용 조직

시간적 방법, 공간적, 방법, 논리적 방법, 문제해결적 방법 등에 따라 내용을 조직
하여 말할 수 있다.

다. 표현 및 전달

담화 상황에 적절한 언어적 표현을 할 수 있다.

언어적 표현의 내용과 일치하는 적절한 몸짓언어를 사용할 수 있다.

라. 과제 수행

여러 가지 유형의 말하기를 상황에 맞게 수행할 수 있다.

담화의 언행적 목적과 관계적 목적을 동시에 이룰 수 있다.

마. 태도

말하기에 적극적으로 참여한다.

예절바르게 말할 수 있다.

여러 담화 상황에서 자신감 있게 말할 수 있다.

(3) 말하기 평가 방법

① 말하기 수행 능력 평가법

말하기 평가에 있어서 비교적 객관적 평가가 가능한 사항들로는 어휘, 문법, 표현의 유창성, 발음 등 언어 표현과 관련된 표면적 자질, 말하기 수행과 관련된 절차에 관한 지식 등을 들수 있다. 그러나 말하기 평가에서 보다 중요한 평가 요소는 학생들이 말하기를 통하여 효과적으로 의사소통을 할 수 있는 능력과 관련된 요소들이어야 할 것이다(박영목, 1992). 이러한 말하기 기능은 직접 말하는 수행이 전제되지 않고서는 평가될 수 없다. 그러므로 말하기 평가는 말하기 수행 장면을 직접 관찰하여 평가하는 것이 바람직하다. 수행 평가는 과제 수행을 통해 자연스럽게 드러나는 학습자의 말하기 기능과 인지적 영역 및 정의적 영역을 평가할 수 있다.

이러한 말하기 수행 능력 평가법에서는 명확한 채점 기준표를 개발할 필요가 있다. 구체적인 평가 항목을 체크리스트의 형식으로 도구화하거나 평가 기준과 척도 등이 명시된 평가 보조 도구를 사용함으로써 평가자의 오류 가능성을 줄일 수 있기 때문이다. 또 교사에 의한 평가뿐만 아니라 학습자 스스로에 의한 자기 평가, 학습자 상호간의 상호 평가 등도 유용한 평가 대안이 될 수 있다. 채점 방식으로는 경우에 따라 적절하게 교사의 시간을 절감해 줄 수 있는 총체적 평가와 구체적인 진단적 정보를 제공해 줄 수 있는 분석적 평가를 보완해서 사용할 수 있다(원진숙, 1997).

② 포트폴리오법

포트폴리오법은 학습자의 변화 과정을 보여줄 수 있는 다양한 자료를 지속적으로 모아 이것을 총체적으로 평가하는 방법이다. 말하기 평가 국면에서 사용될 수 있는 포트폴리오 내용으로는 학습자의 말하기 수행 장면을 담은 비디오, 오디오 테잎, 교사나 학부모에 의한 관찰 평가지, 학습자의 자기평가지 등이 될 수 있다. 이 포트폴리오법은 교사로 하여금 학습자의 말하기 능력에 대한 발달적 정보를 총합적으로 파악하고 학습자의 교수 - 학습 과정을 촉진하는 역할까지 한다는 점에서 매우 의미가 있다.

③ 녹화기록법

말하기의 과정을 평가하고자 할 때, 평가자는 수행이 전개됨과 동시에 관찰하고 평가해야 하는데 이때 중요한 일부를 놓치면 정확한 평정을 할 수 없게 된다. 이런 문제점을 해결하기 위한 방법으로 녹화기록법이 있다. 녹화기록법은 학습자들의 수행 장면을 비디오 카메라로 녹화해 두었다가 교사가 필요한 부분을 다시 재생해 보면서 평가하는 방법이다. 이 방법은 담화 상황에서 실제적 듣기와 말하기를 수행하는 학습자의 전모를 관찰할 수 있을 뿐만 아니라 언제든지 반복 재생할 수 있기 때문에 보다 정확하고 객관적인 평가를 할 수 있다는 장점이 있다. 특히 토론이나 토의를 수행하는 과정을 평가할 경우, 화자로서의 능력뿐만 아니라 청자로서 학습자들이 취하는 태도를 세밀히 관찰할 수 있다는 장점이 있다.

또, 학습자들이 자신의 말하기 수행 장면을 관찰할 수 있으므로 자신의 문제점을 보다 객관적으로 진단하고 향후 개별적으로 성취해야 할 목표를 뚜렷이 설정할 수 있게 된다. 뿐만 아니라 수행을 녹화한 테잎은 구체적인 교수 - 학습 자료로도 유익하게 이용될 수 있다. 교수-학습의 도입 단계에서 학습자들에게 모델을 제시해 주거나 문제점을 지적해 주는 자료로 이용한다면 보다 효과적인 수업을 할 수 있을 것이다(전은주, 1999).

참고문헌

교육부(2015), 〈국어과 교육과정〉, 교육부 고시 제2015-74호.

강경호 외(2010), 〈초등 국어과 수업 방법〉, 박이정.

구현정(2005), 〈의사소통의 기법〉, 박이정.

김상준(2007), 〈스피치 커뮤니케이션〉, 역락.

김영임(1998), 〈스피치 커뮤니케이션〉, 나남출판.

김인자 역(1982), 〈인간관계와 자기표현〉, 중앙적성출판사.

김재봉(2003), 〈초등 말하기·듣기 교육론〉, 교육과학사.

노명완 외(1988), 〈국어과 교육론〉, 갑을출판사.

노명완 외(2012), 〈국어교육학개론(제4판)〉, 삼지원.

노명완(1997), 〈말하기·듣기 교육의 개념과 탐구 과제〉, '97 말하기·듣기 영역 교육과정.

류성기(2009), 〈예비교사와 초등교사를 위한 초등 말하기 듣기 교육론〉, 박이정.

민병곤(2006), 말하기·듣기 교육 내용으로서의 '지식'에 대한 고찰, 〈국어교육학연구〉 25, 국어교
　　육학회.

민현식(2002), 국어 지식의 위계화 방안 연구, 〈국어교육〉 108, 한국어교육학회.

박경현(2001), 〈리더의 화법〉, 삼영사.

박영목 외(1995), 〈국어과 교수 학습 방법 탐구〉, 교학사.

박재현(2004), 한국의 토론문화와 토론교육, 〈국어교육학연구〉 19, 국어교육학회, 289~318.

백미숙 역(2000), 〈스피치 핸드북〉, 일빛.

백미숙(2007), 〈스피치 특강〉, 커뮤니케이션북스.

백순근 외(1996), 〈수행평가의 이론과 실제〉, 국립교육평가원.

서현석(2005), 말하기·듣기 수업 과정 연구, 박이정.

원진숙(1997), 말하기·듣기 영역의 평가, 〈97 말하기·듣기 영역 교육과정 내용의 체계와 연구 보
　　고서〉, 서울대학교 국어교육연구소.

원진숙(1999), 쓰기 영역 평가의 생태학적 접근—대안적 평가 방법으로서의 포트폴리오를 중심으로,
　　〈한국어학〉 10, 한국어학회.

원진숙(2000), 제7차 국어과 교육과정의 평가, 〈초등국어교육〉 15, 초등국어교육학회.

윤현진 외(2007), 〈미래 한국인의 핵심 역량 증진을 위한 초중등학교 교육과정 비전 연구(1) 핵심
　　역량 준거와 영역 설정을 중심으로〉, 한국교육과정평가원.

이관규(2004), 국어사 교수·학습 내용의 체계성과 위계성에 대한 연구, 〈국어교육학연구〉 20, 국

어교육학회.

이도영(2006), 말하기 교육 목표 어떻게 설정할 것인가, 〈국어교육학연구〉 25, 국어교육학회.

이상철 · 백미숙 · 정현숙(2007), 〈스피치와 토론〉, 성균관대학교 출판부.

이재승(1997), 〈국어교육의 원리와 방법〉, 박이정.

이창덕 외 공역(2008), 〈발표와 연설의 핵심 기법〉, 박이정.

이창덕 · 임칠성 · 심영택 · 원진숙(2000), 〈삶과 화법〉, 박이정.

이창덕 · 임칠성 · 심영택 · 원진숙 · 박재현(2010), 〈화법 교육론〉, 역락.

이창덕(1999), 대화의 메타 분석을 활용한 말하기 평가 방법 탐색, 국어교육과 평가, 서울대학교 국어교육연구소 연구보고서 99-3.

이창덕(2007), 화법교육연구의 새로운 방향과 과제, 〈국어교육〉 123, 한국어교육학회.

임영환 외(2003), 〈화법의 이론과 실제〉, 집문당.

임칠성 역(1995), 〈대인관계와 의사소통〉, 집문당.

임칠성(1997), 화법 교육의 방향 연구, 〈국어교육〉 94, 한국국어교육연구회.

임칠성(1999), 국어 화법의 성격 고찰, 〈화법연구〉 1, 한국화법학회.

임칠성(2008), 화법 교육과정의 담화 유형에 대한 범주적 접근, 〈화법연구〉 12, 한국화법학회.

임칠성 · 원진숙 · 심영택 · 이창덕(2004), 〈말쌓에서 말짱되기〉, 태학사.

임칠성 · 이창덕 · 심영택 · 원진숙(1999), 〈국어교육과 평가: 듣기 · 말하기 · 읽기 · 쓰기 평가 연구〉, 서울대 국어교육연구소 연구 보고서 99-3.

임태섭(2003), 〈스피치커뮤니케이션〉, 커뮤니케이션북스.

입말교육연구모임 옮김(1999), 〈듣기 교육〉, 나라말.

전은주(1999), 〈말하기 듣기 교육론〉, 박이정.

최미숙 외(2016), 〈개정 3판 국어 교육의 이해〉, 사회평론.

최영인(2007), 〈토의 능력 신장을 위한 교육 내용 연구〉, 서울대학교 대학원 석사 학위 논문.

한정선(2002), 〈프레젠테이션 오! 프리젠테이션〉, 김영사.

허경호 역(2002), 〈스피치에 강한 리더가 성공한다〉, 삼진기획.

Asher, C.(1990). *Can Performance-based assessments improve urban schooling?*, Eric Digest ED 327612.

J. Stewart & C. Logan(1998), *Together-Communicating Interpersonally*, McGraw-Hill.

M. E. Wilt(1950), A Study of teacher awareness of listening as a factor in elementary education" *Journal of Educational Research*, 43.

P. Rankin(1926), *The measurement of the ability to understand spoken language*, Doctoral dissertaion, University of Michigan.

탐구 문제

1. 말하기의 구두 언어적 특성을 설명해 보시오.
2. 우리 말 문화의 측면에서 듣기의 의미를 설명해 보고, 서양적인 말문화에서의 듣기와는 어떤 차별성을 지니는지 설명해 보시오.
3. 2009 개정 국어과 교육과정과 2015 개정 국어과 교육의 듣기와 말하기 영역의 내용 체계를 서로 비교해 보시오.
4. 준언어와 비언어적 특질의 개념과 그 구체적인 요소들을 설명해 보시오.
5. 말하기의 성격을 자기 조정이라는 측면에서 설명해 보시오.
6. 토의와 토론 담화의 차별성을 설명해 보시오.
7. 메타 말하기 방법에 대해 설명해 보시오.
8. 듣기·말하기의 상호교섭적 성격에 대해 설명해 보시오.

읽기 교육 3장

1. 읽기의 본질과 성격

1) 읽기의 중요성

읽기(독서)는 문자가 발명되고 교육이 시작된 이래로 늘 중요시해 왔다. 동서고금이 따로 없다. 조선 시대 유학자였던 이이의 〈격몽요결〉 서문에는 다음과 같은 내용이 있다(한정주 외, 2007: 16).

이 세상에 태어나서 독서를 하지 않는다면, 결코 올바른 사람이 될 수 없다. 독서는 이상하거나 유별난 무엇이 아니다. 단지 어버이라면 마땅히 사랑할 줄 알고, 자식이라면 마땅히 효도할 줄 알고, 임금을 섬기는 신하라면 마땅히 충성할 줄 알고, 부부라면 마땅히 분별할 줄 알고, 형제라면 마땅히 우애할 줄 아는 것과 같다. 이 모든 것을 날마다 움직여 생활하고 활동하는 사이에 자신이 하는 일에 따라 각각 마땅한 자리를 얻을 뿐이다. 마음이 심오하고 미묘한 도리나 이치로 내달려 오묘하고 기이한 효과를 바라기 때문이 아니다. 독서를 하지 않는 사람은 마음이 꽉 막혀 일이나 사물을 관찰하고 분별하는 데 어둡다. 따라서 반드시 책을 읽고 이치를 궁리하거나 탐구하여 마땅히 자신이 행해야 할 길을 밝힌 다음에야 비로소 공부가 깊은 경지에 이르게 되고, 실천하는 일이 한쪽으로 치우치지 않게 된다. 요즘 사람들은 독서가 일상생활의 활동이라는 사실을 알지 못하고, 높고 멀어 실천하기 힘든 것으로 어렵게만 생각한다. 이런 이유 때문에 공부와 독서를 다른 사람에게 미루고 자포자기하는 일을 당연하게 생각하니 참으로 슬픈 일이라 하지 않을 수 없다.

사람에 따라서는 컴퓨터와 같은 매체가 발달하면서 독서가 약화되거나 심지어 사라질 것이라고 말하기도 한다. 하지만 정보화 사회가 더 강화될수록 다양하고도 더 많은 양의 글을 읽어야 한다. 정보의 양 측면에서 보면, 현대 사회에 들어오면서 책(글)의 양이 급격하게 증대되고 있으며, 학생들이 읽어야 할 글의 양도 그만큼 늘어나게 되었다. 과거에는 한 사람이 평생 동안 읽어야 할 책의 양은 수십 권 정도였지만, 현재에는 수백 권, 수천 권에 이르고 있다. 앞으로도 읽어야 할 책은 훨씬 증대될 것으로 생각된다.

그리고 사회가 발달하면 할수록 좀 더 높은 수준의 독서 행위를 요구하고 있다. 과거에는 생산 직종이 주류를 이루었지만 앞으로 서비스나 정보 관련 직종이 더욱 증대될 것으로 생각된다. 생산 직종은 물론이고 이러한 다양한 유형의 직종에서는 더 높은 수준의 읽기 능력을 요구하고 있다. 최근 서구에서 '새로운 문식성(new literacy)'의 개념이 제안되면서, 세월이 갈수록 학교 교육에서는 좀 더 다양하면서도 높은 수준의 문식 능력을 길러야 한다는 주장이 강하게 제기되고 있다.

한편 과거에는 그 책에 있는 내용을 그대로 받아들이면 되는 경우가 많았지만 현재에는 독자 나름대로 분석하고 비판, 종합해야 하는 필요성이 훨씬 강하게 되었다. 또한 다양한 상황에서, 다양한 독서 자료를, 다양한 목적으로 읽어야 하기 때문에, 다양한 전략을 익히고 이를 상황에 맞게 사용할 수 있는 높은 수준의 읽기 능력이 필요하다.

세상이 점점 더 복잡해짐에 따라 과거보다 더 높은 수준의 문식성(literacy)을 요구하고 있다. 따라서 오늘날 학생들은 더 높은 수준의 준비를 해야 하는 것이다. 오늘날, 그리고 미래의 학생들은 독서 자료를 선택할 줄 알고 능률적으로 독서를 할 수 있는 능력이 필요하다.

읽기는 두말할 필요 없이 아이들이 학교 생활을 하거나 앞으로 성공적인 삶을 살아가는 데 매우 중요한 행위이다. 읽기가 중요한 이유는 여러 가지이지만 몇 가지만 생각해 보면 다음과 같다.

첫째, 정보와 지식의 습득 수단이다. 문자가 발명된 이후, 대부분의 지식이나 정보는 책(글)이라는 형태로 저장되어 있다. 책은 '진리'의 창고인데, 우리는 독서를 통해 수많은 지식이나 정보를 얻고 있다.

둘째, 학습을 촉진한다. 어떤 교과의 학습이든 글을 읽는 행위를 통해 대부분 학습이 일어난다. 글을 읽는 능력이 부족하고 읽기 습관이 형성되어 있지 않은 학생이 공부를 잘하리라 기대할 수는 없는 일이다.

셋째, 언어 발달을 촉진한다. 읽기는 듣기나 말하기, 쓰기 등의 언어 기능의 발달을 촉진한다. 예를 들어 읽기에서 얻은 어휘나 언어 구조 등을 활용하여 말하기나 쓰기를 하게 된다. 글을 많이 읽은 사람들은 일반적으로 말하기나 쓰기 등을 잘한다. 이것은 읽기를 통해 말하기나 쓰기를 하는 데 필요한 지식을 많이 얻어서 그랬을 수도 있지만, 읽기를 통해 일반적인 내용 지식, 언어에 관한 지식뿐만 아니라, 문제 해결 능력이나 사고력 등을 함양했기 때문이다.

넷째, 사고력을 증진시켜 준다. 읽기를 함으로써 사람들은 삶을 살아가는 데 필요한 지적 능력을 갖출 수 있다. 지적 능력이란, 지식의 생산 능력과 활용 능력의 뿌리인 논리적 사고력, 창의적 사고력, 의사 결정 능력 등과 같은 고등 정신 능력을 말한다. 현대 사회에 들어올수록 여러 가지 어려운 문제 상황을 합리적으로 해결할 수 있는 능력을 갖춘 사람이 필요한데 이를 위해서는 지적 능력을 가지고 있어야 한다(박영목, 2008: 293). 수학 문제를 풀고, 과학 실험을 하는 과정에서도 사고력이 길러질 수 있지만 읽기는 가장 쉽고 보편적이고, 한편으로 높은 수준의 사고력을 개발할 수 있는 행위이다. 읽기를 통해 우리는 기억력을 증진할 수도 있고, 높은 수준의 사고력이라고 할 수 있는 논리적 사고력, 비판적 사고력, 창의적 사고력을 키울 수 있다. 읽기를 통해 길러진 사고력은 다른 교과 학습에 토대가 되며, 일상생활을 영위해 나가는 데 필수적인 역할을 한다.

다섯째, 인성을 함양할 수 있다. 조용히 책을 읽으면 그 속에 빠져드는 과정에서 마음의 안정과 정서를 함양할 수 있다. 우리의 선조들은 독서를 인격 수양 활동이란 인식을 강하게 가졌다. 독서는 원만한 인간성을 함양하는 데 도움을 준다. 다양한 책(글)을 읽음으로써 다른 사람의 경험을 간접적으로 경험하게 된다. 그리고 성현들의 삶을 통해 많은 교훈을 얻게 된다. 이러한 것은 모두 원만한 인간성에 기여한다. 한편으로 읽기를 통해 얻은 정서(기쁨, 만족, 반성 등)는 심적인 문제에 대한 치유적인 성격도 갖게 된다. 이른바 독서 치료법은 이러한 관점을 바탕으로 하고 있다.

여섯째, 읽기는 문화를 유지, 발전시켜 준다. 문화는 기본적으로 언어로 정착된다. 읽기를 통해 선대나 당대의 문화적 축적물을 접하고 향유할 수 있다. 또한 당대의 문화는 언어로 후대에 전달된다. 이러한 과정에서 세대를 넘어 문화를 이해하고 이를 바탕으로 문화를 발전하게 한다.

2) 읽기의 개념과 성격

(1) 읽기의 개념

읽기의 개념을 규정하기에 앞서 해독, 독해, 이해 등의 용어의 뜻을 살펴보자. 먼저 해독과 독해를 구별해 보면, 해독은 개별 기호의 의미를 알아보고, 기호들의 관계(규칙 체계) 속에서 개별 기호들이 갖는 의미를 파악하는 활동이다. 글에서 낱말의 의미나 낱말들의 관계 속에서 낱말이 지닌 의미를 확인하는 활동으로 읽기의 기초적인 활동이라 할 수 있다. 독해란 글의 정보 정확하게 파악하고 수용하는 활동으로 글의 내용을 분석하고 종합하는 인지적 활동을 포함한다. 예를 들어 문단을 나누고 문단에 나와 있는 어려운 낱말을 찾고, 문단의 중심 내용을 파악하는 활동이 여기에 해당된다. 독해는 글의 내용을 파악하고 확인하는 것을 뜻한다. 이해는 독자가 글의 내용을 받아들이는 것과 관련된다. 독해를 통해 인식한 내용을 자신의 경험과 연관 짓거나 글의 내적 논리를 인지적으로 수용하는 것이다. 독해가 주로 글의 단편적인 내용을 정확하게 파악하는 데 초점이 있다면, 이해는 글 전체를 체계적으로 인식하고 평가 및 감상을 하는 데 초점이 있다고 할 수 있다.

좀 더 구체적으로 읽는다는 것이 무엇을 뜻하는지 생각해 보자. 사람에 따라, 그리고 경우에 따라 여러 가지 뜻으로 사용되고 있다.

〈표 1〉 읽기에 대한 여러 가지 의미

* 글자를 소리 내어 잘 읽을 수 있는 것(유창한 음독, 낭독)
* 글의 내용을 음미하면서 소리 내어 읽는 것(암송)
* 소리 내지 않고 마음속으로 읽는 것(묵독)
* 글자 하나하나의 뜻을 파악하는 것(독해)
* 책을 읽는 행위
* 인터넷, 텔레비전과 같은 시각적 매체에서 문자를 읽는 행위
* 영화나 문화, 삶을 이해하는 것

여기에서 볼 수 있듯이, 읽기라는 말은 다양한 의미로 사용된다. 그런데 지금까지는 읽기라고 하면 책, 또는 글을 읽는 것을 뜻했고 주로 종이에 적힌 글을 읽는 것을 뜻했다. 읽기는 기본적으로 문자화된 글을 이해하는 행위로 사용되는데, 지금은 문자화된 정보는 다양한 형태로 나타나고 있다. 텔레비전이나 비디오, 컴퓨터 등의 형태를 통해 나타나기도 한다. 그러면서 읽기의 의미가 확대되었다.

이렇게 볼 때, 읽기라는 용어는 해당 용어가 사용되는 상황에 따라 달리 사용된다. 때로는 〈국어〉 교과서나 신문에 실린 한 편의 글 읽기를 뜻하는 용어로 사용되기도 하고, 한 권의 책을 읽는 경우에 사용되기도 한다. 또한 독해를 목적으로 사용되기도 하고 정서 함양을 목적으로 하는 읽기에서도 사용된다.

읽기의 개념을 어느 하나로 규정하는 것은 어렵다. 일반적으로 읽기는 글에서 의미를 구성하는 행위로 설명하지만 이 설명으로는 복잡한 읽기의 개념을 규정하기 어렵다. 읽기에 대한 정의를 몇 가지로 구분하여 볼 수 있다. 읽기에 대한 정의에 당연히 포함되는 요소는 문자로 표현된 언어를 수용하는 언어 행위라는 점이다.

〈의미 구성 과정으로서의 읽기〉

읽기를 한 마디로 정의한다면 의미를 구성하는 행위로 설명할 수 있다. 즉 읽기는 독자가 역동적으로 의미를 구성해 가는 과정이라고 말할 수 있다. 의미의 구성은 수학 문제를 풀 때에도 음악을 들을 때에도 모두 일어난다. 읽기는 문자 언어를 통한 의미 구성 행위이다.

읽기 행위는 표면적으로는 수동적인 것으로 보이지만, 그 내면을 살펴보면 독자는 수동적인 입장에 있지 않다. 제 나름대로 작자의 의도나 글에 나타나 있는 각종 실마리를 재해석하고, 종합하면서 의미를 재구성해 나간다. 모든 글은 하나의 미완성 작품이다. 독자는 글을 읽어 나가는 과정에서 계속해서 이 미완성 작품을 채워 나가고 나름대로 그 의미를 확장해 나간다. 읽기가 의미 구성의 과정이라는 말 속에는 여러 가지 의미가 내포되어 있다.

읽기는 단순히 지식이나 정보를 그대로 받아들이는 행위가 아니라는 점이다. 자신의 지식, 경험, 세계관 등에 비추어 주어진 텍스트에 있는 내용을 나름대로 분석, 비판, 종합하는 행위이다.

의미 구성의 과정에는 필자의 사고 행위가 개입된다. 의미 구성의 과정에서 필연적으로 사고가 필요하고, 이 과정을 거치는 과정에서 사고가 길러진다. 의미 구성의 과정은 그렇게 단순하지가 않다. 나름의 의미를 구성하기 위해서는 비판적 사고, 창의적 사고 등의 높은 수준의 사고가 필요하다.

〈문제 해결 행위로서의 읽기〉

읽기는 일종의 문제 해결 행위이다. 독자는 특정한 목적을 가지고 글을 읽는다. 읽기는 목적적 행위인데, 이 목적을 달성해 나가는 일련의 과정이 문제 해결 행위이다. 설정한 목적을 달성하기 위해 여러 가지 선택 행위를 하게 된다. 어떤 순서로 읽을 것인지, 어떤 지식을 동원할 것인지, 어떤 전략을 투입할 것인지 등을 결정하게 된다. 읽기의 과정에는 여러 문제들을 접하게 되고 이들 하나하나의 문제를 적절히 해결해 나갈 때 성공적인 읽기가 가능하다.

이러한 문제 해결의 과정에는 여러 요인들이 복합적으로 작용한다. 읽기의 과정에는 개인의 지식, 기능, 사고력, 세계관 등이 긴밀하게 얽혀 작동한다. 흔히 읽기 행위를 오케스트라의 연주에 비유하는 것도 이 때문이다. 오케스트라의 연주에서 일부만 잘한다고 훌륭한 연주가 되는 것이 아니라 각 부분 부분이 제 기능을 발휘하고 이들이 유기적으로 관련을 맺으며 하나의 전체를 이루었을 때 좋은 연주가 될 수 있는 것과 같다.

〈사회적 상호 작용 행위로서의 읽기〉

읽기를 필자와 독자가 만나는 과정으로 정의할 수 있다. 필자와 독자는 텍스트라는 매개체를 통해 만난다. 만약 필자가 나타낸 것을 단순히 받아들이는 것이 읽기라면, 다음과 같은 그림이 성립한다.

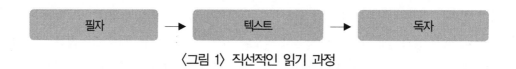

〈그림 1〉 직선적인 읽기 과정

이 그림에서 보면 필자는 자기가 하고자 한 말을 텍스트로 나타내면, 이 내용이 곧바로 독자한테 이송된다. 이 경우, 독자의 임무는 필자가 써 놓은 것을 정확하게 받아들이는 것이 된다. 물론 이 관점은 읽기 행위의 본질을 제대로 설명하지 못하고 있다. 읽기는 필자가 써 놓은 것을 있는 그대로 받아들이지는 않는다. 자신의 경험이나 지식, 가치관 등에 입각하여 나름대로 재구성한다. 이를 그림으로 나타내면 다음과 같다.

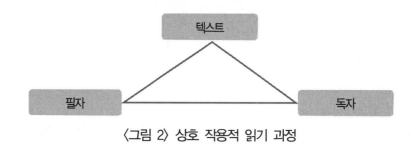

〈그림 2〉 상호 작용적 읽기 과정

여기에서 볼 때, 읽기란 필자와 독자가 만나는 과정이다. 물론 엄밀하게 말하면 텍스트를 통해 만난다. 한편에서 보면, 텍스트는 독자가 만나는 과정에서 만들어진다. 필자는 글을 쓰면서 계속 독자를 고려하면서 글을 쓰게 된다. 더 확대해서 말하면, 텍스트는 필자의 독자적인 작품이라기보다는 독자와의 공동 작품이라 할 수 있다.

일찍이 Rosenblatt(1978)은 읽기를 텍스트와 필자의 상호교류(transaction) 행위라는 점을 부각시킨 바 있다. 독자는 자신의 창고에서 어떤 것을 꺼내어 필자가 제시한 아이디어를 적용, 재조직, 수정, 확장함으로써 새로운 의미를 만들어낸다. 독자와 텍스트 간의 상호 작용을 강조하는 교류 이론(transaction theory)도 이 점을 강조하고 있다.

모든 읽기는 특별한 독자와 특별한 기호로 이루어진 텍스트가 특별한 시간에, 특별한 상황 속에서 이루어지는 상호 작용적 활동이다. 독자, 텍스트, 상황의 세 측면에서, 어느 두 가지가 다른 한 가지에 영향을 주기보다는 독자와 텍스트는 총체적인 상황 속의 두 양면이다. '의미'는 텍스트 속에 혹은 독자 속에 이미 만들어져 존재하는 것이 아니라 독자와 텍스트가 서로 상호 작용하는 동안에 발생하는 것이다(Rosenblatt, 1994: 1063).

이렇듯 읽기가 사회적 상호 작용이란 말은 독자 입장에서 일차적으로 필자와의 상호 작용이라는 점에서 그렇다. 하지만 필자는 특정한 사회 문화적 배경을 가지고 있으므로 읽기는 필자와의 상호 작용만이 아니라 필자를 둘러싸고 있는 더 넓은 의미의 사람들과의 상호 작용이라 할 수 있다.

〈자기 이해로서의 읽기〉

글을 읽는 독자는 글 속에서 자기 자신을 발견한다. 독자가 자기 자신을 발견할 수 있는 것은 글 속에서 자신의 생각과 다른 생각을 만나기 때문이다. 독자가 자신과 다른 생각을 만나게 되면 자신에 대하여 생각을 하게 된다. 예를 들어, 초등학교 저학년 학생이 유아 그림 동화책인 〈종이봉지 공주〉를 읽으면서 주인공 엘리자베스의 생각과 만나게 된다. 독자는 엘리자베스가 무서운 용을 찾아가 만나고, 꾀를 내어 용을 지치게 만들고, 로널드 왕자를 만나는 과정을 인식한다. 이 과정에서 독자는 엘리자베스의 생각이나 행동과 대비되는 자신의 생각과 행동을 떠올리면서 자기 자신을 발견한다. 독자가 '나는 엘리자베스와 같이 용감하게 문제를 해결할 수 있을까?'라는 생각을 가지면서 자신에 대하여 생각하게 된다. 그러면서 엘리자베스의 용기와 지혜에 대비되는 자신의 용기와 지혜를 인식하게 되고, 자기 자신을 이해하게 된다. 독자는 자기 자신의 이해를 바탕으로 자신이 무엇을 어떻게 해야 할지를 생각하게 되고, 이로써 자신에 대한 인식의 변화를 이루게 된다.

독자는 글을 읽고 자신이 어떻게 해야 할지, 어떤 사람이 되어야 하는지를 생각하면서 자기를 이해하게 된다. 독자의 자기 이해는 글 속에서 독자가 자신의 마음을 볼 수 있게 하는 대상과의 만남에서 비롯된다. 독자는 자신을 생각하게 하는 다른 사람을 만났을 때 자기를 의식하게 되고 그 결과 자기를 알게 된다. 독자는 글 속에서 자기를 의식하게 하는 사람과 생각을 만난다. 이야기에서는 특정한 생각을 가진 인물을 만나고, 정보를 전달하는 글에서는 전달자의 관점과 만난다. 설득하는 글에서는 논자의 주장을 만나고, 시나 수필에서는 화자의 정서와 만나게 된다. 독자는 이들 행동이나 생각, 관점, 주장, 정서를 알게 되면서 자기를 의식하여 되돌아보고, 자기를 발견하고, 자기가 어떻게 할지를 결정한다. 독자는 이 과정을 반복하면서 자기를 이해할 수 있게 된다.

(2) 읽기의 특성

문자로 글의 의미를 이해하는 데에는 여러 요인들이 관여한다. 읽기 행위에 영향을 끼치는 요인들을 다음과 같이 도식화해 볼 수 있다(Sweet A. P. & Snow C. E., 2003).

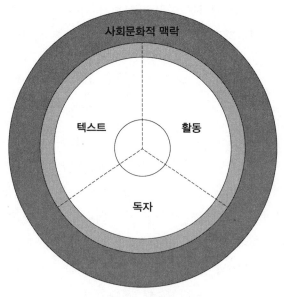

〈그림 3〉 읽기의 요인

독서에 관여하는 요인은 크게 세 가지로 볼 수 있다. 독자, 텍스트, 활동이 그것이다. 여기에서 작자(필자, 작가) 요인을 추가할 수 있지만, 텍스트 요인에 포함된 것으로 볼 수 있다.

독자는 글을 읽는 사람이고, 텍스트는 읽기의 대상이다. 활동은 글을 읽는 목적이나 글을 읽는 상황과 관련된 요인을 말한다. 독자의 배경 지식이나 관심, 지능, 사고, 관점 등은 읽기에 직접적인 영향을 끼친다. 텍스트의 내용(주제), 구조, 표현 방식 등도 읽기에 중요한 영향을 끼친다. 그리고 어떤 목적을 가지고 있고, 어떤 공간에서 읽느냐 역시 읽기에 영향을 끼친다. 이들 세 요소는 긴밀하게 상호 작용하면서 글 읽기 행위에 영향을 끼친다. 이들 세 가지 요인을 둘러싸고 있는 영역이 바로 사회 문화적 맥락이다. 사회 문화적 맥락은 특정한 집단이 가지고 있는 지식이나 신념, 관점 등을 말한다. 독자나 텍스트, 활동은 비교적 오랫동안 형성되어 온 사회, 문화, 역사적 맥락에 의해 영향을 받는다. 독서는 개인적인 행위임과 동시에 사회 문화적 행위이다.

읽기를 하는 독자 측면에서 볼 때, 읽기는 매우 복잡한 인지적, 정서적 작용이다. Zintz & Maggart(1986: 7)는 독자 측면에서 읽기의 특성을 크게 여섯 가지로 나누어 설명하고 있다.

첫째, 읽기는 사회적 행위이다. 자신에 대한 신뢰성이나 사회적 수용성이 풍부하고 집단 내에서 협동심이 있으면 읽기를 잘하게 된다. 반대로 편견이나 갈등, 가정 문제나 이중 언어의 사용, 가정과 학교 사이의 문화적인 충돌 등은 읽기에 부정적인 영향을 미친다.

둘째, 읽기는 심리적 행위이다. 독자가 자신이나 다른 사람에 대해 어떻게 생각하고 있느냐, 다른 사람이 자신에 대해 어떻게 생각하느냐 하는 문제는 모두 읽기 과정에 직접적으로 영향을 미친다. 감정적인 안정성이나 자기 중심성과 사회성 사이의 균형이 이루어져 있으면 읽기는 보다 편안하게 이루어진다. 반동이나 합리화, 억압, 습관 등의 심리적 요인들이 모두 읽기 과정에 영향을 미친다. 이렇듯 독자의 심리 상태가 읽기에 영향을 미친다.

셋째, 읽기는 생리적인 행위이다. 독자가 내용을 이해하기 위해서는 한 줄 한 줄씩 집중하는 능력이 필요하다. 읽기를 하는 데에는 청각적인 예민함이나 언어적 표현력, 눈동자를 제대로 움직일 수 있는 능력이 필요하다.

넷째, 읽기는 지각적 행위이다. 읽기를 하는 데에는 지각적인 요인, 예를 들어 글자의 크기나, 형태, 문자와 소리의 조합, 부분과 전체, 순서 등에 대한 지각이 필요하다.

다섯째, 읽기는 언어적인 행위이다. 읽기 행위에는 형태와 소리와의 관계, 억양이나 강세, 쉼, 어조 등을 지각할 수 있는 요소가 작용한다. 또한 은유적인 언어나 사투리, 관용적 표현 등을 이해할 수 있어야 한다.

여섯째, 읽기는 지적인 행위이다. 독자는 읽기를 하기 위해서는 단어에 대한 지식, 기억, 비판적 판단력을 갖추고 있어야 한다.

다른 언어 기능들과의 관계에서 생각해 보면, 읽기는 문자 언어를 이해하는 행위라는 점에서 듣기와는 구별된다. 읽기는 수용 언어라는 점에서 표현 언어인 쓰기와는 구별된다. 이렇듯 다른 언어 기능들과의 변별점을 찾아보면, 읽기는 '문자 언어'를 '이해'하는 행위라는 점에서 다른 언어 기능들과는 다른 특성을 지닌다.

(3) 읽기의 본질

읽기 행위의 본질을 이해하는 것은 매우 어려운 일이다. 읽기 행위를 단순화하면 필자가 산출해 놓은 글을 독자가 이해, 분석, 종합, 비판하는 행위로 설명할 수 있다. 이렇게 볼 때, 읽기 행위의 본질을 이해하려면 독자 측면에 대한 연구와 글 측면에 대한 연구가 있을 수 있다. 독자 측면에 대한 연구 중에는 대표적인 것이 스키마 이론이나 초인지 이론 등을 들 수 있다. 텍스트 측면에 대한 연구 중에는 텍스트 구조 이론을 들 수 있다. 이들 독자 측면과 텍스트 측면에 대한 연구를 살펴보면 읽기 행위의 본질에 대한 단면을 들여다 볼 수 있다. 우선 읽기 행위가 의미 구성 행위라고 할 때, 의미의 구성에 대한 서로 다른 관점부터 이해할 필요가 있다.

① 의미 구성

앞에서 읽기는 의미 구성 행위라고 했다. 독자의 의미 구성 방식을 설명하는 관점에는 크게 세 가지가 있다. 구조주의적 관점과 개인적 구성주의, 사회적 구성주의 관점이 그것이다.

구조주의적 관점에서는 대체로 객관주의적 세계관에 기초하고 있다. 즉, 객관적 실제가 존재한다는 가정을 하면서 단일한 보편적인 규칙을 만들어 내는 데 관심을 가진다. 읽기의 과정은 상황과 관련 없이 안정적인 모습을 갖는다는 믿음을 가진다. 그래서 텍스트의 의미를 나름대로 해석하려고 하지 말고 정확하게 받아들일 것을 강조한다. 그만큼 구조주의적 관점에서는 텍스트 자체에서 의미를 찾으려 한다. 텍스트의 의미는 텍스트를 철저하게 분석해 봄으로써 가능하다고 본다. 읽기 과정에 대한 모형에 비추어보면, 하향식 모형이나 상호 작용 모형보다는 상향식 모형에 가깝다고 할 수 있을 것이다. 즉, 개개의 철자에서부터 점차 음절, 단어, 구 등으로 순서적으로 익혀 나가면 의미를 획득할 수 있다는 입장을 취한다.

개인적(인지적) 구성주의자들은 텍스트 해석에서 개인적인 의미 구성 행위를 강조한다. 텍스트의 의미는 개인이 자신의 경험이나 지식을 바탕으로 하여 나름대로 구성해야 한다는 점을 강조한다. 당연히 텍스트 해석에서 독자에게 무게 중심을 두고 있다. 이 관점은 읽기 과정에 대한 하향식의 입장과 궤를 같이 한다.

사회적 구성주의 관점에서는 첫째, 의미(지식)는 담화공동체에 의해 만들어지고 유지되는 하나의 사회적 인공물이다. 하나의 작품(글)에 대한 의미는 변화하는 것이며, 집단과 시대마다 달라진다. 둘째, 의미 구성은 사회적 상호 작용에 의해 촉진된다. 셋째, 의미는 측정할 수 있는 객관적 실체가 아니다. 즉, 사회적 구성주의자들은 의미란 개인이 혼자서 만드는 것이 아니라 사회적 합의의 산물로 본다. 굳이 연결짓기는 어렵지만 읽기 과정에 대한 상호 작용 모형의 관점과 유사한 점이 많다. 상호 작용 모형에서는 텍스트 해석에서 상당 부분은 텍스트(또는 필자)의 측면도 고려하기 때문이다.

정리해 보면, 의미란 독자의 마음속에만 있는 것이 아니고 그렇다고 텍스트에 있는 것도 아니다. 작가가 만들어 놓은 텍스트와 독자가 상호 작용하는 과정에서 의미가 생성된다. 만약 독자의 마음만 강조하면 작가나 텍스트의 의미를 상실되게 되며, 작자 또는 텍스트만 강조하게 되면 텍스트에 내재되어 있는 의미를 '정확하게' 받아들이는 것이 강조되기 때문에 결국 독자의 역할은 매우 제한적일 수밖에 없다. 읽기란 텍스트와 독자가 만나는 과정이며, 의미는 그 과정의 소산물이다.

② 스키마

다음 글을 읽어보자. 그리고 그 문장들을 읽은 후에 자신에게 질문을 해 보자. 그 문장은 무엇을 말하려고 하는가? 나는 그 문장을 이해하기 위해 어떤 행위를 했는가? 이 문단이 이야기하는 것은 무엇인가?

> 호아친(hoatzin)은 자기의 천적을 피하는 영리한 방법을 가지고 있다. 호아친은 대체로 늪이나 개울 위로 뻗어 있는 나뭇가지 위에 둥지를 짓는다. 적이 접근하면 호아친은 물속으로 뛰어든다. 개울가가 안전해지면, 나무위로 오르기 위해서 손가락처럼 생긴 자신의 발톱을 이용한다. 호아친은 날개 위에 발톱을 가지고 태어나지만, 나이가 들면서 발톱이 퇴화된다.

위의 예문을 이해하기 위해 독자는 텍스트의 내용과 관련하여 자신이 가지고 있는 지식에 의지해야 한다. 이해에 대한 정의 중의 하나는 우리가 아는 것과 모르는 것 또는 기존의 것과 새로운 것 사이의 관련을 짓는 과정이라는 것이다. 우리가 이미 알고 있는 것을 총칭하는 개념이 스키마(schema)이다. 또는 배경(사전) 지식 또는 배경 경험으로 부른다. 스키마는 사람, 장소, 사물 그리고 사건들에 관한 자신의 지식을 조직한 것이다. 스키마는 매우 넓고 일반적(예를 들어서 동물에 관한 스키마)일 수도 있으며 또는 아주 좁은 것(삼고양이에 관한 스키마)일 수도 있다.

위의 예문에서 호아친(남미에 서식하는 새)에 대한 예문의 의미를 구성하기 위해서 당신은 적절한 스키마를 활성화하고 공란을 채우는 다양한 과정을 이용한다. 첫 문장을 읽을 때, 호아친이 무엇인지 알지 못한다고 추정하거나 그것이 어떤 동물의 종류라는 이유 있는 예견을 할 지도 모른다. 첫 문장의 정보는 아마도 천적으로부터 생존이라는 스키마를 활성화하기에는 충분하다. 그 공란은 동물의 종류, 천적들, 도망치는 능력, 싸우는 능력을 포함한다. 즉, 스키마가 안내한 것처럼 공란을 채우기 위해 정보를 찾는 임무가 부가된다. 마지막 문장에서 날개에 관해 읽으면서 비록 물속으로 잠수를 하지만 호아친이 새라는 것을 추리하게 될 것이다. 당신은 또한 호아친의 천적은 물에서는 접근하지 못한다는 것도 추리할 수 있다. 이러한 추측들은 싸움 공란에서 천적과 그 성질에 대한 내용의 채우기를 가능하게 한다.

Anderson(1984)에 의하면 독해를 잘하기 위해서는 자신의 스키마를 잘 조직해야 한다. 예를 들어 사고팔기에 대한 글을 읽을 경우, 독자는 다음과 같은 요소가 필요하다. 소비자, 판매자, 상품, 금전, 거래와 같은 것을 이해해야 한다. 스토리를 이해하는 것은 특정한 예들과 사례로 이런 공란의 채우기를 요구한다. 학생들이 자전거를 구입하려는 사람에 관한 이야기를 읽을 때 소비에 해당하는 스키마가 활성화된다.

독자는 아이디어와 사건의 스키마뿐만 아니라 정보를 조직하도록 돕는 글의 구조에 관한 스키마도 가진다. 예를 들어 예문은 중심 생각과 세부 항목의 조직을 가질 것이다. 이것을 깨닫고 있는 독자는 자신의 기억 안에서 그 정보를 조직하기 위해 글의 구조를 이용한다.

읽기는 간단하게 공란을 채우는 것보다 훨씬 더 복잡하다. 글과 교류할 때 능숙하고 적극적인 독자들은 끊임없이 읽은 내용을 자신이 가진 다른 경험들과 글 속의 다른 정보 그리고 이전에 읽었던 다른 글의 정보와 관련시킨다. 글에 대한 흥미는 그들이 구성하는 결합의 망에서 강력한 역할을 수행한다. 새가 날개 위에 발톱을 가지고 있다는 생각에 현혹된 학생들은 이것을 유별난 동물에 관한 책이나 TV프로그램에서 본 내용과 관련짓는다.

이렇듯 독자가 글을 이해하는 데에 스키마는 여러 가지 작용을 한다. 글의 정보를 해독, 이해하는 과정에서 영향을 끼치며 글의 정보들을 통합하는 데에도 영향을 끼치며 예측, 추론하는 데에도 영향을 끼친다. 또한 글에서 얻은 정보를 나름대로 정리해서 기억하는 데에도 영향을 끼친다.

스키마는 크게 두 종류로 나뉜다. 내용 스키마와 구조(형식) 스키마가 그것이다. 예를 들어 '경주 불국사를 다녀온 후에 쓴 기행문'을 읽는 경우에, 경주 불국사에 대한 지식인 내용 스키마에 해당한다. 여기에서 기행문이 가지고 있는 일반적인 짜임에 대한 지식은 구조 스키마에 해당된다. 이 글을 제대로 이해하려면 내용 스키마와 구조 스키마가 모두 작동해야 한다.

③ 초인지

일반적으로 초인지(metacognition)란 자신의 인지 활동에 대해 아는 것(self-awareness)과 자신의 인지 과정을 통제할 줄 아는 것(self-regulation)을 말한다. 사람에 따라 상위인지, 메타인지로 부르기도 한다.

초인지적 지식은 흔히 인간 변인, 과제 변인, 전략 변인으로 나누어 설명한다. 인간 변인은 각자가 지닌 개인적인 특성을 말한다. 자신의 읽기 속도는 다르다든가, 자신은 어떤 부분에 흥미가 있고, 어떤 부분에 강하거나 약하다는 것 등을 알고 있는 것을 말한다. 그리고 과제 변인은, 과제를 수행하는 데 관련된 것으로, 요구되는 과제가 재인(recognition)을 필요로 하는 것인가, 아니면 요약을 필요로 하는 것인가를 아는 것과 재인보다는 요약하는 것이 더 어렵다는 것을 아는 것, 그리고 일기체 문장은 대체로 어떤 순서로 짜여 있다는 것 등을 아는 것과 관련된 변인을 말한다. 그리고 전략 변인은 과제를 효율적으로 처리하는 것과 관련된 것으로, 어떤 과제를 처리할 때 자신의 머릿속에서 어떤 것을 이끌어 내는 것이 필요하다든가, 아니면 어떤 과제를 처리함에 있어서 어떤 측면을 우선 고려해야 하고, 어떤 자료를 활용하는 것이 좋은지 등을 아는 것을 말한다.

초인지적 조정은 과제를 처리하는 과정에서 자신의 인지를 적절히 통제하는 것을 말한다. 초인지적 조정은 Brown의 인지적 자기 통제(cognitive self-control)와 인지적 점검(cognitive monitoring)으로, 그리고 점차 '초인지적 자기-조정(metacognitive self-regulation)이란 개념으로 발전되고 있다. 초인지적 자기- 조정은 학습을 예언하고 학습을 해 나가는 과정에서 자신이 제대로 하고 있는지를 확인하고 점검하는 것을 말한다.

초인지적 조정의 구체적인 모습이 자기 점검, 자기 조절, 자기 교수, 자기 질문, 자기 평가와 같은 것이다. 이 중에서 점검하기는 자신의 인지 활동에 대한 통제와 조절을 의미한다. 능숙한 독자는 글을 읽어 나가는 과정에서 계속적으로 자신의 인지 과정을 통제하게 된다. 자기 점검은 독자가 알고 있는 것과 모르고 있는 것의 차이를 인식하게 한다. 읽기에 있어서 초인지는 독자가 읽어야 할 목적을 인식하고, 그 목적을 성취하기 위해 어떤 방법을 동원할 것이며, 읽기 과정에서 자기 점검과 평가를 통해 어떻게 그 과정을 조절할 것인지를 의미한다. 자기의 인지를 적절히 조절하는 것은 능숙한 독자의 한 특징이다. 내가 잘못 읽는 부분은 없었는지? 나의 편견은 작용하지 않았는지? 내가 사용한 읽기 전략이 이 상황에 적합한 것인지? 나의 장점은 무엇이고 단점은 무엇인지? 이 글과 관련하여 어떤 종류의 배경 지식을 끌어오면 좋을 것인지? 읽기 상황(목적, 시간 등)에 비추어 볼 때 읽는 속도는 적합한 것인지?

능숙한 독자들은 글을 읽어 나가면서 계속 이러한 유형의 질문을 제기한다. 글을 읽어나가면서 이러한 유형의 점검을 많이 하도록 하기 위해, 각자 어떤 종류의 점검을 할 것인지 체크 리스트 형태로 만들어 두고 각각의 글을 읽을 때 점검을 했는지 표시해 보게 할 수 있다. 처음에는 어려움을 많이 느끼겠지만, 적절히 북돋아 주고 스스로 질문하는 방법을 안내해 주면 점차 이 활동에 익숙해질 것이다.

④ 글의 구조

글의 일정한 의미 단위가 명제이다. 명제는 상대적 중요성이나 위계성에 따라서 조직된다. 일반적인 진술(statement)은 위계의 최상단에 위치하게 되고, 세부 항목들은 하단에 위치한다. 독자는 아이디어, 좀더 세분화하면 명제(propositions) 단위로 글의 내용을 처리해 나간다. 하나의 명제는 다른 명제와 연결되기도 하고 통합되기도 하고 삭제되기도 하면서 하나의 거시 구조(macrostructure)를 형성하게 된다(이재승, 2004).

이렇게 형성된 거시 구조를 파악하고 있으면, 글의 내용으로 좀더 쉽게 이해하고 많은 내용을 기억할 수 있게 된다. 우리가 흔히 말하는 글 구조 이론은 이 거시 구조를 설명하는 이론이다. 글 구조 이론에서는 일반적으로 글의 유형(종류)을 두 가지로 나눈다. 설명적인 글(expository text)과 서사적인 텍스트(narrative text)가 그것이다. 설명적인 글은 설명문뿐만 아니라 논설문, 안내문, 기행문 등 일반적인 실용문 전체를 지칭하는 용어이다. 서사적인 글은 동화나 소설과 같이 서사성이 강한 글을 말한다.

가. 설명적인 텍스트(expository text)의 구조

텍스트의 난이도에 따라 다르지만, 일반적으로 서사적인 글은 설명적인 글보다 읽기 쉽다(Graesser et al., 1991). 설명적인 텍스트에 대한 아동들의 스키마는 서사적 텍스트에 대한 스키마보다 이후에 발달한다. 설명적인 텍스트는 다양한 조직 패턴을 가지고 있는데, 어린 아이들은 그것을 듣거나 읽은 경험이 부족하다. 서사적인 텍스트는 선형적이다. 일반적으로 등장인물과 장소가 나오며 사건이 일어나고 클라이맥스나 절정으로 이르는 일련의 에피소드, 문제

의 해결과 결말이 나타난다. 그런 구조와 선형적인 성질 때문에 서사적인 텍스트는 일반적으로 설명적인 텍스트에 비해 예측하기 쉽다.

서사적 텍스트와 설명적 텍스트는 다른 종류의 사고에 기초하고 있다. 서사적인 텍스트는 직선적인 사고 경향을 갖지만, 설명적인 텍스트는 논리적 사고 경향을 지닌다. 학생들은 이들 두 유형 모두의 사고를 가지고 있어야 하는데, 이 점에 비추어 볼 때 아이들에게 서사적인 텍스트만 너무 많이 제공하는 것은 적절하지 못하다.

설명적인 텍스트를 이해하기 위한 하나의 열쇠는 텍스트 구조(text structure)를 이해하는 것이다. 즉, 저자가 자신의 아이디어를 조직하는 방법을 인식하는 것이다. 저자는 자신의 취향이나 글의 내용 등에 따라 다양한 방식으로 아이디어를 조직한다. 독자는 텍스트의 정보를 조직하고 상황 모형을 만들기 위해 텍스트 구조를 이용하는 것이 좋다.

구조를 파악하면 세 가지 점에서 도움이 된다. 개별 아이디어에 집중하게 해 주고, 아이디어들 간의 관계를 파악할 수 있고, 정보의 보존(기억)을 돕는 뼈대가 된다(Slater & Graves, 1989).

설명적인 글의 구조에는 어떤 것이 있느냐에 대해 학자들마다 차이가 있다. 그렇지만 일반적으로 네 다섯 가지를 든다.

- 열거-기술(enumeration-description)
  이러한 유형의 구조는 어떤 주제에 관한 항목들을 배열한 것이다. 흔히 수집 구조라고도 한다. 이 범주에 포함되는 것은 묘사하고 예를 제시하며 개념을 정의하는 구조들이다. 이러한 글에는 '예를 들어', '부연하면'과 같은 단서어 또는 표지어(signal word)가 종종 등장한다.

- 시간 순서(time sequence)
  이 유형의 구조는 열거기술구조와 유사하다. 다만 시간 순서가 지정되어 있다는 점이 다르다. 이런 글에는 다음과 같은 단서가 많이 들어 있다. 이들 구조의 글에는 그 후에, 먼저, 그리고 나서, 다음에, 마지막으로, 뒤에, 첫 번째, 내일, 그래서, 전에, 추후에 등의 표지어가 많이 들어간다.

- 비교-대조(comparison-contrast)
  이 유형의 구조는 항목들 간의 차이점과 유사점을 제공한다. 이런 글에는 다음과 같은 단서가 많이 포함되어 있다. 이러한 글의 구조에는 그렇지만, 유사한, 반면에, 그러나, 다른, 한편으로, 차이가 나는 등의 표지어가 많이 들어간다.

- 문제/해결(problem-solution)
문제의 진술에 뒤를 이어 가능한 해결 방향이나 일련의 해결점이 뒤따른다. 이런 글에는 '문제는', '해결 방안' 등과 같은 단서어가 많이 포함되어 있다.

- 원인/결과(cause-effect)
결과는 하나의 원인이나 여러 개의 원인에 의해 나타난다. 이 구조에 해당하는 글에는 왜냐하면, 따라서, 그러므로, 원인, ~이기 때문에, 이러한 이유로 인해서, 결과적으로 등의 표지어가 많이 들어간다.

일반적으로 설명적인 글의 구조를 이해하게 할 때 그래픽 조직자(graphic organizer)를 이용한다. 즉, 글의 내용들 간의 관계를 시각적으로 표현해 보게 한다. 그래픽 조직자는 사람에 따라 도식 조직자, 도해 조직자 등으로 표현하기도 한다. 원, 직사각형, 삼각형 안에 개념을 쓰고 선과 화살표로 그 관계를 보여줄 수도 있다. 일반적으로 보다 중요한 아이디어는 표시도의 윗부분에 위치하고, 하위의 개념들은 밑 부분에 제시한다.

글을 읽은 후에 학생들에게 적절한 그래픽 조직자를 완성해 보게 하면, 텍스트의 주요 개념을 조직하고 기본적인 구조 패턴을 발견하는 데 도움이 된다.

〈그림 4〉는 열거 기술 구조의 한 예를, 〈그림 5〉는 시간 순서로 된 글의 그래픽 조직자의 예를 제시한 것이다. 비교 대조는 공통점이나 차이점 중심으로 상대적 설명이 용이하도록 하며, 문제 해결 구조나 원인과 결과 구조는 비슷한 형태를 띤다. 즉, 앞에는 문제(또는 원인)를 기술하고, 뒤에는 그것의 해결(결과) 형태를 나타내는 것이 일반적이다.

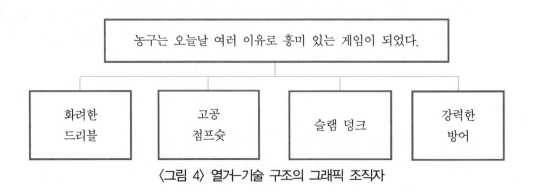

〈그림 4〉 열거-기술 구조의 그래픽 조직자

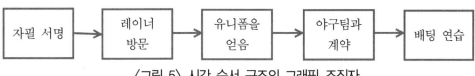

〈그림 5〉 시간 순서 구조의 그래픽 조직자

나. 서사적인 텍스트의 구조

'옛날 옛적에'라는 말은 아동들과 성인들에게 즉각적인 기대감을 유발한다. 그들은 어떤 멀리 떨어진 곳에서 오래 전에 일어난 옛날 이야기를 들을 것이라고 기대한다. 그리고 어떤 영웅이나 악한 마음을 가진 등장인물이 나타나리라고 생각한다. 그런 다음, 사건이 발생하고 해결될 것이라고 생각한다. 그리고 그 이야기는 '그들은 그 후에 행복하게 살았다'로 끝을 맺을 것이다.

네 살 정도의 어린 아이들은 다양한 이야기를 들으면서 이야기에 대한 감각과 같은 스키마를 발달시켜 나간다. 이러한 감각은 자라면서 계속되고, 학생들은 그 감각을 통해 글을 기억하며 이야기를 쓸 때 그것을 이용한다. 그리고 학생들은 앞으로 나올 내용에 대한 예측과 가설을 만들기 위해 이야기의 구조를 이용한다(Fitzgerald, 1989).

이야기가 가지고 있는 일반적인 구조를 이야기 문법(story grammar)이라 한다. 즉, 이야기도 문법과 같이 일정한 규칙을 가지고 있다는 점이다. 이야기 문법은 어떻게 이야기의 부분들이 내적 관련을 가지는지를 보여주기 위해 고안된 일련의 규칙들을 말한다. 이러한 이야기의 구조를 인식하면 내용 파악이나 추론에 도움이 되며 내용을 기억하는 데에도 필요하다.

구체적으로 이야기가 가지고 있는 구조에 대해 학자들마다 약간의 차이가 있다. 스테인(Stein)과 글렌(Glenn, 1979)은 다음과 같은 구조를 제시하고 있다.

이야기 구조	내용
배경	주인공에 대한 소개, 이야기가 발생되는 물리적, 사회적, 시간적 배경
발단	주인공의 행동이나 내적 반응을 불러일으킨 사건
내적 반응	감정 또는 주인공의 목적
계획	목표 달성을 위해 주인공이 취하는 방안
시도	목표 달성을 위한 주인공의 구체적인 행동
결과	주인공의 행동의 결과로 나타난 산물
반응	주인공의 최종적 감정

〈그림 6〉 Stein과 Glenn의 이야기 문법 구조

손다이크(Thorndike, 1977)는 이야기는 배경(setting), 주제(theme), 구성(plot), 종결(resolutions)으로 구성된다고 보았다. 이들을 '다시 쓰기' 하면 '배경'은 주인공, 장소, 시간으로 구성되며, '주제'는 발단과 상위 목표로 구성되고, '구성'은 일화(episodes)로 구성된다. 그리고 또다시 쓰기를 하면 '일화'는 하위 목표와 시도, 결과로 이루어져 있고 다시 '시도'는 사건이 일화를 갖게 된다고 본다(이경화, 2003).

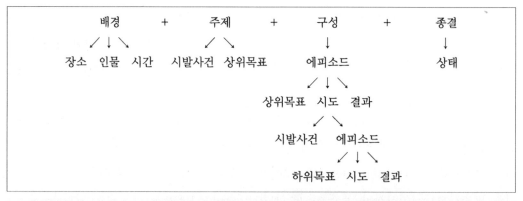

농부와 세 아들	
배경	어느 마을에 아들 셋을 둔 부지런한 농부가 살고 있었다.
발단(시발사건)	그런데 세 아들은 몹시 게을렀다. 이런 아들들이 늘 걱정이 되었다.
상위 목표	농부는 게으른 아들들이 걱정되었다.
하위 목표	죽을 때 거짓으로 밭에 보물을 숨겨두었다고 유언했다.
시발 사건	세 아들은 다투어 밭으로 갔다.
시도	밭을 한 구석도 남김없이 파헤쳤다.
결과	세 아들은 몹시 실망했으나 밭에 씨앗을 뿌리기로 하였다. 가을이 되어 수확을 많이 했다.
종결	세 아들은 아버지가 밭에 숨겨둔 보물이 무엇인지를 비로소 깨달았다.

〈그림 7〉 Thorndike의 이야기 문법 구조

럼멜하트(Rummellhart, 1977)는 이야기 문법 연구의 대표적인 학자라 할 수 있다. 그는 이야기는 기본적으로 어떤 특정 배경 또는 상황에서 일어나는 일화로 구성된다고 보았다. 그리고 일화는 사건과 이 사건에 대한 반작용으로 구성되며, 사건은 다시 더 작은 일화 또는 상태의 변화 혹은 행동 중 어느 한 가지로 세분화되며 이어진다. 한편으로 이야기 구조는 위계 구조를 띠게 된다(이경화, 2003).

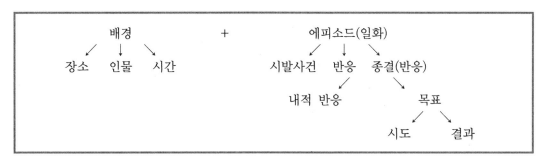

〈그림 8〉 Rummellhart의 이야기 문법 구조

　우리는 이야기를 읽을 때, 이야기가 가진 이들 구조를 인식한다. 이야기의 구조를 인식하면 그만큼 이야기의 내용을 잘 이해할 수 있고 오랫동안 기억할 수 있다.

　설명적인 글의 구조를 인식할 때에도 마찬가지지만, 서사적인 글의 구조를 파악할 때에도 이를 시각화해 보는 것이 좋다. 머릿속에서 시각화할 수도 있고 밖으로 표출할 수도 있다. 이야기를 시각화 해 놓은 것을 이야기 지도(story maps)라 한다. 이야기 지도는 이야기의 주된 구성 요소, 즉 이야기 문법 요소 중에서 전부나 일부를 시각적으로 표현해 놓은 것이다. 그 모양은 다양하다. 중요한 점은 이야기의 핵심 구조를 시각적으로 표상하는 것이다.

이야기 지도
배경 :
인물 :
시간 :
장소 :

사건

반응

결과

결론

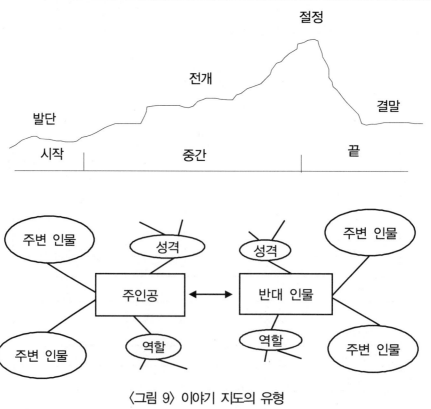

배경	어디에서 일어났는가?
	언제 일어난 일인가?
	_____
인물	중심인물은 누구인가?
	_____
문제	중심인물이 직면한 문제는 무엇인가?
	_____
목표	중심인물의 목표는 무엇인가?
	그는 무엇을 위해 노력하고 있는가?
	_____
플롯	이야기에서 일어난 주요 사건은 무엇인가?
	_____
결말	문제가 어떻게 해결되었는가?
	_____

〈그림 9〉 이야기 지도의 유형

(4) 읽기의 과정

읽기의 과정을 설명하는 방식은 여러 가지이다. 여기에서 읽기의 과정은 주로 독해의 과정을 말한다. 즉, 글을 읽고 내용을 분석, 비판, 종합해 가는 과정을 말한다. 아이륀(Irwin, 1991)은 독해의 과정을 크게 다섯 가지로 나누어 설명하고 있다. 물론 이들 과정은 실제의 독해 과정에서 분리될 수 있는 것이 아니라 서로 연결되어 있으며, 독해의 과정을 이해하려면 이들을 종합적으로 이해해야 한다.

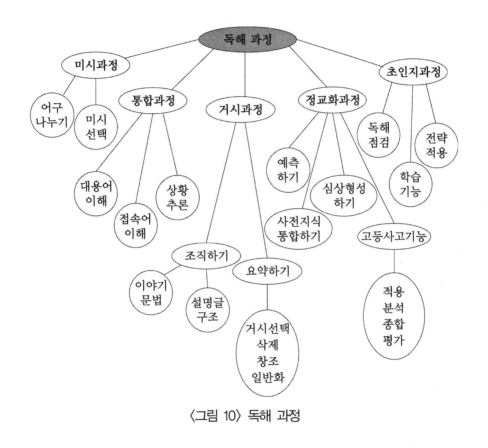

〈그림 10〉 독해 과정

여기에서 미시 과정은 문장의 개별적인 정보에서 의미를 찾는 것을 말한다. 물론 문장은 다시 어구로 나눌 수 있다. 통합 과정은 개개의 정보들을 연결하여 점차 큰 단위로 묶어가는 과정을 말한다. 거시 과정은 글의 내용들을 종합적으로 조직하여 하나의 조직 구조를 만들어 가는 과정을 말한다. 정교화 과정은 표면적으로 나타난 정보로부터 그 속에 감추어져 있는 것을 찾아가는 과정을 말한다. 초인지 과정은 독자 자신의 이해 과정에 대한 점검이나 통제 과정을 말한다.

독해(읽기)의 과정에 대한 또 다른 설명 방식은 글을 일련의 하위 부분으로 나누었을 때 진행 방식에 대한 것이다. 이른바 상향식 모형, 하향식 모형, 상호 작용 모형이 그것이다. 이들은 일종의 읽기 과정 모형이라 할 수 있다.

상향식 모형은 텍스트 자체의 해독을 강조하는 것으로 말 그대로 학생들이 바닥에서 시작해서 위로 올라가면서 단계적으로 학습해 나간다는 관점을 취한다. 여기에서 바닥이란 글의 하위 단위를 말한다. 독해를 하려면 먼저 글자의 이름과 형태를 배운다. 그 다음, 개개의 자음을 학습하고 좀더 복잡한 모음에 대해 배운다. 그 다음 단어, 문장, 문단, 글 전체 수준으로 이해해 나가야만 글을 쉽게 이해할 수 있다고 본다.

카닌(Carnine 외, 1996)은 "교사가 기본적인 지식이나 기능을 제시해 주지 않는다면 학생들은 글을 제대로 읽을 수 없고, 학생들의 부족한 점을 찾아 올바르게 지도할 수 없기 때문에 상향식 모형의 관점을 취하는 것이 중요하다."고 말한 바 있다. 고프(Gough)나 라버그(Laberge), 사무엘(Samuels 등이 이러한 관점에 입각하여 읽기의 과정을 설명하고 있다.

상향식 모형은 복잡한 문제를 잘게 나누어 좀 더 쉽게 읽을 수 있도록 해 주는 것이다. 이 관점에 입각하여 지도할 때에는 간단한 것에서 복잡한 것으로 나아가야 한다.

상향식 모형은 정확한 해독 또는 독해를 강조한다. 기본적으로 텍스트의 의미는 텍스트 내에 있다는 전제를 하고 있다. 여기에는 텍스트 의미의 고정성을 강조한다고 할 수 있다. 그런 만큼 상향식 모형은 독자의 역할을 지나치게 제한하고 있다. 이 모형은 독해에 작용하는 여러 요인들을 종합적으로 설명하지 못하고 있다. 이런 점 때문에 최근에 와서 상향식 모형을 지지하는 사람은 찾기 어렵다.

이에 비해 하향식 모형(top-down model)은 독자의 경험이나 스키마가 텍스트 의미를 결정한다고 본다. 그렇기 때문에 텍스트의 의미는 독자가 어떻게 읽는가에 달려 있다고 여긴다. 이것은 상향식과 비교하면 읽기는 글 전체에서부터 시작하여, 문단, 문장, 단어 등의 순서로 나아갈 때 이해가 순조롭다고 본다. 여기에서 글 전체는 글의 제목이나 개요와 같은 것이다. 이 관점에서는 세부적인 기능을 쪼개어서 가르치는 것은 독서를 오히려 더 어렵게 만들 수 있다고 본다(Goodman, 1986).

독서 과정에 대한 여러 모형 중에서 굳맨(Goodman, 1994)이 제시한 하향식 모형이 가장 인정을 받고 있다. 그의 설명에 따르면, 독자는 텍스트가 의미하는 바를 예상하고, 의미를 파악하기 위해 배경 경험(지식)과 언어지식을 사용한다. 독자는 "자기가 가지고 있는 경험이나 지식 중에서 가장 이용 가능한 정보를 선택하기 위해 전략을 선택하고 사용해야 한다."(Goodman, 1994: 1125).

하향식 모형은 독자가 가지고 있는 배경 경험이나 언어 능력을 사용해 의미를 파악하는 방법으로 텍스트보다 독자를 강조한다.

상향식 모형과 하향식 모형의 특징을 비교해 보면 다음과 같다(국어교육미래열기, 2009).

<표 2> 상향식과 하향식 모형 비교

특징 \ 읽기 모형	상향식 읽기	하향식 읽기
글의 의미 소재	글에 내재	글에서 독자가 구성
단어와 이해의 관계	단어 인지는 이해에 필수	단어를 몰라도 이해 가능
정보 파악의 단서	단어, 음성-문자 단서 사용	의미, 문법적 단서 사용
읽기 진행 방향	해독 어휘 통사 담화	글, 통사, 어휘 지식 해독
읽기 구성 방식	문자를 소리로, 소리를 의미로	의미의 예상과 확인
강조하는 언어 단위	문자, 문자와 음성의 연결	문장, 문단, 글
읽기 학습	단어 인지 기능을 숙달하여 학습	유의미한 활동을 통해 학습
지도의 중점	단어의 정확한 인지	글의 의미 이해
평가의 중점	하위 기능 숙달	글에서 얻은 정보의 종류와 양

앞에서 살펴보았듯이 상향식 모형은 의미를 텍스트 자체에서 찾으려는 경향이 강하다. 그러다 보니 텍스트를 정확하게 해석하는 것을 중요하게 생각한다. 여기에서 말하는 텍스트의 정확한 해석은 주로 단어 수준의 정확한 이해를 강조한다. 그런 다음, 점차 문장, 문단, 글 전체 수준으로 이해해야 한다는 것을 강조한다.

여기에 비해 하향식 모형은 의미를 그 텍스트를 읽고 있는 독자에게서 찾으려고 한다. 그래서 독자가 그 텍스트를 역동적으로 구성할 것을 강조한다. 여기에서는 텍스트의 내용과 관련된 독자의 사전 지식이나 경험, 세계관 등이 중요하게 작용한다. 하향식 모형에서는 책을 읽기 전이나 읽는 동안, 그리고 읽은 후에 자신이 이미 가지고 있는 지식이나 경험을 활성화하고 이전 지식이나 경험과 비교해 보면서 읽는 것을 강조한다. 글 전체 수준에서 시작하여 문단 수준, 문장, 단어 수준으로 이해할 것을 강조한다.

상호 작용 모형(interactional model) 또는 상호 보완 모형은 글을 이해하는 데에는 상향식 모형에서 말하는 요소들과 하향식 모형에서 말하는 요소들이 상호 보완, 상호 작용한다는 점을 강조한다(국어교육미래열기, 2009).

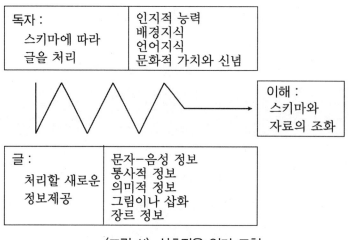

〈그림 11〉 상호작용 읽기 모형

　상호 작용 모형에서는 글의 의미를 파악하기 위해서는 텍스트 자체의 이해뿐만 아니라 독자의 배경 경험이나 언어 능력을 모두 활용해야 한다는 입장을 취한다. 상호 작용 모형에서는 상향식 모형과 하향식 모형이 모두 사용된다. 경우에 따라 강조 모형이 달라질 수 있다. 예를 들어 아무렇게나 쓴 노트를 읽는다면, 하향식 모형이 더 중요하게 작용하여 독자는 자신의 언어적 지식을 사용하고 그 의미를 찾기 위해 필요한 다른 내용을 찾는다. 만약 익숙하지 않은 이름이나 단어를 상황과 관계없이 읽어야 하는 경우에는 상향식 모형이 강조된다.

　럼멜하트 역시 이러한 관점을 취한다. 읽기의 과정은 여러 요인들이 동시 다발적(parallel)으로 상호 작용하는 과정으로 본다. 즉, 자료를 중심으로 단계적으로 처리된다기보다는 여러 지식이나 기능, 전략들이 동시적으로 작용한다는 점이다.

　상호 작용 모형은 텍스트를 해석하는 데에는 이들 중 어느 한 측면을 강조하는 것은 바람직하지 않다는 관점을 가진다. 그래서 텍스트의 정확한 해독과 독자의 역동적인 구성을 모두 강조한다. 상호 보완 모형은 이들 두 측면을 모두 고려한다는 점에서 절충식 읽기 모형이라 할 수 있다. 물론 엄밀하게 말하면 상호 보완 모형에서는 텍스트 자체의 해독보다는 독자의 역동적인 의미 구성을 더 강조한다. 다만, 텍스트의 정확한 해독을 무시하지는 않는다는 점이다.

　정리해 보면, 독해의 과정에 대한 설명 중에서 상호 작용 모형이 가장 적절한 것으로 보인다. 그런데 상호 작용 모형은 단순히 상향식과 하향식 모형을 절충했다기보다는 하향식 모형을 강조하면서 여기에 상향식 모형의 관점을 반영했다고 보는 것이 정확하다. 상향식 모형에 입각해서 독해의 과정을 설명하는 것은 많은 문제가 있다. 하향식 모형, 나아가 상호 작용 모형에 입각해서 독해를 설명하는 것이 합리적이다. 그러므로 실제 독해 지도를 할 때에는 이 관점에 입각하여 지도하려고 해야 할 것이다.

2. 읽기 교육의 목표와 내용

1) 읽기 교육의 목표

읽기 교육의 목표는 크게 인지적 측면과 태도적 측면으로 나눌 수 있다. 인지적 측면에서는 글을 잘 읽는 데 필요한 지식이나 기능, 전략 등을 익혀 글(책)을 제대로 이해, 분석, 비판, 종합할 수 있는 능력을 갖추게 하는 것이다. 태도적인 측면에서는 글(책) 읽기에 흥미와 자신감을 갖고 글을 적극적으로 읽으며 글 읽기를 생활화하게 하는 것이다. 결국 읽기 교육의 목표는 독서 능력과 태도를 갖추게 하여 독서가 가져다주는 혜택을 향유할 수 있게 하는 데 있다.

초등학교 읽기 교육의 목표 중에 하나는 한글 깨치기이다. 한글 깨치기는 초등학교에 입학하기 전이나 입학한 후에 집중적으로 이루어지는데 읽기 교육을 통해 학생들이 기본적인 한글을 익히게 할 필요가 있다.

그 다음에 한 편의 글을 제대로 이해, 감상하고 이를 활용할 수 있게 하는 데 목표를 두어야 한다. 우선 내용 이해의 측면에서 보면, 기본적인 내용 파악 능력을 길러주고 한 단계 나아가 글의 내용을 추론하는 능력도 갖출 수 있도록 해야 하며, 더 나아가 글의 내용을 분석, 비판, 종합, 감상할 수 있도록 해야 한다. 그리고 읽기를 통해 얻은 지식이나 정보, 사고력, 정서 등을 효율적으로 활용할 수 있는 능력을 갖추게 하는 것 또한 중요하다. 잘 읽는 사람의 특징을 단순화하면, 글의 내용을 깊이 있게 이해, 감상하고 읽은 내용을 오랫동안 기억하며 필요한 곳에서 이를 적절히 활용할 수 있는 사람이다. 이러한 사람을 양성하는 것이 읽기 교육의 목표이다.

그런데 지면을 통해 접하는 글뿐만 아니라 현대 사회에서는 다양한 매체, 상황에서 읽기를 경험하게 된다. 비디오나 영화 매체에서 접하는 읽기 상황, 인터넷으로 대표되는 컴퓨터 매체 상에서의 읽기에서 각 매체의 특성을 감안한 읽기 능력을 갖추게 하는 것 역시 읽기 교육의 목표로 삼아야 한다.

읽기 교육의 목표를 주로 인지적인 면에 초점을 맞추는 것은 곤란하다. 읽기 태도적인 면

역시 중요하다. 읽기의 중요성을 인식하고 평소에 즐겨 읽는 태도를 갖출 수 있게 해야 한다. 또한 자기 효능감을 갖게 하고 읽기에 자신감을 갖고 꾸준히 읽도록 해 주는 것 역시 초등학교 읽기 교육의 목표로 삼아야 한다. 이를 위해서는 읽기에 대한 성공 경험을 많이 갖게 하고, 한편으로 몰입(flow) 경험을 갖게 하면서 읽기에 재미를 느끼게 해야 한다.

읽기라고 하면 한 편의 글 읽기에 초점을 두는 것은 곤란하다. 글을 잘 읽는다는 것에는 책을 잘 읽는다는 의미를 포함하고 있다. 흔히 독서 교육이라 함은 한 권의 책을 읽는 교육을 대상으로 하는데, 읽기 교육은 주제나 화제를 중심으로 여러 책을 함께 읽는 교육을 포함한 개념이다. 그러므로 읽기 교육의 목표는 책을 즐겨 있는 능력과 지속적으로 책을 읽는 습관 또는 태도를 함양하는 것이다. 이른바 평생 독자(life long reader)를 양성하는 것이 목표이다.

2) 읽기 교육의 내용 체계

2015 개정 교육과정 개발 보고서(김창원 외, 2015)에 제시된 읽기 영역의 내용 구성에 대한 설명을 보면 다음과 같다.

① 읽기 영역 교육의 방향

'읽기' 영역의 교육 내용은 학교 교육을 통해 기초적이고 필수적인 문식성을 획득함으로써 장차 성인이 되어서도 일상생활에 필요한 지식을 스스로 습득하고 복잡한 정보를 처리할 수 있으며, 독서를 통해 자신의 삶을 보다 더 풍요롭게 할 수 있는 평생 독자로서 능력을 기르도록 하는 데 목적이 있다.

이를 위해 읽기 교육을 관통하는 두 가지 원리를 적용하여 전체적인 읽기 교육의 틀을 짰다. 첫째는 읽기 교육 내용의 특성으로서, 일차적으로는 기능적 문식성 획득에 필요한 기본적이고 필수적인 읽기 기능들을 학습의 내용으로 선정하였다는 것이고, 둘째는 그 선정과 배열의 원리로서, 독해의 수준에 따라 읽기의 필수적인 기능을 균등하게 선정하고 학습자의 인지 발달 단계에 따라 그것을 배열했다는 것이다. 즉 저학년의 경우는 문자 읽기와 같이 발생적 문식성으로부터 시작하여 점차 기본적인 읽기 기능들을 배우고 고학년으로 갈수록 저학년에서 배운 여러 가지 기능들의 통합적인 인지 처리를 요하는 고차적 문식성으로서의 전략을 선정하여 배치하되, 이들 기능들은 '사실적 이해, 추론적 이해, 비판적 이해와 감상적 이해'에서 각각 선정하였다. 따라서 사실적 이해와 추론적 이해의 하위 기능들은 저학년에서 중학년에, 비판적 이해와 감상적 이해의 하위 기능들은 중학년부터 고학년에 배치하여 기능들이 순차적으로 배열되면서도 동시에 심화 반복적 경향을 보이도록 배열하였다.

이와 같이, 선정된 읽기 교육 내용들은 학습자의 읽기 발달 단계에 따르되, 다른 영역과의 연계, 이미 실시되고 있는 학년군제의 틀, 초·중·고 학교급제의 구분 등을 함께 고려하여, 초등학교 1~2학년, 3~4학년, 5~6학년, 중학교 1~3학년까지 4개 학년군과 고등학교 1학년을 단계화하여 총 5개로 단계화 하여 학습 내용을 배치하게 되었다.

또한 읽기 영역의 교육과정 내용을 기술하는 방식으로는, 다른 영역과 동일하게 '성취기준-학습 요소-성취기준 해설-교수-학습 방법 및 유의점' 순으로 제시하였다. 즉 학년군별로 해당 학습 내용으로서의 '성취기준'을 제시하고, 각 성취기준에서 중요한 핵심 개념을 추출하여, 성취기준 기술 아래에 '학습 요소'를 제시하였다. '성취기준'의 제시 순서는 대체로 내용 체계의 순서에 따랐는데, 이 순서가 교수-학습의 순서를 의미하지는 않는다. 또한 '학습 요소'는 성취기준과 대응하도록 기술하였으나, 필요에 따라서는 괄호를 사용하여 대등적 개념을 병렬적으로 제시하거나 각 성취기준에 속하는 하위 개념을 제시하기도 하였다. 특히 '학습 요소'는 성취기준과 관련된 내용의 범위와 수준을 명료하게 제시하기 위한 것으로, 다양한 교수-학습 상황에 맞게 재구성할 수 있다.

그 아래에는 성취기준들 중에서 특별히 성취기준의 선정 취지나 교육적 의도, 교육 내용의 범주와 적정 학습량, 그리고 교수-학습 상의 방법 등 구체적인 설명이 필요한 것들을 선별하여 해설을 덧붙였다. 이때 해설의 제시 여부가 학습 내용의 경중을 의미하지는 않는다. 이에 이어서 성취기준 항목들을 지도할 때를 상정하여 교수-학습과 평가에 관한 사항을 덧붙여 교수-학습을 적용할 때의 유의점이나 지도 방안을 구체적으로 안내하였다. 그리고 학년(군)의 말미에 '국어 자료의 예'를 첨부하였다. 모든 성취기준의 내용과 '국어 자료의 예'는 학습자의 요구와 수준에 따라 통합적 관점에서 내용의 위계성과 학습의 계열성을 고려하며 창의적으로 재구성하여 활용할 수 있도록 하였다.

요컨대, 2015 국어과 교육과정 '국어' 과목의 성격, 목표, 내용 체계에 따라 읽기 영역에서는 초등학교 16개(1~2학년 및 3~4학년 각 5개, 5~6학년 6개), 중학교 10개, 고등학교 1학년에 5개의 성취기준을 제시하였다. 2015 개정 교육과정 읽기 영역 성취기준의 개발 및 선정 시 고려하였던 요소를 살펴보면 〈표 3〉과 같다.

② 읽기 영역 내용 체계의 변화와 특징
2015 개정 교육과정의 읽기 영역 내용 체계의 변화를 2009 교육과정과 비교하면 〈표 3〉과 같다.

〈표 3〉 읽기 영역 내용 체계 변화

2009 개정 교육과정			2015 개정 교육과정		
실제			핵심 개념	내용 요소	기능
다양한 목적의 글 읽기 - 정보를 전달하는 글 - 설득하는 글 - 친교 및 정서 표현의 글 읽기와 매체			읽기의 본질		맥락 이해 하기 몰입하기 내용 확인 하기 추론하기 비판하기 성찰· 공감하기 통합· 적용하기 독서 경험 공유하기 점검· 조정하기
지식	기능	태도	목적에 따른 글의 유형 정보 전달 설득 친교·정서 표현 읽기와 매체		
읽기의 본질 과 특성 글의 유형 읽기와 맥락	낱말 및 문장의 이해 내용 확인 추론 평가와 감상 읽기 과정의 점검과 조정	가치와 중요성 동기와 흥미 읽기의 생활화	읽기의 구성 요소 독자·글·맥락 읽기의 과정 읽기의 방법 사실적 이해 추론적 이해 비판적 이해 창의적 이해 읽기 과정의 점검		
			읽기의 태도 읽기 흥미 읽기의 생활화		

위 그림의 왼쪽과 같이 지난 2009 개정 국어과 교육과정(제 2012-14호)에서는 교육 내용을 4개의 '범주'로 구분하고 이들 각 구분 아래에 대표가 되는 상위 전략들을 분류하여 기술했다. 그러나 이번 2015 개정 교육과정에서는 교육내용을 '핵심 개념'과 '학년(군)별 내용 요소', '기능'과 같은 3개 영역으로 범주화하고, 그 하위에 대표 전략들을 선정, 배치하였다. 특히 '핵심 개념'과 '내용 요소'는 '추상-구체'의 관계를 띤다고 볼 수 있는데, 그것은 핵심 개념이 각 학년(군)별 내용 요소들로부터 추출되었기 때문이다.

요컨대, 지난 2009 개정 교육과정과 2015 개정 교육과정의 내용 체계만을 단순 비교하면,

교육 내용 면에서는 큰 변화가 없고 내용 체계의 기술 방식에 차이가 있는데, 이는 이번 개정 교육과정에서는 기존의 범주 구분을 버리고, '핵심 개념'이 오른쪽의 '내용 요소'와 '기능'을 아우르는 총괄적 개념으로 등장했다는 것이다. 이것은 가르쳐야 할 교과의 내용이 어떤 방식으로 작동하는지를 보여주는 매우 중요한 부분이라고 할 수 있다. 2009 개정 교육과정과 같이, 단순히 범주를 구분하는 것만으로는 그 범주의 하위 내용 요소들이 각 범주 간에 어떻게 상호 작용하는지를 제대로 보여주지 못했다는 단점이 있다. 그래서 범주 구분을 없애고 교육내용 요소와 핵심 개념을 함께 제시함으로서 교육 내용 요소들이 어떻게 상위의 지식들(핵심 개념)에 결합될 수 있으며, 어떻게 상위의 지식들로부터 파생되었는지를 잘 설명해줄 수 있다.

전술한 바와 같이, 교육 내용면에서는 큰 차이가 없다고 할 수 있는데, 사실상, 핵심 개념의 내용은 '본질, 글의 유형, 방법, 태도'로 명명할 수 있으며, 이것은 2009 개정 교육과정의 '지식, 실제, 기능, 태도'에 각각 대응된다고 할 수 있다. 즉 2009개정 교육과정이 '지식, 기능, 태도'의 통합된 활동으로서 '실제'의 중요성을 강조했다면, 2015 개정 교육과정은 다소 평면적인 형태를 띠기는 했으나, 내용 요소가 어떻게 핵심 개념들과 관련되는지, 그 작동 기제를 보다 상세히 보여주려고 함으로써 교육 내용 요소와 핵심 개념들 간의 관련성을 가시화하려 했다는 점에서 보다 체계 지향적이고 기능적임을 알 수 있다.

③ 2015 개정 교육과정 '읽기' 영역의 특징

㉠ 입문기 문자 지도의 강화

초등학교 1~2학년 학생들의 초기 문자 학습에 도움이 되고자 입문기 문자 지도 강화를 위한 성취기준을 설정하였다. 한글 낱자에 대한 이해와 초성, 중성, 종성의 결합 방식에 대한 이해를 바탕으로 글자를 정확하게 소리 내어 읽는 원리를 이해할 수 있도록 하였다. 또한 쓰기 영역은 글자의 정확한 표기에, 읽기 영역은 글자의 정확한 읽기에, 문법 영역은 낱자에 대한 지식에 초점을 두고 성취기준을 개발하여 쓰기 영역 및 문법 영역 간에 동일한 성취기준이 반복되거나 필수 학습 요소가 누락되지 않도록 하였다. 입문기 문자 지도를 강화하기 위한 영역간의 성취기준 조정 내용은 〈표 4〉와 같다.

〈표 4〉 2009 개정 교육과정 및 2015개정 교육과정 문자 지도 관련 성취기준 비교

	2009 개정 교육과정	2015 개정 교육과정
읽기	[1-2학년군](1) 글자의 짜임을 이해하여 글자를 읽고, 읽기에 관심을 가진다. [1-2학년군](2) 낱말과 문장을 정확하게 소리 내어 읽는다. [1-2학년군](3) 의미가 잘 드러나도록 글을 알맞게 띄어 읽는다.	[2국02-01] 글자, 낱말, 문장을 소리 내어 읽는다. [2국02-02] 문장과 글을 알맞게 띄어 읽는다.
쓰기	[1-2학년군](1) 글자를 익혀 글씨를 바르게 쓴다. [1-2학년군](2) 자신의 생각을 문장으로 정확하게 표현한다.	[2국03-01] 글자를 바르게 쓴다.
문법	[1-2학년군](1) 한글 낱자(자모)의 이름과 소릿값을 알고 정확하게 발음하고 쓴다.	[2국04-01] 한글 자모의 이름과 소릿값을 알고 정확하게 발음하고 쓴다.

또한 입문기 문자 지도의 강화를 위해 가정과 연계하여 실제 생활에서 글자를 지도하도록 교수-학습 방법을 제시하였으며, 평가 역시 지필 평가 위주가 아니라 관찰 및 체크리스트 방법을 사용하도록 안내하였다.

ⓒ 읽기 필수 기능에 대한 학습 강화

글을 읽고 의미를 구성하고 그것에 바탕으로 자신의 읽기를 평가하는 읽기 수행 과정을 학년성을 고려하여 성취기준으로 개발하였다. 1~2학년에서는 글자를 보고 바르게 소리 내어 읽기 및 내용 확인 등 기초적인 읽기 기능을 습득할 수 있도록 하였고, 3~4학년에서는 추론하며 읽기를 통해 글의 의미를 좀 더 명확하게 이해할 수 있는 능력을 기르고 비판적 읽기의 기초적인 기능을 습득할 수 있도록 하였다. 5~6학년에서는 한 편의 글을 읽기 위한 다양한 읽기 전략을 이해하고 이를 바탕으로 읽기를 수행하면서 읽은 내용을 점검하는 능력을 기를 수 있도록 하였고, 중학교 1~3학년에서는 자신의 읽기 과정을 비판적으로 점검하고 조정하여 읽는 목적과 글의 내용에 알맞은 적절한 읽기를 수행할 수 있도록 하였다. 고등학교 1학년에서는 지금까지 학습한 다양한 읽기 전략을 사용하여 능동적이고 적극적으로 읽기를 할 수 있도록 하는 데 중점을 두었다.

읽기 영역의 성취기준은 읽기의 기초적인 기능과 전략을 익혀 읽기를 생활화하고 읽기에 대한 정보를 활용하는 능력을 가질 수 있도록 하는 데 중점이 있으므로 각 학년군의 성취기준 역시 이러한 읽기 영역의 목표를 고려하여 설정하였다.

ⓒ 학습 내용의 감축

학습자들의 학습 부담을 경감하고 실제적이고 의미있는 학습이 되기 위하여 2015 개정 교육과정에서는 성취기준의 수 및 학습 내용을 감축하였다. 2009 개정 교육과정(교육과학기술부 고시 제2012-14호)과 비교하여 2015 개정 교육과정에서 변화한 성취기준 수는 〈표 5〉에서 확인할 수 있다.

〈표 5〉 읽기 영역 성취기준 수 비교

	2009 개정 교육과정	2015 개정 교육과정	비고
초등학교 1~2학년	6개	5개	1개 감축
초등학교 3~4학년	6개	5개	1개 감축
초등학교 5~6학년	7개	6개	1개 감축
중학교 1~3학년	11개	10개	1개 감축

2009 개정 교육과정(교육과학기술부 고시 제2012-14호)에서도 학습 내용 감축이 있었으나 그 때의 감축이 실제적이지 못하였다는 지적이 있었던 바, 이는 성취기준 수를 감축하면서 학습 내용을 감축하지 않고 단지 성취시준 숫자를 줄이는 수준에서 학습 내용의 감축이 이루어졌다고 판단하였다. 이에 2015 개정 교육과정에서는 둘 이상의 성취기준이 기계적으로 연결하였거나 변형하여 연결된 2009 개정 성취기준을 비판적으로 점검하여 실제적인 학습 내용의 감축이 이루어질 수 있도록 하였다.

또한, 다른 영역 및 읽기 영역 내에서 중복되는 학습 내용을 가진 성취기준을 삭제하여 학습 내용의 중복으로 인한 학습 부담을 줄이고자 하였다.

〈표 6〉 중복 성취기준의 변화 양상

	2009 개정 교육과정	2015 개정 교육과정
초등학교 1~2학년 읽기	(4) 글의 분위기를 살려 효과적으로 낭독하고 읽기의 재미를 느낀다.	삭제
초등학교 1~2학년 문학	(1) 동시를 낭송하거나 노래, 짧은 이야기를 들려준다.	
초등학교 3~4학년 읽기	(1) 글을 읽고 대강의 내용을 간추린다.	삭제
	(4) 글을 읽고 중심 생각을 파악한다.	

	2009 개정 교육과정	2015 개정 교육과정
초등학교 5~6학년 읽기	(1) 문맥을 고려하여 낱말의 의미를 파악하며 글을 읽는다.	통합
	(3) 내용을 추론하며 글을 읽는다.	
중학교 1~3학년 읽기	(6) 글의 내용을 토대로 질문을 생성하며 능동적으로 글을 읽는다.	삭제
	(10) 읽기의 과정과 원리를 이해하고 자신의 읽기 과정을 점검하며 조절한다.	

㉣ 성취기준 간 위계성 및 연계성 강화

읽기 영역의 성취기준은 학습 내용을 반복·심화할 수 있도록 나선형으로 구성하였다. 다시 말해, 1~2학년의 성취기준을 바탕으로 3~4학년의 성취기준을 학습할 수 있는 형태로 개발되었다. 중요한 읽기 기능이나 전략은 다음 학년과 연계될 수 있도록 하여 읽기 기능이나 전략의 연습이 누적될 수 있도록 하였다. 학년(군) 성취기준들 간의 위계 관계 및 연계 관계를 분석한 결과는 〈표 7〉과 같다.

〈표 7〉 학년군 간 성취기준의 위계성 및 연계성 분석

기능	초등학교 1~2학년	초등학교 3~4학년	초등학교 5~6학년	중학교 1~3학년	고등학교 1학년
낭독	소리 내어 읽기 ──────────────→				
	띄어 읽기 ──────────────→				
사실적 이해	중요한 내용 확인하기	중심생각 파악하기	유형에 따른 대강 간추리기	목적에 따른 내용 요약하기 ──────→	
추론적 이해		짐작하기	생략된 내용 추론하기	내용 예측하기 ──────→	
비판적 이해		사실과 의견 판단하기	주장의 타당성 표현의 적절성 판단하기	표현 방식 및 의도 평가하기	필자의 관점, 표현 방법 적절성 평가하기
창의적 이해				동일한 화제의 다양한 글 통합하기	문제해결 및 대안 제시하기
상위 인지			읽기 전략 적용하기	읽기 과정의 점검과 조정하기	다양한 읽기 전략 적용하기

읽기 성취기준간의 위계성을 좀 더 강조하여 학년성에 맞는 적절한 난이도로 학습을 하도록 하기 위해 글의 유형들 간에도 위계화를 강조하였다. 글의 유형들 간의 위계화를 강조하기 위해서 글의 길이 및 글 소재의 친숙도 정도를 조절하여 제시하였다. 대체로 초등학교 수준에서는 친숙한 소재를 다루거나 경험을 반영한 글 등을 다루도록 하였으며, 중학교 수준에서는 다양한 유형의 글을 다루도록 하였다. 고등학교 1학년에서는 다양한 형식과 내용을 다루는 글을 제시하도록 하였다. 글의 유형에 대한 위계성은 〈표 8〉에서 살펴볼 수 있다.

〈표 8〉 학년군 간 제시된 글의 유형

초등학교 1~2학년	초등학교 3~4학년	초등학교 5~6학년	중학교 1~3학년	고등학교 1학년
글자, 낱말, 문장				
인물의 마음이 드러난 글	문단, 글	주장이나 주제가 드러난 글	설명 방식/ 논증방식이 드러난 글	다양한 유형의 글
	유형이 분명한 글	매체 자료나 다양한 유형의 글	매체 자료	매체자료

⑩ 국어과 교과 역량에 기초한 성취기준 선정

2015 개정 교육과정의 가장 큰 특징 중 하나인 국어과 교과 역량을 개발할 수 있는 읽기 영역 성취기준을 선정하였다. 2015 개정 교육과정에서는 '비판적·창의적 사고 역량, 자료·정보 활용 역량, 의사소통 역량, 공동체·대인 관계 역량, 문화 향유 역량, 자기 성찰·계발 역량을 국어과 교과 역량으로 선정하였다. 이에 읽기 영역에서는 이러한 교과 역량을 기를 수 있는 성취기준을 마련하는 데 중점을 두었다.

1~2학년에서는 의사소통 역량, 공동체·대인 관계 역량, 문화 향유 역량에 중점을 두었으며 3~4학년에서는 비판적·창의적 사고 역량, 자료·정보 활용 역량, 의사소통 역량, 공동체·대인 관계 역량, 문화 향유 역량을 계발하는 데 중점을 두었다. 5~6학년부터는 비판적·창의적 사고 역량, 자료·정보 활용 역량, 의사소통 역량, 공동체·대인 관계 역량, 문화 향유 역량, 자기 성찰·계발 역량 등 2015 개정 교육과정에서 기르고자 하는 모든 교과 역량을 함양할 수 있는 성취기준을 선정하는 데 노력하였다.

학년(군)별로 중점적으로 길러야 할 핵심역량을 달리 선정하는 것뿐만 아니라 나선형으로 핵심역량을 배치함으로써 교과 역량을 중점적으로, 점차 확대하여 함양할 수 있도록 하였다.

교과 역량에 따른 성취기준을 분석한 내용은 〈표 9〉와 같다.

〈표 9〉 국어과 교과 역량에 따른 성취기준 분석

비판적· 창의적 사고 역량	자료· 정보 활용 역량	의사소통 역량	공동체· 대인 관계 역량	문화 향유 역량	자기 성찰· 계발 역량
[4국02-04]	[2국02-03]	[2국02-04]	[4국02-05]	[2국02-01]	[6국02-01]
[6국02-03]	[4국02-01]	[4국02-05]	[9국02-01]	[2국02-02]	[6국02-06]
[6국02-04]	[4국02-02]	[9국02-06]	[10국02-01]	[2국02-05]	[9국02-01]
[9국02-02]	[4국02-03]	[10국02-01]	[10국02-03]	[9국02-08]	[9국02-10]
[9국02-06]	[6국02-02]		[10국02-05]	[9국02-09]	[10국02-04]
[9국02-07]	[6국02-05]			[10국02-01]	[10국02-05]
[10국02-02]	[9국02-02]				
[10국02-03]	[9국02-03]				
	[9국02-04]				
	[9국02-05]				
	[9국02-08]				
	[10국02-05]				

ⓑ 실제적이고 유의미한 교수 – 학습 방법 제시

읽기 교육의 가장 큰 목표는 책을 즐겨 읽는 독자를 길러내기 위해서이다. 이를 위해 읽기가 실제 우리의 삶과 동떨어진 것이 아니라는 점을 학습자에게 인지시켜 줄 필요가 있다. 이에 2015 개정 교육과정에서는 읽기 교육 내용뿐만 아니라 읽기 교육 방법 개선에도 많은 노력을 기울였다.

가장 먼저 실제 생활과 관련지어 읽기 수행 능력을 기를 수 있도록 하는 데 중점을 두었다. 특히 초기 입문기 문자 지도 시기인 초등학교 1~2학년에서는 학교 안내판, 학급 게시판, 광고지 등 주변에서 접할 수 있는 읽기 자료를 보고 학습자가 학습한 낱자 혹은 글자가 있는지 찾아보도록 하여 실제 생활 속에서 읽기에 관심을 가지고 스스로 읽으려고 노력하는 태도를 가질 수 있도록 하였다. 또한 초등학교 5~6학년에서는 인터넷 기사에 대한 댓글 등도 읽기 자료로 포함시켜 실제 생활에서 필요한 읽기 능력을 기를 수 있도록 하였다.

두 번째로 구체적이고 실제적인 교수 - 학습 방법을 마련하여 실제 현장에서의 교수 - 학습에 도움이 되고자 하였다. 2015 개정 교육과정에서 제시한 교수 - 학습 방법은 크게 세 가지 기능을 가지고 있는데 첫째는 학습 내용의 범주를 한정하는 역할이다. 해당 성취기준에서 중점적으로 다루어야 할 내용과 다루지 않아야 하는 내용을 구별함으로써 교육과정에 대한 현장의 해석력을 높일 수 있도록 하였다. 둘째는 해당 성취기준을 지도할 때 유의해야 할 점을 제시하는 역할이다. 해당 성취기준을 지도할 때 어떤 점에 유의를 해야 하는지를 상세히 알려줌으로써 교수-학습의 효율성을 높일 수 있도록 하였다. 셋째는 좀 더 효율적인 교수-학습 방법을 제시하여 교육의 효과를 높이기 위한 역할이다. 해당 성취기준을 지도하는 여러 가지 방법 중 효율적인 방법을 안내함으로써 최대의 학습 효과를 기대하도록 하였다. 유형에 따른 교수-학습 방법은 〈표 10〉과 같다.

〈표 10〉 교수-학습 방법의 여러 가지 유형

	초등학교 1~2학년	초등학교 3~4학년	초등학교 5~6학년	중학교 1~3학년	고등학교 1학년
학습 내용의 범주를 한정하는 교수-학습 방법	`			`	
학습 내용 지도 시 유의해야 점을 제시한 교수-학습 방법	`				
좀 더 효과적인 지도 방법을 제시한 교수-학습 방법		`, `	`	`, `	`, `

원 번호는 교육과정 원문 중 '교수-학습 방법 및 유의점' 항목의 번호를 지시함.

세 번째로 글자뿐만 아니라 여러 가지 매체 읽기 능력을 기를 수 있도록 하는 데 중점을 두었다. 학습자들이 쉽게 접하는 인터넷을 초등학교 3~4학년에서부터 본격적으로 다루도록 하였고 5~6학년에서는 문자뿐만 아니라 그림, 표, 그래프, 사진, 동영상 등의 매체 역시 읽기 기능과 전략을 활용하여 정확하게 읽을 수 있음을 지도하도록 하였다. 또한 중학교 1~3학년에서는 글에 사용된 어휘나 문장 표현뿐 아니라 도표, 그림, 사진과 같은 시각 자료, 동영상 자료와 같은 자료들도 읽기 자료로 포함하여 매체에 대한 이해력을 높일 수 있도록 하는 데 초점을 맞추었다.

네 번째로 실제적인 읽기 능력을 기를 수 있도록 하기 위해 한 편의 글 읽는 태도를 지닐 수 있도록 하는 데 중점을 두었다. 교육과정의 내용은 '한' 편의 글을 온전히 읽는 것을 가정하고 구성한 것이다. 그럼에도 이를 실현하는 교과서에서는 그것이 가지는 여러 가지 한계로 인해 긴 한 편의 글의 일부를 발췌하거나, 중략하거나 생략하는 방법을 사용하여 제재를 마련하기 때문에 학습 활동에서 온전한 한 편의 글 읽기가 제대로 수행되지 못하고 있는 상황이다. 이에 2015 개정 교육과정에서는 학습자들의 한 편의 글 읽기 태도를 가질 수 있도록 하기 위해 5~6학년에서는 읽기 습관 점검하기의 한 항목으로 '한 권의 책을 완독하는 습관을 가지고 있는지'를 평가하도록 하였으며, 중학교 1~3학년에서는 한 편의 글, 한 권의 책 읽기를 읽기의 주요 과제로 인식하고 이에 대한 교수-학습 방법을 제시하였다.

㉘ 통합적 평가 방안 제시

지금까지 교육과정에서는 교수-학습 방법이나 평가 측면보다는 교육 내용 측면에 더 많은 가치를 부여해 왔다. 교육과정이 개정될 때마다 교육 내용 즉, 성취기준에는 많은 변화가 있었으나 교수-학습 방법 및 평가에서는 별반 차이가 없었던 것 역시 교육과정 개정의 목적이 학습 내용의 선정에 더 많은 중점이 있었기 때문이다. 2009 개정 교육과정(교육과학기술부 고시 제2012-14호)에서 제시하는 평가에 대한 내용은 크게 다음 세 가지로 요약할 수 있다.

> - 평가 목표는 내용 확인, 추론, 평가와 감상, 점검과 조정 등에 중점을 두어 설정한다.
> - 평가 내용은 학년군별, 영역별 성취기준에 근거하되 지식, 기능, 태도 측면을 중점으로 선정한다.
> - 평가 방법은 평가 목표와 평가 내용에 적합한 방법으로 하되 유의미한 교수-학습 방법의 일환이 될 수 있게 다양한 평가방법을 적절히 활용한다.

위에서 보는 바와 같이, 2009 개정 교육과정(교육과학기술부 고시 제2012-14호)에서는 읽기 영역에 대한 평가의 중점이나 방법 등에 대한 상세한 안내가 마련되어 있지 못하기 때문에 가르치고 평가하는 것의 연관성을 찾기가 힘들었다. 이에 비해 2015 개정 교육과정에서는 각 영역별 평가의 내용과 평가의 중점을 마련함으로써 교수-학습과 평가가 서로 연관되게 함과 동시에 평가가 실제의 교수-학습 개선에 영향을 줄 수 있도록 하였다.

먼저, 2015 개정 교육과정에서의 평가는 평가의 내용과 평가의 중점을 상세하게 안내함으로써 교육과정에서 의도한 교육 내용이 실제 현장에서 제대로 안착될 수 있도록 하였다. 교육 내용과 평가는 서로 맞물려 돌아가는 톱니바퀴와 같다. 제대로 가르치는 것만큼 제대로 평가하는 것이 중요한데, 기존의 교육과정에서는 평가의 내용과 평가의 중점에 대한 안내가 미비하여 교사가 단위 학교에서 자체적으로 평가를 하거나 각 시도별 교육청에서 개발한 평가 자료를 활용하는 수준에 머물렀다. 교사가 자체적으로 평가를 하는 경우 교사가 가지고 있는 정보 등의 한계로 질적으로 우수한 평가를 하지 못하는 문제가 많았다. 2015 개정 교육과정에서는 각 성취기준별 주요 평가 내용을 안내함으로써 교육 내용이나 교육 방법에 대한 재고를 할 수 있도록 하였다.

둘째, 평가 시 유의점을 안내함으로써 선행 학습에 대한 폐해를 줄이고 평가의 타당성을 높여 학습자의 학습 정도를 정확하게 확인할 수 있도록 하였다. 평가에 있어 가장 문제가 되었던 부분은 평가해야 하는 '대상'에 대한 평가가 이루어지지 않는 경우가 많았다는 점이다. 평가 방법과 유의사항에 대한 안내를 통해 평가 대상을 명확히 제시함으로써 상위 학년의 교육 내용을 평가하는 등의 문제를 최소화하였다.

셋째, 영역 간 통합 평가를 가능하게 함으로써 실제적인 언어 사용 능력을 갖출 수 있도록 하였으며 평가로 인한 학교 현장을 부담을 최소화할 수 있도록 하였다. 읽기 영역뿐만 아니라 다른 영역과의 통합적 평가를 제시함으로써 효율적이면서 실제적인 언어 사용이 가능하도록 하였다.

넷째, 영역 내 통합 평가를 가능하게 함으로써 읽기 기능이 서로 관련되어 있음을 학습자들이 인지할 수 있도록 하였으며 이를 바탕으로 실제적인 읽기 능력 향상에 도움이 되고자 하였다. 개별적 성취기준 하나하나에 대해서 평가하는 것뿐만 아니라 관련 있는 성취기준을 연계하여 평가할 수 있도록 하였다.

3) 읽기 영역의 내용 체계

2015 개정 국어과 교육과정에서 가장 크게 변한 부분이 바로 내용 체계이다. 국어과 교육과정의 내용을 체계화하기 위해서는 각 영역별로 교수-학습해야 할 내용을 특성이 같은 것끼리 묶어 범주화하여 제시할 수 있다. 7차 국어과 교육과정에서는 '본질', '원리', '태도', '실제'로 교육 내용을 범주화하였으며 2007 개정 국어과 교육과정에서는 '지식', '기능', '맥락', '실제'로 범주화하였다. 여기서 '지식'은 텍스트 수용·생산 활동에 요구되는 형식적, 본질적, 명제적 지식을 의미하여 '기능'은 텍스트의 수용과 생산에 관여하는 사고의 절차나 과정을 의미한다. '맥락'은 텍스트 수용과 생산 활동에서 고려해야 할 사회·문화적 배경과 관련된 교육 내용과 관련된다. 2009 개정 국어과 교육과정에서는 이를 '지식', '기능', '태도', '실제'로 범주화하였는데, 2015 개정 교육과정에서는 문·이과 통합형 교육과정의 성격을 고려하여 '본질', '수행', 태도'로 범주화하였다.

공통 교육과정의 내용 체계에 대한 진술은 다음과 같다.

'국어'의 교수 - 학습 내용은 듣기 · 말하기, 읽기, 쓰기, 문법, 문학 영역으로 구성하였다. 각 영역의 내용은 하위 범주별 '핵심 개념'과 '일반화된 지식'을 바탕으로 하여 '학년(군)별 내용 요소'로 전개하였으며, 이를 통해서 각 영역이 추구하는 통합적 '기능'을 신장하도록 하였다. 학년(군)별로 제시한 내용 요소는 해당 학년(군)에서 집중적으로 다루되, 학년(군) 간 연계성을 바탕으로 하여 다른 학년(군)에서도 융통성 있게 다룰 수 있다. 또한, 국어 활동의 총체성을 바탕으로 하여 특정 영역의 성취기준을 같은 학년(군)의 다른 영역에서 적절하게 활용하여 내용을 구성할 수도 있다.

국어과 교육과정에서 내용 성취기준은 학습자의 수준에 맞게 학년별, 영역별로 제시된 내용 체계와 연계하여 세부 내용을 개발하여야 한다. 이에 2015 개정 교육과정에서는 6차 교육과정부터 현행 교육과정까지 유지돼 온 내용 체계표를 개선하여 내용 체계와 내용 성취기준의 연계 방안을 마련하고자 하였다. 내용 체계표에는 국어과의 핵심 개념, 일반화된 지식, 학년(군)별 내용 요소, 기능을 항목으로 설정하고 이를 기반으로 내용 성취기준을 도출하였다.

핵심 개념은 이번 교육과정의 가장 큰 특징 중 하나이다. 이러한 핵심 개념을 국어과에 들여온 데는 몇 가지 의도가 있다. 이는 정책적 변화로부터 온 사회적인 요구이기도 하고 교과 교육 전반의 환경 변화를 반영한 것이기도 하다. 우선은 핵심 개념을 중심으로 교육의 양을 줄이고 교육의 질을 높이고자 하였다. 둘째는 핵심 개념을 제시함으로써 교육과정과 교과서 내용을 재해석하고, 재해석에 적합한 소재와 활동을 새롭게 구상할 수 있는 지침이 되도록 하였다. 셋째는 교과 간, 또는 교과 내의 영역 간 핵심역량을 제시함으로써 타교과와 중복되거나 영역별로 연계 가능한 것을 한눈에 파악할 수 있도록 하여 교육 내용을 통합적으로 운영하여 교육 활동에 필요한 시간을 재조정하고, 또 보다 효율적(efficient)으로 교육과정을 운영할 수 있도록 하였다.

'핵심 개념'과 '일반화된 지식'은 '학년(군)별 내용 요소' 전체를 통어하는 장치로, 학년 간 연계성을 확보하면서 균형 있는 교육 내용의 구성과 배치를 가능하게 하는 요소로 기능하도록 하였다. '핵심 개념'과 '일반화된 지식'을 통해 내용의 체계적 조직과 배치를 도모하고자 하였다. 영역별 내용은 지식과 관련된 '본질', 기능 · 경험과 관련된 '수행', 인성과 관련된 '태도'로 체계화하되 '수행'에는 영역별 특성을 고려하여 '담화 · 글의 유형/국어의 체계와 구조/문학의 갈래', '국어 활동의 방법/국어의 탐구와 활용/문학의 수용과 생산' 등의 내용을 다루었다. 내용 성취기준은 내용 체계표의 내용 요소와 기능을 통합하여 도출하는 한편 일반화된 지식을 바탕으로 내용 요소와 성취기준이 대응하도록 하여 교육 내용의 체계화를 모색하였다.

읽기 영역을 예로 들어 2009 교육과정과 2015 개정 교육과정의 내용 체계를 비교해 보면 〈표 11〉과 같다.

〈표 11〉 읽기 영역의 내용 체계 변화

2009년 교육과정		
실제		
다양한 목적의 글 읽기		
- 정보를 전달하는 글- 설득하는 글　　- 친교 및 정서 표현의 글		
읽기와 매체		
지식	기능	태도
읽기의 본질과 특성 글의 유형 읽기와 맥락	낱말 및 문장의 이해 내용 확인 추론 평가와 감상 읽기 과정의 점검과 조정	가치와 중요성 동기와 흥미 읽기의 생활화

2015 개정 교육과정							
핵심 개념	일반화된 지식	학년(군)별 내용 요소					기능
		초등학교			중학교	고등학교	
		1~2학년	3~4학년	5~6학년	1~3학년	1학년	
읽기의 본질	읽기는 읽기 과정에서의 문제를 해결하며 의미를 구성하고 사회적으로 소통하는 행위이다.						맥락 이해하기 몰입하기 내용 확인하기 추론하기 비판하기 성찰·공감하기 통합·적용하기 독서 경험 공유하기 점검·조정하기
목적에 따른 글의 유형 정보 전달 설득 친교·정서 표현 읽기와 매체	의사소통의 목적, 매체 등에 따라 다양한 글 유형이 있으며, 유형에 따라 읽기의 방법이 다르다.			생략			
읽기의 구성 요소 독자·글·맥락 읽기의 과정 읽기의 방법 사실적 이해 추론적 이해 비판적 이해 창의적 이해 읽기 과정의 점검	독자는 배경지식을 활용하며 읽기 목적과 상황, 글 유형에 따라 적절한 읽기 방법을 활용하여 능동적으로 글을 읽는다.						
읽기의 태도 읽기 흥미 읽기의 생활화	읽기의 가치를 인식하고 자발적 읽기를 생활화할 때 읽기를 효과적으로 수행할 수 있다.						

2015 개정 교육과정에서는 현행 교육과정에서 선택 과목으로 되어 있는 고등학교 국어 과목을 다시 공통 과목으로 바꾸었다. 이는 고등학교 1학년까지의 국어교과를 국민 공통 기본 교육과정에 포함했던 2007 개정 교육과정의 이수 체제로 복귀한 것이다. 위의 표에서 볼 수 있는 바와 같이 2015 개정 교육과정에서는 고등학교 1학년을 공통 교육과정에 포함시켜 공통 교육과정의 전체 교육 내용 요소를 초, 중, 고등학교에 배분하였다. 또한 교육 내용을 '지식, 기능, 태도, 실제'의 4개 범주로 구분하고 이들 각 구분 아래에 대표가 되는 상위 전략들을 분류하여 기술한 2012년 고시된 교육과정과 달리, 2015 개정 교육과정에서는 교육내용을 '핵심 개념'과 '일반화된 지식', '학년(군)별 내용 요소', '기능'과 같은 4개 영역으로 범주화하고, 그 하위에 대표 전략들을 선정, 배치하였다.

2015 개정 교육과정에서 다섯 영역의 내용 체계는 다음과 같은 측면을 고려하여 구성되었다.

'듣기·말하기', '읽기', '쓰기', '문법', '문학' 의 다섯 개 영역을 통하여 학습자들이 알아야 하는 영역적 개념이나 가치 등을 '핵심 개념'으로 설정하였다. 핵심 개념은 반드시 '지식'만을 지칭하지는 않으며 각 영역의 고유한 가치나 방법 등을 담고 있다. 또한 영역별로 가지는 유의미한 요소가 다르므로 핵심 개념은 영역별로 달리 설정되었다.

핵심 개념을 일반화된 지식으로 정립한 내용을 '내용'으로 구성하였다. 내용 즉, 일반화된 지식은 핵심 개념을 정의하는 방법으로 마련되었다. 일반화된 지식을 통해 각 영역별로 지도해야 하는 주요 내용이 무엇인지 이해할 수 있도록 하였다.

일반화된 지식을 바탕으로 각 학년(군)별 내용 요소를 추출하였다. 각 학년(군)별 내용 요소는 '내용'을 학년성에 맞게 적절히 배치한 것이다.

'기능'은 각 학년군의 내용 요소를 학습하였을 경우 학습자가 가질 수 있는 국어적 능력을 말한다. 그러나 '기능'이 국어과적 목적의 수행을 의미하는 것은 아니다. 다시 말해, 학년(군)별 내용 요소 중 하나의 내용 요소를 학습하였다면 그것은 국어과적 목표를 모두 달성한 것이 아니라 그 중의 일부 혹은 하위 능력을 달성하였다는 것을 의미하며, 따라서 '기능'에는 달성한 일부 혹은 하위 능력이 무엇인지를 밝히고 있다.

2015 개정 교육과정 중 공통 교육과정의 읽기 영역 내용 체계표는 다음과 같다.

<표 12> 읽기의 내용 체계

핵심 개념	일반화된 지식	학년(군)별 내용 요소					기능
		초등학교			중학교	고등학교	
		1~2학년	3~4학년	5~6학년	1~3학년	1학년	
▶읽기의 본질	읽기는 읽기 과정에서의 문제를 해결하며 의미를 구성하고 사회적으로 소통하는 행위이다.			•의미 구성 과정	•문제 해결 과정	•사회적 상호 작용	•맥락 이해하기 •몰입하기 •내용 확인하기 •추론하기 •비판하기 •성찰·공감하기 •통합·적용하기 •독서 경험 공유하기 •점검·조정하기
▶목적에 따른 글의 유형 •정보 전달 •설득 •친교·정서 표현 ▶읽기와 매체	의사소통의 목적, 매체 등에 따라 다양한 글 유형이 있으며, 유형에 따라 읽기의 방법이 다르다.	•글자, 낱말, 문장, 짧은 글	•정보 전달, 설득, 친교 및 정서 표현 •친숙한 화제	•정보 전달, 설득, 친교 및 정서 표현 •사회·문화적 화제 •글과 매체	•정보 전달, 설득, 친교 및 정서 표현 •사회·문화적 화제 •한 편의 글과 매체	•인문·예술, 사회·문화, 과학·기술 분야의 다양한 화제 •한 편의 글과 매체	
▶읽기의 구성 요소 •독자·글·맥락 ▶읽기의 과정 ▶읽기의 방법 •사실적 이해 •추론적 이해 •비판적 이해 •창의적 이해 •읽기 과정의 점검	독자는 배경지식을 활용하며 읽기 목적과 상황, 글 유형에 따라 적절한 읽기 방법을 활용하여 능동적으로 글을 읽는다.	•소리 내어 읽기 •띄어 읽기 •내용 확인 •인물의 처지·마음 짐작하기	•중심 생각 파악 •내용 간추리기 •추론하며 읽기 •사실과 의견의 구별	•내용 요약[글의 구조] •주장이나 주제 파악 •내용의 타당성 평가 •표현의 적절성 평가 •매체 읽기 방법의 적용	•내용 예측 •내용 요약[읽기 목적, 글의 특성] •설명 방법 파악 •논증 방법 파악 •관점과 형식의 비교 •매체의 표현 방법·의도 평가 •참고 자료 활용 •한 편의 글 읽기 •읽기 과정의 점검과 조정	•관점과 표현 방법의 평가 •비판적·문제 해결적 읽기 •읽기 과정의 점검과 조정	
▶읽기의 태도 •읽기 흥미 •읽기의 생활화	읽기의 가치를 인식하고 자발적 읽기를 생활화할 때 읽기를 효과적으로 수행할 수 있다.	•읽기에 대한 흥미	•경험과 느낌 나누기	•읽기 습관 점검하기	•읽기 생활화하기	•자발적 읽기	

(2) 학년군별 영역 성취기준

2015 교육과정에 제시된 학년군별 목표를 보면 다음과 같다.

1-2학년군	취학 전의 국어 경험을 발전시켜 일상생활과 학습에 필요한 기초 문식성을 갖추고, 말과 글(또는 책)에 흥미를 가진다.
3-4학년군	생활 중심의 친숙한 국어 활동을 바탕으로 하여 일상생활과 학습에 필요한 기본적인 국어 능력을 갖추고, 적극적이고 능동적인 의사소통 태도를 생활화한다.

5-6학년군	공동체·문화 중심의 확장된 국어 활동을 바탕으로 하여 일상생활과 학습에 필요한 국어 교과의 기초적인 지식과 역량을 갖추고, 국어의 가치와 국어 능력의 중요성을 인식한다.
7-9학년군	목적, 맥락, 주제, 유형 등을 고려한 다양한 국어 활동을 바탕으로 하여 국어 교과의 기본 지식과 교과 역량을 갖추고, 자신의 국어 활동과 공동체의 국어문화를 비판적으로 성찰하고 개선하는 태도를 기른다.
10학년군	다양하고 심층적인 국어 활동을 바탕으로 하여 통합적인 국어 역량을 갖추고, 국어 활동의 개선과 바람직한 국어문화 형성에 이바지한다.

2015 교육과정에 제시된 학년군별 성취 기준, 학습 요소, 성취기준 해설, 교수 - 학습 방법 및 유의 사항, 평가 방법 및 유의 사항을 보면 다음과 같다.

[1~2학년군]

초등학교 1~2학년 읽기 영역 성취기준은 한글을 깨치고 읽는 활동을 통해 글의 내용을 이해할 수 있는 기초적인 읽기 능력을 갖추는 데 중점을 두어 설정하였다. 글자라는 약속된 기호가 있음을 알고 스스로 글자를 읽으려는 태도를 길러 읽기에 흥미를 가지도록 하는 데 주안점을 둔다.

[2국02-01] 글자, 낱말, 문장을 소리 내어 읽는다.
[2국02-02] 문장과 글을 알맞게 띄어 읽는다.
[2국02-03] 글을 읽고 주요 내용을 확인한다.
[2국02-04] 글을 읽고 인물의 처지와 마음을 짐작한다.
[2국02-05] 읽기에 흥미를 가지고 즐겨 읽는 태도를 지닌다.

(가) 학습 요소

정확하게 소리 내어 읽기, 알맞게 띄어 읽기, 주요 내용 확인하기, 인물의 처지와 마음 짐작하기, 읽기에 흥미 갖기

(나) 성취기준 해설

[2국02-02] 이 성취기준은 알맞게 띄어 읽기를 통해 글의 내용을 파악하는 능력을 기르기 위해 설정하였다. 띄어 읽기를 할 때에는 어절, 문장 부호 다음, 주어부와 서술어부 등을

단위로 하여 띄어 읽을 수 있는데, 이들 용어를 노출시키지 않도록 주의한다. 쉬는 지점과 쉼의 길이에 유의하여 알맞게 띄어 읽도록 하는 데 중점을 둔다.

[2국02-04] 이 성취기준은 글에 등장하는 인물의 심리를 상상하고 이에 공감하는 능력을 기르기 위해 설정하였다. 등장인물이 어떤 처지와 상황에 있는지, 혹은 어떤 마음인지를 짐작해 보는 활동에 주안점을 둔다. 이를 위해서는 글의 내용을 확인하고, 등장인물의 마음을 자신의 경험과 비교하는 활동을 해 보는 것이 좋다. 이러한 과정을 통해 타인에 대한 공감 능력을 기름으로써 실제 주변 인물에 대한 이해를 높일 수 있다.

(다) 교수 - 학습 방법 및 유의 사항

학교 안내판, 학급 게시판, 광고지 등 주변에서 접할 수 있는 읽기 자료를 보고 학습자 스스로 읽기를 시도해 보도록 한다. 예컨대, 글자, 낱말, 문장을 소리 내어 읽기를 지도할 때에는 낱자의 형태, 소리, 이름 등을 읽기보다는 '자동차'의 '자'와 같이 학습자가 익숙한 낱말 속에서 글자의 형태와 소리를 익히도록 한다.

띄어 읽기를 지도할 때에는 다 같이 읽기보다는 혼자 읽기를 하도록 하여 기계적으로 띄어 읽기를 하지 않도록 한다. 여러 단위에서 띄어 읽기가 가능하므로 특정한 띄어 읽기 방법을 강요하지 않으며 의미가 통할 수 있는 수준에서 띄어 읽도록 지도한다.

글을 읽고 내용 확인하기를 지도할 때에는 '무엇이 어떠하다.', '누가 무엇을 하였다.'와 같은 수준에서 내용을 파악하도록 지도한다.

글을 읽고 인물의 처지와 마음 짐작하기를 지도할 때에는 그렇게 짐작한 까닭을 말해 보게 함으로써 인물의 처지나 마음을 바르게 짐작하였는지를 살펴본다. 또한 인물의 처지나 마음을 표현할 때에는 '기분이 좋다, 기분이 나쁘다'와 같은 표현을 이용하기보다는 '신나다, 즐겁다, 설레다, 창피하다, 기죽다, 답답하다'와 같이 감정을 표현하는 다양한 어휘를 사용하여 표현할 수 있도록 지도한다.

이 시기는 읽기에 흥미를 가질 뿐 아니라 기본적인 읽기 능력을 갖추도록 하는 데 매우 중요한 시기이므로 글자, 낱말, 문장을 소리 내어 능숙하게 읽을 수 있도록 교과 시간 외에도 지속적으로 관심을 가지고 읽기를 독려한다.

(라) 평가 방법 및 유의 사항

글자, 낱말, 문장 소리 내어 읽기와 알맞게 띄어 읽기는 교실 수업 상황에서 돌아가며 읽기 등의 수행 과정에서 평가할 수 있다. 또한 친구들끼리 서로 평가하도록 할 수도 있는데, 이 과정에서 자신의 읽기를 자연스럽게 점검해 볼 수 있게 한다.

글자, 낱말, 문장 소리 내어 읽기를 평가할 때에는 음운 변동이 없는 낱말이나 문장을 주로 평가하되, 음운 변동을 다루더라도 연음 현상이나 경음화(된소리되기) 위주로 다룬다.

인물의 처지나 마음을 짐작하는 글 읽기에서는 글을 읽고 내용을 확인하기, 자신과 비슷한 경험을 떠올리기, 글쓴이의 마음이나 처지를 파악하기를 순차적으로 평가하여 학습자의 읽기 능력을 정확하게 점검하도록 한다.

– 초등학교 1~2학년 국어 자료의 예 –

3~4학년군
- 우리말 자음과 모음의 다양한 짜임을 보여 주는 낱말
- 친숙하고 쉬운 낱말과 문장, 짧은 글
- 마침표, 물음표, 느낌표 등이 포함된 글
- 가까운 사람들과 주고받는 간단한 인사말
- 주변 사람이나 흔히 접하는 사물에 관해 소개하는 말이나 글
- 재미있거나 인상 깊은 일을 쓴 일기, 생활문
- 자신의 감정을 표현하는 간단한 대화, 짧은 글, 시
- 재미있는 생각이나 표현이 담긴 시나 노래
- 사건의 순서가 드러나는 간단한 이야기
- 인물의 모습과 처지, 마음이 잘 드러나는 이야기, 글
- 상상력이 돋보이는 그림책, 이야기, 만화나 애니메이션
- 중심 내용이 잘 드러나는 문단이나 짧은 글
- 설명하는 대상의 특징이 나타나는 글
- 글쓴이의 중심 생각이 분명하게 드러난 글
- 글쓴이의 의견과 이유가 드러나는 글
- 글쓴이와 인물의 마음이 잘 드러난 생활문, 편지
- 글쓴이의 생각과 느낌이 잘 나타난 여러 가지 글, 감상문, 기행문
- 문자, 사진, 동영상, 그림 등이 통합된 글

[3~4학년군]

초등학교 3~4학년 읽기 영역 성취기준은 다양한 글의 내용을 파악하고 글에 담긴 의미를 추론하는 등 읽기의 기초적 기능을 이해하고 활용하는 데 중점을 두어 설정하였다. 글에 대한 경험과 느낌을 다른 사람과 나누는 활동을 통해 적극적으로 의미를 구성하는 독자를 기르는 데 주안점을 둔다.

[4국02-01] 문단과 글의 중심 생각을 파악한다.
[4국02-02] 글의 유형을 고려하여 대강의 내용을 간추린다.
[4국02-03] 글에서 낱말의 의미나 생략된 내용을 짐작한다.
[4국02-04] 글을 읽고 사실과 의견을 구별한다.
[4국02-05] 읽기 경험과 느낌을 다른 사람과 나누는 태도를 지닌다.

(가) 학습 요소

중심 생각 파악하기, 대강의 내용 간추리기, 짐작하기(낱말의 의미, 생략된 내용), 사실과 의견 구별하기, 읽기 경험을 나누는 태도 갖기

(나) 성취기준 해설

[4국02-03] 이 성취기준은 중요한 낱말의 의미나 글에서 생략된 내용을 문맥을 통해 짐작하여 추측하며 읽는 능력을 기르기 위해 설정하였다. 글의 전체적인 흐름이나 글에서 빠진 세부 내용을 추측하거나, 이어질 내용을 예측하거나, 인물의 마음이나 상황을 상상하거나, 사건의 전후를 추론하거나, 낱말의 의미 등을 짐작하면서 내용을 이해하도록 지도한다. 이때 문맥이나 읽는 이의 배경지식을 이용하여 짐작할 수 있도록 지도한다.

[4국02-04] 이 성취기준은 사실과 의견을 구별하고 이를 바탕으로 하여 글의 내용을 평가하며 읽는 능력을 기르기 위해 설정하였다. 사실과 의견 구별하기를 지도할 때에는 '~라고 생각한다.', '~해야 한다.'와 같이 문장 표현을 중심으로 사실과 의견을 구분하는 데서 더 나아가, 실제 있었던 일이나 이미 알려진 지식 등을 토대로 사실과 의견을 구별하여 판단할 수 있도록 지도한다.

(다) 교수 - 학습 방법 및 유의 사항

글의 중심 생각 파악하기를 지도할 때에는 중심 낱말을 찾고 그것을 바탕으로 하여 문단에서 중심 문장과 뒷받침 문장을 파악한 후 이를 토대로 한 편의 글에서 중심 내용을 간추려 글쓴이가 글에서 드러내고자 하는 중심 생각을 파악하도록 한다. 문단의 중심 생각이 명시적으로 드러나지 않는 글은 학습자가 재구성하여 표현하도록 지도한다. 중심 문장을 찾을 때 두괄식, 미괄식 등 문단 구성의 유형을 먼저 가르치지 않도록 유의한다.

글의 유형을 고려하여 대강의 내용을 간추릴 때에는 글의 목적에 따라 대강의 내용을 간추리는 방법이 다름을 파악하도록 한다. 예를 들어, 정보 전달을 목적으로 하는 글일 때에는 다루고 있는 중심 화제(소재)가 무엇인지를 파악하여 이를 설명하는 중심 문장을 선별하는 것이 중요하고, 설득을 목적으로 하는 글일 때에는 주장과 그것을 지지하는 근거가 무엇인지를 선별하는 것이 중요하다. 이와 같이 글의 유형을 고려하여 글 내용을 간추리도록 한다.

읽기 경험과 느낌을 다른 사람과 나눌 때에는 동일한 글에 대한 경험과 반응을 공유할 수도 있고, 생각의 차이를 발견하고 이를 이해하는 과정을 다룰 수도 있다. 서로 얼굴을 맞대고 읽기 경험을 나눌 수도 있지만, 인터넷 매체를 활용하여 의견을 나눌 수도 있다. 또한 자신의 마음을 표현하는 글 쓰기, 문학 작품을 듣거나 읽거나 보고 떠오른 느낌과 생각을 다양한 방법으로 표현하기, 재미나 감동을 느끼며 작품을 즐겨 감상하는 태도 지니기 등 쓰기나 문학 영역과 연계하여 지도할 수 있다.

(라) 평가 방법 및 유의 사항

대강의 내용 간추리기를 평가할 때에는 글에 나타난 문장을 그대로 옮겨 쓰기보다 자신의 말로 바꾸어 쓰도록 한다.

중심 생각 파악하기, 짐작하기와 사실과 의견 구분하기를 평가할 때에는 특정한 단원, 특정한 차시의 학습 활동만을 관찰하여 평가하기보다는 여러 단원에 걸쳐 학습 태도를 살펴보고 누적된 결과를 바탕으로 하여 평가하도록 한다.

읽기 경험과 느낌을 다른 사람과 나누는 태도를 평가할 때에는 교과 수업에서뿐 아니라 평소에도 읽기 경험을 공유하는지 관찰하여 형식적이고 일회적인 평가가 되지 않도록 유의한다.

– 초등학교 3~4학년 국어 자료의 예 –

3~4학년군
- 높임법이 나타난 일상생활의 대화 - 일상생활에서 가족, 친구들과 안부를 나누는 대화, 전화 통화, 문자, 사회 관계망 서비스의 글 - 친구나 가족과 고마움이나 그리움 등의 감정을 나누는 대화, 편지 - 학급이나 학교생활과 관련된 안건을 다루는 회의 - 중심 생각이 잘 드러나는 문단이나 짧은 글 - 가정이나 학교에서 일어난 일에 대해 자신의 의견을 쓴 글 - 본받을 만한 인물의 이야기를 쓴 전기문, 이야기나 극 - 한글의 우수성을 알게 해 주는 다양한 글이나 매체 자료 - 일상의 경험이나 고민, 문제를 다룬 시, 이야기, 글 - 운율, 감각적 요소가 돋보이는 시나 노래 - 사건의 전개 과정이나 인과 관계가 잘 드러나는 이야기, 글 - 감동이 있거나 재미가 있는 만화나 애니메이션

[5~6학년군]

초등학교 5~6학년 읽기 영역 성취기준은 읽기의 목적과 읽기 습관을 점검하며 읽는 능동적인 독자를 기르는 데 중점을 두어 설정하였다. 읽기 목적에 따라 알맞은 방법을 선택하고 지식과 경험 등을 활용하여 능동적으로 의미를 구성하며 글을 비판적으로 이해하는 능력을 기르는 데 주안점을 둔다.

[6국02-01] 읽기는 배경지식을 활용하여 의미를 구성하는 과정임을 이해하고 글을 읽는다.
[6국02-02] 글의 구조를 고려하여 글 전체의 내용을 요약한다.
[6국02-03] 글을 읽고 글쓴이가 말하고자 하는 주장이나 주제를 파악한다.
[6국02-04] 글을 읽고 내용의 타당성과 표현의 적절성을 판단한다.
[6국02-05] 매체에 따른 다양한 읽기 방법을 이해하고 적절하게 적용하며 읽는다.
[6국02-06] 자신의 읽기 습관을 점검하며 스스로 글을 찾아 읽는 태도를 지닌다.

(가) 학습 요소

의미 구성 과정으로서의 읽기, 요약하기(글의 구조), 주장과 주제 파악하기, 내용의 타당성 평가하기, 표현의 적절성 평가하기, 다양한 읽기 방법 적용하기(매체), 읽기 습관 점검하기,

스스로 글을 찾아 읽기

(나) 성취기준 해설

[6국02-02] 이 성취기준은 읽은 내용을 글의 구조를 고려하여 자신의 언어로 요약하는 능력을 기르기 위해 설정하였다. 요약하기는 단순히 글의 분량을 줄이는 것이 아니라, 주요 내용을 뽑아 이를 중심으로 간추려 정리하는 것이다. 이때 '머리말-본문-맺음말', '서론-본론-결론', '발단-전개-위기-절정-결말' 등 글의 형식상 구조를 고려하여 요약하는 것이 적절하다. 이 성취기준에서는 한 편의 글을 요약하는 것은 물론, 다양한 매체에서 타교과 학습과 관련된 글을 찾아 읽고 이를 요약하는 활동을 함으로써 다른 교과의 읽기 활동도 자연스럽게 다루도록 한다.

[6국02-05] 이 성취기준은 매체의 유형을 고려하여 적절한 읽기 방법을 선택하고 효과적으로 읽는 능력을 기르기 위해 설정하였다. 예컨대, 애니메이션이나 영화와 같은 매체 자료는 인물의 표정이나 몸짓, 목소리의 변화, 음악 등이 내용을 파악하는 데 중요한 요소가 되며, 인터넷에 실린 기사문을 읽을 때에는 글을 읽는 것은 물론 사진, 동영상 등도 함께 이해해야 하는 경우가 많고, 경우에 따라서는 댓글도 내용을 파악하는 데 중요한 요소가 된다. 이 성취기준에서는 문자뿐 아니라 그림, 표, 그래프, 사진, 동영상 등의 매체가 내용을 전달하는 데 중요한 역할을 한다는 것을 알고, 이러한 매체의 유형에 따라 내용을 어떻게 파악하는 것이 효과적인지를 생각하여, 그에 맞는 적절한 읽기 방법을 찾아 적용하며 읽도록 하는 데 중점을 둔다.

(다) 교수 - 학습 방법 및 유의 사항

읽기가 글의 내용을 바탕으로 하여 배경지식을 활용하여 의미를 구성하는 과정임을 지도할 때에는 글을 읽으면서 떠올린 생각이 의미 구성에 어떠한 영향을 주는지를 살펴보고 이를 바탕으로 하여 읽기의 의미 구성 과정을 이해하도록 한다.

요약하기를 지도할 때에는 요약하기 방법을 이해하도록 하고, 글에서 중심 문장을 그대로 옮기기보다는 자신의 말로 재구성하도록 지도한다.

내용의 타당성과 표현의 적절성을 판단하는 방법을 지도할 때에는 글에 나타난 주장이나 내용이 편견에 치우치지 않고 타당한지, 글쓴이가 자신의 생각을 드러내기 위해 사용한 표현이 적절한지를 평가하도록 지도한다.

학습자가 글에 대한 질문을 만들고, 함께 답을 찾아가는 대화로 수업이 진행될 수 있도록 한다.

(라) 평가 방법 및 유의 사항

읽기가 글의 내용을 바탕으로 배경지식을 활용하여 의미를 구성하는 과정임을 아는지를 평가할 때에는 지필 평가보다는 읽기를 수행하는 과정을 중심으로 평가한다.

읽기 습관 점검하기를 평가할 때에는 독서 시간을 충분히 확보하는지, 좋아하는 분야나 갈래 위주로 편협한 독서를 하지는 않는지 등을 점검한다. 또한, 자신의 독서 습관을 살펴보고 읽을거리의 분량, 난이도, 시간 등을 고려하여 독서 계획을 세워 실천하는지도 확인한다. 읽을거리를 스스로 찾아 읽으며 한 권의 책을 완독하는 습관을 가지고 있는지도 평가할 수 있다. 독서 계획을 세울 때에는 자율적으로 정하도록 하되, 매일 일정한 시간 동안 읽어야 한다는 생각에 얽매이지 않도록 한다.

― 초등학교 5~6학년 국어 자료의 예 ―

5~6학년군
- 일상생활이나 학교생활에서 발생한 문제를 논제로 한 토의, 토론
- 조사한 내용에 대해 여러 가지 매체를 활용한 발표
- 주변 사람들과 생활 경험을 나누는 대화, 생활문
- 인문, 사회, 과학, 예술, 체육 등과 관련한 교과 내용이 담긴 설명문
- 일상생활이나 학교생활에 대해 글쓴이의 주장과 근거가 잘 나타난 논설문
- 일상생활이나 학교생활에서의 의미 있는 체험이 잘 드러난 감상문, 수필
- 개인적인 관심사나 일상적 경험을 다룬 블로그, 영상물
- 설문 조사, 면담, 동영상 등을 활용하여 제작된 텔레비전 뉴스, 광고
- 다양한 관용 표현이 나타나 있는 글
- 다양한 가치와 문화를 경험할 수 있는 문학 작품
- 비유 표현이 드러나는 다양한 형식의 시나 노래, 글
- 현실이 사실적으로 반영되거나 환상적으로 구성된 이야기
- 또래 집단의 형성과 구성원 사이의 관계를 다룬 이야기나 극

3. 읽기 교수 – 학습 방안

1) 읽기 교수 – 학습의 방향

(1) 읽기 교수 – 학습의 동향

교육이 시작된 이래로 읽기(독서) 행위는 있었고 읽기를 강조하지 않는 시기는 없었다. 그래도 우리는 여전히 학생들의 읽기(독서)량이 부족하다거나 글을 제대로 읽어내지 못하는 학생들이 많다는 문제를 안고 있다. 또한 학창 시절에는 그래도 많은 책을 읽지만 성인이 된 후에는 거의 책을 읽지 않는 현상에 직면하게 되었다.

〈표 13〉 읽기 교육 패러다임의 전환

기존의 읽기 지도	새로운 읽기 지도
책 중심의 읽기	다양한 매체에서의 읽기
고립적 독서	학생과 학생, 교사와 학생, 학부모와 학생의 상호 작용이 활발한 독서
교사 중심의 주입식 지도	
양적 읽기	학생 중심의 자발적 독서 지도
시간에 쫓기는 조급한 읽기	질적 읽기
과다한 읽기 후 활동	여유있는 읽기
결과 위주	깊이있는 읽기 후 활동
집단적 지도	과정 중심
상을 받기 위한 독서 활동	개개인의 차이를 존중하는 개별적 지도
엄숙한 분위기 속의 독서	스스로 만족하고 즐기는 독서
속독을 강조하는 독서 지도	활발한 분위기 속의 독서
공부에 직접 도움이 되는 독서	정독 중심의 독서 지도
읽기 수업에 한정된 지도	폭넓은 교양을 위한 독서
일회적 행사 위주의 독서 지도	범교과적 읽기 지도
	내실있고 지속적인 독서 지도

이제 지금까지의 읽기 또는 독서 교육을 냉철히 되돌아보고 새로운 방향을 모색해 읽기 교육에 대한 패러다임을 바꾸어야 한다. 패러다임의 전환(paradigm shift)이 필요하다.

물론 이전의 독서 지도가 모두 잘못 되었다는 것은 아니다. 예를 들어 양적 독서에서 질적 독서로의 전환이 필요하다고 했지만, 최소한의 질적 독서가 담보된 상태라면 여전히 학생들은 최대한 많은 책을 읽어야 한다. 한편으로 많은 책을 읽다보면 그 중에서 독자에게 엄청난 즐거움이나 깨달음을 주는 책, 또는 경험을 갖기도 한다. 하지만 앞으로 많은 부분에서 독서 교육의 변화가 필요하다.

① 양적 읽기에서 질적 읽기로의 전환

매년 엄청난 양의 책이 출판되고 있다. 한국출판연감(2010)에 따르면, 최근 10년간 분야별 발행종수 추이를 보면 가장 크게 늘어난 분야는 아동(4,062종에서 7,884종), 문학(4,826종에서 8,718종), 사회과학(4,335종에서 6,483종), 총류(382종에서 805종) 순이다. 아동도서와 문학도서 종수가 늘어난 것은 시장이 커지면서 자연스러운 결과로 보이며, 사회과학도서 종수가 늘어난 것도(1990년대 후반처럼 확연한 성장세는 아니더라도) 2000년대에도 경제경영도서가 꾸준히 늘었기 때문으로 보인다. 미국의 한 조사에서 2005년에 한 해 동안 아동과 청소년을 위한 도서가 5500권이 출간되었다고 한다(Goudvis et. al., 2007).

학생들은 매년 엄청나게 발간되는 책을 모두 읽을 수는 없다. 많은 양의 책을 읽는 것도 중요하지만, 한 권의 책을 읽더라도 제대로 읽어야 한다. 제대로 읽는 과정에서 독서에 흥미를 느끼게 되고 독서가 가져다주는 혜택을 실감할 수 있다. 비유하면 우리가 여행을 할 때, 자동차를 타고 다니면서 볼 수 있는 풍경이 있고 자전거, 나아가 도보로 걸어 다니면서 볼 수 있는 것이 있다. 걸어 다니면서 볼 때, 오히려 많은 것을 볼 수도 있다.

근래에 읽기 지도를 하면서 지나치게 많은 양을 읽게 하는 데 주안점을 두는 것이 아닌가 한다. 많은 학생들은 글(책)을 읽을 때 건성으로 읽는 것으로 보인다. 몇 권의 책을 읽었느냐에 초점을 두기보다는 얼마나 그 글을 제대로 읽었느냐에 좀 더 관심을 가질 필요가 있다. 이른바 '대충 읽기'에서 '느리게 읽기', '꼼꼼히 읽기'로 전환해야 한다.

깊이있는 독서를 유도하는 방법 중의 하나는 상호텍스트 접근을 취하는 것이다. 이 방법은 특정 주제나 작가 등을 고려하여 관련 있는 작품을 모은 다음 이를 비교하면서 깊이있게 이해하게 하는 지도 방법이다. 여기에서 핵심은 작품들끼리 비교하는 활동이다. 이렇게 하면, 작품에 대한 이해나 감상력을 키울 수 있다.

② 쫓기는 독서에서 여유를 가진 몰입 독서

생산과 유지 활동에 투입하고 남은 시간이 자유 시간, 곧 여가 시간인데 사람들은 여기에 전체 시간의 4분의 1을 쏟는다. 사람은 아무 할 일이 없을 때, 비로소 자신의 잠재력을 깨달을 수 있다고 고대의 사상가들은 주장하였다. 그리스 철학자들에 따르면 학문, 예술, 정치 같은 자기 개발 활동에 시간을 투여할 수 있을 때만 우리는 진정한 인간이 된다. 실제로 학교를 뜻하는 영어 단어 'school'은 여가를 뜻하는 그리스어 'scholea'에서 나온 것이다. 여가를 가장 잘 활용하는 것이 곧 학문하는 길임을 알 수 있다(Cskiszentmihalyi M., 1997: 23).

우리는 때로 너무나 바쁘게 살아가고 있다. 하루에 책을 한 권, 심지어 몇 권을 읽어야 한다는 부담을 갖고 있다. 교사는 학생들이 한 달, 또는 1년에 몇 권 이상의 책을 읽어야 한다고 생각한다. 마치 공장에서 생산 목표량을 정해두고 하루하루 박차를 가하듯이, 목표를 달성하는 데 초점을 둔다. 이런 상황에서는 그 일 자체에 대한 흥미를 가지기 어렵다.

공장의 물건을 생산할 때에는 이런 방식이 유용할지 모르지만, 독서 지도의 경우에는 그렇지 않을 수 있다. 1년에 100권의 책을 읽을 수는 있는데, 문제는 각각의 책을 어떻게 읽었느냐 하는 것이다. 그 책을 읽으면서 무엇을, 얼마나 얻었는가 하는 점이다. 그 많은 책을 읽으면서 과연 책 읽기의 즐거움을 느꼈는지, 또 다시 책을 읽고 싶은 마음이 들었는지가 중요하다.

책을 읽고 싶은 마음을 갖게 하는 방법 중에 하나는 몰입(flow, immersion) 경험을 제공하는 것이다. 몰입 경험은 어디에 '빠져본 경험'을 말한다. 몰입 경험은 스포츠 세계나 예술 활동에서 종종 느껴볼 수 있다. 몰입은 삶이 고조되는 순간에 물 흐르듯 행동이 자연스럽게 이루어지는 느낌을 표현하는 말이다. 그것은 운동 선수가 말하는 '몰아 일체의 상태' 신비주의자가 말하는 '무아경', 화가나 음악가가 말하는 미적 황홀경과 같다. 운동 선수, 신비주의자, 예술가는 각각 다른 활동을 하면서 몰입 상태에 도달하지만, 그들이 그 순간의 경험을 묘사하는 방식은 놀라우리만큼 비슷하다(Cskiszentmihalyi M, 1997). 경우에 따라서는 한두 번의 몰입 경험만으로도 평생 그것을 하도록 만든다. 학생들에게 독서에 대한 진정한 몰입 경험을 가질 수 있도록 해 주어야 한다.

몰입은 흔히 황홀경, 삼매경으로 일컬어진다. 몰입은 빠져가는 과정이라기보다는 빠져 있는 상태를 말한다. 이 상태에서는 시간과 공간의 개념이 희박하다. 우리가 아주 좋아하는 것을 했을 때 시간 가는 줄 모르는데 이것은 몰입 상태에 있었기 때문이다.

사실 '빠지다'라는 말이 주는 어감이 좋지 않다. '좋지 않는 곳에 빠지다'는 의미로 많이 사용되었다. 이런 점에서 미국의 경우에도 이 용어가 처음 등장했던 1960년대에서 반문화적, 반체제적인 성향을 지칭하는 말로 사용되었다.

몰입은 최상의 경험이다. 그 어떤 외적인 보상을 바라서가 아니라 그 상태 자체를 즐기는 것을 말한다. 동기를 흔히 내적 동기와 외적 동기로 나눌 때, 내적 동기가 충만한 상태이다. '일'과 '놀이'를 생각해 볼 때, 놀이에는 몰입이 잘 일어나는데, 왜 일에는 몰입이 잘 일어나지 않는가? 일을 놀이처럼 하는 방법은 없을까? 독서를 공부로 생각하면 몰입이 잘 되지 않는다. 독서하는 그 자체를 즐겨야 한다. 마치 놀이하는 것처럼 말이다.

Csikszentmihalyi(1990)은 몰입의 특성으로 9가지를 들고 있다. (1) 당면한 과제의 난이도와 지각된 능력 수준이 균형을 이루며, (2) 수행과 지각이 분리되지 않고 합일되는 상태가 되며, (3) 분명한 목표가 있으며, (4) 명확한 피드백이 있으며, (5) 당면한 과제에 집중하며, (6) 자신이나 환경에 대한 통제가 가능하다고 느끼며, (7) 자신을 의식하지 않게 되며, (8) 시간의 흐름이 평소와 다르다고 느끼며, (9) 그러한 경험을 즐기게 되는 것을 들고 있다.

Cskiszentmihalyi(1990)은 다음과 같이 몰입에 영향을 끼치는 요소들의 관계를 설명하고 있다. 몰입은 두 변수가 모두 높을 때 발생할 가성성이 높다. 즉, 자신감, 느긋함 등이 몰입을 유발하는 중요한 요소라는 점이다. 자신이 성공적으로 과제를 해결할 수 있다는 믿음을 가지고 있을 때, 그리고 느긋하게 여유를 가질 수 있을 때 몰입을 할 수 있다는 점이다.

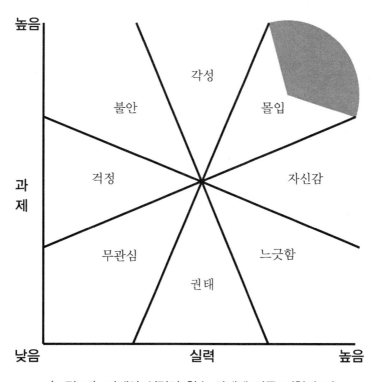

〈그림 12〉 과제와 실력의 함수 관계에 따른 경험의 질

이를 읽기 지도에 대입해 볼 수 있다. 독서를 하게 할 때 그 과제를 해결할 수 있다는 자신감을 부여해야 한다. 그 과제가 너무 어려우면 자신감이 떨어질 수밖에 없다. 글의 내용이

너무 어렵거나 어떤 글을 읽게 하면서 지나치게 어려운 과제를 부여하는 경우가 여기에 해당된다. 그리고 여유롭게 독서를 할 수 있는 시간, 공간을 부여해야 한다. 때로는 권태감을 느낄 수 있을 정도로 여유를 주어야 한다. 너무 조급하게 다그쳐서는 몰입 경험을 가지기 어렵다. 물론 몰입할 수 있는 물리적 환경 역시 중요하며, 학생들이 편안한 마음 상태에서 글을 읽을 수 있는 심리적 분위기를 만들어주는 것 역시 몰입 경험을 가지게 하는 데 도움이 된다.

③ 개별보다는 통합을 강조하는 읽기 지도

읽기를 지도한다고 해서 읽기만을 지도하려고 하면 자연스럽지도 않을 뿐더러 그 효과도 높지 않다. 다른 활동, 즉 토론이나 쓰기 등과 연계했을 때 더 자연스럽고 효과적이라는 점이다. 글을 읽고 그 내용에 대해 토론을 하고 그것과 관련된 문제에 대해 글을 써보는 과정에서 깊이 있는 읽기가 가능해 지고 그 과정에서 읽기에 대한 흥미를 가질 수 있다.

언어 기능들(듣기, 말하기, 읽기, 쓰기)을 통합적으로 지도할 때 언어 교육의 자연성(natural), 전체성(whole), 의미성(meaningful), 실제성(authentic), 활동성(activity), 효과성(efficient) 등을 좀 더 단단하게 보장해 줄 수 있다. 이들은 총체적 언어교육에서 강조하는 핵심적인 요소이다. 1980년대 이후 총체적 언어교육 운동(whole language movement)이 세계적으로 풍미했는데, 총체적 언어교육의 관점에 입각하여 언어 교육을 할 때, 자연스러운 언어 교육이 가능하고 그 효과가 크다.

읽기와 쓰기간의 관계만 살펴보면, 이들은 공통적인 것 또는 관련되는 것을 많이 공유하고 있다. 일반적으로 읽기와 쓰기는 비슷한 사고 작용을 필요로 한다는 점, 스키마(내용과 형식 스키마)를 공유한다는 점, 비슷한 언어 처리 과정을 거친다는 점, 비슷한 기능이나 전략을 요구한다는 점, 언어 지식과 구조가 연관된다는 점, 공통된 어휘 기반을 가진다는 점 등에서 공통성 또는 관련성이 높은 것으로 받아들여지고 있다.

그러므로 통합 지도를 하면 학습의 효과를 높일 수 있다는 점, 공통적인 요소를 줄임으로써 경제적이라는 점, 실제의 언어 사용 상황을 좀 더 적극적으로 반영할 수 있다는 점 등에서 읽기와 쓰기는 통합적으로 지도하는 것이 필요하다.

④ 결과 중심에서 과정 중심의 읽기지도

읽기 지도 방식을 크게 나누면, 결과 중심 접근과 과정 중심 접근으로 나눌 수 있다. 결과 중심 접근은 한 편의 글이나 한 권의 글(책)을 읽고 난 다음에 독자가 무엇을 얻게 되었는가에 초점을 둔다. 대체로 글을 읽은 후에 얼마나 많은 것을 얻게 되었는지, 그리고 그것은 정확한 것인지에 초점을 둔다. 과정 중심 접근은 그것을 얻기까지의 과정을 강조한다. 즉, 글을 읽는 일련의 과정에 교사가 '개입하여' 학생들에게 글을 읽는 방법을 가르쳐 주고, 책에 있는 내용을 자기 나름대로 분석, 종합하는 과정을 강조하게 된다. 독서 지도를 위한 두 가지 접근 방식 중에서, 최근에는 과정 중심의 접근이 강조되고 있다. 물론 현행 교육과정이나 교과서에도 이러한 개념이 상당히 많이 반영되어 있다.

대체로 읽기 교육에서 과정 중심 접근이 강조된 시기는 1970년대 이후라고 할 수 있다. 1970년대에 들어서면서 인지심리학(예를 들어 스키마 이론)이 발달하면서, 글을 읽는 동안에 독자의 머릿속에서 이루어지는 행위에 관심을 갖게 되었고 이 과정을 상당 부분 밝히게 되었다. 이렇게 읽기 과정에서 이루어지는 인지적 행위에 관심을 가지게 되면서부터, 학교 현장에서도 읽기의 '과정'에 관심을 가져 이른바 과정 중심의 읽기 지도가 강조되었다.

과정 중심의 읽기 지도가 필요한 이유는 몇 가지 점에서 생각해 볼 수 있다. 첫째, 읽기의 본질에 좀 더 근접해 있는 방식이라 말할 수 있다. 글을 읽는다는 것은 본질적으로 의미를 구성하는 '과정'이지, 의미를 구성한 후에 얻게 된 '결과'를 뜻하는 것이 아니라는 점이다. 책은 읽은 후에 얻게 된 정보나 지식 자체보다는 책을 읽어 나가면서 자기 나름대로 분석, 비판, 종합하는 행위가 중요하다. 읽기의 과정을 강조함으로써 이들 행위를 촉진할 수 있다. 둘째, 글을 읽는 데 필요한 지식이나 기능, 전략 등을 좀더 효율적으로 가르쳐 줄 수 있다. 예를 들어 글을 읽기 전에는 배경 지식을 활성화하고 예측하는 활동이 필요한데, 결과 중심 접근에서는 이러한 행위가 간과되거나 가르쳐주려고 해도 충분히 가르쳐주기 어렵다. 과정 중심 접근에서는 읽기 전, 읽기 중, 읽기 후에 능숙한 독자가 해야 하는 일련의 사고 활동에 관심을 갖고 실제로 각 과정에서 필요로 하는 것을 주요한 교육 대상으로 삼는다. 셋째, 교사 입장에서 학생들이 필요로 하는 것은 구체적으로 아이들을 도와줄 수 있다는 점이다. 결과만 강조하게 되면, 교사가 개입할 수 있는 여지가 그렇게 많지 않다. 기껏해야 글을 다 읽은 후에, 무엇을 얻었는지, 그것은 정확한 것인지를 따지는 평가자의 입장에 설 경우가 많다. 그러나 과정을 강조하게 되면, 글을 읽는 일련의 과정에 교사가 역동적으로 개입하여 학생들 각자가 필요로 하는 것을 도와줄 수 있는 여지가 많다. 이 말은 곧, 과정 중심 접근을 강조할 때, 각 학생들이 가지고 있는 장, 단점을 좀 더 쉽게 파악할 수 있다는 이야기이다. 넷째, 일련의 읽기 행위에 집중해서 좀 더 깊이 읽게 할 수 있다. 책을 읽는 동안에 끊임없이 자신의 생각과 견주어 보기도 하고 비판해 보는 과정을 통해 글의 내용을 좀 더 깊이 있게 이해할 수 있게 된다.

읽기 교수-학습 장면에서 일련의 읽기 과정을 강조하고 있음은 여러 군데에서 찾을 수 있다. 일단 교육과정의 내용 체계가 기본적으로 읽기의 과정을 중심으로 설정되어 있고 실제 교육과정의 성취기준을 보면 읽기 과정을 토대로 선정된 것이 많이 있다. 교과서를 보면, 현행 초등학교 교과서나 중학교 교과서를 보면, 우선 단원(차시)의 목표로 일련의 읽기 과정에서 필요한 전략이나 기능을 포함하고 있다는 점이다. 예를 들어 배경 지식 활성화나 예측하기 등이 단원(차시)의 학습 목표로 반영되어 있다. 그리고 교과서의 제재가 실리기 전에 그 제재와 관련된 배경 지식을 활성화하거나 예측해 보는 활동을 하도록 한 곳이 꽤 있다. 또한 교과서 본문 양쪽에 작은 글씨로 일련의 읽기 과정에서 해야 하는 사고 활동을 제시한 것이 많다. 이것을 자세히 살펴보면 글의 앞머리에는 '제목으로 보아 글 내용 예측하기, 글을 읽는 목적 생각하기, 글쓴이의 의도 파악하기' 등이 있고 글의 중간 부분에는 '관련된 경험이나 지식을 떠올리기, 앞뒤 내용을 연결지으며 읽기, 제대로 읽고 있는지 생각하며 읽기' 등이 제시되어 있으며, 글의 끝 부분에는 줄거리 생각해 보기, 새롭게 알게 된 내용 정리하기, 어떤 데 활용할 수 있는지 생각해 보기' 등이 제시되어 있다.

(2) 읽기 교수 – 학습의 원리

① 구체적인 방법을 가르쳐주는 읽기 지도

자동차 운전을 전혀 할 줄 모르는 사람에게 운전을 가르치는 경우를 생각해 보자. 자동차를 갖다 놓고 자동차의 구조에 대해 한참 설명한 다음에 자동차 운전의 중요성, 자동차 운전 요령, 연습의 중요성 등을 한참 설명해 주고는 곧바로 운전을 해 보게 했다고 하자. 그리고 내일 또 다시 그 곳에 나와 운전의 중요성과 연습의 중요성을 장황하게 설명해 준 다음에 또 스스로 운전 연습을 해 보게 한다고 하자. 이런 식으로 가르쳤을 때 그 사람이 운전을 잘 할 가능성은 매우 낮을 것이다. 언젠가는 배우겠지만 사고가 많이 날 수 있고 시간도 많이 걸릴 것이며, 잘못된 운전 습관이나 기능(skills)을 가질 수도 있다. 운전을 잘 하는 것을 가르쳐주기 위해서는 운전을 하는 방법을 구체적으로 안내해 주고, 연습해 보게 하고 문제가 있으면 조언을 해준 다음에 다시 연습해 보게 해야 할 것이다. 그냥 스스로 많이 해 보게 하는 것이 중요한 것이 아니라 방법을 가르쳐 줌으로써 배우는 사람이 원리를 깨닫고 실제로 연습을 통해 익힐 수 있도록 하는 것이 중요하다.

읽기 수업 시간에 "이번 시간에는 문단의 중심 내용을 찾는 시간이다. 문단의 중심 내용을 중요한 것이니까 열심히 읽고 잘 찾아야 한다."와 같은 말을 되풀이하고는 곧바로 문단의 중심 내용을 찾아보게 한다. 주제 찾기도 마찬가지이다. 이런 식으로 가르쳐서는 학생들의 읽기 능력을 증진하기 어렵다.

흔히 국어 과목은 열심히 공부해도 성적이 오르지 않고 안 해도 내려가지 않는다는 말을 한다. 이것이 사실이라면 이렇게 된 데에는 여러 가지 원인이 있겠지만 그 중의 하나는 구체적인 방법을 가르쳐주지 않았기 때문이다.

5차 교육과정기부터 강조되어 왔던 것이지만 국어과에서 대표적인 교수법으로 직접 교수법을 제시하고 있는 것도 이것을 통해 방법을 가르쳐주는 것을 강조하기 위함이다. 직접 교수법은 분명 여러 가지 문제를 가지고 있지만, 학생들에게 구체적인 문제 해결 방법을 가르쳐 주는 데 도움을 줄 수 있다고 보기 때문이다.

구체적인 방법을 가르쳐 주기 위해서는 교사가 제대로 알고 있어야 한다. 읽기 수업에서 학생들에게 방법을 알려주기 위해서는 교사가 많이 알고 있어야 한다. 예를 들어 '등장인물의 성격 파악하기'가 목표라고 할 때, 등장인물의 개념, 성격의 개념, 등장인물 성격 파악하기의 중요성 및 이유, 등장인물의 성격을 파악하는 방법을 알고 있어야 하고, 각각에 대해 학생들을 제대로 지도할 수 있는 방법을 알고 있어야 한다. 중심 내용 파악하기, 주제 파악하기, 낱말의 뜻 파악하기를 지도할 때에도 마찬가지이다.

학생들에게 구체적인 방법을 가르쳐줄 때에는 이른바 인지적 도제 이론(cognitive aprenticeship theory)에서 강조하는 책임 이양의 원리를 적용하는 것이 필요하다. 처음에는 교사가 시범이나 예시 등을 통해 적극적으로 학생들을 안내해 주고 점차적으로 학생이 자기 주도적으로 문제를 해결하도록 해야 한다는 것이다(천경록 외, 2004).

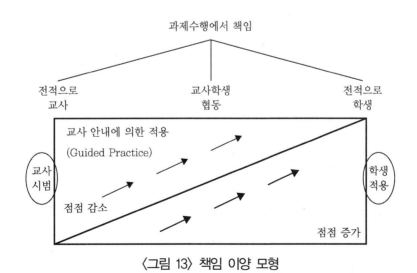

〈그림 13〉 책임 이양 모형

물론 구체적인 방법 제공은 교사의 직접적인 설명으로만 일어나는 것은 아니다. 직접 교수법과 같이 연역적인 방법으로 학생들에게 방법을 제공할 수도 있지만, 문제 해결 학습과 같이 귀납적인 방법으로 터득하게 할 수도 있다. 그리고 교사만이 아니라 동료 간의 도움을 통해 방법을 터득하게 할 수도 있다. 탐구 학습의 방법을 사용하든 동료의 도움을 활용하든 중요한 점은, 이것을 통해 학생이 문제를 해결하는 방법을 터득할 수 있어야 한다는 점이다. 단순히 그런 방법을 동원했다고 해서 문제 해결 방법을 터득하는 것은 아니다.

일찍이 비고츠키(Vygotsky)는 근접 발달 영역의 개념(zone of proximal development)을 제안하고, 언어와 사고의 발달에서 동료의 역할을 강조한 바 있다. 그는 개인을 둘러싸고 있는 영역을 크게 실제 발달 영역, 잠재적 발달 영역, 현재로는 도달하기 어려운 영역으로 나누고 있다. 그런데 실제 발달 영역을 둘러싸고 있는 영역, 좀더 정확하게 말하면 실제 발달 영역과 잠재적 발달 영역 사이에 약간의 틈이 있는데 이것이 근접 발달 영역이다. 교육의 대상은 주로 근접 발달 영역에 있는 것이 된다. Vygotsky는 학습이나 사고 발달은 개인에서 사회로가 아니라 사회에서 개인으로 발달해 간다는 관점을 제시한 바 있다. 그만큼 학습이나 사고 발달에서 사회적 상호 작용을 강조하고 있다.

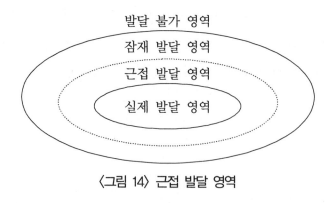

발달 불가 영역

잠재 발달 영역

근접 발달 영역

실제 발달 영역

〈그림 14〉 근접 발달 영역

학생들은 부모나 교사 그리고 동료(특히 유능한 동료)와의 상호 작용 또는 도움을 받으면서 근접 발달 영역에 있는 것을 배우게 되는데, 점차적으로 근접 발달 영역이 이제는 실제 발달 영역이 되고 실제 발달 영역을 둘러싸고 있는 부분이 다시 근접 발달 영역이 된다. 근접 발달 영역이 실제 발달 영역이 되는 데에는 어른이나 동료의 도움이 필요하다. 이때 어른이나 동료는 그 학생이 발달해 가는 데 하나의 발판, 또는 비계(scaffolding)의 역할을 하게 된다. 교사뿐만 아니라 동료의 적극적인 도움을 통해 학생들에게 읽기 방법을 제공해 줄 수 있다.

② 내용 자체보다는 방법을 강조하는 수업

읽기 수업 시간에서는 내용 자체보다는 방법을 강조해야 한다. 예를 들어 이순신 장군에 관한 글이 있을 때, 그 글 자체 다시 말해 이순신 장군이 언제 태어났고, 무슨 일을 했으며, 결국 어떻게 되었느냐 하는 것보다는 이순신 장군에 관한 글을 읽고 글을 읽는 '방법'을 터득하게 하는 데 초점을 둔다. 즉, 그 글을 통해 전기문에 재미를 느끼며 전기문의 특성을 알게 하고, 전기문을 잘 읽는 방법을 터득하게 하는 데 초점을 둔다. 물론 이순신 장군에 대한 내용을 아는 것이 전혀 가치 없는 것은 아니지만, 국어과 읽기 시간에는 그 내용 자체보다는 글을 읽는 방법을 터득하도록 할 필요가 있다. 그래서 이 학생들이 이순신 장군에 관한 책만이 아니라 강감찬 장군에 대한 책이나 을지문덕 장군에 관한 책도 즐겨 읽고, 풍부하게 이해할 수 있도록 하는 데 목적을 둔다. 강조하지만, 읽기 지도를 잘 했다는 증거로 나타나야 하는 모습이 이순신 장군에 대해 많이 아는 것이 아니라, 이순신 장군과 같은 유형의 글(책)을 즐겨 읽고, 좀더 깊이 있게 이해할 수 있는 상태에 이르게 하는 것이다.

또 다른 예로 학습의 목표가 '문단의 중심 내용 찾기'이고 제재로 김치가 실려져 있을 때, 김치의 소중함이나 김치에 담긴 우리의 문화 등을 가르치는 데 주안점을 두는 것은 문제가 있다. 이 경우, 평가를 할 때 김치에 대한 지식을 물어야 할 것이다. 김치라는 자료를 통해 문단의 중심 내용을 찾는 방법을 가르쳐야 한다. 김소월의 진달래꽃을 가르칠 때도 마찬가지이다. 물론 학생들은 이 작품 자체를 충분히 감상할 필요가 있지만, 중요한 점은 이 작품 자체를 깊이 있게 감상하는 것이 아니라 이 작품을 통해 시에 재미를 느끼고 시를 감상하는 방법을 익혀 다른 시도 즐겨 읽고 깊이 있게 읽게 하는 것이다. 이 점을 간과해서는 안 된다.

③ 활동 중심의 읽기 지도

과거에는 읽기(독서) 지도라고 하면 읽은 후에 요약을 하게 하거나 주제를 찾아보게 하는 활동이 주류를 이루었다. 또한 이와 관련하여 독후감을 쓰게 하는 것이 대부분을 차지했다. 그러나 우리 나라의 경우 1990년대 초반부터 읽기 지도에서 '활동'을 강조하는 경향이 강해지게 되었다. 처음에는 유치원이나 초등학교를 대상으로 활동 중심의 읽기를 강조하는 경향이 강했지만 이제는 중고등학교에서도 읽기 토론이나 읽기 신문 만들기, 등장인물에게 편지쓰기 등의 활동을 강조하고 있다.

활동 중심의 읽기 지도는 여러 가지 점에서 의미가 있다. 무엇보다 학생들이 독서에 대한 부담을 덜 갖고 독서에 흥미를 가지게 될 가능성이 높고, 학생이 주도적으로 학습에 참여할 가능성이 높다. 또한 잘만 운영하면 좀더 깊이 있는 독서가 가능하며, 다른 언어 기능의 발달을 촉진할 수 있다.

<표 14> 독서 후에 할 만한 활동

종류 중심 활동	활동의 종류	
말하기 중심 활동	퀴즈나 게임하기 인터뷰 형태로 바꾸기 책 광고 만들기/추천하기 읽기 동아리 운영 읽기 비평 동아리 운영(라디오 비평)	모의 재판하기 질문 만들고 대답하기 읽기 웅변 대회 저자와 대화하기
읽기 중심 활동	같은 작가의 글 읽기 같은 주제의 글 읽기	보충 자료 찾아 읽기 관련 기사 찾아 읽기
쓰기 중심 활동	독후 감상문 쓰기 결말 다르게 쓰기 개작하기(인물이나 장소, 배경 등을 바꾸어 보기) 속편 쓰기 다른 장르로 바꾸기 읽기 신문 만들기 인물이나 사건 지도 만들기	이야기 변화도 그리기 비평문 쓰기 읽기 카드 만들기 읽기 일기 쓰기 읽기 문집 만들기 읽기 게시판 활용 인물 관계도 그리기 주인공에게 대화, 편지하기 다양한 읽기 기록표 만들기
예술적 활동	역할 놀이나 드라마, 무언극으로 꾸며 보기 인형극이나 무언극하기 시낭송회 갖기 구연하기(교사 또는 학생) 개사하고 부르기 만들기(모빌, 콜라주, 조각)	작품 전시회 갖기 도서 전시회 도서 바자회 줄거리를 그림으로 표현하기 시화 만들기 인상 깊었던 내용을 그림이나 만화로 그려보기

이들 읽기 후 활동을 할 때에는 다음과 같은 점을 염두에 두어야 한다.

첫째, 적절한 활동을 선택하는 것이 중요하다. 학습 목표와 책의 종류나 내용, 교실의 상황 (시간, 자료, 공간 등) 등을 종합적으로 고려하여 이들 활동 중에서 한두 개를 선택해서 실시 한다. 예를 들어 설명문을 읽은 다음 가장 인상 깊은 장면 그리기 활동을 하는 것은 곤란하다.

둘째, 학생들의 흥미와 능력에 맞는지를 생각해야 한다. 흥미와 능력에 적합하지 않은 것을 하면 부작용이 많다. 자칫 학생들에게 더 많은 부담을 줄 수 있다.

셋째, 학생들이 어려워하는 것이라고 해서 무조건 회피하려고 하는 것은 바람직하지 않다. 예를 들어 일반적으로 퀴즈나 게임보다는 독후감 쓰는 것이 더 어려울 수 있다. 어렵다는 것은 그만큼 높은 수준의 사고가 요구된다는 것을 말해 주는 것으로 더 가치 있는 것이라고 할 수 있다.

넷째, 그 활동을 하는 목적에 부합하는지를 항상 생각해야 한다. 이들 활동을 하는 목적은 읽기에 대한 흥미를 북돋우고, 읽은 내용을 좀 더 되새겨 보고 좀 더 풍성하게 읽기 위한 것이다. 예를 들어 가장 인상 깊은 장면 그리기의 경우, 읽은 내용을 되새겨 보게 하고 가장 재미있는 부분을 떠올림으로써 감상하게 하며, 그림으로 나타내보는 과정에서 의미를 좀 더 깊이 있게 이해하는 데 목적이 있을 것이다. 그런데 학생들이 책에 있는 장면 중에서 아무거나 택해서 그리거나 자기가 생각나는 장면을 아무거나 그린다거나 하면 그 활동의 목적을 달성하기 어렵다. 자칫하면 활동만 요란하고 그 활동을 통해 배운 것이 없을 수 있다.

다섯째, 읽기에 대한 부담을 더 가지게 해서는 곤란하다. 자칫하면 이들 활동이 오히려 읽기에 대한 흥미를 떨어뜨릴 수 있다.

여섯째, 투자한 만큼의 효과가 있는지를 생각한다. 읽기 후 활동을 하는 데에는 시간과 노력이 많이 든다. 투자한 시간과 노력한 만큼의 효과가 있다고 생각되는 경우에 한해 실시한다.

④ 사고력을 키워주는 독서 지도

읽기를 통해 학생들의 사고력을 증진해 줄 수 있다. 단순히 글을 읽는 것만으로 사고력이 길러진다고 보는 것은 곤란하다. 그리고 글의 줄거리나 주제를 파악한다고 해서 사고력이 길러진다고 하는 것은 곤란하다. 글(책)의 내용과 관련하여 다양하면서도 높은 수준의 사고를 유발하는 질문이나 활동이 필요하다.

예를 들어 '선녀와 나무꾼'을 가지고 우리는 무엇을 어떻게 가르칠 것인가? 선녀와 나무꾼의 줄거리나 주제를 아는 것이 과연 얼마만큼의 의미가 있는 것인가? 이 작품 하나를 가지고 얼마든지 많은 사고 활동을 할 수 있다. 물론 이 작품은 문학 작품이기 때문에 정서를 함양하거나 즐거움을 갖게 하는 데 주안점을 둘 수도 있지만 사고력을 길러주기 위한 원천으로도 얼마든지 활용할 수 있다. 선녀와 나무꾼이라는 작품을 통해 우리는 기억력을 키울 수도 있고, 이야기를 추론하거나 재구성해 보거나 다른 작품과 연결해 보는 활동을 통해 논리적 사고력, 비판적 사고력, 창의적 사고력 등을 얼마든지 길러줄 수 있다.

* 나무꾼이 사슴을 구해 줌으로써 사냥꾼은 큰 손해를 봤는데 왜 우리는 사냥꾼의 손해에 대해서는 생각하지 않는가? 선녀는 단순히 옷이 없어졌다고 해서 왜 나무꾼을 따라가는가?
* 나무꾼과 선녀가 영원히 행복하게 살게 하면 좋을 텐데, 왜 아이를 '셋' 낳을 때까지 옷을 감췄다는 사실을 말하면 안 된다는 제약을 주었을까? 그리고 하필이면 왜 셋인가?
* 나무꾼이 선녀의 옷을 감추어서 아내로 맞이하는 것이 정당한 것인가?
* 선녀가 나무꾼을 떠나고 난 이후에 어떤 일이 일어날 수 있을까?

물론 이런 질문만 던진다고 해서 사고력이 길러지는 것은 아니다. 이 질문에 답하는 과정에서 깊이 있는 사고 활동이 이루어질 수 있도록 하는 것이 중요하다.

⑤ 자기 효능감을 가지고 즐기는 읽기

무엇보다 독서는 즐거운 것이어야 한다. 학생들은 독서에 대해 그렇게 인식하고 있어야 한다. 공부를 위한 독서, 숙제로 하는 독서, 시켜서 하는 독서를 통해서는 금방은 효과가 있는 것 같아도 얼마 가지 않는다. 초중등 학교 교육에서 독서 지도를 하는 이유는 학생들이 독서의 소중함과 필요성을 느끼고 독서를 생활화하면서 평생 독자(life long reader)를 길러내는 것이다. 학창 시절에 독서 하는 것으로 독서가 끝났다고 생각하는 것은 잘못이다.

한국출판연감(2010)에 따르면, 한국인들은 성인 기준으로 2009년에 10.9권의 책을 읽었고 책값으로 월평균 9,500원을 썼다고 한다. 책을 1권도 읽지 않은 사람은 성인 기준으로 28% 정도였다. 이 수치는 2010년에 더 높아져서, 35%에 이르렀다.

평생 독자를 양성하기 위해 여러 가지 선결 과제를 해결해야 한다. 무엇보다 학생들이 독서를 생활화하게 해야 한다. 그렇기 위해서는 좋은 책을 마련해 주는 것, 독서 환경을 풍부히 제공해 주는 것, 재미를 느낄 수 있는 활동을 부여하는 것 등이 모두 필요하다. 그 중에 하나는 독서에 대한 자기 효능감을 갖게 하는 것이다. 많은 학생들이 자기는 다른 친구들보다 독서 능력이 부족하다고 생각한다. 이런 상태에서는 독서에 흥미를 갖게 하기 어렵다. 학생들이 독서에 대한 자기 효능감을 갖도록 자신감을 가지고 독서를 할 수 있게 해야 한다. 앞의 몰입 경험에 영향을 끼치는 요소로 자신감을 들었는데, 효능감이 높으면 자신감 또한 높아진다.

자기 효능감(self-efficacy)은 어떤 수준에서 자신의 수행 능력에 관한 개인의 신념이나 판단을 표상하고 어떤 활동의 선택에 영향을 끼치는 요인 중 하나이다(Bandura, 1997). 즉, 자기 효능감은 수행해야 할 어떤 문제와 관련하여 자신의 능력에 대한 믿음이라 할 수 있다. 이를 읽기 상황에 대입해 보면 읽기 효능감은 읽기 수행과 관련하여 자신의 능력에 대한 개인적인 지각(perceptions)을 일컫는다(Pajares & Johnson, 1994). 다시 말해 읽기 효능감은 자기는 글을 읽을 수 있다고 생각하는 마음 또는 그러한 심적 경향성을 말한다.

자기 효능감은 일반적으로 동기의 한 요인으로 본다. 동기의 요인에 대해 학자들마다 상당히 다른 견해를 가지고 있지만, 자기 효능감을 동기의 주요 요인의 하나로 보는 데에는 대체로 동의하고 있다.

자기 효능감은 일련의 학습 과정에서 행해지는 선택에 영향을 끼친다. 학생들은 독서와 관련하여 자신의 능력에 부합하고 자신감을 느끼는 과제나 활동을 선택하고 그렇지 않는 것은 피하려고 하는 경향이 있다. 학생들은 그들이 원하는 결과를 얻지 못할 가능성이 있으면 그 행위에 참여하고자 하는 동기가 약하다.

일반적으로 독서 효능감이 높을수록 그 과제를 해결하는 데 더 많은 노력을 기울이게 되고 그 활동을 지속하며 더 활발하게 그 활동에 참여하는 경향이 있다. 독서 효능감이 강하면 독서 과제를 피하려고 하기보다는 적극적으로 도전하게 되고 결국 그 과제를 성취할 가능성이 높다. 때로는 그 과제를 해결하는 데 실패했을지라도 자신에 대해 실망하여 침체에 빠지지 않고 곧바로 회복하게 된다.

독서 효능감이 낮으면 실제 독서 과제를 해결하는 데 겪게 되는 것 이상으로 어려움을 느끼고 걱정을 하며 스트레스를 받고 그 과제를 성공적으로 해결하기 어렵다는 생각을 갖는다. 반대로 자기 효능감이 높으면 과제를 성공적으로 해결할 수 있다는 믿음이 강하다. 효능감이 강하면 그만큼 스트레스를 덜 받게 되고 독서에 대한 두려움도 줄어들고 성공적으로 그 과제를 수행할 가능성이 있다고 믿는 경향이 강하다.

독서에 대한 효능감을 갖게 하기 위해서는 여러 가지 노력이 필요하다. 무엇보다 독서의 내용이 학생들이 흥미가 있고 수준에 맞는 것이어야 한다. 또한 독서와 관련된 각종 과제는 학생들에게 부담이 되지 않아야 하고 학생들이 흥미를 느낄 수 있는 것이어야 한다. 또한 학생들과 상대적으로 비교 평가에 대한 부담이 없는 분위기를 조성해 주어야 한다. 학생이 성취한 것에 대해 칭찬을 많이 해 주는 것도 필요한 일이다. 성공 경험을 많이 갖게 하는 것이 중요하다. 이때 너무 쉬운 과제를 제시하여 선생님에 의해 미리 계획된 성공이라는 생각을 갖지 않도록 하는 것이 중요하다. 그리고 그 정도 과제에 만족해서 그대로 머물게 해서는 안 되며, 한편으로 자신의 성공에 대해 자만하지 않도록 하는 것이 중요하다.

2) 읽기 교수 – 학습 방법

읽기를 지도를 하는 중요한 방법 중의 하나는 읽기를 과정별로 지도하는 것이다. 크게 읽기 전, 읽기 중, 읽기 후로 나눈 다음 각 과정에서 학생들이 필요로 하는 읽기 지식, 기능, 전략, 태도 등을 가르치는 것이다. 이 중에서 핵심은 읽기 전략이다. 주요 읽기 전략에는 다음과 같은 것이 있다.

〈표 15〉 읽기 전략의 종류

읽기 전략 / 영역	읽기 전략	
준비 전략	미리 보기 읽기 목적 정하기 계획세우기	사전 지식(스키마) 활성화하기 예측하기
조직 전략	중요 어구(핵심어) 찾기 중심 생각(주제) 찾기 그래픽 조직자 활용하기	세부 항목 연결하기 요약하기(줄거리 파악하기) 글의 짜임(구조) 활용하기
정교화 전략	추론하기 질문 만들기 적용하기	장면 형성하기 판단하며 읽기 상상하기
초인지 전략	자기 점검하기 자기 강화하기	자기 수정하기
기억 전략	집중하기 메모하기 다시 읽기 암송하기	기억술 활용하기 밑줄 긋기 자기 테스트하기

여기에서는 읽기 전략을 크게 5가지 영역으로 나누고 있다. 준비 전략에는 주로 글을 읽기 전에 읽기를 제대로 하는 데 도움이 되는 방법을 말한다. 조직 전략은 글을 읽는 동안이나 읽은 직후에 글의 내용들을 서로 연결 지으면서 제대로 이해하는 데 필요한 전략이다. 정교화 전략은 읽은 내용을 자신의 경험과 관련짓거나 내용을 깊이 있게 읽는 것을 위한 방법이다. 초인지 전략은 자기가 지금 제대로 읽고 있는지를 생각하고 더 나은 방법을 찾게 하는 전략을 말한다. 기억 전략은 읽은 내용을 오랫동안 기억하는 데 도움이 되는 전략을 말한다.

이 중에서 몇 가지만 더 살펴보면, 우선 준비 전략에서 계획 세우기는 책을 읽기 전에 이 책을 얼마 동안 읽을 것인지, 어떤 점에 주의하며 읽을 것인지 등을 생각해 보게 하는 것이다.

읽는 목적 설정하기 전략은 글을 읽기 전에 읽는 목적을 정하는 것으로, 이렇게 하면 좀더 집중해서 읽게 되고 중요한 내용에 초점을 두어 읽게 하는 데 도움이 된다. 준비 전략은 주로 '읽기 전'에 많이 필요할 수 있다.

조직 전략에서, 세부 항목 연결하기는 글에 나타난 낱개의 사실들을 일정한 부분으로 묶어서 이해하게 하는 것을 말한다. 우리는 세부 내용을 모두 기억할 수는 없기 때문에, 가능한 좀더 높은 단위로 연결하는 것이 좋다. 그래픽 조직자 활용하기는 일종의 마인드맵과 같은 형태로 그려보게 하는 것을 말하는데, 글을 읽는 동안이나 글을 읽은 직후에 중요한 내용을 시각적으로 표현해 보면 글을 이해하는 데 도움이 된다.

정교화 전략에서, 추론하기는 표면적으로 나타난 사실 이면에 감춰져 있는 것을 찾아내는 것을 말한다. 장면 형성하기는 글을 읽으면서 글의 내용과 관련된 장면을 떠올리며 읽게 하는 것을 말하는데, 예를 들어 친구와 싸운 내용에 대한 글을 읽을 때 그 장면을 떠올리며 읽으면 이해하기 쉽고 풍성하게 읽을 수 있다. 질문 만들기는 글을 읽는 동안 끊임없이 '왜', '...라면' 과 같은 질문을 던지는 것을 말한다.

초인지 전략에서, 자기 점검하기는 글을 읽는 동안에 자기가 제대로 이해하고 있는지, 제대로 전략을 적용하고 있는지를 생각해 보게 하는 것이다. 자기 수정하기는 끊임없이 자신의 이해 활동을 고쳐나가면서 읽는 것을 말하고, 자기 강화하기는 올바른 독서 행동을 자기 것으로 만들기 위해 자기 스스로를 칭찬해 주는 것을 말한다.

기억 전략에서, 기억술 활용하기는 읽은 내용 중에서 특히 중요한 것을 여러 가지 방식을 동원하여 기억하는 것을 말한다. 자기 테스트하기는 자기 스스로 문제를 내서 답을 해보게 하는 것을 말한다. 암송하기는 중요한 내용을 반복적으로 되새기는 것을 말한다.

(1) 읽기 전 지도

〈읽기 목적 생각하기〉

이 글을 읽는 목적이 무엇인지 생각하게 한다. 목적에 따라 글을 읽는 방법과 집중해서 읽어야 할 부분이 달라지게 마련이다. 이와 아울러 이 글을 어떤 방법으로, 어디에 초점을 두어 읽을 것인지를 생각해 보게 하는 것이 좋다. 예를 들어 독자가 컴퓨터에 관한 사전 지식을 활성화할 때, 그들은 어떻게 기계가 작동하는지에 대해 궁금해 할 수 있고 그것이 읽기의 목적이 될 수 있다. 독자는 또한 즐거움을 위해서라든지, 정보를 얻기 위해서, 시험에 대비한 공부를 위해서라는 읽기의 목표를 정해야 한다. 읽기의 목표에 따라 읽는 방법이 달라진다.

⟨스키마 활성화하기⟩

독자가 가지고 있는 지식이나 경험을 일반적으로 스키마(schema)라고 한다. 글을 읽을 때 스키마를 활성화하면 글을 좀더 쉽고 풍성하게 이해하는 데 도움이 되며, 글의 내용을 기억하는 데에도 도움이 된다.

책을 읽기 전에 제목이나 앞 부분을 보고 여기에 어떤 내용이 나올 것인지를 생각해보게 한 다음, 이와 관련된 경험을 떠올려 보게 하는 것이 좋다. 그리고 글을 읽는 동안에도 계속해서 그 글의 내용과 관련하여 자기가 이미 가지고 있었던 지식이나 경험을 떠올리고 견주어 가며 읽게 하는 것이 좋다. 글을 다 읽은 후에는 이전에 알고 있었던 것과 새롭게 알게 된 내용을 정리해 보는 활동을 하는 것이 좋다.

그런데 보통 아이들에게 말만 하면 그렇게 하지 않을 수 있기 때문에 다음과 같은 표를 만들어 활용해 보는 것도 한 가지 방법이 된다. '개미'에 관한 글(책)을 읽기 전에, 먼저 '알고 있는 것'에 개미에 대해 내가 알고 있는 것을 메모해 보게 한다. 그런 다음 이 글을 통해 배우고 싶은 것을 '알고 싶은 것'에 메모해 보게 한다. 그런 다음 그 글을 읽어보게 한다. 읽은 직후에는 그 글을 통해 알게 된 사실을 '배운 것'에 메모해 보게 한다. 다음 활동은 굳이 하지 않아도 되는데, 그 다음에는 개미에 대해 더 배우고 싶은 것이 있으면 '더 배우고 싶은 것'에 메모를 한 후에 가능하면 개미에 대해 더 읽어보게 할 수 있다. 물론 이 전략을 활용할 때, 중요한 점은 혼자서 책을 읽을 때에도 이러한 행위를 하면서 읽도록 하는 것이다.

⟨표 16⟩ 개미에 관한 KWL 전략 학습지

이름 : _____   주제 : 개미떼   날짜 : _____

알고 있는 것	배우고 싶은 것	배운 것	더 배우고 싶은 것
정글에서 삶 난폭함 땅에서 삶 식물을 먹음 함께 일함 곤충을 먹음	- 개미떼의 무리가 얼마나 큰가? - 개미는 왜 무리 지어 다니는가? - 개미떼는 무엇을 먹는가?	- 만 마리가 한 무리를 형성함 - 여왕개미가 한 번에 10만개에서 30만 개의 알을 낳음 - 유충, 번데기의 음식을 구하기 위해 무리 지어 다님 - 다른 동물이나 곤충을 죽이고 자신의 집으로 끌고 감 - 남아메리카 정글의 땅이나 나무 위에 삶	- 개미떼가 사람에게 해를 입히는가? - 유충과 번데기는 무엇인가?

〈미리 보기〉

읽기를 위한 목적을 정하도록 독자를 도울 수 있는 전략은 '미리 보기'이다. 흔히 개관하기로 알려져 있는데 학생들은 주어진 글의 전체 내용을 개관하기 위해 제목과 표제와 머리말과 요약된 것을 읽고 삽화를 훑어본다. 미리보기의 과정에서 청사진이 그려지기도 하고 스키마가 활성화되기도 하며 예측이 이루어지기도 한다.

〈예측하기〉

독서 전에 할 수 있는 활동으로, 예측을 해 보게 한다. 예를 들어 〈이상한 나라에서의 하루〉라는 책을 읽기 전에 제목이나 책의 차례, 이야기의 앞 부분, 또는 책의 전체를 언뜻 보고 그 책에 어떤 내용이 있을 것인지 예측해 보게 한다. 글을 읽어 나가면서 예측한 것이 맞는지 계속적으로 확인하고 새로운 예측을 한다.

예측하기는 사전 지식에 기초해서 만들어지기 때문에 독자의 스키마를 활성화하는 것을 필요로 한다. 또한, 예측하기는 독자들에게 읽기의 목적을 제공해 주고 예상이 옳은지 아닌지를 확인하게 하는 데에도 도움이 된다.

교사는 이야기책을 낭독하기 전에 제목을 보여주고, 몇 개의 삽화를 보여 줌으로써 그 스토리가 무엇에 관한 것이고 무엇이 일어날 것이라고 생각하는지 예측하도록 한다. 반드시 일치하지 않아도 문제가 없다. 각각의 학생들은 자신의 예상을 만들기 위해서 자유롭게 느껴야 한다. 다만 교사는 학생들이 자신의 예상을 정당화하도록 질문을 한다. 보통 두 가지 형태의 질문이 있을 수 있다.

> 너는 무슨 일이 일어날 거라고 생각하니? (이 문제가 어떻게 해결될 거라고 생각하니?)
> 너는 왜 그렇게 생각하지? (이야기에서 읽은 어떤 점을 근거로 그런 예상을 했니?)

첫 번째 질문은 예상을 이끌어낸다. 두 번째 질문은 학생들에게 그 예상이 신중하고 그럴 듯하다는 것을 보장하기 위해 설명하도록 요구하는 것이다. 학생들은 또한 융통성 있는 태도를 배워야 하고, 만약 그 예상의 논점이 증명되지 않는다면 그것을 변경할 수 있어야 한다.

전략들을 효과적으로 이용하는 독자들은 언제, 어디서 특별한 전략을 이용해야 하는지를 알고 있다. 예측을 하는 데에는 사전 지식이 필요한데, 사전 지식이 거의 없는 화제에 관한 글을 읽을 때에는 그럴 듯한 예측을 어렵게 하므로 또 다른 전략들을 이용해야 한다.

(2) 읽기 중 지도

〈구조를 생각하며 읽기〉

글을 읽는 과정에서 글의 전체적인 구조를 파악하면서 읽도록 하는 것이 중요하다. 글의 전체 구조를 예측하는 것은 읽기 전에도 필요한 활동인데, 글을 읽어 나가면서 계속해서 전체 구조를 파악하면서 읽도록 한다.

글 구조에 대한 논의는 다양하지만, 특히 설명적인 글은 보통 다음 다섯 가지 구조로 되어 있다. 시간 순서대로 나열되어 있는 일련의 사실이나 생각을 순서대로 나열한 열거 구조, 순서 구조, 둘 이상의 사람, 사물, 사건 사이의 유사점이나 차이점을 서술한 비교-대조 구조, 어떤 사건의 원인과 결과를 밝혀 놓은 인과 관계 구조, 어떤 문제와 해결책을 제시한 문제-해결 구조 등이 그것이다. 글을 읽어 나가는 과정에서 구조를 파악해 나가게 함으로써 보다 쉽고 체계적으로 글을 이해해 나갈 수 있다.

글의 구조를 파악하며 읽게 되면, 글의 내용을 보다 많이 회상할 수 있다. 또한 부분(문장, 문단)과 부분과의 관계를 보다 쉽게 파악하며 전체의 줄거리(요약)를 보다 잘 이해할 수 있다. 또한 전체적인 관계를 잘 파악하게 되어 생략된 내용을 보다 쉽게 추론할 수 있으며, 특히 주제 파악이 용이하다.

〈추론하기〉

작자가 글을 쓸 때, 완전하고 명백하게 기술하는 것은 불가능하다. 작자는 많은 사실을 독자가 이미 알고 있다고 가정하고 글을 쓰기 때문에, 독자는 글을 읽으면서 이러한 사실을 알고 생략된 내용을 추론할 수 있어야 한다.

추론은 크게 논리적 추론과 화용적 추론으로 나눌 수 있다. 논리적 추론은 내용들 간의 연결 관계를 기초로 하여 어떤 사실을 이끌어 내는 것을 말하고 화용적 추론은 그것이 일어난 상황을 기초로 하여 어떤 사실을 이끌어내는 것을 말한다. 예를 들어 '은수는 개를 밖에다 두는 것을 잊어버렸다'라는 문장이 있을 때, 여기에서 '개는 밖에 두기로 되어 있었다.'라는 추론이 가능하다. 이것은 논리적 추론이라 할 수 있다. '어떤 남자가 꽃병을 벽에 세게 던졌다'라는 말이 있을 때, 그 꽃병이 깨어졌을 것이라고 생각하는 것은 화용적 추론이라 할 수 있다(한철우 외, 2001: 53). 추론의 유형에는 인물이나 장소, 배경에 대한 추론, 문장 간의 생략된 내용 추론, 단어의 의미 추론, 이어질 내용의 추론 등이 있다. 어떤 종류의 추론이 필요한가는 글의 종류나 글을 읽는 목적 등에 따라 달라질 것이다.

〈중심 생각/ 주제 파악하기〉

글을 읽어나가면서 중요한 내용과 그렇지 않은 내용을 구별하는 중요한 활동이다. 글을 읽을 때, 무엇이 중심 내용(생각)이고 뒷받침하는 내용인지를 생각하며 읽는 것이 중요하다. 물론 글의 전체 중심 내용이나 주제 파악은 글을 읽은 후에 하게 된다.

중심 생각(또는 주제)을 찾는 방법은 크게 전체에서 부분으로 시작하는 것(whole-part strategy)과 부분에서 전체로 시작하는 방법(part-whole strategy)으로 나누어 생각해 볼 수 있다. 전자는 글의 화제나 제목, 자신의 스키마 등에 비추어 중심 생각을 끌어낸 다음 부분을 연결 짓는 것이고, 후자는 작은 부분들(내용들)을 연결 지어 하나의 전체로 나아가면서 중심 생각을 구성하는 것이다.

처음에는 문단 단위에서 문단의 중심 내용을 파악하면서 읽도록 한다. 문단의 중심 내용을 단위로 해서 점차 글 전체의 중심 내용을 파악할 수 있도록 한다. 중심 내용을 잘 파악할 수 있게 하기 위해서는 중심 내용을 찾는 전략을 가르쳐주어야 한다.

* 화제가 무엇인지 생각하기: 표제, 제목, 삽화 등을 보고 이 글이 무엇에 대한 글인지를 생각하면 중심 내용을 찾는데 도움이 된다.
* 글의 짜임 생각하기: 이 글이 전체적으로 어떤 짜임을 가지고 있는지를 알면 중심 내용을 찾는 데 도움이 된다.
* 글이나 문단의 구성 원리 파악하기: 문단의 중심 내용 찾기의 경우 하나의 문단은 중심 내용과 뒷받침하는 내용으로 되어 있다는 것이나 기본적으로 한 문단의 중심 내용은 하나여야 한다는 것, 중심 내용은 보통 문단의 첫 머리나 끝머리에 있다는 것 등을 가르쳐주면 도움이 된다.
* 단서어 생각하기: 비교하면, 이와 같이, 요약하면, 가장 중요한 말은 등과 같이 단서가 될 만한 말이 나오면 여기에 주의해서 읽도록 한다.
* 상위 단위로 묶기: 중심 내용은 하위 단위들이 점차 상위 단위로 묶어진 것이다. 예를 들어 '사과, 배, 귤'을 상위 단위로 묶으면 '과일'이 되고 이것이 중심 내용이 된다. 이런 활동을 많이 해 주면 중심 내용을 파악하는 데 도움이 된다. 그런데 '주제'의 경우에는 줄거리나 '중심 내용'이 곧 주제라고 볼 수는 없고, 그것을 더 상위 단위로 묶어 일반화해야 하는 경우가 있다. 예를 들어 흥부놀부 이야기의 주제는 '흥부가 착한 일을 해서 부자가 되었다'라기보다는 '우리는 세상을 살아가면서 착하게 살아야 한다.'는 것이다.

* 시각화하기: 시각화를 시켜보면 학생들이 글을 이해하는 데 도움이 된다. 예를 들어 손바닥 모양을 그린 다음 중간에는 중심 내용을 쓰고, 각 손가락에는 뒷받침하는 내용을 써 보게 하거나 글의 전체적인 흐름을 일종의 마인드맵과 같은 형태로 그려보게 하면 중심 내용을 파악하는 데 도움이 된다.
* 중요도 판정하기: 문장 단위로 제시하고, 그 문장의 중요도를 판정해 보는 활동을 한다. 보통 '중요함, 보통, 중요하지 않음' 정도로 표시하면 된다. 예를 들어 '우리 나라에는 여러 종류의 꽃이 있다. 봄에는   . 여름에는   . 가을에는   .'라는 문장이 있을 때 각 문장의 중요도를 평정하게 한다.

〈점검하기〉

점검하기는 초인지의 개념에서 나온 것으로, 자신의 인지 활동에 대한 통제와 조절을 의미한다. 능숙한 독자는 글을 읽어 나가는 과정에서 계속적으로 자신의 인지 과정을 통제하게 된다. 내가 잘못 읽는 부분은 없었는지? 나의 편견은 작용하지 않았는지? 내가 사용한 읽기 전략이 이 상황에 적합한 것인지? 나의 장점은 무엇이고 단점은 무엇인지? 이 글과 관련하여 어떤 종류의 배경 지식을 끌어오면 좋을 것인지? 읽기 상황(목적, 시간 등)에 비추어 볼 때 읽는 속도는 적합한 것인지? 체크리스트 형태로 만들어 주고 글을 읽는 동안이나 글을 읽은 후에 체크를 해 보게 하는 활동을 많이 하는 것이 좋다.

〈질문하기〉

글을 읽어 나가면서 글의 내용을 이해, 분석, 비판, 종합하는 것과 관련된 질문을 하면서 글을 읽어나가게 하는 것이 중요하다. 예를 들어 내용 파악을 위한 질문을 할 수도 있고, 비판을 요구하는 질문을 할 수도 있다. 그리고 글의 내용에 대한 질문 속에서는 필자가 어떤 의도를 가지고 있고, 왜 그렇게 썼는지에 대한 내용 등도 포함된다. 물론 글을 읽는 목적이나 글의 종류에 따라 질문의 내용이 달라질 수 있다.

(3) 읽기 후 지도

〈내용 정리하기〉

글(책)을 읽고 난 다음 중요한 내용을 정리해 보는 것이 매우 중요한 활동이다. 단순히 회상을 해서 머릿속에서 정리해 보는 것도 있을 수 있고, 공책 같은 곳에 별도로 정리해 둘 수도 있다. 정리할 때에는 글을 읽는 목적이나 글의 종류에 따라 그 내용이 달라지겠지만 대체로 글의 주제, 글의 핵심 내용 등을 포함해야 할 것이다. 물론 간단한 서지 사항도 포함될 것이다.

읽은 내용을 정리해 보는 활동으로 '의미 지도 그리기'를 해 보게 할 수 있다. 이 활동은 독서 전에 할 수도 있는데, 이것은 흔히 그래픽 조직자(graphic organizer)나 선행 조직자, 마인드 맵(mind map) 등과 유사한 것으로, 읽은 내용을 간단히 그림 형태로 표현해 보게 하는 것이다. 어떤 형태로 그릴 것인가는 글의 종류나 위에서 살펴본 글의 구조에 따라 차이가 있다. 예를 들어 열거 구조는 기차 모양을 만든 다음 순서대로 나열하게 할 수 있으며 문제 해결 구조로 되어 있는 것은 중심 개념을 중간에 배치하고 나머지 것은 방사선 형태, 그리고 인과 관계 구조로 되어 있는 글은 네모 안에는 원인, 그런 다음 네모 아래에 세모를 몇 개 만든 후, 여기에 결과에 해당하는 내용을 넣게 할 수 있다.

〈요약하기〉

글을 읽고 난 다음에는 글의 내용을 요약해 보는 활동을 하는 것이 중요하다. 일종의 줄거리 파악을 위한 활동이다. 요약은 매우 중요하고도 어려운 활동이다. 요약을 잘하려면 글의 전체 내용을 기억해야 하고, 이 중에서 중요한 내용을 추출할 수 있어야 하며, 이를 자연스럽게 연결하여 완결지어야 하는 능력이 필요한데 이는 매우 어려운 활동이다.

요약을 할 때에는 일반적인 요약 규칙을 알려 주는 것이 좋다. 즉, 중요하지 않은 내용을 삭제하기, 중요하더라도 중복된 것은 삭제하기, 좀더 상위의 개념으로 압축 또는 일반화하기, 일련의 핵심 항목들을 점차 상위의 내용으로 압축하면서 재구성하기 등이 필요하다. 실제로 여기에 해당하는 예를 많이 보여주는 것이 중요하다.

요약하기를 가르칠 때 더 짧고 쉬운 텍스트로 시작한다. 더 짧고 쉬운 텍스트는 요약하기 쉽다. 또한, 요약하기를 위해서 설명적인 텍스트보다 더 쉬운 서사적인 텍스트로 시작하는 것이 좋다. 요약의 형태보다 요약의 내용에 초점을 맞춘다. 학생들이 본질적인 항목을 요약하는 데 익숙해지면, 좋은 형식을 가진 세련된 요약의 필요성을 강조한다. 많은 학생들이 어느 항목이 중요한가를 결정하는 데 큰 어려움을 겪기 때문에 중요한 항목들을 목록으로 만들게 한다. 요약을 하기 전에 그 목록들에 대해 토론을 한다. 또, 학생들이 요약을 하기 전에 의미 지도를 만들게 할 수 있다. 학생들이 중요한 정보를 선택하는 데 있어서, 의미 지도는 학생들이 핵심 생각들 사이의 중요한 관계를 발견하도록 돕는다. 고학년 학생들을 대상으로 한 연구에서 요약하기 전에 구조화된 지도(mapping)를 이용한 학생들은 그렇지 않은 학생들보다 일관성 있는 요약문을 산출했다. 그리고 요약을 할 때 학생들이 제목, 삽화, 주제문, 표제, 다른 텍스트의 실마리를 이용하도록 유도한다.

〈활용하기〉

읽는 것은 어떻게 활용할 것인지도 생각해 보아야 한다. 예를 들어 '개미'에 관한 글을 읽었으면 여기에서 지식이나 정보를 어떻게 활용할 것인지도 생각해 보아야 한다.

〈점검하기〉

여기에서 점검하기는 일련의 글 읽기 과정을 되돌아보면서 제대로 읽었는지를 살펴보는 것이다. 애초에 글을 읽는 목적을 달성했는지를 생각해 보고, 사용한 일련의 전략들이 적절했는지를 살펴보는 활동이다.

과정 중심 접근을 취해 읽기 지도를 할 때에는 몇 가지 점에 주의해야 한다.

첫째, 읽기 각 과정에서 제시한 전략들은 해당 과정에만 필요한 것이 아니다. 예를 들어 읽기 전 활동에 제시한 배경 지식 활성화나 예측하기는 일련의 읽기 활동 전체에서 필요한 것이다.

둘째, 여기에서 제시한 전략들이 읽기 전략의 전부는 아니다. 학생들이 글을 읽는 과정에서 필요한 전략들은 얼마든지 더 있을 수 있다.

셋째, 과정 중심의 읽기 지도에서는 주로 전략적인 것에 초점을 두어 가르치는 경향이 있다. 실제로 한 편의 글(책)을 잘 읽는 데에는 읽기에 대한 지식이나 태도 등도 중요하기 때문에 이들도 병행해서 가르쳐야 한다. 예를 들어 어휘에 대한 지식도 필요한데, 줄거리를 파악하는 활동을 하면서 사전에 어휘 학습을 하게 할 수 있다.

넷째, 이들 전략들은 서로 얽혀 있다. 예를 들어 줄거리를 파악하는 것과 주제를 찾는 것은 서로 연결해서 가르치는 것이 좋다. 줄거리를 잘 파악하면 주제를 파악하는 데 도움이 되고, 반대로 주제를 알고 있으면 줄거리를 말하는 데 도움이 된다. 또한 추론을 잘하려면 스키마를 활성화하면 도움이 될 수 있다.

다섯째, 수업 장면에서 이들 전략을 한꺼번에 가르치려고 해서는 안 된다. 한 편의 글을 읽게 하면서 두세 전략을 사용해 보게 하면 된다. 그리고 이때 글의 종류나 읽는 목적 등에 따라 적용해야 할 전략이나 강조해야 할 전략이 달라질 수도 있다.

여섯째, 각 전략들을 효율적으로 활용하는 방법을 충분히 가르쳐주어야 한다. 예를 들어 단순히 예측해 보게 하도록 하면 안 되고, 어떻게 예측을 하는지 그 방법을 가르쳐주어야 한다.

일곱째, 읽기 전, 중, 후에 필요한 전략은 각각의 과정에서 가르쳐야 하는 것은 아니다. 즉, 읽기 중 전략이라고 해서 학생들이 글을 읽는 동안에 멈추게 한 다음에 그 전략을 가르쳐 주어야 한다는 뜻이 아니다. 읽기 전, 중, 후 전략은 실제로 글을 읽기 전에 가르쳐 주어야 하고, 일련의 글을 읽는 후에 그 전략을 제대로 활용했는지를 점검해 보는 식으로 가르쳐야 한다.

4. 읽기 평가

1) 읽기 평가의 원리

읽기 평가는 학생들의 읽기 능력이나 태도를 정확하게 진단하여 교수 - 학습의 질을 개선함으로써 결과적으로 학생들의 읽기 능력을 증진하는 데 그 목적이 있다. 단순히 읽기 점수가 몇 점인가는 중요하지 않다. 읽기 평가를 통해 그 학생의 강점과 약점을 정확히 진단하는 것이 중요하다. 읽기 평가에 대한 새로운 인식을 바탕으로 좀더 정확하고도 풍성하게 학생들의 읽기 능력을 진단할 수 있어야 한다.

⟨표 17⟩ 읽기 평가에 대한 관점 비교표

평가관 영역	읽기 평가에 대한 기존의 관점	읽기 평가에 대한 새로운 관점
평가 목적	서열화	교수 - 학습의 질 개선
평가 대상	읽기의 결과물	읽기의 결과와 읽기의 과정
읽기 태도	강조하지 않음	강조
평가 시기	학습 종결 후	학습의 과정
평가 형태	객관식 또는 선다형	빈칸 메우기, 중요도 평정, 서술형
평가 장면	지면/형식적 평가	토론, 관찰 등 다양/비형식적 평가
평가 횟수	일회적	지속적
평가 초점	개별 지식, 전략	글 전체의 이해, 감상
평가 강조	양적 정보	질적 정보
개인차	중요시 여기지 않음	중요시 함
결과 활용	단순 활용	적극 활용

〈읽기 과정을 평가해야 한다.〉

읽기는 일련의 세부적인 기능의 축적물이 아니라 그 행위를 하는 일련의 '과정'이다. 읽기 평가는 학생들이 어떻게 읽기 '과정'을 통제하는지에 초점을 두어야 한다. 읽기 전이나 읽는 동안에 보여 지는 독자의 태도나 관심, 흥미, 그리고 의미 구성 방법 등은 중요한 평가 대상이 된다. 또한 일련의 읽기 과정에서 학생들이 사용한 전략, 그 전략 사용의 효과성 등을 파악하는 것이 중요하다.

〈지문 중심이 아니라 목표 중심의 평가를 해야 한다.〉

대학 수학 능력 시험을 출제하는 경우를 보면, 먼저 지문이 결정되고 그 지문과 관련하여 출제를 하는 것을 볼 수 있다. 이는 바람직한 모습이 아니다. 물론 묻고자 하는 것(평가 목표)은 이미 알고 있다고 전제하더라도 그것을 체계화한 후에 여기에 비추어서 평가 문항을 개발해야 한다. 학습 목표를 감안한 평가가 이루어져야 한다.

〈교과서 중심의 평가에서 벗어나야 한다.〉

교과서에 있는 글을 제시하면 단순 기억력 테스트밖에 되지 않는다. 기억력 테스트가 아니라 실제로 할 수 있는 능력을 평가해야 한다. 예를 들어 교과서를 통해 주제 파악하는 것을 배웠으면, 시험에서 교과서에 있는 지문을 내면 기억력을 묻는 것밖에 되지 않는다. 다른 글에서 주제를 찾는 능력이 있는지를 물어보아야 한다.

교과서에서 주제 파악이 목표로 주어져 있는 경우 그것을 제대로 배웠다고 말하려면 교과서에 있는 글의 주제를 잘 파악한 것이 아니라 그와 유사한 다른 글의 주제를 파악한 것을 뜻한다. 그렇기 때문에 시험에서는 당연히 교과서 이외의 글이 제시되어야 한다. 이 관점에서 교과서 중심의 평가를 한다면 그것은 바람직한 일이다. 사실 이 관점에서 교과서를 이해하는 것이 맞고 평가에서도 이 점을 반영하는 것이 맞다. 과거 학력고사 시절보다는 대학 수학 능력 시험의 도입으로 이러한 관점은 꽤 널리 받아들여지게 되었다.

〈좀 더 높은 수준의 사고 능력을 물어야 한다.〉

서열화를 위한 대표적인 평가 중의 하나인 대학 수학 능력 시험에서는 일반적으로 사실적 사고, 추론적 사고, 비판 감상적 사고, 창의적 사고 등으로 수준을 나눈다. 이 틀에 비추어 보면 대체적으로 비판 감상적 사고나 창의적 사고를 묻는 문제를 많이 출제해야 한다. 예를 들어 어떤 문제를 비판적으로 바라보거나 새롭게 바라볼 수 있는 능력을 평가해야 한다. 그런데 실제 출제 장면에서 보면, 이들 사고 수준간의 구별이 그렇게 명료하지 않고 비판 감상적 사고나 창의적 사고에 대한 문제를 내기가 쉽지 않다. 이는 선다형 시험이 갖는 한계이고 신뢰도가 절대적으로 요구되는 서열화 목적의 평가가 가진 한계이다. 그러다 보니 자칫 여기에서 설정한 사고 수준이 별 의미를 갖지 못할 수 있다. 시험 문제를 다 내놓고는 끼워 맞추기식으로 추론적 사고 30%, 창의적 사고 10%를 반영했다고 하는 식이다.

읽기 평가를 할 때 그 지문이 학생들의 고차적인 이해 능력을 요하는 문제인지를 생각해야 한다. 단순히 평가를 위한 평가를 하는 것은 곤란하다.

〈앞으로 무엇을 할 수 있는가를 평가해야 한다.〉

지금 무엇을 할 수 있는가보다는 앞으로 무엇을 할 수 있는가를 생각하면서 평가하는 것이 필요하다. 이는 앞에서 말한 실제 장면에서의 언어 능력을 평가해야 한다는 것과도 일정 부분 맥락을 같이 한다. 이 평가 결과가 그 학생이 앞으로 무엇을 할 수 있는가에 대해 말해줄 수 있는지를 생각해야 한다. 이 관점의 평가는 비고츠키의 근접 발달 이론에 근거한 것으로 역동적 평가(dynamic assessment)라고 부른다. 현재의 능력을 평가하는 것도 어려운데 앞으로 무엇을 할 수 있는가를 평가하는 것은 상당히 어려운 문제이지만, 원칙적으로 그러한 생각을 하면서 평가를 해야 한다는 것이다.

〈평가 목적에 맞는 평가 방법을 활용해야 한다.〉

국어과 평가를 하는 목적은 여러 가지지만, 크게 보면 학생들을 서열화하기 위해 평가를 하는 경우가 있고 그 학생에 대한 다양한 정보를 얻기 위해 할 수 있다. 목적에 따라 평가 방법이 달라진다. 서열화를 위한 목적에는 신뢰도, 객관도가 매우 중요한 영향을 끼치기 때문에 수능 체제와 같은 시험이 주로 이루어질 수밖에 없다. 그렇지만 다양한 정보를 파악하기 위한 평가를 해야 하는 경우도 많은데, 이때에는 '타당도'가 중요하다.

〈읽기〉 영역에서는 기존의 지필 시험으로도 많은 정보를 얻을 수 있지만, 이 이외에도 서술형, 관찰형, 면담형, 재술법(retelling), 빈칸 메우기법, 사고 구술법(think-aloud methods) 또는 프로토콜 분석법, 포트폴리오법, 비형식적 읽기 목록표 활용법, 중요도 평정법, 오류 감지법 등을 사용할 수 있을 것이다. 이런 식의 평가는 읽기 기능에 대한 평가뿐만 아니라 읽기에 대한 태도까지를 포함할 수 있다는 점에서 의의가 있다.

〈평가 장면은 다양화해야 한다.〉

읽기 평가하면 지면 평가만 생각하는 경향이 강하다. 지엽적인 지필 검사에 의존하지 말아야 하고 평가는 여러 다양한 의사소통 상황에서 이루어져야 한다. 일기장이나 독후감, 편지, 낙서장, 어떤 이야기를 듣고 난 후의 반응 등이 모두 평가 대상 또는 장면이 된다. 개개 학생들의 읽기에 대한 정보를 제공해 주는 것이라면 어떤 것이든 평가의 장면 또는 자료가 된다.

〈양적인 정보뿐만 아니라 질적인 정보가 필요하다.〉

그 학생이 몇 점을 받았는가는 그렇게 중요한 것이 아니다. 물론 서열화를 위해서는 필요하지만 각 학생들에 대한 풍부한 정보를 파악한다는 점에서는 중요한 정보가 될 수 없다. 글을 읽을 때 읽는 목적을 생각하는지, 배경 경험을 떠올리는지, 예측을 하며 읽는지 등을 파악하는 것이 중요하다. 그리고 평소에 어느 정도 책을 읽는지, 어떤 종류의 책을 읽는지, 책을 읽고 어떤 느낌(이해)을 가지는지 등을 파악하는 것이 중요하다.

〈지속적으로 평가해야 한다.〉

일회적인 평가 방법으로는 학생의 읽기에 대한 정확한 진단이 어렵다. 다양한 방법을 동원하여 지속적으로 평가할 때, 그 학생의 읽기 능력이나 태도에 대한 좀더 정확한 진단이 가능하다. 물론 이들 정보를 평소에 체계적으로 관리해 두어야 한다.

〈평가 결과를 적극적으로 활용해야 한다.〉

다양한 방식으로 풍부하게 평가했다고 하더라도 그 평가 결과가 제대로 활용되지 않는 것 같다. 학생이나 학부모 입장에서 보면 서열화된 정보만을 보게 된다. 그것도 한 학기에 한두 번 정도가 고작이다. 평소에 그 학생에 대한 다양한 정보를 파악하는 것이 중요하고 이것을 체계적으로 정리 보관하고, 이를 적극적으로 활용하는 것이 필요하다. 학생이나 학부모 입장에서 무엇이 강점이고 부족한지, 무엇을 필요로 하는지, 변화의 과정(이전 것과 비교)은 어떠한지 등에 대해 가능한 자주 정보를 얻을 수 있어야 한다.

2) 읽기 평가 방법

(1) 선다형 검사

이 방법은 가장 보편적이고, 교육 현장에서 흔히 사용되는 방법이다. 선다형 검사는 답지의 문항을 4개나 5개로 하여 우연의 가능성을 줄일 수 있다. 이 방법의 장점은 집단 검사가 가능하다는 점이다. 그리고 객관적이며, 신뢰도가 높다. 반면에 이 방법의 단점은 문항 구성이 어렵고 주어진 글에 담긴 수많은 정보 중에 어떤 것을 어느 수준으로 물어야 하는가에 대한 이론이 부족하며, 학생의 답이 맞았거나 틀렸을 경우에 왜 맞았는지, 또는 왜 틀렸는지 진단하기 힘들다는 것이다. 그리고 대체로 타당도가 낮다.

선다형 검사가 분절적 접근을 취하고 있다는 점도 비판의 대상이 되고 있다. 분절적 평가란 언어 능력을 이루는 여러 요소를 분석해 내고, 하나하나의 요소를 문항으로 제작해 측정해 내는 것이다. 그러나 언어 능력은 각각의 요소의 단순 총합이 아니라는 견해가 강력하게 제기되었다. 이러한 관점에서는 언어 능력을 이루는 각각의 기능을 측정한 선다형 검사 점수가 결코 언어 능력을 타당하게 검사하지 못하는 것으로 본다.

비록 선다형 검사가 이러한 단점을 지니고 있지만, 학교 현장에서 가장 보편적으로 사용되고 있으며 앞으로도 그러리라 생각된다. 특히 쓰기나 말하기 평가에서는 선다형 평가를 사용하기 어렵지만, 읽기 영역에서는 문항만 잘 구성하면 선다형 평가를 폭넓게 활용할 수 있다.

(2) 자유 회상법

읽기 검사를 목적으로 사용하기 가장 손쉬운 방법이다. 그러나 실시가 쉬운 반면에 결과 해석이 매우 어렵다. 피험자는 읽은 글을 자유스럽게 회상한다. 그리고 검사자는 회상된 것을 분석하여 기억의 양, 내용, 조직 방법, 기억 내용을 인출하는 전략, 추론 능력 등을 알아낸다. 그런데 자유 회상 검사는 이해는 되었지만 회상되지 않은 내용에 대해서는 검사할 수 없다는 맹점을 지닌다.

회상의 내용을 녹음기로 녹음한 다음에 그것을 전사해서 점수화하는 방법도 있고, 회상한 내용을 쓰게 한 다음 그 내용을 점수화하는 방법도 있다. 회상한 내용을 쓰게 한 후 채점을 하는 것은 읽기 능력뿐만 아니라 다른 변인이 개입하므로 타당성이나 신뢰성이 결여된다는 지적도 받고 있다.

회상 검사는 자유 회상과 단서 회상으로 나누어 볼 수 있다. 자유 회상은 아무 단서 없이 읽은 내용을 가능한 많이 회상하도록 하는 방법이고, 단서 회상은 제목이나 첫 문장 같은 글의 단서를 주고 내용을 회상하게 하는 것이다. 이 방법은 읽기 평가뿐만 아니라 읽기 과정을 연구하는 데에도 많이 사용되고 있다.

(3) 빈칸 메우기(cloze test) 검사

빈칸 메우기 검사는 글의 n번째 부분을 공란으로 만든 다음 피험자로 하여금 그 공란을 채우게 하는 검사이다. 메우기 검사는 형태심리학에 근거를 두고 있다. 곧, 사람들은 어떤 것을 인식할 때 기존의 지식을 이용하여 미완성된 부분을 채워서 인식하려는 성향이 있다는 것이다. 빈칸 메우기 검사는 바로 이 원리를 응용한 것이다.

빈칸(공란) 메우기 검사가 고등 사고 기능으로서 읽기 능력을 측정할 수 있다. 빈칸 메우기 검사는 글 속의 어떤 부분을 공란으로 두느냐에 따라 음절 삭제형, 어절 삭제형, 내용어 삭제형, 기능어 삭제형 등으로 변형시켜 사용할 수 있다. 그리고 채점 방법으로, 원문의 내용과 꼭 같을 경우에만 정답으로 처리하는 '정확 단어 채점법'과 문맥으로 보아 의미가 통하는 단어는 모두 정답으로 하는 '허용 단어 채점법'이 있다. 정확 단어 채점법과 허용 단어 채점법은 높은 상관관계를 지니고 있다. 빈칸 메우기 검사에서 정답을 선택형으로 제시할 수도 있는데, 이렇게 하면 채점이 용이하다.

빈칸 메우기 검사는 독해력 검사 방법으로서 타당성과 신뢰도가 높은 것으로 알려져 있다. 그리고 문항 제작이 비교적 쉽고, 채점이 용이하기 때문에 읽기 평가 방법으로 활용 가치가 높은 방법이다.

(4) 프로토콜 분석

1970년대와 80년대에 읽기 현상에 대한 연구를 위해 많이 사용되었던 방법이다. 독자는 글을 소리 내어 읽으면서 그 순간 머릿속에 떠오르는 생각도 함께 소리 낸다. 다시 말하면 글을 소리 내어 읽으면서 이 글로부터 연이어지는 생각(의미)도 소리 내는 것이다. 이를 사고 구술(think aloud)이라고 한다. 프로토콜이란 피험자가 자신의 사고 행위를 구술한 것을 모아 놓은 자료를 말한다. 연구자는 이 자료를 분석하여 어떤 글에서 어떤 의미가 형성되는지 알아낼 수 있다. 프로토콜은 작용 기억의 산물이라 할 수 있다(천경록 외, 2004).

프로토콜 분석은 의미가 형성되는 과정의 모습을 생생하게 드러내 준다는 면에서 이해 과정에 대한 연구 방법으로 좋은 방법이다. 또한 읽기 과정에서의 연상이나 추론 양상을 파악하는 데에도 유용하다. 그러나 피험자의 소리 내어 읽기 훈련이 선행되어야 하는데, 나이 어린 독자의 경우 어려움이 따르고, 분석을 위해서는 연구자가 고도의 이론적 지식을 갖추어야 한다는 점에서 한계를 지니고 있다.

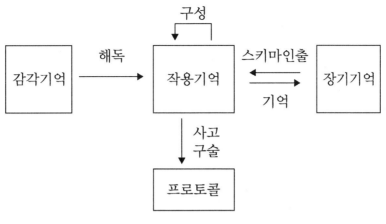

〈그림 15〉 기억과 사고 구술

(5) 중요도 평정(important rating)

읽기란 글 속의 수많은 정보를 낱낱이 이해할 뿐 아니라, 글 전체의 주제나 목적에 비추어 각 정보들이 갖는 중요도를 판정하는 과정이다. 글에 들어 있는 정보를 중요한 정보와 그렇지 않은 정보로 가려낸다면, 그 자체가 벌써 글을 잘 이해하고 있다는 증거이다. 중요도 평정 방법에서는 우선 학생들에게 글 한 편을 이해하며 읽으라고 지시한다. 그런 후 검사자는 별지에 지금 읽은 글을 의미 단위(보통은 절 단위)로 나누고, 학생들에게 각 단위가 글 전체의 주제 또는 독서 목적에 비추어 볼 때 얼마나 중요한가를 평가하게 한다. 보통 "매우 중요하다", "조금 중요하다", "덜 중요하다", "중요하지 않다"와 같은 4단계 척도를 많이 사용한다. 학생들의 평정 결과를 전문가들(예 국어 교사 2, 3명의 평정을 평균한 것)의 평정과 비교해 본다. 그러면 학생들의 평정이 전문가의 평정에 얼마나 가까운지, 학생은 '매우 중요한 것'과 '중요하지 않은 것'을 구별할 수 있는 능력이 있는지 등에 대한 여러 종류의 정보를 얻을 수 있다.

(6) 오류 감지(error-detect)

글 속에 임의로 잘못된 부분을 만들어 놓고 학생들에게 그 글을 읽으면서 그 부분을 찾아보게 한다. 흔히 사용하는 오류 유형은 불완전하게 서술해 놓는 경우, 미완성 부분을 제시하는 경우, 잘못된 부분을 제시하는 경우 등이다. 그리고 오류의 내용을 볼 때, 음운이나 철자, 단어, 문장 간의 관계, 문단 간의 관계, 의미들 간의 관련성 등과 관련된 것들이다. 그러나 여기에서 단순히 언어의 하위 단위에 초점을 맞추어 문법적인 요소만을 제시하기보다는 언어의 상위 단위, 즉, 의미 파악과 관련된 오류를 제시하여 이것을 찾게 하는 것이 바람직하다.

이 방법이 성공적으로 운영되기 위해서는 여러 가지 점들을 고려해야겠지만, 학생들이 자유롭게 그리고 자세하게 자신이 파악한 것을 이야기할 수 있는 여건이 조성되어야 한다는 점이다. 때문에 평가자와 피험자 간의 협력 관계(레포, rapport)가 중요하다. 이 방법은 단독으로 사용될 수도 있지만, 눈동자의 움직임이나 다른 상위 인지적 평가와 함께 사용하면 효과적이다.

(7) 관찰법

관찰법은 말 그대로 평소 수업이나 일상의 생활에서 읽기와 관련하여 학생들이 보이는 행동을 관찰하는 것을 말한다. 주로 체크리스트를 활용하는 방법을 많이 사용한다.

관찰법은 학생들의 기능이나 전략, 지식 등을 파악하는 방법으로 사용될 수도 있지만, 읽기 태도에 대한 평가를 할 때 유용하다. 읽기 태도에 대한 평가는 지면 평가로는 한계가 있기 때문에 평소에 관찰을 통한 방법을 많이 활용하는 것이 좋다.

(8) 포트폴리오법

포트폴리오는 원래 작은 서류 가방이나 그림책을 뜻한다. 포트폴리오 방법은 교수-학습의 질을 중시한 평가 방법이다. 곧, 포트폴리오 방법을 지지하는 연구자들은, 지금까지의 평가 방법들이 지나치게 양에 대한 평가로 일관되어 학습자에 대한 구체적인 정보를 파악하는 데 실패했다고 지적하면서 질에 대한 평가로의 전환을 주장하고 있다. 이들은 교수-학습의 실제 상황에서 학습자의 수행(performance)을 중시한다. 따라서 포트폴리오 방법은 수행 평가의 한 방법이라 할 수 있다. 이들은 수행 평가가 현존 평가의 대안이 될 수 있다고 주장한다.

포트폴리오 방법은 학기 내내 학습자의 읽기 능력의 발달 과정을 관찰하였다가 학기 동안이나 주로 학기말에 종합하여 성적에 반영하는 방법이다. 평가의 대상은 학생 각자가 읽은 책의 목록이나 그 책을 읽고 느낀 점, 낙서, 초고, 완성된 글, 동료의 비평, 토의 내용 등 학생들의 언어 발달 상황을 보여 주는 것은 모두 포함된다. 학생들에게 과학과 기술, 수학, 문학, 자서전, 사회 봉사 활동, 윤리와 사회 문제, 예술 등의 주제에 대한 포트폴리오를 구성하게 한 후 이를 평가의 대상에 포함할 수 있다.

포토폴리오법의 장점은 무엇보다 학생들의 언어 사용 능력과 관련된 다양한 면을 종합적으로 평가할 수 있게 한다는 데 있다. 이 방법은 하나의 평가 방법으로서 뿐만 아니라 그 자체가 하나의 의미 있는 교수-학습 활동으로, 평가 과정에서 교사와 학생 간의 상호 작용이 풍부히 이루어진다. 또한 학생들 간의 상호 작용에 대해서도 관심을 가지게 되어 과정 중심의 평가를 가능하게 한다는 점에서 의의가 크다.

이 밖에도 읽기 평가 방법으로 오독 분석법(miscue-analysis)이 있는데, 이는 초등학교 아동들에게 적용할 만한 것으로 읽기 과정에서 잘못 읽는 부분을 보고 평가하는 것이다. 그리고 어떤 글을 읽고 난 후, 글 속의 내용과 일치하는지 묻는 진위형 검사, 어휘력에 초점을 둔 어휘 능력 검사 등이 있다. 또한 어떤 상황을 제시한 후 자기 스스로 평가하게 하는 자기 평가와 자기가 잘못 읽은 것을 스스로 찾아보게 하는 자율 수정(self-correction) 방법이 있을 수 있다. 또한 체크리스트를 활용한 방법 등이 있다.

참고문헌

김창원 외(2015), 2015 개정 교과 교육과정 시안 개발 연구 Ⅱ: 국어과 교육과정, 한국교육과정평가원, 연구보고 CRC 2015-25-3.

국어교육 미래 열기(2009), 〈국어교육학개론〉, 삼지원.

민현식 외(2011), 〈2011 국어과 교육과정 개발을 위한 시안 개발 연구〉, 교육과학기술부.

박영목(2008), 〈독서교육론〉, 박이정.

이경화(2003), 〈읽기 교육의 원리와 방법〉, 박이정.

이순영(2006), 몰입 독서의 개념에 대한 비판적 검토, 〈국어교육〉 120, 한국어교육학회.

이재승(2004), 〈아이들과 함께하는 독서와 글쓰기 교육〉, 박이정.

천경록·염창권·임성규·김재봉(2004), 〈초등 국어과 교육론〉, 교육과학사.

천경록·이재승(1997), 〈읽기 교육의 이해〉, 우리교육.

한국출판연감(2010), 대한출판협회.

한정주·엄윤숙(2007), 〈조선 지식인의 독서 노트〉, 포럼.

한철우·박진용·김명순·박영민(2001), 〈과정 중심 독서 지도〉, 교학사.

Cskiszentmihalyi M.(1997)/이희재 역(1999), 〈몰입의 즐거움〉, 해냄.

Goudvis A. & Harvey S.(2007)/남택현 역(2008), 〈독서 몰입의 비밀〉, 커뮤니티.

Irwin J. W.(1991)/천경록·이경화(2003) 역, 〈독서 지도론〉, 박이정.

Sweet A. P. & Snow C. E.(2003)/엄해영·이재승·김대희·김지은 역(2007), 〈독서 교육에 대한 새로운 이해〉, 한국문화사.

Anderson R. C.(1984), Role of the reader's schema in comprehension, learning, and memory, In R. C. Anderson, J. Osborn & R. J. Tierney (Eds.), *Learning to read in American schools*, NJ: Lawrence Erlbaum.

Bandura A.(1977), Self-efficacy: Toward a unifying theory of behavioral change, *Psychological Review*, 84, 191-215.

Barton F. E.(2001), Raising achievement and reducing gaps, available online at http;//www.negp.gov/issues/publication/negpdoes/negprep/rpt_barton/barton_paper.pdf.

Carnine D, Silbert J. & Kameenui E. J(1996), *Direct instruction in reading*, OH: Merrill.

Cskiszentmihalyi M.(1990), *Flow: The psychology of optimal experience*, NY: Haper and Row.

Fitzgerald J.(1989), Research on stories: Implications for teachers, In K. P. Muth (Ed.), *Children's comprehension of text*, IRA.

Goodman K. S.(1986), *What's whole in whole language?*, NH: Heinemann.

Goodman(1976), Reading: A psycholinguistic guessing game, In Singer & Ruddell (Eds.), *Theoretical models and processes of reading*, IRA.

Goodman K.S.(1994), Reading, writing, and written texts: A transactional sociopsycholinguistic view, In R. B. Ruddell M. R. Ruddell & H. Singer (Eds.), *Theoretical models and processes of reading*(4th ed.), IRA.

Graesser A, Golding J. M. & Long D. S.(1991), Narrative representation and comprehension, In R. Barr, M. L. Kamil, P. Mosenthal & P. D. Pearson(Eds.), *Handbook of reading research*, NY: Longman.

Pajares F. & Johnson M. J.(1994), Confidence and competence in writing, *Research in the teaching in the teaching of english*, 28, 313−331.

Rosenblatt L. M.(1994), The traditional theory of reading and writing, In R. B. Ruddell et al. (Eds.), *Theoretical models and processes of reading*(4th ed.), IRA.

Rosenblatt L.(1978), *The reader, the text, the poem, Carvondale*: Southern Illinois University Press.

Rumellhart D. E.(1977), Understaning and summarizing brief stories, In D. Lagerge & S. J. Samuels (Eds.), *Basic process in reading*, NJ: LEA.

Slater W. H .& Graves M. F.(1989), Research on expository text, Implication for teachers, In K. D. Muth(Ed.), *Children's comprehension of text*, IRA.

Stein N. L. & Glenn C. G.(1979), An analysis of story comprehension in elementary school, In R. O. Freedle (Ed.), *New directions in discourse processing*, NJ: Ablex.

Sweet A. P. & Snow C. E.(2002), Reconceptualizing reading comprehension, In C. C. Block L. Gambrell & G. M. Pressley (Eds.), *Improving comprehension instruction*, San Fracisco: Jossey−Bass.

Thorndike P. W.(1977), Cognitive structure in comprehension and memory of narrative discourse, *Cognitive Psychology* 9.

Zintz Miles V. & Maggart Zelda R.(1986), *Corrective Reading*, IA: Wm. C. Brown Publishers.

탐구 문제

1. 읽기의 중요성을 구체적인 예를 들어 설명해 보시오.
2. 읽기가 의미 구성의 과정임을 설명해 보시오.
3. 읽기 행위와 관련지어 스키마 이론에 대해 자세히 설명해 보시오.
4. 글 구조 이론과 지도 방법에 대해 설명해 보시오.
5. 읽기 모형 중에서 상향식 모형과 하향식 모형의 특징을 예로 들어 설명해 보시오.
6. 교육과정상 읽기 교육의 내용 체계에 대해 설명해 보시오.
7. 중심 내용 파악하기 지도 방법에 대해 설명해 보시오.
8. 빈칸 메우기법과 중요도 평점법에 대해 설명해 보시오.

쓰기 교육

1. 쓰기의 본질과 성격

1) 쓰기의 중요성

쓰기는 문자 언어를 통해 의미를 표현하고 전달하는 일체의 행위를 말한다. 문자 언어는 기억에 의해서만 보존할 수 있는 음성 언어와 달리 시·공간에 구애받지 않고 기록에 의해 모든 정보를 보존할 수 있도록 해 줌으로써 인간으로 하여금 일일이 기억하지 않아도 되도록 기억의 부담으로부터 해방시켜 주었을 뿐만 아니라 세상에 대한 지식과 경험을 무한대로 저장하고 후대에 전할 수 있게 해 줌으로써 인류가 지혜로운 호모 사피엔스(Homo Sapiens)로 진화할 수 있게 하는 데 결정적인 기여를 해 왔다.

이 문자 언어는 21세기 현대 정보화 사회에 들어 더욱 큰 힘을 발휘하고 있다. 이른바 IT 정보 혁명이 보편화됨에 따라 인터넷으로부터 스마트폰에 이르기까지 모든 소통의 채널이 기존의 면대면 방식에서 디지털 글쓰기 방식으로 변화되면서 이제 인간은 문자 언어를 통한 소통 능력, 즉 글쓰기를 떠나서는 단 한 순간도 존재할 수 없는 시대를 살게 된 것이다. 한 마디로 현대 사회에서 글쓰기는 가장 강력한 사회적 경쟁력이 된 것이다.

예로부터 우리 나라에서 인재를 가려 뽑는 제도로 존속되어 왔던 과거 시험에서 그 사람의 지적 능력을 평가하기 위해서 부과하던 '책문(策文)'도 결국 정치 현안에서 문제를 발견하고 자신의 주장을 펼치는 글쓰기 양식이었다는 점을 생각하면, 글쓰기 능력은 전통적으로 교육받은 유능한 인재가 반드시 갖추어야 할 매우 중요한 요건으로 중시되어 왔음을 알 수 있다.

이렇듯 글을 잘 쓸 수 있는 능력은 예로부터 지금까지 훌륭한 인재가 반드시 갖추지 않으면 안 될 요건이자 사회에서 성공적인 삶을 살아가는 데 필요한 경쟁력의 의미를 지닌다.

또한 우리가 교육에서 쓰기 능력을 중시하는 까닭은 쓰기가 사고 형성 기능과 밀접한 관련이 있기 때문이다. 누구나 종이 위에 연필로 뭔가를 끄적여 봄으로써 실타래처럼 얽혀있던 머릿속 생각들이 명료하게 정리되거나 막연한 수준의 앎이었던 어떤 대상이 보다 구체화된 실체로 확연해졌던 경험을 가지고 있을 것이다. 이렇게 쓰기는 머릿속에서 혼란스럽게 얽혀 있는 생각들을 명료하게 정돈해 주기도 하고 여러 아이디어들 간의 연결 관계 속에서 또 다른 생각들을 만들어 냄으로써 새로운 앎으로서의 지식을 생성해 내기도 하는 신비한 마력을 가지고 있다. 우리는 쓰기를 통해 사물들 사이의 관계를 이해하기도 하고, 자신은 물론 자신을 둘러싼 여러 대상들에 대해 깊이 있게 통찰하고, 문제에 대한 새로운 해결책을 찾기도 한다. 이런 점에서 볼 때 쓰기는 단순히 낱말들을 연결해서 문장을 엮어 나가는 단순 기능이 아니라 머릿속 생각을 정련하고 구조화하는 고차원적인 고등 정신 기능이라 할 수 있을 것이다.

또한 쓰기는 범교과적으로 가장 강력한 학습의 도구가 되기도 한다. 예나 지금이나 어떤 학문 분야에서든 교육을 통해 어느 정도의 학문적 성취를 이루었는가를 판가름하는 가장 중요한 척도는 쓰기 능력이었다. 학습이란 이미 배운 지식이나 개념, 원리를 바탕으로 새롭게 배우는 내용을 서로 결합해 가는 인지적 과정이라 할 수 있다. 쓰기는 이러한 학습의 과정을 더욱 공고히 하는 데 매우 유용한 도구로 기능한다. 쓰기는 배운 내용을 단순히 수용하는 데 그치지 않고 자신의 관점에서 문제를 재해석하고 새로운 문제 사태에 적용해 봄으로써 더 깊이 있는 앎의 수준에 이르게 해 주기 때문에 매우 탁월한 학습의 도구가 될 수 있는 것이다.

그런가 하면, 우리는 누구나 자기를 표현하고자 하는 욕망을 가지고 있다. 그 옛날 원시인들이 동굴 속에 새겨놓은 형상도 결국은 인간이 지닌 표현하고자 하는 욕망이 구체화된 흔적과 다름 아니다. 사실 이러한 표현 욕구는 긍정적이고 건강한 정서를 강화하는 글쓰기의 치유 효과와 직결되기도 한다. 글쓰기를 통해 자신의 생각과 감정, 경험을 토로하는 과정을 통해서 우리는 자연스럽게 억압된 정서를 분출하는 카타르시스를 경험하기도 하고, 거리 두기와 반성적 성찰을 통해 자신의 내면을 차분하게 들여다 볼 수도 있게 된다. 이렇게 글쓰기를 통해 자신을 드러내고 표현하는 행위는 매우 긍정적이고 건강한 정서를 함양하는 데 탁월한 치유 효과를 지닌다.

요컨대 쓰기는 현대 사회에서 교육 받은 사람이 반드시 갖춰야 할 필수 기능으로서, 의사소통의 도구로서, 사회적 경쟁력으로서, 범교과적인 학습의 도구로서, 사고 형성의 도구로서, 긍정적인 정서 강화의 수단으로서 매우 중요한 의미를 지닌다.

2) 쓰기의 개념과 성격

'쓰기'의 사전적 의미는 문자 언어를 통해 생각이나 느낌을 표현하고 전달하는 일체의 행위를 뜻한다. 그러나 쓰기 개념은 쓰기를 바라보는 관점이나 작문 이론에 따라 매우 다르게 규정되고 있다. 쓰기의 본질 자체가 워낙 다층적인 성격을 지니고 있기 때문이다. 본절에서는 주요 쓰기 이론에서 각기 다르게 규정되고 있는 쓰기의 개념과 성격을 살펴보기로 하자.

(1) 수사학적 관점에서 본 쓰기 개념과 성격

수사학에서는 쓰기를 어떤 경우라도 진공 상태 속에서 이루어지는 법이 없이 언제나 구체적인 상황 맥락 안에서 읽을 이를 전제로 어떤 영향을 미치기 위해 이루어지는 의사소통 행위로 본다. 인류 역사상 가장 역사가 오랜 학문인 '수사학'이 원래 그 어원(語源)이 '나는 말한다(I speak)'라는 의미를 가지고 있는 '레토(Rhetor)'에서 기원하였음은 수사학이 '말하는 기술'을 다루는 학문임을 시사해 준다. 이미 고대 그리스 시대에 눈부신 발전을 이루었던 수사학의 본질은 노예와 여성, 외국인을 제외한 아고라 광장의 많은 시민들 앞에서 자신의 정치적 권리와 재산권을 스피치를 통해서 서로 생각이 다른 사람들을 설득하던 '레토(Rhetor)'의 이미지와 직결된다. 즉, 수사학이 '말과 글로써 서로 생각이 다른 사람들을 설득하여 영향을 미치는 데 필요한 지식과 기술에 관한 학문인 까닭이다.

이러한 수사학적 관점에서 본다면, 쓰기는 구체적인 상황 맥락 안에서 필자 자신이 의도한 메시지를 글을 읽게 될 독자를 염두에 두고 그에게 뭔가 영향을 미치기 위한 목적으로 글을 쓰는 의사소통 행위라 볼 수 있다. 필자는 진공 상태 속에서 글을 쓰는 것이 아니라 구체적인 상황 맥락 속에서 글을 읽게 될 독자를 염두에 두고, 그에게 뭔가 영향을 미치기 위해 글을 쓰기 때문이다. 글을 쓸 때 필자는 언제나 구체적인 상황 맥락 속에서 '나는 왜 이 글을 쓰는가?', '내 글을 읽는 사람은 누구인가?', '독자는 어떤 내용을 기대할까?', '이 글을 통해서 내가 정말 하고 싶은 말은 무엇인가?'와 같은 수사학적 문제들을 고민하면서 글을 쓰게 된다. 그렇다면, 결국 수사학적 관점에서 쓰기란 수사적 맥락의 영향을 받으면서 필자가 독자에게 영향을 미치기 위해 텍스트를 생산하는 의사소통 행위라 할 수 있다.

(2) 형식주의 작문 이론에서 본 쓰기 개념과 성격

형식주의 작문 이론에서는 쓰기를 객관화된 작문 절차와 장르 규범, 규칙에 따라 이미 만들어져 있는 의미를 문자를 통해 정확하게 글로 표현하는 행위로 규정한다. 또한 쓰기 과정을

'예비 작문하기(prewrite) → 작문하기(write) → 다시쓰기(rewrite)'와 같은 선조적인 것으로 보면서, 쓰기의 결과로 생산된 결과물로서의 글(text)에 최우선적인 관심을 둔다.

형식주의 작문 이론은 쓰기 능력을 체계적인 모방과 연습을 통해 신장시킬 수 있는 것이라 보면서, 쓰기 교육에서 교사가 해야 할 일은 모범적인 글을 생산하는 데 필요한 객관화된 지식을 전달해 주고, 정확성 측면에서 완성된 학생의 작품에서 나타나는 오류를 지적하고 교정해 주는 것이라는 관점을 취한다. 또한 학생들이 글을 잘 쓰기 위해서는 모범적인 글을 많이 보면서 모방하고 숙달될 때까지 체계적이고 반복적으로 글쓰기를 연습하는 것이 중요하다고 보았다.

이러한 형식주의 작문 이론은 완성된 결과물로서의 텍스트 자체의 정확성만 강조한 나머지 능동적으로 의미를 구성하는 과정 속에서 필자가 하는 역할이나 그 글이 받아들여지는 사회적 맥락과 같은 쓰기 관련 요인들을 충분히 인식하지 못했다는 점에서 한계점이 지적될 수 있다. 그러나 오류 없는 쓰기 결과물로서의 텍스트 자체를 강조하는 형식주의 작문 이론은 나름대로 충분한 교육적 의미를 지닌다. 오류 없이 정확한 글을 쓸 수 있는 능력 역시 분명 우리가 쓰기 교육을 통해 도달하고자 하는 매우 중요한 교육적 목표일 것이기 때문이다. 또한 모범적인 글에 대한 모방을 강조하는 것도 미숙한 수준의 필자에게는 매우 유용한 교육적 처방이 될 수 있을 뿐더러 좋은 글을 많이 읽는 사람이 결국 좋은 글을 쓰게 될 가능성이 많아진다는 점에서 교육적으로 권장할 만하다.

(3) 인지주의 작문 이론의 관점에서 본 쓰기 개념과 성격

인지주의 작문 이론에서는 쓰기를 고도의 인지적인 사고 과정을 통해 일련의 문제들을 해결해 가는 목표 지향적인 문제 해결 과정(원진숙·황정현 역, 1998)으로 본다. 우리는 쓰기를 통해 사고하고, 글을 써야 하는 문제 상황에서 아이디어를 생성하고, 조직하고, 초고를 쓰고, 쓴 글을 다시 고쳐 써 나가는 일련의 과정 속에서 접하게 되는 여러 가지 문제들-작게는 띄어쓰기, 맞춤법과 같은 기계적인 문제에서부터 단어의 선택, 문장의 구조, 문장 간의 논리적 연결 관계, 글 구성 조직, 문체, 더 나아가 글을 쓰는 목적, 장르의 특성, 예상되는 독자의 기대와 반응 등과 같은 수사적 문제에 이르기까지 여러 가지 복잡다기한 문제들을 해결하면서 목표 지향적으로 글을 써 나가게 된다.

다음의 〈그림 1〉에서 보는 바와 같이 인지주의 작문 이론에서는 쓰기를 고정된 단계로 보지 않고 필자가 쓰기 과정에서 조절하고 통제해야 하는 몇 가지 하위 과정들의 집합으로 본다. 즉 쓰기는 필자의 장기 기억과 작문 과제 환경 속에서 계획하기, 작성하기, 재고하기, 조절하기 등의 일련의 역동적 의미 구성 과정을 통해서 이루어지는 일련의 문제 해결 행위요 사고 과정이라는 것이다.

쓰기를 인지적인 사고 과정을 통해 일련의 문제들을 해결해 나가는 목표 지향적인 문제 해결 과정으로 보는 인지주의 작문 이론에서는 쓰기를 통해 사고하는 방법 내지는 능숙한 필자들이 쓰기 과정을 통해서 접하게 되는 문제들을 해결해 가는 방법들을 '쓰기 전략'이라는 이름으로 목록화하여 쓰기 교육의 내용으로 삼는다.

인지 구성주의 작문 이론에서는 한번에 완벽한 글을 쓰도록 요구하지 않고 학습자로 하여금 교사의 비계 지원(scaffolding)하에 일련의 문제 해결 과정으로서의 쓰기를 경험하도록 함으로써 글쓰기 자체에 대한 두려움이나 부담감을 줄여주고 점차 자기주도적인 쓰기 능력을 갖게 해 준다는 긍정적인 측면을 지니고 있다.

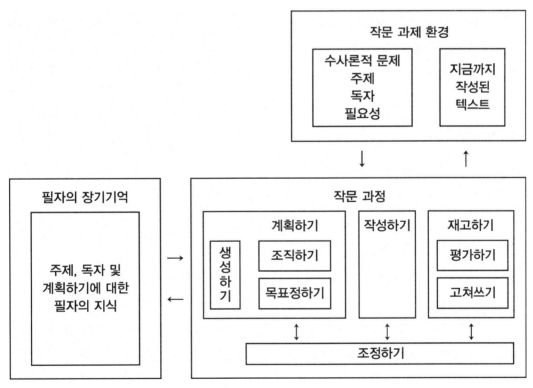

〈그림 1〉 Flower & Hayes(1981)의 인지적 작문 모형

(4) 사회 구성주의 작문 이론의 관점에서 본 쓰기 개념과 성격

사회 구성주의 작문 이론에서는 쓰기를 일종의 사회·문화적 실천 행위로 규정한다. 사회 구성주의 작문 이론에서는 쓰기를 객관화된 지식을 실현하는 과정도, 순수하게 개인적인 의미 구성 과정도 아닌 담화 공동체 구성원들과의 상호 작용을 통한 의미 구성 과정으로 본다. 필자는 사회 문화적 상황 맥락 안에서 담화 공동체 구성원들과 상호 작용을 하면서 글을 쓰는 존재이며 또 이러한 필자가 생성해 낸 글은 필자 개인이 생성한 결과라기보다는 담화 공동체 안에서 교사나 동료와의 의미 협상을 통한 상호 작용의 결과로 보아야 한다는 것이다.

사회구성주의 작문 이론에서는 지식이 사회적으로 합의된 결과물이라는 견해를 바탕으로 개인의 쓰기 행위보다는 개인을 둘러싸고 있는 사회적 환경 내지 사회적 맥락에 관심을 갖는다. 사회 구성주의 작문 이론에서는 사고가 개인의 것이 아니라 담화 공동체 구성원들 간에 이루어지는 언어적 대화가 내면화된 것이라는 Vygotsky(1978)의 관점을 받아들여 쓰기를 필자가 담화 공동체 구성원들과 나누는 대화의 과정으로 규정한다. 따라서 필자는 골방 속에서 고립된 주체로서 의미를 구성하는 것이 아니라 다양한 목소리가 존재하는 사회·문화적 환경에서 예상 독자의 관심과 요구에 부응하도록 의미를 구성하는 존재라는 것이다. 이 과정에서 필자는 예상 독자와 대화하고 협상을 진행하면서 합의되고 타협된 의미를 구성하게 된다.

3) 쓰기의 과정

일련의 쓰기 과정을 나누는 방식은 크게 두 가지로 나누어 볼 수 있다. 하나는 시간의 흐름을 기준으로 나누는 방식이고, 또 하나는 기능(functions)을 기준으로 나누는 방식이다. 앞의 방식에는 쓰기 전(prewriting), 쓰기(writing), 쓰기 후(postwriting)가 대표적이고, 뒤의 방식에는 아이디어 생성하기, 조직하기, 표현하기, 교정하기가 대표적이다.

기능(functions)을 중심으로 나누는 방식에도 다소의 차이가 있다. 계획하기, 작성하기, 고쳐쓰기로 나누는 경우도 있고, 내용 선정하기, 조직하기, 초고쓰기, 교정하기 등으로 나누는 경우가 있다. 그리고 학자에 따라서는 교정하기 다음에 편집하기와 출판하기를 넣기도 한다. 용어 문제로 내용 생성이나 선정 대신에 내용 창안하기라는 용어를 사용하는 경우도 있고, 표현하기 대신에 초고쓰기, 작성하기 등의 용어를 쓰기도 하고, 교정하기 대신에 수정하기, 고쳐 쓰기, 퇴고하기 등의 용어를 쓰기도 한다.

흔히 내용 생성하기를 쓰기 과정의 첫 단계로 설정하지만 그 이전에 글을 쓸 준비를 하는 계획하기 활동이 필요하다. 예를 들어 주제를 설정하거나 독자를 고려하거나 쓰기의 조건 등

을 생각하는 활동이 필요한데, 이런 것들은 내용 생성하기 단계가 아닌 계획하기 단계에서 고려해야 하는 것들이라 보아야 할 것이다. 이런 점들을 고려할 때 쓰기 과정은 다음 〈표 1〉 과 같이 설정하는 것이 바람직하다.

〈표 1〉 쓰기의 과정

계획하기	
내용 생성하기	
내용 조직하기	조정하기
표현하기	
고쳐쓰기	
편집하기	

(1) 계획하기

계획하기란 종이 위에 생각을 글로 옮겨 적기 이전의 모든 사고 활동을 말한다. 계획하기 단계에서는 이 글을 읽게 될 사람은 누구인가? 독자는 이 글에서 어떤 내용을 기대할 것인가? 무엇에 대해 쓸 것인가? 나는 이 글을 왜 쓰는가? 내가 이 글에서 정말 하고 싶은 말은 무엇인 가? 나는 이 글을 통해서 독자에게 어떤 영향을 미치고 싶은가? 등과 같은 물음에 스스로 답 을 해 가는 과정을 통해서 글쓰기의 목적, 예상 독자, 대략적인 글의 주제를 설정하는 등 글을 쓰기 전에 글쓰기와 관련된 수사적 맥락을 파악하고 글을 쓸 준비를 하는 활동을 수행한다.

(2) 내용 생성하기

내용 생성하기는 글을 쓰기 위해 아이디어를 떠올리고 수집하는 활동이다. 내용 생성하기 단계에서 필자가 해야 할 가장 중요한 일은 글의 주제를 설정하는 일과 글의 재료를 선정하는 것이다. 주제란 '무엇을 쓸 것인가'의 '무엇'에 해당하는 것으로 글의 중심 내용, 혹은 필자가 말하고자 하는 핵심 내용을 뜻한다. 어떤 경우든 필자는 주제를 선택할 때 그 주제에 대한 자신의 입장, 예상 독자의 요구 등을 종합적으로 고려하면서도 필자의 흥미와 관심, 그리고 자신이 잘 알고 있는 내용을 바탕으로 주제를 설정하는 것이 중요하다. 글의 주제를 설정한 다음 필자가 해야 할 일은 글의 주제를 뒷받침하는 데 필요한 글감, 즉 글의 재료를 수집하고 선정하는 것이다. 글감을 수집하는 작업은 대개 두 가지 방향에서 이루어진다. 그 한 가지는 열심히 관련 자료를 찾아 정리하는 작업이고 또 다른 방향의 작업은 체계적이고 창의적인 사고 활동을 통해서 자신의 머릿속에서 최대한 좋은 생각들을 끄집어내는 방식이다. 창의적이고 체계적인 사고 작용을 통해서 아이디어를 생성하는 방법으로는 브레인스토밍이나 마인드맵 그리기, 질문하고 답하기 등이 있다.

(3) 내용 조직하기

내용 조직하기는 이전 단계에서 생성한 내용을 일정한 기준에 따라 순서화하고 조직하는 행위이다. '구슬이 서 말이라도 꿰어야 보배'라는 말이 있듯이 아무리 좋은 아이디어를 많이 생성했다 해도 적합한 내용을 선택하여 일정한 원리에 따라 효과적으로 조직화하지 않으면 통일성 있는 글이 되기 어렵다. 내용 생성하기가 필자의 머릿속 생각을 가급적 많이 끄집어내는 확산적 사고에 초점이 있다면 내용 조직하기 과정은 이 내용들을 주제가 제대로 구현될 수 있도록 잘 수렴하여 배열하고 조직하는 데 초점이 있다. 내용 조직하기 단계에서 일반적으로 사용할 수 있는 쓰기 전략으로는 생성된 내용들을 유사한 속성을 지닌 것들은 일정한 기준을 세워서 범주화하고 이에 속하지 않는 내용들은 삭제하는 방식으로 내용을 정리하는 다발 짓기(clustering) 전략과 글 전체의 흐름을 어떤 순서와 내용으로 엮어 나갈 것인가를 일목요연하게 표로 정리하는 개요 작성하기(outlining)를 들 수 있다.

모든 좋은 글에는 주제를 향한 일정한 흐름이 있게 마련이다. 원인에서 결과로, 현상 분석에서 의미 부여로, 비판에서 주장으로, 또는 원인 규명에서 해결책 제시로 흐르는 논리적 흐름이 있다. 아이디어를 개요 작성을 통해서 조직화한다는 말은 고정된 어떤 틀에 글의 내용을 맞춘다는 말이 아니라 글이 일정한 방향으로 진행되는 일관된 흐름, 즉 통일성을 갖게 한다는 의미이다. 따라서 개요를 작성할 때는 주제를 분명히 드러내기 위해서 아이디어 생성하기 단계에서 창안된 생각들 가운데 적절한 내용을 선택하여 논리적 흐름에 따라 구체적이면서도 체계적으로 조직하고 배열하는 것이 무엇보다 중요하다.

(4) 표현하기

표현하기는 앞에서 아이디어를 생성하고 조직한 내용을 바탕으로 하여 초고(rough draft)를 쓰는 활동이다. 쓰기란 결국 문자 형태로 나타나야 하는 것이기 때문에 표현하기는 쓰기 활동의 핵심이라 할 수 있다. 이 과정에서 필자는 글의 각 부분들을 긴밀하게 결합하여 통일성을 갖춘 글이 되도록 하는 일과 독자와 소통할 수 있는 글을 쓰는 일에 집중할 필요가 있다.

초고쓰기 단계에서는 이미 작성한 개요와 메모 등을 참조하여 일단 표현하고자 의도한 내용을 빠른 속도로 써 내려가는 것이 중요하다. 글을 아무리 빠른 속도로 쓴다 해도 획획 날아가는 생각의 속도를 따라잡을 수 없다. 처음부터 대번에 완벽한 원고를 쓰겠다는 욕심으로 문장 하나하나와 씨름을 하다 보면 자칫 정말 써야 할 내용들을 놓쳐 버리기 십상이다. 초고(rough draft)란 문자 그대로 완결된 상태의 글이 아니라 다시 쓰여 질 것을 전제로 하는 그야말로 초고에 불과하다. 따라서 대번에 완벽한 원고를 쓰겠다는 욕심이나 부담감을 버리고 의미에 집중해서 '일단 쓰고 나중에 고쳐쓰기' 전략에 의지하여 글을 쓰는 것이 바람직하다. 그런 까닭에 초고쓰기 단계에서는 문법이나 맞춤법, 표현 등에 신경쓰기보다는 마치 영혼이 자유로운 디오니소스처럼 정말 자신이 쓰고 싶은 내용을 글로 표현하는 행위 자체에 집중하는 것이 무엇보다 중요하다.

(5) 고쳐쓰기

고쳐쓰기는 초고를 쓴 다음에 글을 다시 읽어 보면서 글의 내용적인 측면을 중심으로 다시 다듬어 나가는 단계이다. 종래에는 고쳐쓰기의 중요성을 크게 인식하지 못했으나, 글을 쓰는 것은 어떤 의미에서 계속적인 수정 과정이라 해도 과언이 아니다. 많은 작문 연구가들은 한결같이 경험이 많은 능숙한 필자들일수록 글을 고쳐쓰는 과정에 시간과 노력을 아끼지 않는다는 점을 지적하고 있다. 능숙한 필자들은 대개 좋은 글을 쓰기 위해서는 반드시 고쳐쓰기 과정이 필요할 뿐만 아니라 글은 고쳐 쓸수록 좋아진다는 것을 경험적으로 잘 알고 있다. 일반적으로 미숙한 필자들이 고쳐쓰기를 그저 부분적으로 몇몇 틀린 글씨나 낱말들을 고쳐쓰고 원고를 깔끔하게 정서하는 작업이라고 생각하는 데 비해서 능숙한 필자들은 초고는 그저 완벽한 글을 쓰기 위해 여러 가지 아이디어들을 시도해 보고 발전시키는 데 이용하는 도약대 정도의 의미로 파악하고 상당량의 시간을 고쳐쓰기에 배분하면서 글 전체 수준으로부터 점차 문단 수준, 문장 수준, 단어 수준으로 차츰 범위를 좁혀가면서 글을 고쳐 간다.

고쳐쓰기(revising)란 문자 그대로 대충 글의 모양새를 갖춘 완벽하지 않은 초고(rough draft)를 의미를 중심으로 다시 들여다보면서 원래 계획하기 단계에서 설정했던 글쓰기 목적이나 의도에 맞게 글이 쓰여졌는지를 확인하며 고쳐나가는 과정이라 할 수 있다. 전체적인 글 구성의 짜임새가 유기적인 통일성이 있는지, 글의 내용에 일관성이 있는지 등을 중심으로 꼼꼼히 검토하면서 잉여적인 부분들은 삭제하기도 하고, 논리적인 비약으로 글의 설득력이 부족하거나 내용이 불충분할 때는 새로운 내용을 덧붙이기도 한다. 또한 글의 논리적 흐름이 부족하거나 논리 전개 순서가 바뀌었을 때는 글의 구성 순서를 바꾸거나 재배열하기도 하고, 글의 제목이나 소제목을 첨가하기도 한다.

(6) 편집하기

편집하기(editing)는 글을 작품화해서 발표하기 위한 마지막 단계이다. 고쳐쓰기 단계가 주로 글의 내용면에서 이루어지는 작업이었다면 편집하기는 띄어쓰기, 맞춤법, 활자 크기 등 글의 형식적 측면에서 오류가 없도록 글을 깔끔하게 다듬어 나가는 단계이다. 이 편집하기의 궁극적인 목표는 원고를 독자들이 읽기 쉬운 상태의 글로 만드는 것이다. 가독성을 높이기 위해 글을 한 줄 한 줄 꼼꼼히 읽어 가면서 잘 읽히는 매끄러운 상태의 글로 다듬는 교열 위주의 작업을 하게 된다.

(7) 조정하기

조정하기란 일련의 쓰기 과정에서 자신의 사고 행위를 조절하고 통제하는 행위를 말한다. 글쓰기의 본질이 선조성이 아닌 회귀성에 있는 것은 바로 이 메타인지에 의한 조정하기가 있기 때문이다. 조정하기는 어떤 내용의 글을 쓸 것인지, 창안한 아이디어를 어떻게 조직화하고 구성할 것인지, 어떻게 표현할 것인지를 선택해서 실행하고, 자신의 쓰기 수행을 점검 · 평가하며, 문제점이 발견되면 다시 바로잡고 조정하는 일련의 과정을 상위에서 통어하는 기능을 한다.

2. 쓰기 교육의 목표와 내용

1) 쓰기 교육의 목표

쓰기 교육의 궁극적 목표는 학습자로 하여금 장차 이 사회에서 행복하고 성공적인 삶을 살아가는 데 필요한 쓰기 능력을 갖춘 생애 필자로 길러내는 것이다. 쓰기 능력은 자신의 생각을 논리적인 언어로 정확하고 설득력 있게 전달할 수 있는 의사소통능력일 뿐만 아니라 사고를 언어로 옮겨서 표현해 내는 고등 정신 기능을 바탕으로 하는 고차원적인 문제 해결 능력이라 할 수 있다. 이 능력은 문자 언어로 표현하는 데 있어서의 유창성, 내용 생성의 능숙성, 작문의 일반적인 규칙과 관습에 대한 통달, 글을 쓰는 상황을 적절히 고려할 수 있는 사회

인지 능력, 우수한 글을 판단할 수 있는 감상력과 비판력, 통합적 사고력과 통찰력 등의 하위 기능으로 구성되어 있다(Beriter, 1980). 물론 이러한 쓰기 능력은 대번에 길러질 수 있는 것이 아니라 일련의 발달 단계를 거쳐 적절한 교육과 훈련에 의해 점진적으로 길러지는 평생의 과업이라 할 것이다.

2015 개정 국어과 교육과정에서는 쓰기 영역의 교육 목표를 별도로 제시하지 않고 하위 영역의 구별없이 국민 공통 기본 교육기간인 1학년부터 9학년까지 통합적으로 국어 교과의 교육 목표를 다음과 같이 제시하고 있다.

국어로 이루어지는 이해·표현 활동 및 문법과 문학의 본질을 이해하고, 의사소통이 이루어지는 맥락의 다양한 요소를 고려하여 품위 있고 개성 있는 국어를 사용하며, 국어문화를 향유하면서 국어의 발전과 국어문화 창조에 이바지하는 능력과 태도를 기른다.

가. 다양한 유형의 담화, 글, 작품을 정확하고 비판적으로 이해하고 효과적이고 창의적으로 표현하며 소통하는 데 필요한 기능을 익힌다.
나. 듣기·말하기, 읽기, 쓰기 활동 및 문법 탐구와 문학 향유에 도움이 되는 기본 지식을 갖춘다.
다. 국어의 가치와 국어 능력의 중요성을 인식하고 주체적으로 국어생활을 하는 태도를 기른다.

이 같은 국어과 교육의 목표를 통해 쓰기 교육과 관련된 목표를 추출해 보면, 쓰기 영역의 목표는 쓰기 활동에 대해 총체적으로 이해하고 쓰기 활동의 맥락을 고려하여 정확하고 효과적으로 글을 쓸 수 있는 능력과 태도를 신장하는 데 있음을 알 수 있다. 즉, 쓰기 영역의 목표는 쓰기의 개념과 특성, 글의 유형, 맥락 등 쓰기에 관한 지식을 익히고, 글씨 쓰기, 일련의 쓰기 과정과 절차에 관한 기능을 익히고, 쓰기의 가치와 중요성을 인식하고 실제적인 삶 속에서 쓰기를 생활화하는 태도를 함양하는 데 있다.

(1) 쓰기 지식 관련 목표

국어과 쓰기 교육의 지식 관련 목표는 쓰기 활동에 대한 기본적인 지식을 익힘으로써 실제 쓰기 상황에서 그것을 활용할 수 있도록 해야 한다는 것이다. 쓰기에 관한 지식은 글 쓸 주제와 관련된 내용적 지식, 쓰기 목적, 글의 주제, 예상 독자 등을 고려할 수 있는 맥락에 관한 지식, 글 구조와 형식, 띄어쓰기, 맞춤법 등 제반 쓰기의 관습적 규약에 대한 지식, 제반 지식을 모두 통합하여 글을 구성하는 방법에 관련된 지식으로 정리될 수 있다.

(2) 쓰기 기능 관련 목표

쓰기 영역에서는 아이디어의 생성, 아이디어의 조직, 표현하기, 고쳐쓰기와 같은 일련의 과정에서 접하게 되는 여러 가지 어려움이나 문제들을 해결하기 위해 필요한 제반 쓰기 기능을 익히도록 하는 것을 주된 목표로 설정하고 있다. 이러한 기능은 반복적인 훈련과 연습의 과정을 통해 거의 자동화 수준으로 숙달되어야 하는 것이다. 자동화된 수준의 쓰기 기능을 체득하지 못한 미숙한 필자들은 글을 쓸 때 의미 구성 자체에 집중하기 어렵지만, 자동화된 수준의 쓰기 기능들을 익힌 능숙한 필자는 의미 구성에 더 집중할 수 있기 때문에 보다 효율적으로 글쓰기에 임할 수 있게 된다. 글을 잘 쓰기 위해선 글을 어떻게 써야 하는가 하는 지식의 교수 이상으로 실제 글쓰기 수행을 통한 반복적인 글쓰기 연습과 훈련을 통해서 부단히 쓰기 기능을 체득할 수 있도록 하는 것이 보다 중요하다. 쓰기 수업이 실제 자신의 생각과 느낌을 글로 표현해 보는 쓰기 수행 중심으로 이루어져야 하는 이유이다.

(3) 쓰기 태도 관련 목표

쓰기 교육은 쓰기에 관한 지식과 기능을 익히는 것에 그치지 않고 학습자들로 하여금 자신의 삶 속에서 글쓰기를 생활화하고 즐겨하는 평생 생애 필자로 성장시키는 것을 중요한 목표로 지향해야 한다. 쓰기 능력을 신장시키기 위해서는 무엇보다 쓰기에 대한 올바른 태도와 습관을 갖도록 하는 것이 중요하다. 이를 위해서는 쓰기의 중요성과 가치를 바르게 인식시키고, 학습자로 하여금 실제적 목적의 쓰기 목적과 맥락을 고려한 쓰기 활동의 경험을 갖게 하면서, 쓰기 활동을 지원하기 위한 안내를 제공하여 긍정적인 정서적 환경을 구축해 주는 것이 필요하다. 바람직한 쓰기 태도와 습관은 단기간에 형성되는 것이 아니라 오랜 기간에 걸쳐 실제 삶 속에서 많이 읽고, 생각하고, 자신의 생각을 글로 써 보는 과정을 통해서 형성되는 것이기 때문이다.

2) 쓰기 교육의 내용 체계

쓰기 영역에서 어떤 내용을 지도해야 하는가를 국어과 교육과정에서는 다음과 같은 내용 체계표로 구조화하여 제시하고 있다. 이 '내용 체계'는 성취 기준을 선정하는 준거의 기능을 하는데 2007 개정 교육과정에서는 다음 〈표 2〉와 같이 쓰기 영역을 '실제', '지식', '기능', '태도'의 범주로 나누어 제시하였다. 쓰기 영역의 내용 체계 구성 원리로 '실제'를 강조하는 맥락의 관점을 적극 반영한 것이다.

〈표 2〉 2009 개정 교육과정 쓰기 영역의 내용 체계

실제
다양한 목적의 글쓰기 - 정보를 전달하는 글 - 설득하는 글 - 친교 및 정서 표현의 글 쓰기와 매체

지식	기능	태도
쓰기의 본질과 특성 글의 유형 쓰기와 맥락	글씨 쓰기 쓰기의 계획 내용 생성과 조직 표현하기와 고쳐 쓰기 쓰기 과정의 점검과 조정	가치와 중요성 동기와 흥미 쓰기의 윤리 쓰기의 생활화

2015 교육과정에서는 '국어'의 교수-학습 내용을 듣기·말하기, 읽기, 쓰기, 문법, 문학 영역으로 나누어 내용 체계를 제시하고 있다. 각 영역의 내용은 하위 범주별 '핵심 개념'과 '일반화된 지식'을 바탕으로 하여 '학년(군)별 내용 요소'로 전개하였으며, 이를 통해서 각 영역이 추구하는 통합적 '기능'을 신장하도록 하였다. 학년(군)별로 제시한 내용 요소는 해당 학년(군)에서 집중적으로 다루되, 학년(군) 간 연계성을 바탕으로 하여 다른 학년(군)에서도 융통성 있게 다룰 수 있다. 또한, 국어 활동의 총체성을 바탕으로 하여 특정 영역의 성취기준을 같은 학년(군)의 다른 영역에서 적절하게 활용하여 내용을 구성할 수도 있다.

〈표 3〉 2015 개정 교육과정 쓰기 영역의 내용 체계

핵심 개념	일반화된 지식	학년(군)별 내용 요소					기능
		초등학교			중학교 1~3학년	고등학교 1학년	
		1~2학년	3~4학년	5~6학년			
▶쓰기의 본질	쓰기는 쓰기 과정에서의 문제를 해결하며 의미를 구성하고 사회적으로 소통하는 행위이다.			• 의미 구성 과정	• 문제 해결 과정	• 사회적 상호 작용	• 맥락 이해하기 • 독자 분석하기 • 아이디어 생산하기 • 글 구성하기 • 자료·매체 활용하기 • 표현하기 • 고쳐쓰기 • 독자와 교류하기 • 점검·조정하기
▶목적에 따른 글의 유형 •정보 전달 •설득 •친교·정서 표현 ▶쓰기와 매체	의사소통의 목적, 매체 등에 따라 다양한 글 유형이 있으며, 유형에 따라 쓰기의 초점과 방법이 다르다.	• 주변 소재에 대한 글 • 겪은 일을 표현하는 글	• 의견을 표현하는 글 • 마음을 표현하는 글	• 설명하는 글 [목적과 대상, 형식과 자료] • 주장하는 글 [적절한 근거와 표현] • 체험에 대한 감상을 표현한 글	• 보고하는 글 • 설명하는 글 [대상의 특성] • 주장하는 글 [타당한 근거와 추론] • 감동이나 즐거움을 주는 글 • 매체의 특성	• 설득하는 글 • 정서를 표현하는 글	
▶쓰기의 구성 요소 •필자·글·맥락 ▶쓰기의 과정 ▶쓰기의 전략 •과정별 전략 •상위 인지 전략	필자는 다양한 쓰기 맥락에서 쓰기 과정에 따라 적절한 전략을 사용하여 글을 쓴다.	• 글자 쓰기 • 문장 쓰기	• 문단 쓰기 • 시간의 흐름에 따른 조직 • 독자 고려	• 목적·주제를 고려한 내용과 매체 선정	• 내용의 통일성 • 표현의 다양성 • 대상의 특성을 고려한 설명 • 고쳐쓰기 [일반 원리]	• 쓰기 맥락 • 고쳐 쓰기 [쓰기 과정의 점검]	
▶쓰기의 태도 •쓰기 흥미 •쓰기 윤리 •쓰기의 생활화	쓰기의 가치를 인식하고 쓰기 윤리를 지키며 즐겨 쓸 때 쓰기를 효과적으로 수행할 수 있다.	• 쓰기에 대한 흥미	• 쓰기에 대한 자신감	• 독자의 존중과 배려	• 쓰기 윤리	• 책임감 있게 쓰기	

〈표 3〉을 보듯이, 2015 개정 교육과정은 이전 교육과정이 전통적으로 취해 왔던 내용 체계와 많이 다르다. 이전 교육과정에서는 크게 지식, 기능, 태도 영역이 있고 이를 아우르는 실제 영역을 두는 형태였다. 그런데 2015 개정 교육과정은 이전과는 많이 다른 형태를 취하고 있는데, 이는 전체 교과가 내용 체계표를 통일하려고 했기 때문으로 보인다.

우선 핵심 개념으로, 이는 쓰기 영역에서 제시하고 있는 하위 영역 정도에 해당하는 것이다. 크게 쓰기의 본질, 글의 유형, 쓰기와 매체, 쓰기의 구성 요소, 쓰기의 과정, 쓰기의 전략, 쓰기의 태도로 나누고 각각에 하위 영역 또는 요소를 두고 있는 형태이다. 일반화된 지식은 핵심 개념을 풀어서 설명한 것으로, 말 그대로 포괄적인 수준에서 학생들이 가져야 할 지식

형태를 진술하고 있다. 학년군별로 이 체계에 따라 내용 요소를 제시하고 있다. 이 내용 요소는 곧 성취기준으로 전환되게 된다. 제일 오른쪽 부분에 있는 기능은 이런 내용 요소를 학습함으로써 학생들이 가져야 할 능력 또는 기능이라 할 수 있다.

3) 쓰기 교육과정상의 지도 내용

(1) 성취 기준 위계화의 원리

쓰기 교육은 1차 교육과정기 이래로 지금까지 일관되게 도구적인 관점에서 학습자의 실제적인 쓰기 능력의 신장을 강조해 왔다. 다만 쓰기의 결과물로서의 글을 강조하느냐, 결과물로서의 글에 이르기까지 필자의 머릿속에서 이루어지는 인지적인 사고 과정에 따른 쓰기 과정을 강조하느냐, 다양한 쓰기 장르에 따른 담화 공동체의 쓰기 관습을 강조하느냐에 따라 그 구체적인 쓰기 교육의 내용과 방법의 강조점이 달라져 왔을 뿐이다.

최근 작문과 작문 교육에 대한 연구에서 두드러지는 경향은 쓰기 태도에 대한 연구, 매체의 변화에 따른 쓰기 도구 및 쓰기 환경의 변화를 반영하여 쓰기 윤리와 필자로서의 책임에 대한 연구, 복합 양식 텍스트의 구성에 대한 연구, 사회적 행위로서의 쓰기 특징에 주목한 쓰기 교수 - 학습의 변화에 대한 연구 등이 부각되면서 이전 교육과정과 마찬가지로 2015 국어과 개정 교육과정의 쓰기 영역에서는 이와 같은 최근의 연구 동향과 쓰기 교육에 대한 요구를 반영하여 교육 내용을 선정하고 각 학년군에 따라 내용을 위계화하였다.

쓰기 기능과 과정의 체계적 학습, 다양한 목적의 글쓰기, 태도 교육의 강화, 복합 양식 텍스트의 생산, 개인적 행위로서의 쓰기뿐만 아니라 사회적 행위로서의 쓰기로의 변화 등을 적극 반영하되, 각 학년군의 특징에 맞추어 글을 쓰는 데 필요한 기능과 전략, 쓰기 과정에 대한 학습과 실제로 다양한 유형의 글을 쓰는 것을 중심으로 쓰기 영역의 성취 기준을 마련하였다.

학생들이 글을 쓰는 데 필요한 지식과 기능을 체계적으로 익힐 수 있도록 학년군별로 지도 내용의 초점을 달리 하여 쓰기 기능과 쓰기 과정에 대한 내용을 성취 기준으로 제시하였다. 1~2학년군에서는 글자를 익혀 글씨를 쓰고 문장을 구성하여 글을 쓰는 데 필수적인 기초 기능을 익히도록 하였다. 3~4학년군에서 문자 언어의 관습을 좀 더 분명히 익히도록 의도하여 맞춤법에 맞게 문장을 쓰도록 하고 문단에 대해 익히도록 했다. 5~6학년군에서는 쓰기의 과정과 각 과정에서 해야 할 활동 및 전략에 대해 익히도록 했으며 특히 목적과 내용에 따라 글의 내용을 마련하여 글을 쓰고 이를 고쳐쓰는 것을 중점적으로 익히도록 했다. 7~9학년군에서는 자신의 쓰기 과정을 성찰하는 것을 통해 자신만의 쓰기 과정과 전략을 마련하도록 의도하였다.

학생들이 다양한 유형의 글쓰기를 경험하고 실제로 그러한 글을 쓸 수 있도록 하기 위하여 '정보 전달', '설득', '친교 및 정서 표현'의 글을 쓰도록 내용을 구성하였다. 1~2학년군에서는 글의 목적이나 장르를 분명하게 구분하지 않고 학생들이 쉽게 글쓰기에 접근할 수 있도록 했으며, 3~4학년군 이후부터 점차 독자와 목적 등을 고려하여 실제로 글을 써 보는 활동을 하도록 하고 있다. 7~9학년군에서는 이를 심화하여 글의 목적과 함께 맥락도 고려하여 좀 더 구체적으로 글의 유형을 제시하였다.

> (나) 영역별 '영역 성취 기준'과 '내용 성취 기준'을 고려하여 교수-학습을 전개하되, 특히 다음 사항에 유의한다.
> '쓰기' 지도에서는 글쓰기의 목적, 독자, 주제 등을 고려하여 실제로 글을 쓰는 활동을 강조한다. 특히 쓰기의 목적에 따라 적절한 매체를 선택하여 글을 쓸 수 있도록 쓰기의 상황과 조건을 분명하게 제시하여 글을 쓰게 한다. 글을 쓰는 과정에서 협의 활동을 강조하고, 다 쓴 글에 대해 상호 평가와 자기 평가 활동을 강조한다.

쓰기 영역은 수행적 성격이 강한 영역이므로 다양한 유형의 글을 쓰는 것을 중심으로 그것에 필요한 쓰기 기능과 과정의 학습, 매체와 글을 쓸 때 학습자가 갖추어야 할 태도를 고려하여 교육 내용을 제시하고자 하였다. 또한 이를 제시할 때 학생들의 수준을 고려하여 각 학생들의 수준에 맞는 교육 내용을 적절한 시기에 도입하도록 노력하였다.

(2) 학년군별 영역 성취 기준

[1~2학년군]

초등학교 1~2학년 쓰기 영역 성취기준은 한글을 깨치고 학습자가 학교생활을 하면서 자신의 생각이나 학습 결과를 문자로 표현하는 데 필요한 기초적인 쓰기 능력을 갖추는 데 중점을 두어 설정하였다. 글자를 바르게 쓰고, 자신의 생각을 문장이나 짧은 글로 쓰면서 쓰기에 흥미를 갖고 부담 없이 쓰는 태도를 기르는 데 주안점을 둔다.

[2국03-01] 글자를 바르게 쓴다.
[2국03-02] 자신의 생각을 문장으로 표현한다.
[2국03-03] 주변의 사람이나 사물에 대해 짧은 글을 쓴다.
[2국03-04] 인상 깊었던 일이나 겪은 일에 대한 생각이나 느낌을 쓴다.
[2국03-05] 쓰기에 흥미를 가지고 즐겨 쓰는 태도를 지닌다.

(가) 학습 요소

글자 정확하게 쓰기, 글씨 바르게 쓰기, 완성된 문장 쓰기, 짧은 글 쓰기, 경험에 대한 생각이나 느낌 쓰기, 쓰기에 흥미 갖기

(나) 성취기준 해설

[2국03-01] 이 성취기준은 바른 자세로 글자를 정확하게 쓰는 습관을 기르기 위해 설정하였다. 바른 자세로 글씨 쓰기에는 바르게 앉아 쓰기, 연필 바르게 잡기, 낱자의 모양이나 간격 등을 고려하여 글씨 바르게 쓰기가 포함된다. 글자를 정확하게 쓰기 위해서는 짜임과 필순에 맞게 낱자를 쓰게 한다. 글자의 복잡성 정도를 고려하여 처음에는 받침이 없는 간단한 글자부터 시작하여 점차 받침이 있는 복잡한 글자를 쓸 수 있게 한다.

[2국03-02] 이 성취기준은 문장 구성 능력을 기르기 위해 설정하였다. 문장은 글을 구성하는 기본이다. 글을 잘 쓰려면 먼저 자신의 생각을 정확하게 문장으로 표현할 수 있어야 한다. 한두 문장으로 짤막하게 자신의 생각이나 느낌을 표현하되, 마침표, 물음표, 느낌표 등의 문장 부호를 사용하여 자신의 생각을 문장으로 정확하게 구성하는 기본 능력을 기르도록 지도한다. 또한 꾸며 주는 말을 넣어 자신의 생각과 느낌을 구체적으로 표현하도록 지도한다.

[2국03-03] 이 성취기준은 자신의 주변에서 소재를 찾아 글로 표현하는 능력을 기르기 위해 설정하였다. 자신의 주변에 있는 사람이나 사물에 관심을 가지고 그 특징이 드러나도록 짧은 글로 나타내 보게 한다.

(다) 교수 - 학습 방법 및 유의 사항

　　가장 기본적인 글자, 낱말, 문장을 바르고 정확하게 쓰게 하는 데 주안점을 두되, 학습자가 생활 속에서 흔히 접하는 것을 중심으로 반복해서 학습하도록 한다.

　　글자 바르게 쓰기를 지도할 때에는 학습자의 발달 단계와 수준을 고려하여 기본적인 낱말과 문장을 제시하여 글씨 쓰기를 연습하도록 한다. 학습자의 수준을 넘는 낱말이나 문장을 제시하면 쓰기를 어려워할 수 있으므로 적절한 수준의 낱말이나 문장을 제시하여 쓰기에 흥미를 갖도록 지도한다. 특히 읽기 능력에 비해 쓰기 능력의 발달이 늦다는 점을 고려한다.

　　받아쓰기는 글자를 정확하게 쓰는 데 도움이 될 수 있으나, 학습자가 부담을 갖게 되면 국어 활동에 자신감을 잃을 수도 있으므로 신중하게 활용한다. 너무 어려운 글자를 받아쓰게 하여 국어에 대한 흥미가 떨어지지 않도록 유의하며 요소 중심으로(예 된소리되기 현상이 나타나는 낱말) 지도한다.

　　기초 한글 학습이 부족한 학습자를 위해서는 문자 학습에 흥미를 느낄 수 있도록 놀이 중심, 활동 중심으로 교수 - 학습을 진행한다.

　　주변 사람이나 사물에 대한 짧은 글 쓰기를 지도할 때에는 학습자 자신의 주변에 어떤 사람이 있는지, 생활하면서 어떤 사물을 접하게 되는지를 먼저 생각해 보도록 한 다음, 서너 문장의 짧은 글로 표현하도록 한다.

　　인상 깊었던 일이나 겪은 일을 쓸 때에는 한 편의 글이 갖추어야 하는 형식적인 측면을 지나치게 강조하지 말고 자신의 생각을 자유롭게 표현하도록 하는 데 중점을 둔다.

　　쓰기를 처음 시작하는 단계이므로 쓰기에 흥미와 자신감을 가지도록 격려하고, 최대한 활동 중심, 놀이 중심의 수업이 되도록 한다.

(라) 평가 방법 및 유의 사항

　　평가를 위한 별도의 시간을 마련하거나 활동을 계획하기보다는 수업 및 학교생활에서 학습자의 수행과 태도의 변화 과정을 누적 기록하여 평가한다. 평소 자신이 쓴 쓰기 결과물을 정리해 두도록 하여 이를 평가하는 방법을 적극적으로 활용한다.

　　결과 중심으로 평가할 때에는 맞춤법이나 글씨에 지나치게 얽매이지 않고 표현하고자 하는 내용을 얼마나 충실하게 표현했느냐에 주안점을 두어 평가함으로써 쓰기에 흥미를 가질 수 있게 한다.

[3~4학년군]

초등학교 3~4학년 쓰기 영역 성취기준은 기본적인 쓰기의 방법을 익히고 몇몇 종류의 글을 실제로 써 보면서 쓰기 경험을 쌓는 데 중점을 두어 설정하였다. 친숙한 소재를 활용하여 글을 쓰면서 쓰기에 자신감을 갖고 쓴 글을 다른 사람들과 나누는 태도를 기르는 데 주안점을 둔다.

[4국03-01] 중심 문장과 뒷받침 문장을 갖추어 문단을 쓴다.
[4국03-02] 시간의 흐름에 따라 사건이나 행동이 드러나게 글을 쓴다.
[4국03-03] 관심 있는 주제에 대해 자신의 의견이 드러나게 글을 쓴다.
[4국03-04] 읽는 이를 고려하며 자신의 마음을 표현하는 글을 쓴다.
[4국03-05] 쓰기에 자신감을 갖고 자신의 글을 적극적으로 나누는 태도를 지닌다.

(가) 학습 요소

문단 쓰기(중심 문장과 뒷받침 문장 이해하기), 시간의 흐름에 따라 쓰기, 의견이 드러나는 글 쓰기, 마음을 표현하는 글 쓰기, 쓰기에 자신감 갖기(글을 적극적으로 나누는 태도 갖기)

(나) 성취기준 해설

[4국03-03] 이 성취기준은 어떤 대상이나 사실에 대해 자신의 의견을 밝히는 글을 쓰는 과정에서 생각을 구체화·명료화·정교화하여 제시하는 능력을 기르기 위해 설정하였다. 주변 현상에 대해 관심 갖기의 중요성을 일깨우고, 주장이 무엇이고 주장을 할 때에는 어떤 점에 주의해야 하는지를 기초적인 수준에서 다루도록 한다. 그리고 주장을 뒷받침하는 근거를 들어 자신의 의견이 뚜렷하게 드러나는 주장하는 글을 쓰게 한다.

[4국03-04] 이 성취기준은 읽는 이의 흥미나 관심, 입장, 반응 등을 고려하여 글을 쓰는 자세를 기르기 위해 설정하였다. 글은 글쓴이와 읽는 이가 만나는 공간이다. 글을 통해 다른 사람과 소통하려면 읽는 이의 흥미나 관심, 입장, 반응 등을 고려하여 글을 써야 한다. 친구, 부모님, 선생님, 이웃 등 주위 사람을 대상으로 하여 고마움, 미안함, 기쁨, 슬픔, 사랑, 우정, 고민 등 자신의 정서와 감정을 표현하는 글을 쓰는 경험을 통해 읽는 이를 고려하여 쓸 내용을 마련하거나 적절한 표현을 할 수 있는 능력을 기르도록 한다.

(다) 교수 - 학습 방법 및 유의 사항

　　쓰기 과제를 부여할 때에는 실제로 학습자의 삶과 직결되는 쓰기를 경험하게 한다. 자신의 생활을 바탕으로 하여 글을 쓸 상황을 구체적으로 설정하고, 그 상황에서 주제나 목적, 읽는 이 등을 고려하여 글을 써 보도록 지도한다.

　　문단 쓰기를 지도할 때에는 중심이 되는 내용과 이를 부연해 주거나 뒷받침해 주는 내용을 잘 조직하여 문단 자체의 완성도를 높이도록 지도한다.

　　시간의 흐름에 따라 사건이나 행동이 드러나는 글 쓰기를 지도할 때, 보통 수준의 학습자에게는 자신이 경험한 사건이나 행동을 시간 순서대로 써 보게 할 수 있고, 심화 수준의 학습자에게는 창작성을 감안하여 일부 내용을 꾸며 쓰게 할 수 있다.

　　서사적인 글 쓰기를 지도할 때에는 본격적인 이야기 창작 능력을 기르는 것이 목적이 아니므로 지나치게 높은 수준의 창작성을 요구하지 않도록 한다.

　　관심 있는 주제에 대해 자신의 의견을 쓰게 할 때에는 읽기 영역의 사실과 의견 구별하기 활동과 연계하여, 관심 있는 주제에 관한 객관적 사실과 이에 대한 자신의 의견을 구별하여 정리한 후 이를 글로 써 보게 할 수도 있다. 또는 듣기 · 말하기 영역의 인과 관계를 고려한 말하기 활동과 연계하여, 특정한 상황의 원인과 결과 그리고 그에 대한 자신의 의견을 글로 정리해서 발표하고 청중의 반응을 반영하여 보완하는 글을 써 보게 할 수도 있다.

　　의견이 드러나는 글 쓰기는 엄격한 형식을 갖추거나 지나치게 타당성이 높은 근거를 들도록 하기보다는 주변의 현상에 관심을 갖고 이에 대해 자유로운 형식으로 주장을 펼 수 있도록 지도한다.

　　읽는 이를 고려하여 쓰기를 지도할 때에는 처음에는 학습자가 잘 알거나 친숙한 사람을 읽는 이로 삼아 글을 쓰도록 하고, 학년이 올라감에 따라 점차 잘 알지 못하거나 친숙하지 않은 이를 읽는 이로 삼아 글을 쓰도록 한다.

　　글을 쓰고 난 후 자신의 글을 다른 학습자와 나누어 보는 활동을 통해 쓰기에 대한 자신감을 갖고 자신의 글을 점검하는 기회를 갖도록 한다. 또한 다른 학습자들의 반응이나 비평을 반영하여 자신의 글을 보완하는 노력을 해 보도록 독려한다. 짝 활동을 할 수도 있고 게시판이나 인터넷을 활용하여 다수가 참여하는 활동을 할 수도 있다.

(라) 평가 방법 및 유의 사항

평가 목표는 쓰기의 목적, 읽는 이, 주제에 맞게 한 편의 글을 온전하게 썼는지를 평가하는 데 주안점을 두어 설정한다.

교사의 평가뿐 아니라 자기 평가와 상호 평가를 실시하여 학습자의 쓰기 활동을 다면적으로 평가한다.

자신이 쓴 글과 다른 사람으로부터 받은 피드백을 포트폴리오 형식으로 정리하게 하여 성취감을 느낄 수도 있도록 한다. 이렇게 누적된 활동 결과를 평가 자료로 활용할 수도 있다.

자신이 쓴 글을 다른 학습자들과 나누어 읽는 과정에서 긍정적인 피드백을 경험하게 하여 평가가 글쓰기를 점검하고 보완할 수 있는 정보를 제공해 준다는 점을 이해하게 한다.

[5~6학년군]

초등학교 5~6학년 쓰기 영역 성취기준은 쓰기의 특성을 이해하고 목적과 내용에 맞게 다양한 종류의 글을 쓰는 능력을 갖추는 데 중점을 두어 설정하였다. 글의 내용과 형식에 관심을 갖고 독자를 존중하고 배려하면서 쓰는 능력과 태도를 기르는 데 주안점을 둔다.

[6국03-01] 쓰기는 절차에 따라 의미를 구성하고 표현하는 과정임을 이해하고 글을 쓴다.
[6국03-02] 목적이나 주제에 따라 알맞은 내용과 매체를 선정하여 글을 쓴다.
[6국03-03] 목적이나 대상에 따라 알맞은 형식과 자료를 사용하여 설명하는 글을 쓴다.
[6국03-04] 적절한 근거와 알맞은 표현을 사용하여 주장하는 글을 쓴다.
[6국03-05] 체험한 일에 대한 감상이 드러나게 글을 쓴다.
[6국03-06] 독자를 존중하고 배려하며 글을 쓰는 태도를 지닌다.

(가) 학습 요소

의미 구성으로서의 쓰기, 목적과 주제에 따라 내용 선정하기(글의 목적, 매체 활용), 설명 대상의 특성에 맞게 쓰기, 근거를 들어 주장하는 글 쓰기, 체험에 대한 감상 쓰기, 독자를 존중·배려하며 쓰기

(나) 성취기준 해설

[6국03-02] 이 성취기준은 글을 쓰기 전에 글을 쓰는 목적, 주제 등과 관련된 문제를 탐색하고 쓰는 자세를 기르기 위해 설정하였다. 글의 목적, 주제 등을 고려하는 것은 글의 내용을 마련하는 과정에 영향을 미친다. 글을 쓸 때 글의 목적이나 주제를 고려해야 하는 이유를 이해하고, 글의 목적이나 주제를 정한 다음 그것에 따라 내용을 생성하고 선정하는 방법을 익힌 후 글을 쓸 수 있도록 한다. 또한 글의 목적이나 주제에 따라 선정할 수 있는 매체가 달라질 수 있음을 이해하도록 한다. 예컨대 친교를 목적으로 글을 쓸 때에는 편지나 전자 우편을 이용할 수 있고, 단체에 정보를 제공할 때에는 인터넷 게시판을 이용할 수 있으며, 간단한 정보를 전달할 때에는 문자 메시지를 이용할 수도 있다.

[6국03-04] 이 성취기준은 주장하는 글 쓰기의 능력을 기르기 위해 설정하였다. 주장하는 글 쓰기의 중요성과 특성, 주장하는 글의 조직 방식, 주장하는 글의 특징에 따른 표현 방법에 대해 학습하게 한다. 특히 주장과 근거의 개념, 주장과 근거의 관계 등을 알고 이를 적절히 활용할 수 있게 한다. 그리고 주장하는 글을 쓸 때 알맞은 표현에 관심을 갖게 하며 특히 주관적 표현이나 단정적인 표현, 모호한 표현 등을 사용하지 않도록 한다.

[6국03-06] 이 성취기준은 읽는 이를 존중하고 배려하며 글을 쓰는 자세를 기르기 위해 설정하였다. 편지나 문자 메시지를 받고 감동했던 경험, 불쾌했던 경험에 대해 이야기해 보고, 또래나 자신의 주변 사람을 정하고 그 사람의 상황과 처지를 이해하여 적절하게 조언하는 글을 쓰게 한다. 격식에 맞지 않는 표현이나 속어, 비어 등 부정적인 표현이 드러난 글을 제시하여 적절하게 고쳐 써 볼 수도 있다. 긍정적인 언어 표현의 효과에 대해 이해하고, 타인에게 상처를 주는 언어 표현에 대해 비판할 줄 알며 타인을 존중하고 배려하며 글을 쓰는 태도를 기르는 데 중점을 두도록 한다.

(다) 교수 - 학습 방법 및 유의 사항

쓰기의 절차를 지도할 때에는 글 한 편을 완성하도록 강조하면서 쓰기가 계획하기, 내용 생성하기, 내용 조직하기, 초고 쓰기, 고쳐쓰기의 과정을 요구한다는 점을 이해하도록 하되, 이러한 일련의 쓰기 과정이 엄격하게 구별되거나 분절적인 것이 아니라는 점에 유의한다. 특히 내용 생성하기 단계에서는 브레인스토밍, 마인드맵 등의 방법을 통해 글을 쓰기 위한 내용을 생성하는 전략이나 기능을 익히도록 하는 데 중점을 둔다. 고쳐쓰기 단계에서는 띄어쓰기와 맞춤법을 포함하여 지도하되, 창의성이나 유창성을 저해하지 않도록 유의한다.

글의 목적이나 주제에 따라 내용과 매체를 선정하여 쓰기를 지도할 때에는 다양한 예시 글을 제시하고 학습자가 스스로 글을 분석하여 내용 선정 시 고려해야 할 점, 내용 선정 방법 등을 찾아내도록 안내한다. 이때 제시한 글이 단순히 모방을 위한 예가 되지 않도록 유의한다.

설명하는 글 쓰기를 지도할 때에는 내용 마련을 위한 자료 수집 과정에서 전문적인 자료보다는 학습자가 쉽게 구할 수 있는 자료를 활용하도록 한다. 특히 목적이나 대상에 알맞은 사진이나 도표, 동영상 등의 자료를 적절히 찾을 수 있도록 안내한다. 시각 자료를 포함한 글, 구체적인 예를 제시한 글이나 비교·대조 형태로 내용을 조직한 글 등을 제시하여 목적이나 대상에 따른 형식의 중요성을 이해하도록 한다.

체험한 일에 대한 쓰기를 지도할 때에는 직접 여행했던 경험을 제재로 기행문을 쓰거나 미술관이나 박물관 등을 견학하고 자신이 인상 깊게 보고 느낀 점을 표현하도록 한다. 책, 영화, 음악 등을 보고 들은 경험을 바탕으로 하여 감상문을 쓸 수도 있다. 단, 학습자의 다양한 체험을 이끌어 내어 글로 쓰게 하되, 사회적 위화감을 불러일으킬 수 있는 체험은 다루지 않도록 유의한다.

국어과의 다른 영역과 통합적으로 교수-학습을 진행할 수 있다. 예를 들어 글의 주제나 목적에 따른 쓰기를 지도할 때에는 읽기 영역에서 글의 주제가 무엇인지를 파악하고 내용 중에서 주제에 벗어난 것은 없는지를 분석해 보게 할 수도 있다. 독자를 존중하고 배려하며 쓰기는 듣기·말하기 영역의 언어 예절과 비교해 보게 하는 활동을 통해 지도할 수도 있다.

(라) 평가 방법 및 유의 사항

평가 목표는 쓰기의 목적, 읽는 이, 주제에 맞게 글을 효과적으로 쓰는 능력에 중점을 두어 설정한다.

한 편의 글을 평가할 때에는 내용, 형식, 표현 등을 종합적으로 살펴보되, 경우에 따라 이들 중에서 어느 한 측면에만 초점을 맞추어 평가할 수도 있다. 예를 들어 주장하는 글 쓰기를 평가할 때에는 주장에 따라 타당한 논거를 제시하였는지에 중점을 두어 평가할 수 있다.

한 편의 완성된 글을 평가하되, 경우에 따라서는 일련의 글쓰기 과정을 평가하여 학습자에 대한 좀 더 풍부한 정보를 얻을 수도 있다.

독자를 존중하고 배려하며 쓰기와 같은 정의적 영역의 평가를 할 때에는 일회적으로 끝나지 않도록 한다. 체크리스트를 만들어 활용할 수도 있고 자신의 언어 사용 실태를 기록하는 기록장을 만들어 활용할 수도 있다.

교사의 평가뿐 아니라 글을 쓰고 나서 다른 사람과 돌려 읽으며 자기 평가와 상호 평가를 하도록 하고, 이를 통해 학습자의 쓰기 활동에 대한 다면 평가를 강조하도록 한다.

3. 쓰기 교수 – 학습 방안

1) 쓰기 교수 – 학습의 방향

쓰기 지도를 할 때에는 방향 또는 원리를 견지할 필요가 있다. 이들 방향이나 원리는 이런저런 활동이나 전략 등을 적용할 때 기준 역할을 한다.

첫째, 과정 중심의 쓰기 지도가 필요하다. 학생들이 완성해 놓은 글의 오류를 지적해 주거나 좋은 글을 모방하게 하는 식의 결과 중심의 방법을 통해서는 학생들의 쓰기 능력을 증진하기 어렵다. 일련의 쓰기 과정을 크게 계획하기, 내용 생성하기, 조직하기, 표현하기, 고치기 등으로 나눌 때 각 과정에서 학생들이 필요로 하는 기능이나 전략을 가르쳐 주어야 한다. 예를 들어 내용 생성하기 능력을 증진하기 위해서 브레인스토밍이나 생각 그물 만들기와 같은 전략을 가르쳐 주어야 한다. 과정 중심의 쓰기 지도에 대해서는 다음 항에서 자세하게 다루기로 한다.

둘째, 구체적인 방법을 가르쳐 주어야 한다. 맹목적으로 연습을 하게 한다고 해서 글을 잘 쓸 수 있는 것은 아니다. 물론 글을 잘 쓰기 위해서는 오랜 시간 동안 충분하게 연습을 해야 한다. 하지만 학생들에게 연습만 시켜서는 될 일이 아니다. 우리가 쓰기 수업을 하는 것은 좀 더 효과적으로 학생들의 쓰기 능력을 증진하기 위함이다. 이를 위해서는 글을 쓰는 방법을 구체적으로 가르쳐 주어야 한다. 우선 방법을 가르쳐주고 이것을 적용한 연습을 많이 해 보게 해야 한다. 이와 관련하여 쓰기에 필요한 지식이나 내용 지식을 가르쳐주는 데 초점을 두지 말고 글을 쓰는 데 필요한 전략(방법)을 가르쳐 주는 데 초점을 두어야 한다.

셋째, 무엇을 가르칠 것인가 하는 문제로 내용 자체보다는 방법을 강조해야 한다. 예를 들어 쓰기 수업 시간에 '부모님께 효도하자'라는 내용의 글을 쓰게 할 때, 부모님께 효도해야 한다는 데 주된 목적을 두는 것은 곤란하다. 학생들에게 글을 쓰는 방법을 가르쳐 주어야 한다. 물론 도덕 시간에 이 내용으로 글을 쓰게 하는 경우에는 쓰기 활동을 통해 부모님께 효도하는 마음을 갖게 하는 데 목적이 있다. 그러나 쓰기 수업 시간은 글을 쓰는 방법을 배우는 시간(learn to write)이란 점을 분명히 해야 한다. 다른 교과 시간이나 학교 상황에서는 쓰기를 통해 학습을 하는 데(write to learn) 초점이 있기 때문에 당연히 '내용'을 강조해야 할 것이다. 예를 하나 더 들면 쓰기 수업 시간에 개구리의 한살이에 대한 글을 써야 하는 경우도 있다. 이 경우 '개구리 한살이'에 대해 더 공부하는 데 초점이 있는 것이 아니라 '개구리의 한살이'에 대한 글을 쓰는 과정에서 설명문을 잘 쓰는 방법을 배우는 데 초점을 두어야 한다(이재승, 2002: 241).

넷째, 범교과적인 쓰기 지도(writing across the curriculum)를 강조해야 한다. 쓰기 수업 시간에만 쓰기 능력을 증진하기 위한 지도를 한다면 시간도 부족하고 효과도 크지 않을 수 있다. 다른 교과에서도 그 교과의 특성에 비추어서 '부분적으로' 쓰기 능력을 증진하기 위한 활동을 해야 한다. 예를 들어 과학 시간에 개구리 한살이에 대한 글을 쓰게 할 때, 이 경우 개구리 한살이에 대한 공부를 위한 수단으로 쓰기 활동을 한 것이지만 이때에도 부분적으로 과학적인 내용의 설명문 쓰기를 지도해야 한다. 한편으로 쓰기 수업 시간에도 다른 교과 학습에서 필요한 쓰기 유형을 인식하고 그 교과 학습을 촉진하기 위한 쓰기 능력을 길러주는 데에도 많은 관심을 가져야 한다. 물론 다른 교과 시간뿐만 아니라 일상 장면에서도 쓰기 능력을 기를 수 있도록 유도해 주어야 한다.

다섯째, 학생들의 개인차를 중요시한다. 학생들마다 능력이나 흥미면에서 차이가 있다. 이 점을 고려하지 않으면 수업의 효과를 기대하기 어렵고 자칫하면 쓰기에 대한 흥미를 잃게 만들 수 있다. 예를 들어 아이디어를 생성하는 능력을 증진하기 위한 수업을 할 때, 글의 화제를 제한할 필요는 없다. 스포츠에 관심이 있는 학생이면 그것을 화제로 글을 쓰는 과정에서 아이디어 생성 전략을 배우면 되고, 사회 봉사에 관심이 있는 학생이면 봉사를 화제로 하면 그만이다. 어느 하나에 고정하여 다른 학생들을 여기에 끌어들일 필요는 없다.

여섯째, 목표 중심의 수업을 전개한다. 보통 쓰기 수업 시간이 되면 무조건 한 편의 글을 쓰게 하는 데에만 초점이 있다. 이번 시간에 무엇에 초점을 두어 가르쳐야 하는지를 생각하지 않는다. 일련의 쓰기 과정에서 필요한 전략들을 한 시간 내에 모두 가르칠 수는 없다. 한 편의 글을 쓰게 하되 이번 시간에는 쓰기의 여러 과정 중에서 어느 부분, 어느 전략에 무게 중심을 두고, 다음 시간에는 다른 데 초점을 두어 지도함으로써 결국에는 이들 전략을 고루 익힐 수 있도록 한다.

이밖에도 쓰기 지도를 할 때에는 여러 가지 점을 고려해야 한다. 장르 중심 쓰기 교육 이론에서 단편적인 지식이나 기능을 개별적으로 가르치기보다는 하나의 장르를 중심으로 이들을 통합적으로 가르쳐야 한다는 점, 일련의 쓰기 과정에서 동료 간의 협의 활동을 강조해야 한다는 점, 다양한 쓰기 상황 또는 맥락(주제, 목적, 독자 등)을 반영해야 한다는 점, 주제와 목적, 독자가 있는 쓰기 과제를 제시해야 한다는 점, 읽기나 다른 활동과의 통합적인 활동을 강조해야 한다는 점, 다른 사람의 글에 대한 모방보다는 자기 나름의 의미 구성 행위와 표현을 강조해야 한다는 점, 높은 수준의 사고력을 증진할 수 있는 주제와 활동을 강조해야 한다는 점, 일련의 쓰기 과정에서 자신의 사고 과정을 점검하고 통제하는 행위를 강조해야 한다는 점 등이 중요하다.

2) 과정 중심 쓰기 지도

(1) 과정 중심 쓰기 지도의 개념

쓰기 지도 방법을 나누는 방식 중의 하나는 결과를 중심으로 하느냐 과정을 중심으로 하느냐이다. 결과 중심 접근법(product-oriented approach)은 결과 자체를 강조하여 모범적인 글을 제시하고 다 쓴 글에 대해 논평해 주는 방식을 통해 쓰기 능력을 키우고자 하는 것이다. 여기에 비해 과정 중심 접근법(process-oriented approach)은 일련의 쓰기 과정, 다시 말해 아이디어를 생성하고 조직, 표현, 고치는 각각의 과정에서 학생들이 필요로 하는 기능이나 전략을 직접 가르침으로써 학생들의 쓰기 능력을 기르고자 하는 방식이다. 과정 중심의 쓰기 교육의 개념을 조작적으로 정의하면 다음과 같다(이재승, 2002).

과정 중심의 쓰기 교육은 쓰기를 역동적인 의미 구성 행위로 파악하면서, 내용을 생성하고 조직, 표현, 수정하는 일련의 쓰기 과정에서 교사가 역동적으로 개입하여 학생들의 쓰기 능력과 문제 해결 능력을 촉진하고자 하는 쓰기 교육의 방법에 대한 하나의 관점이자 접근 방식을 말한다.

과정 중심의 쓰기 교육을 이해하기 위해서는 결과 중심의 쓰기 교육과 비교해 보면 도움이 된다. 물론 결과 중심과 과정 중심으로 엄격하게 나누는 것은 곤란하다. 결과 중심과 과정 중심을 양 극단에 위치시킬 때, 어느 쪽에 좀더 가까우냐 하는 정도의 문제로 이해할 필요가 있을 것이다(이재승, 2002).

<표 4> 결과 중심 접근과 과정 중심 접근 비교

접근 방식\n영역	결과 중심 접근	과정 중심 접근
지식관	절대주의적 지식관\n(객관주의 지식관)	상대주의적 지식관\n(구성주의 지식관)
쓰기 행위의 본질	의미의 나열\n(의미 '발견' 중시)	의미의 구성\n(의미 '창조' 중시)
의미의 유동성	고정적임(의미 단일)	유동적임(의미 다양)
쓰기 과정의 회귀성	강조하지 않음	강조함
쓰기 교육의 가능성	소극적임	적극적임
교육의 내용	지식이나 세부 기능\n(문법, 수사학적 규칙, 문체 강조)	전략(통합적 능력 강조)
교육의 방식	반복적인 연습, 모방\n(모범글 제시)	절차적 촉진법, 상호 작용\n(협의), 쓰기 워크숍
교사의 역할	결과에 대한 점검자,\n평가자(경직되고 제한적임)	일련의 과정에서의 촉진자,\n안내자(역동적임)
교수 - 학습의 중심	교사	학생
수정에 대한 관점	부정적(필요악),\n편집으로서의 수정	필수적(발달의 증거),\n의미 생성 행위로서의 수정
수정의 시기	초고 완성 후	쓰기의 전체 과정
학생의 개인차	강조하지 않음	강조함
학생 사이의 상호 작용	강조하지 않음	강조함
맥락의 강조	강조하지 않음	강조함
쓰기 과정 중 강조점	표현 행위	내용 선정, 조직, 수정 행위
평가 방식	형식적 평가, 결과 중심 평가	비형식적, 과정 중심 평가
평가의 주안점	정확성, 형식성	탐구성, 수행성

결과 중심 접근에서는 주제를 제시하고 한 편의 글을 쓰게 한 다음, 다 쓴 글에서 잘못된 점을 지적해 주는 활동이 주류를 이룬다. 대체로 정확성을 강조하고, 문법이나 수사학적 기법을 강조한다. 또한 결과 중심 접근은 모방을 강조하는 경우가 많다. 모범적인 글을 제시하고,

반복적인 연습을 통해 이를 자기 것으로 만들게 하는 방법이 주류를 이룬다. 여기에서 교사는 주로 점검자 또는 평가자의 입장을 취한다.

여기에 비해 과정 중심 접근은 쓰기 과정, 즉 아이디어를 생성하고 조직, 표현, 수정 또는 교정하는 일련의 과정을 강조한다. 과정 중심 접근에서는 쓰기 행위를 일종의 문제 해결 행위로 간주한다. 그래서 일련의 과정에서 학생들 각자가 문제를 접하고 이를 효과적으로 해결해 나가게 하는 데 초점을 둔다. 일련의 쓰기 과정에서 회귀성을 강조하여 필요한 경우에는 얼마든지 되돌아갈 수 있도록 한다. 친구들이나 교사와 협의를 하기도 하고, 협동을 통해 공동 작품을 완성해 가기도 한다. 교사는 결과 중심 접근에서처럼 평가자로서가 아니라 '참여자'로서 일련의 쓰기 과정에 역동적으로 개입하여 그들을 적절히 안내해 줌으로써 학생들의 쓰기 활동을 촉진하는 역할을 수행한다.

(2) 과정별 쓰기 지도 방법

① 계획하기 지도

계획하기는 말 그대로 글을 쓰기 전에 글을 쓸 준비를 하는 활동을 말한다. 쓰기 과제를 분석하고, 글을 쓰는 목적이 무엇인지, 내가 쓴 글의 독자는 누구인지 등을 생각하는 활동이다. Tompkins(1994: 10)도 쓰기 전(prewriting) 활동을 강조하면서 이 단계에서는 화제를 선택하고, 말하기, 그리기, 읽기, 쓰기 등의 활동을 통해서 아이디어를 수집하며, 글을 쓰는 목적과 독자를 고려하면서 쓰기의 형식(forms)을 결정할 필요가 있다고 한 바 있다. 일반적으로 미숙한 필자는 곧바로 글을 쓰는 경향이 있으나 능숙한 필자는 계획을 하는 데 상대적으로 많은 시간을 가진다.

계획 활동이 왕성하게 이루어지기 위해서는 쓰기 주제, 쓰기 목적, 독자, 쓰기 상황이 뚜렷이 명시된 쓰기 과제를 제시할 필요가 있다. 예를 들어 과제를 제시할 때, '실의에 빠져 있는 친구를 위로하는 글을 써보자'라고 하면, 여기에는 글을 쓰는 목적과 독자, 그리고 이 글을 써야 하는 상황이 개입된다. 이 경우에 독자에 대한 분석이 필요한데, 무엇 때문에 실의에 빠졌는지, 평소 이 친구는 어떤 것을 좋아하는지 등을 분석하는 활동이 있을 수 있다. 이렇게 쓰기 과제를 제시할 때에는 구체적인 상황이 전제된 것이 좋고, 학생들의 실제 삶과 직결된 것, 학생들의 흥미를 불러일으킬 수 있는 것을 제시했을 때, 학생들은 계획하기에 적극적으로 참여하게 되고 학생들 입장에서 계획할 '거리'가 생기게 된다.

계획하기 단계에서 할 만한 활동으로는 첫째, 목적 설정 및 분석하기 활동을 들 수 있다.

글을 쓰는 목적을 분명히 인식해야만 좋은 글을 쓸 수 있다. 둘째, 주제를 분석하거나 설정하는 활동이다. 주제가 주어져 있는 경우도 있고, 주제를 구체적으로 만들어야 하는 경우가 있는데 어떤 경우이든 주제를 명확히 인식 또는 설정하는 것이 중요하다. 셋째, 독자 설정 및 분석하기 활동이 필요하다. 독자가 누구이며, 어떤 사람인지, 나에게 호의적인지 적대적인지 등을 분명히 안 다음에 글을 쓸 필요가 있다. 넷째, 주제, 독자에 비추어서 자신을 분석해 보는 활동이 필요하다. 다섯째, 조건 분석하기 활동이다. 쓰기 과제에서 무엇을 요구하는지, 다시 말해 분량이나 부가된 조건 등이 없는지를 살펴보아야 한다. 끝으로 글쓰기의 형식을 고려해야 한다. 같은 주제라 할지라도 시로 표현할지 이야기 형태로 글을 쓸지를 결정해야 한다.

② 내용 생성하기 지도

내용 생성하기는 글을 쓰기 위해 아이디어를 떠올리고 수집하는 활동이다. 반드시 일치하는 것은 아니지만 아이디어를 많이 끌어낼 수 있는 사람이 글을 잘 쓸 가능성이 높다. Murray(1980)가 전체 쓰기 시간 중에 쓰기 전 활동을 하는 데 70% 이상을 보내야 한다고 주장하고 있는 것도 이와 같은 이유에서이다. 그런데 종래의 결과 중심의 쓰기 지도에서는 내용 생성하기 활동을 그리 강조하지 않았다. 결과 중심의 쓰기 지도에서는 완성된 글 자체에 초점을 두기 때문에, 아이디어 생성하기에 관심을 갖지 않은 것은 당연한 일일 것이다.

내용 생성을 잘 하려면 여러 차례의 훈련이 필요하다. 우선 쉽고 재미있는 주제를 택해 내용을 생성하는 활동을 해 본다. 예를 들어 소풍이나 가을, 운동회 등과 같이 학생들이 일상생활에서 흔히 접할 수 있고 쉽게 떠올릴 수 있는 것부터 시작한다. 그런 다음 점차적으로 깊이와 폭을 넓혀 나가면서 쓰기에서 아이디어를 생성하는 활동의 중요성을 일깨우고, 실제로 아이디어를 생성할 수 있는 능력을 기를 수 있도록 한다.

아이디어 생성 능력을 길러주기 위한 방법으로 가장 많이 사용하는 것은 브레인스토밍(brainstorming) 활동이다. 이는 즉흥적으로 주제에 대해 자기의 머릿속에 있는 아이디어를 떠올리는 활동이다. 둘째, 열거하기(listing) 활동이다. 열거하기는 브레인스토밍과 유사하나, 주제나 범주에 따라 관련 있는 내용을 나열한다는 점이 다르다. 셋째, 이야기 나누기 활동이다. 이야기를 나누는 과정에서 자기가 미처 생각해 내지 못한 아이디어를 얻을 수 있다. 넷째, 관련 자료 읽기이다. 이것은 비교적 시간이 충분할 때 사용하는 방법이지만 책이나 잡지, 신문 등을 읽는 활동을 통해 아이디어를 수집하는 활동을 말한다. 다섯째, 직접 경험해 보는 활동이나 드라마 활동 등을 하는 것이 좋다. 여섯째, 명상하기 활동이다. 가만히 앉아서 주제와 관련하여 자신이 알고 있는 것이나 경험한 것, 그리고 글에서 나타내고 싶은 것을 찾아나간다.

③ 조직하기 지도

학생들에게 일련의 과정을 거쳐 글을 써 보게 하면 아이디어를 많이 생성했는데도 이것을 어떻게 조직해야 할지 난감해 하는 경우를 흔히 볼 수 있다. 학생들이 쓴 글을 보면 조직적이지 못하고 개개의 사실을 이리 저리 나열해 놓은 것이 많은데, 이것은 아이디어를 조직하는 능력이 부족해서 그렇다. 이런 학생들에게는 글의 주제나 목적, 독자 등을 고려하여 생성된 내용을 적절히 조절하는 것을 집중적으로 가르쳐주어야 한다.

조직하기 활동은 아이디어들 간의 관계를 파악하는 능력을 기르는 데 초점이 있다. 그리고 조직하기는 글을 어떤 순서로 쓰는 것이 좋은지를 생각해 보게 하는 활동이다. 이때 파악된 관계들을 고려하여 적절히 순서화하는 것이 중요하다. 이렇듯 조직하기 활동은 아이디어들 간의 관계를 파악하는 데 도움이 되고, 이들 아이디어를 적절히 배열하게 하는 데 도움이 된다.

아이디어들 간의 관계를 파악하게 하는 데 무엇보다 중요한 것은 이것을 시각화해 보게 하는 것이다. 예를 들어 다발짓기(clustering)나 생각 그물 만들기(mind mapping)와 같은 전략을 활용하면 아이디어들 간의 관계를 파악하는 데 도움이 된다. 그리고 얼개짜기(개요 작성)를 할 때의 경우처럼 아이디어를 적절히 배열할 때에도 이른바 시각화 전략(visual strategies)을 사용하면 유용하다. 과거처럼 서론, 본론, 결론 등으로 획일적이고 엄격한 틀을 제시하기보다는 자기가 쓸 글의 주제나 조직 방식 등을 생각해서 다양한 방법으로 시각화해 보게 하면 글의 전체 구조를 좀더 쉽게 이해할 수 있고, 초고를 쓸 때 실질적인 도움을 줄 수 있다.

아이디어를 조직하는 능력을 길러주기 위한 활동으로 첫째, 다발짓기(clustering)를 들 수 있다. 이는 생성한 아이디어를 관련 있는 것끼리 묶는 활동이다. 이는 다분히 수렴적 사고를 요한다. 둘째, 일종의 마인드 맵과 같은 활동으로 중심 개념에서 출발해서 관련된 것을 떠올려 나가는 생각 그물 만들기가 있다. 생각 그물 만들기는 중심 개념에서부터 관련된 아이디어를 시각적으로 표시해 나가는 활동이다. 이는 수렴적 사고를 요하는 측면이 있지만, 다분히 확산적 사고를 요한다. 다른 것도 마찬가지지만 다발짓기와 생각 그물 만들기는 내용 조직 활동으로 할 수도 있고 내용을 생성하는 활동으로 할 수도 있다. 셋째, 얼개짜기(outlining) 또는 개요 작성 활동을 할 수 있다. 얼개(개요) 짜기는 전통적으로 해 왔던 것으로 글의 뼈대를 만드는 활동이다. 얼개는 글의 전체적인 흐름을 말해 주는 것으로 조직적인 글을 쓰는 데 매우 필요한 활동이다. 얼개를 짜는 활동은 초고를 쓰는 데에도 필요하지만 그 자체로도 중요한데, 이는 조직적인 사고를 기르는 데 도움이 된다. 개요를 작성할 때에는 그냥 서론, 본론, 결론으로 하지 말고 글 구조 이론을 참고하여 자기가 쓸 글의 구조에 따라 개요를 작성하는 방식을 달리하면 초고를 훨씬 더 쉽게 써 내려 갈 수 있다. 넷째, 협의하기(conference) 활동이다. 협의하기는 글을 쓰기 전에 친구나 교사와 대화를 나눔으로써 자신의 생각을 좀 더 정교화하는 활동이다. 여기에서는 내용 조직 단계에서 할 만한 전략으로 소개했지만, 아이디어를 생성하는 단계에서부터 수정하는 전체 단계에서 협의하기 전략을 유용하게 활용할 수 있다.

④ 표현하기 지도

표현하기는 앞에서 아이디어를 생성하고 조직한 것을 바탕으로 하여 초고를 쓰는 활동이다. 사람에 따라서는 초고쓰기, 변환하기, 작성하기, 기술하기란 용어를 쓰기도 한다. 종래의 표현하기 지도에서 가장 문제가 되었던 것은 초고쓰기 단계부터 완벽하게 글을 쓰도록 하는 것이었다. 학생들에게 글을 쓰라고 하면 온갖 정성을 들여 또박또박 써내려 간다. 이는 이 학생들이 '초고'를 쓰고 있다는 사실을 인식하지 못했다는 것을 말한다. 이렇게 한 줄 한 줄 글을 쓰는 데 집중하면 사고의 흐름을 방해하게 되고, 글의 전체적인 흐름을 제대로 파악하지 못할 가능성이 높다. 또한 처음부터 완벽하게 써야 한다는 부담을 가지게 되고, 결국 학생들은 쓰기를 더 어렵게 생각하고 쓰기를 싫어하게 된다. 초고는 어디까지나 초고일 뿐이라는 생각을 갖게 하는 것이 중요하다.

그리고 또 하나 잘못 지도하고 있는 것은 초고를 쓰면서 글씨나 맞춤법 등과 같은 기계적인 요소(mechanics)에 치중하게 하는 것이다. 교사가 궤간 순시를 하면서 '글씨를 또박또박 잘 써야지. 띄어쓰기도 제대로 하고'와 같은 무심코 던지는 말 한 마디가 학생들이 초고를 쓰면서 이들 요소에 집중하게 하는 한 요인이다. 그리고 완성된 글에 대해 논평을 해 줄 때 이들 요소에 초점을 두는 것도 이러한 생각을 갖게 한다. 또한 보통은 교과서에 초고를 쓰기 때문에 교과서에 대한 인상과 맞물려 더욱 기계적인 요소에 치중하게 된다. 교과서에 쓰는 글씨는 깨끗해야 한다는 생각이 강하기 때문이다. 우리가 머릿속에서 한꺼번에 처리할 수 있는 용량은 한정되어 있기 때문에 어느 한 쪽에 집중하게 되면 다른 쪽은 소홀히 다룰 수밖에 없다. 초고를 쓸 때에 기계적인 요소에 치중하면 할수록 '내용(의미)'에 대해 생각할 여력을 갖기 어렵다. 초고는 초고로 받아들여서 초고를 쓸 때에는 의미에 초점을 두어 전체적인 흐름을 잡도록 하는 것이 중요하다.

그리고 학생들은 초고를 쓸 때에는 내용 생성이나 조직에 대해 많이 생각하지 않는 경향이 있다. 단적인 예로 학생들이 글을 쓰는 과정을 면밀히 관찰해 보면 초고를 쓸 때에 앞 쪽에서 내용을 생성하고 조직해 놓은 것을 거의 보지 않는다. 이렇게 되면 이들 요소들이 따로 놀게 된다. 자칫하면 아이디어를 생성하고 조직한 활동이 시간 낭비가 될 수 있다.

표현하기 능력을 길러주기 위한 방법으로는 구두 작문(oral composition) 활동을 할 수 있다. 구두 작문 활동은 초고를 실제로 쓰기 전에 쓸 내용을 말로 해 보게 하는 것이다. 말로 써 보면 쓰기에 대한 부담을 줄일 수 있다. 둘째, 내려쓰기 활동이다. 내려쓰기는 글씨나 맞춤법 등에 얽매이지 말고 쓰고자 하는 것을 처음부터 끝까지 쭉 내려쓰는 것을 말한다. 셋째, 컴퓨터 활용하기를 들 수 있다. 쓰기에서 의미 구성 행위를 촉진하기 위해서 워드 프로세서나 통신 같은 것을 활용하는 것을 말한다. 넷째, 문장을 쓸 때 일반적인 수사학적 기법을 활용하게 한다. 글 조직 방식, 문단의 구성 원리나 문장 구성 방식 등을 생각하게 한다. 다섯째, 의미 지도 그리기(semantic mapping) 활동을 할 수 있다. 이것은 초고를 쓰면서 글의 제목에 초점을 두어 각 문장이 주제와 관련되는지 연결해 보게 하고, 앞뒤 문장이 제대로 이어지는지를 시각적으로 연결지어 보게 하는 활동이다. 이 활동은 초고를 쓴 후 교정 전략으로 활용할 수도 있다.

⑤ 고쳐쓰기 지도

고쳐쓰기는 주로 초고를 쓴 다음에 내용과 형식을 고치는 활동을 말한다. 사람에 따라서는 교정하기, 수정하기, 고치기, 퇴고 등으로 부른다. 여기에서 교정하기 대신 고쳐쓰기라는 말을 쓴 것은 아무래도 교정은 맞춤법이나 편집과 같은 세부적인 요소를 고치는 것으로 사용되는 경우가 많기 때문이다. 그만큼 고쳐쓰기 단계에서는 '내용(의미)'을 고치는 것이 중요하기 때문이다. 물론 고쳐쓰기는 아이디어를 조직하거나 표현하는 단계에서도 얼마든지 이루어질 수 있지만, 여기에서는 주로 초고를 쓴 다음에 일어나는 고치기 행위를 지칭한다.

종래에는 고쳐쓰기의 중요성을 크게 인식하지 못했으나, 글을 쓰는 것은 어떤 의미에서 계속적인 수정 활동이라 말할 수 있다. 그만큼 글을 잘 쓰기 위해서는 초고를 적절히 고쳐쓸 수 있는 능력이 필요하다. 일반적으로 고쳐쓰기는 크게 다섯 가지 형태로 이루어진다. 첨가, 삭제, 대체, 이동, 재배열이 그것이다. 첨가는 덧붙이는 것이고 삭제는 특정한 내용을 빼는 활동이다. 그리고 대체는 그 위치에서 다른 내용으로 바꾸는 경우이고, 이동은 다른 곳으로 옮기는 것이며, 재배열은 앞뒤 순서를 바꾸거나 몇 부분을 하나로 줄이거나 늘이면서 재구성하는 활동을 말한다.

학생들에게 글을 고쳐쓰라고 하면 뭔가 자기 글에 큰 문제가 있는 것처럼 생각한다. 그리고 마치 꾸중을 받고 있다고 생각한다. 이런 생각을 갖는 것은 바람직하지 않다. 글을 고쳐쓰는 것을 잘못된 행위로 받아들일 것이 아니라, 쓰기 과정의 일부로 받아들이도록 한다. 그리고 학생들에게 글을 고쳐쓰라고 하면 기껏해야 글씨나 맞춤법을 바로잡거나, 아니면 낱말 몇 개를 바꾸고 마는 경우가 많은데 이것은 바람직하지 않다. 텍스트 수준, 문단 수준, 문장 수준, 낱말 수준의 순서로 고치는 활동을 하게 하는 것이 좋다.

글을 고쳐쓰는 능력을 길러주기 위한 방법으로는 우선 훑어 읽기를 들 수 있다. 초고를 처음부터 끝까지 읽어보게 한 다음 첨가할 내용이나 삭제할 내용 등을 생각해 보는 것이 좋다. 둘째, 평가하기 활동이다. 자기가 평가하거나 동료 평가하기를 통해 고쳐야 할 점을 찾아나간다. 셋째, 돌려 읽기(reading around) 활동이다. 돌려 읽기는 여러 가지 방식으로 이루어질 수 있다. 단순히 옆 사람과 돌려 읽을 수도 있고 한 소집단에서 한 명이 읽고 나머지가 독자가 되는 방식도 있을 수 있다. 넷째, 학급에서 비평 집단(peer response group)을 운영하는 것도 생각해 볼 수 있다. 비평 집단에서는 학생들의 글을 수시로 비평하여 그 학생에게 알려주거나 학급 전체에게 공표한다. 다섯째, 수정하는 활동과는 직접적인 관련은 없지만 쓰기 마지막 단계에서는 편집하기 활동이나 출판하기 활동 등을 해 볼 수도 있다.

⑥ 조정하기 지도

쓰기의 과정은 곧 자기 조정의 과정이라고 할 수 있다. 쓰기를 의미 구성의 과정으로 정의할 때, 이 의미 구성의 과정에는 필연적으로 자기의 인지 행위를 점검하고 통제하는 초인지적 행위(metacognitive behaviors)가 필요하다. 이것이 곧 자기 조정의 과정이다. 쓰기에서 조정하기 능력은 각 단계에서 개개의 전략을 제대로 활용할 수 있게 하기 위해서도 필요하지만, 쓰기의 전체 과정을 점검하고 통제해 나가게 하는 데에도 필요하다. 조정하기란 말은 사람에 따라 점검하기, 통제하기, 모니터하기 등으로 쓴다.

조정 능력을 길러주기 위해서는 첫째, 자기 평가 전략을 활용하는 것이 좋다. 글을 써 나가는 과정에서 자기 스스로를 평가하는 것을 말한다. 자기 평가는 어떤 아이디어가 적절한 것인지, 여기에 이것을 넣으면 되는지, 이것을 이런 식으로 표현하는 것이 적절한지 등에 대해 판단하는 행위이다. 체크리스트를 만들어 이러한 행위를 했으면 체크를 해 보게 하는 것도 한 방법이 된다. 둘째, 자기 질문 전략을 활용할 수 있다. 자기 질문은 말 그대로 자기 스스로에게 질문을 던지고 답하는 활동이다. 셋째, 자기 교수 전략을 활용할 수 있다. 자기 교수는 말 그대로 자신을 가르치는 행위를 말한다. 글을 써 나가면서 '그래. 잘 했어. 나는 역시 아이디어가 있어. 그런데 이건 아니야. 내가 왜 이러지'와 같은 생각을 계속 해 나가면서 자신의 인지 과정을 점검하고 통제하는 것을 말한다.

(3) 과정 중심 쓰기 지도시 유의점

과정 중심의 쓰기 교육은 여러 가지 면에서 결과 중심의 접근보다는 바람직하고 효과적이라고 생각된다. 하지만 자칫 잘못 실시하면 오히려 나쁜 영향을 끼칠 수 있다. 과정 중심의 쓰기 교육을 실시할 때에는 특히 다음과 같은 점을 염두에 두어야 할 것이다.

모든 경우에 과정 중심 접근법이 효과적이라고 말할 수는 없다. 대체로 쓰기의 각 과정에서 필요로 하는 개개의 기능이나 전략을 가르칠 때나 이들 개개의 기능이나 전략을 활용하여 한 편의 글을 쓰게 할 때 과정 중심 접근을 강조할 필요가 있다. 특정 개념이나 지식을 익힐 때에는 굳이 과정 중심 접근을 취할 필요는 없을 것이다.

과정을 강조한다고 해서 결과(글)를 무시해서는 안 된다. 과정 중심 접근은 일차적으로 좋은 글을 쓰는 데 목적이 있음을 알아야 한다.

쓰기의 각 과정을 엄격히 구획화 하는 것은 바람직하지 않다. 쓰기 전, 쓰기, 쓰기 후로 나누거나 내용 생성, 조직, 표현, 교정 등으로 나눈 후에 이들을 엄격하게 구분하여 지도하는 것은 바람직하지 않다. 이들 간의 연계성을 강조해야 한다.

무조건 쓰기 과정 순서대로 나아가게 하는 것은 바람직하지 않다. 쓰기 과정의 회귀성을 강조해야 한다. 내용을 조직하는 과정에서 생성을 할 수도 있고, 교정하는 과정에서 아이디어를 생성할 수도 있다.

각 과정에서 주로 하는 활동(또는 전략)을 그 과정에만 해야 한다고 생각하는 것은 잘못이다. 예를 들어 브레인스토밍이나 마인드맵 같은 것은 주로 내용을 생성하고 조직하는 단계에서 많이 활용하지만, 경우에 따라서는 초고를 쓸 때나 교정을 할 때 할 수도 있다.

각 과정별로 제시한 전략들은 서로 얽혀 있다. 예를 들어 브레인스토밍과 마인드맵 같은 것은 연결해서 하는 것이 좋다. 이들 전략들을 각기 독립적인 것으로 파악하는 것은 바람직하지 않다.

단순히 과정만 거치게 해서는 안 된다. 각각의 과정에서 학생들이 필요로 하는 기능이나 전략을 가르쳐 주어야 한다. 단순히 과정만 거쳤다고 해서 글을 잘 쓸 수 있는 것이 아니라는 점을 염두에 두어야 한다. 절차만 있고 내용은 없는 결과를 초래해서는 안 될 것이다. 현행 교과서를 보면 쓰기 과정을 거치게는 되어 있는 것이 많은데, 각 과정에서 필요한 전략을 구체적으로 배우게 하는 데에 대한 배려는 거의 없다. 각각의 전략을 충분히 가르치고 이들 전략을 활용하여 한 편의 글을 쓰는 것을 명시적으로 가르쳐 주어야 한다.

부분과 전체의 조화를 생각한다. 여기에서 부분이라고 하는 것은 개별 전략을 말하고, 전체란 개별 전략을 활용하여 한 편의 글을 잘 쓰는 것을 말한다. 개별 전략만 강조하다 보면 이를 활용하여 한 편의 글을 쓰기가 어렵고, 전체만 강조하다보면 개개의 전략을 제대로 가르치기 어렵다. 대체로 앞부분에서는 개별적인 전략을 가르쳐주는 데 초점을 두고 뒤쪽으로 갈수록 이들 개별 전략을 활용하여 한 편의 글을 쓰는 것을 강조한다.

부분과 전체의 연결 원리를 강조한다. 즉, 개개의 전략을 가르칠 때에는 이들 개개의 전략이 어떻게 실제로 한 편의 글을 쓰는 데 작용하는지를 강조하고, 한 편의 글을 쓰게 할 때에는 이 과정에서 개개의 전략을 어떻게 가르칠 것인지에 관심을 갖는다.

활동 위주로 끝나버릴 우려가 있다. 과정 중심 접근에서는 얼른 떠올리기나 생각 그물 만들기 등을 흔히 한다. 하지만 이들 활동이 실제 쓰기에 도움이 되지 못하는 경우가 많이 있다. 이른바 활동은 있으나 학습은 없는 결과를 초래해서는 안 될 것이다. 이들 활동을 하되, 그 활동이 실제로 한 편의 글을 쓰는 데 도움이 되는지를 생각해야 한다.

고도로 의식적으로 행해지는 쓰기만을 강조할 우려가 있다. 우리는 일상적인 쓰기 상황에서 반드시 내용을 생성하고, 조직, 표현, 수정하는 과정을 거치지는 않는다. 과정 중심 접근법은 대체로 형식이 요구되는 글, 좀 더 시간을 두고 글을 쓸 때 적합한 방식이다.

초인지(metacognition) 측면을 강조하는 것이 좋다. 일련의 쓰기 과정에서 자기가 제대로 쓰고 있는지, 전략을 제대로 활용하고 있는지 등을 계속적으로 점검하고 통제하는 태도와 능력을 갖추는 것이 중요하다.

한두 시간에 모든 활동(또는 전략)을 할 수는 없다. 해당 단원의 학습 목표나 제재의 성격에 따라 여기에서 제시한 활동을 수시로 한두 개나 서너 개를 해 본 다음 어느 정도 이들 활동에 익숙해져 있으면 이들을 활용하여 한 편의 글을 써 보게 하는 것이 좋다.

이 밖에도 과정 중심의 쓰기 교육을 할 때에는 다음과 같은 점을 강조해야 한다. 일련의 쓰기 과정에서 탐구 활동이 왕성하게 이루어질 수 있도록 해야 한다는 점, 일련의 쓰기 과정에서 친구들과의 협의 또는 상호 작용을 강조해야 한다는 점, 다양한 전략을 가르쳐 주어야 한다는 점, 개인차, 다시 말해 개인의 능력, 흥미, 쓰기 방식 등이 다르다는 점을 충분히 감안해야 한다는 점 등이다.

4. 쓰기 평가

1) 쓰기 평가의 원리

최근 쓰기 평가 분야에서도 여러 가지 관점의 변화가 일어나고 있다. 우선 절대주의적 인식론에서 상대주의적 인식론으로의 변화를 반영하면서 평가에서 절대적인 답을 요구하기보다는 필자 나름의 의미 구성 행위를 존중하는 경향이 강해졌다. 그만큼 정형화된 수사학적 규칙이나 원리를 강조하기보다는 자기 나름의 표현 방식에 무게를 두고 있다. 그리고 평가의 목적면에서, 종래에는 학생들을 서열화 시키는 데 평가의 목적을 두는 경향이 강했지만, 최근에는 학생들 각자에 대한 정보를 파악하여 교수-학습의 질을 개선하는 것에 강조점을 두는 경향이 강해졌다. 이런 관점에서 수치화된 점수보다는 다양한 정보를 얻는 데 평가의 목적을 둔다. 이러한 변화를 포함하여 최근 쓰기 평가 장면에서 일어나고 있는 변화를 도표로 나타내면 다음과 같다.

〈표 5〉 쓰기 평가의 동향

영역＼관점	기존의 관점	새로운 관점
지식관	절대주의적 인식론(지식관)	상대주의적 인식론(지식관)
평가의 목적	학업 성취도 평가, 서열화	다양한 정보 수집, 교수-학습의 개선
평가의 초점	지식 자체(고정적)	지식의 구성 행위(유동적)
평가 방식	객관식, 선다식(간접 평가)	주관식, 서술식(직접 평가)
	상대 평가	절대 평가
	지필 평가	관찰 평가
평가 방식의 수	단일	복합
평가 내용	형식(문법, 수사학적 원리), 정확성	내용, 의미성
평가 단위	다수(집단)	개인
평가 대상 자료	제한적	다양화
평가 장면	탈맥락적	맥락적
평가 과제	고립적, 제한적	통합적, 다양화
평가와 학습간의 관계	독립적	융합적
평가 시간의 지속성	일시적	지속적
평가의 주체	교사	자신, 동료
평가의 대상	결과 자체	과정

이러한 동향을 반영할 때, 실제로 쓰기 평가를 할 때에는 다음과 같은 점에 주의해야 한다.

〈원칙 1: 평가 계획을 수립한다.〉

좀 더 체계적인 평가가 이루어지기 위해서는 사전에 평가 계획을 세운다. 평가 계획에는 평가의 목적과 내용, 그리고 평가 방법, 평가 시기, 평가 자료, 결과 처리 방법 등에 대한 전반적이고도 구체적인 내용을 담고 있어야 한다.

〈원칙 2: 평가 목적과 내용을 명확하게 설정한다.〉

평가를 하면서 왜, 무엇을 평가하는지에 대해 분명히 인식할 필요가 있다. 선발을 위한 서열화 평가인가, 아니면 학생들 각자에 대한 다양한 정보를 파악하는 데 목적이 있는지를 생각해야 한다. 구체적으로 정보 파악을 위한 평가에서는 특히 무슨 정보를 파악하기 위한 평가인지를 분명히 해야 한다. 그리고 평가 목적을 생각할 때, 누구를 위한 평가인지도 생각해야 하는데 교사, 학부모, 학생, 교육 정책 수립자 등 다양할 수 있다. 물론 어느 특정 누구를 위한 평가는 없고 조금씩 관련이 되지만 주된 대상은 생각해야 한다. 누구를 위한 평가이냐에 따라 평가를 거쳐 얻어야 할 정보가 다를 수밖에 없다. 예를 들어 교사가 자신의 교수 - 학습의 질을 판단하기 위한 것이라면 그 정보를 많이 얻는 데 초점을 둔다. 평가 목적에 따라 평가의 내용과 평가 방법(도구)이 달라질 수밖에 없다.

〈원칙 3: 적절한 평가 방법을 선택한다.〉

학생들의 쓰기 능력을 평가하기 위해서는 여러 가지 방법이 사용될 수 있다. 수학 능력 시험의 경우와 같이 선다형 시험을 치를 수도 있고 논술형 평가를 할 수도 있다. 또는 교사의 관찰 평가도 있을 수 있다. 이들 방법 중에서 어느 방법이 절대적으로 좋고 나쁘다기보다는 평가의 목적이나 평가 상황(여건) 등에 따라 달라질 수밖에 없다. 예를 들어 수학 능력 시험의 경우 여러모로 바람직하지 않은 평가 방법이지만, 현실적으로 그렇게 할 수밖에 없는 점이 있다. 평가 목적이나 여건 등에 따라 적절한 평가 방법을 선택한다. 예를 들어 구두법에 대한 지식을 평가하는 것이라면 굳이 논술형 평가를 하지 않고도 선다형 검사나 단답식, 괄호넣기식 평가로도 가능할 것이다. 그리고 평가 방법을 선택하면서 평가 기준을 비롯하여 그 평가 방법을 실시하는 데 따른 자료나 시간 등에 대해서도 고려해야 한다.

〈원칙 4: 가능한 여러 가지 평가 방법을 사용하고 이를 종합한다.〉

한두 가지 방법으로 각 학생의 쓰기에 대한 정보를 모두 파악하기는 어렵다. 가능한 여러 방법을 사용하고 이들 평가를 거쳐 얻은 정보를 종합적으로 파악하여 적절한 조치를 취하는 것이 좋다. 물론 일회적으로 평가하는 것보다는 수시로 평가하는 것이 바람직하다.

〈원칙 5: 평가 기준이 명확해야 한다.〉

평가 기준이 모호하면 그 결과를 신뢰하기 어렵게 되고, 자칫 학생이나 학부모의 불만을 살 수 있다. 물론 교사 관찰형 평가와 같은 경우에는 사실 평가 기준을 명확하게 설정하는 것이 어렵지만 이 경우에도 최대한 평가 기준을 분명하게 설정하는 것이 좋다. 평가의 신뢰도를 높이기 위해 각 점수에 해당하는 '표본'을 설정해 두고 이를 기준으로 하는 것도 한 방법이 된다. 그리고 평가 기준은 가능한 공표를 하는 것이 좋고, 그 기준에 도달한 상태가 어떤 상태인지 학생들이 분명히 알 수 있도록 해야 한다. 평가가 끝난 다음에는 평가 기준에 비추어서 왜 그렇게 평가했는지를 알려줌으로써 평가의 신뢰성을 높이는 것이 좋다.

평가 기준은 글의 갈래에 따라 그 강조점이 달라야 한다. 물론 공통적인 부분도 있지만 평가 기준(또는 평가 대상, 요소)을 설정할 때 글의 갈래에 따른 특성을 반영해야 하고 그 강조점을 달리해야 한다.

그리고 평가 기준과 아울러 평가 도구 역시 적절한 것이어야 한다. 일반적으로 평가 도구가 갖추어야 할 조건으로 타당도, 신뢰도, 실용도 등을 드는데 여기에서 타당도와 신뢰도가 특히 중요하다. 타당도는 진정으로 측정하고자 하는 것을 측정하고 있는가 하는 문제로 평가의 내용에 대한 문제이다. 신뢰도는 그 평가 도구가 다른 사람이나 다른 시간에 실시할 때 비슷한 결과가 나오는가 하는 문제로 일치성의 문제이다.

〈원칙 6: 적절한 쓰기 평가 과제를 부여한다.〉

평가 방법에 따라 평가를 위한 쓰기 과제는 다를 수밖에 없다. 선다형 검사를 실시할 때와 논술형 평가를 실시할 때 평가 과제는 달라질 수밖에 없다. 평가 방법마다 평가의 대상 또는 내용이 달라질 가능성이 높기 때문이다. 논술형 쓰기 과제를 제시할 때에는 특히 다음과 같은 점에 유의한다.

〈표 6〉 쓰기 평가 과제를 구안할 때의 원칙

- 평가의 목적을 달성할 수 있는 과제여야 한다. 평가의 목적을 달성하면서도 가능한 다양한 정보를 얻을 수 있는 과제를 제시하는 것이 좋다.
- 학습자의 능력과 흥미에 부합해야 한다.
- 수사적인 상황을 제시한다. 독자, 주제, 목적을 제시한다. 막연하게 '우리나라에 대해 글을 써 보자'라는 식의 쓰기 과제는 적절하지 않다.
- 실제 쓰기 능력을 반영할 수 있어야 한다. 평가를 위한 평가를 하지 않도록 한다. 예를 들어 독후감 쓰는 능력을 평가하고자 한다면 실제로 학생들이 독후감 쓰기를 해야 하는 상황을 설정한 후, 여기에서 요구되는 능력을 측정하기 위한 과제를 제시한다.
- 높은 수준의 사고를 유발할 수 있어야 한다. 논리적 사고, 비판적 사고, 종합적 사고, 창의적 사고를 발휘할 수 있는 과제를 제시한다.
- 주어진 시간에 충분히 해결할 수 있는 과제를 제시한다. 시간에 너무 촉박하면 쓰기 능력보다는 순발력을 묻는 문제가 될 수 있다.
- 과제가 무엇인지 명확하게 이해할 수 있게 해야 한다. 무슨 말인지를 모르거나 여러 가지로 이해될 수 있으면 피험자는 혼란에 빠지게 되고, 평가 기준 역시 모호하게 된다.
- 중언부언하지 않게 한다. 평가에 직접적인 영향을 끼치지 않는 것은 제시하지 않는 것이 좋다. 괜히 불필요한 정보를 제공하거나 복잡하게 만드는 것은 좋지 않다.
- 쓰기 과제 제시 때 유의사항을 함께 제시하는 것이 좋다. 일반적인 평가 기준은 제시할 필요가 없겠으나 특별히 그 과제에 해당하는 평가 기준은 제시해야 한다. 예를 들어 쓰기의 분량이나 감점 사항 등을 제시할 수 있다.
- 필요한 경우, 참고 자료나 읽기 자료 등을 제시한다. 그리고 한두 개의 핵심적인 개념을 몰라 쓰기를 하기 어려울 것으로 판단되면 그것에 대해 간단하게 설명을 붙여둔다. 마치 영어 독해 평가에서 그 지문에 나오는 단어의 뜻을 제시하는 것과 같다.
- 제재의 내용이 평가 결과에 결정적인 영향을 끼치지 않는 것으로 한다. 예를 들어 '컴퓨터의 구조에 대해 설명하라'는 식의 쓰기 과제는 쓰기 능력을 평가하는 것으로는 곤란하다. 이런 과제는 컴퓨터의 구조에 대한 지식을 많이 가지고 있는 학생들이 시험을 잘 볼 가능성이 매우 높기 때문이다.

〈원칙 7: 결과만 평가하려고 하지 말고 그 과정에도 관심을 가진다.〉

보통 쓰기 평가라고 하면 한 편의 완성된 글을 평가하는 것으로 받아들인다. 하지만 쓰기 평가에서 완성된 글 자체뿐만 아니라 완성하기까지의 과정도 중요한 평가 대상이 된다. 물론 서열화를 위한 평가를 하는 경우에는 어쩔 수 없이 주로 완성된 글만을 대상으로 해야 하겠지만, 쓰기에 대한 각 학생들의 다양한 정보를 파악할 목적이라면 글을 쓰는 과정을 평가하는 것이 더 바람직하다. 글을 쓰는 과정을 평가했을 때 더 많은 정보를 얻을 수 있기 때문이다.

과정에 대한 평가는 과정에서 학생들이 산출해 놓은 결과물을 평가할 수도 있고, 그 행위를 하는 동안의 학생들의 사고 과정 자체를 평가할 수도 있다.

여기에서 말하는 과정 평가와는 좀 다른 개념이지만, 수업 후에만 하지 말고 수업 중에도 부분적으로 평가를 하는 것이 좋다. 예를 들어 교사의 관찰 평가의 경우에는 수업 중에 하는 것이 좋다. 물론 모든 학생들을 할 수는 없고 몇 명을 대상으로 하면 되는데, 나중에 이것을 전부 모으면 각 학생에 대해 유용한 정보를 얻을 수도 있다.

〈원칙 8: 좀 더 높은 수준의 사고 능력을 평가해야 한다.〉

서열화를 위한 대표적인 평가 중의 하나인 대학 수학 능력 시험에서는 일반적으로 사실적 사고, 추론적 사고, 비판 감상적 사고, 창의적 사고 등으로 수준을 나눈다. 이 틀에 비추어 보면 대체적으로 비판 감상적 사고나 창의적 사고를 묻는 문제를 많이 출제해야 한다. 예를 들어 어떤 문제를 비판적으로 바라보거나 새롭게 바라볼 수 있는 능력을 평가해야 한다. 쓰기 평가 과제를 제시할 때, '자연을 보호하자'나 '우리의 전통 문화를 존중하자'와 같은 식의 주제 는 높은 수준의 사고를 유발하기 어렵다는 점에서 바람직하지 않다.

〈원칙 9: 수행성을 평가해야 한다.〉

수행 평가는 실제로 문제를 해결하는 능력을 묻는 평가라고 할 수 있다. 쓰기를 예로 들면 실제로 글을 써야 할 상황에서 글을 잘 쓰는지를 물어야 한다는 것이 수행평가의 핵심이다. 이렇듯 수행평가의 개념을 규정할 때 그 기준이 되는 것은 묻고자 하는 것(평가 목표나 내용) 이 무엇인가이다. 일반적으로 지필 검사로 대표되는 선다형 검사는 수행평가와는 배치된다. 이런 시험으로는 실제 수행 능력을 평가하기 어렵다. 어쩔 수 없어 그렇게 할 수밖에 없지만 대입 수학 능력 시험의 〈쓰기〉 영역 문제의 경우에는 수행평가와는 거리가 멀다. 이른바 선다 형 시험으로는 수행성을 평가하기는 어렵다.

수행 평가는 곧 학생들의 실제적인 쓰기 능력에 대한 평가를 말한다. 여기에서 실제적인 쓰기 능력이란 쓰기가 실제적으로 일어나는 상황을 충분히 고려하여 이 상황에서 문제를 해 결할 수 있는 능력을 평가하려고 해야 한다는 것이다. 우리는 살아가면서 여러 상황에서 쓰기 를 해야 한다. 대학 입시에서 논술을 치러야 하는 상황이 있을 수 있고, 독후감을 내야 하는 상황, 위로하는 편지를 써야 하는 상황이 있다. 또한 수학과나 사회과, 과학과 등에서의 학습 을 위해 글을 써야 하는 상황이 있을 수 있다. 과학과에서 실험을 한 후에 실험보고서를 써 내야 하는 상황이 한 예이다. 이들 상황을 상정한 후에 그 상황에서 실제 쓰기 능력이 있는지를 평가해야 한다.

〈원칙 10: 앞으로 무엇을 할 수 있는가를 평가해야 한다.〉

지금 무엇을 할 수 있는가보다는 앞으로 무엇을 할 수 있는가를 생각하면서 평가하는 것이 필요하다. 이는 앞에서 말한 실제 장면에서의 언어 능력을 평가해야 한다는 것과도 일정 부분 맥락을 같이 한다. 이 평가 결과가 그 학생이 앞으로 무엇을 할 수 있는가에 대해 무엇을 말해 줄 수 있는지를 생각해야 한다. 이 관점의 평가는 비고츠키의 근접 발달 이론에 근거한 것으로 '역동적 평가(dynamic assessment)'라고 부른다. 현재의 능력을 평가하는 것도 어려운데 앞으로 무엇을 할 수 있는가를 평가하는 것은 상당히 어려운 문제이지만, 원칙적으로 그러한 생각을 하면서 평가를 해야 한다.

〈원칙 11: 다양한 종류의 쓰기 능력을 대상으로 해야 한다.〉

현재 국어과 교육과정에서는 다양한 종류의 쓰기를 강조하고 있다. 그런데 평가 상황은 주로 논설문 쓰기 위주로 되어 있다. 학생들이 살아가면서 써야 할 글은 다양할 수밖에 없기 때문에, 평가 상황에서도 다양한 종류의 글을 쓸 수 있는지를 평가해야 한다. 어느 한두 종류에 편중되는 것은 곤란하다. 물론 비중면에서 모든 종류의 글을 동등하게 다룰 필요는 없다.

〈원칙 12: 양적인 정보뿐만 아니라 질적인 정보가 필요하다.〉

그 학생이 몇 점을 받았는가는 그렇게 중요한 것이 아니다. 물론 서열화를 위해서는 필요하지만 각 학생들에게 대한 풍부한 정보를 파악한다는 점에서는 중요한 정보가 될 수 없다. 〈쓰기〉의 경우, 글을 쓰는 과정에서 계획을 하는지, 독자를 고려하는지, 글을 쓰는 목적을 고려하는지, 일련의 쓰기 과정(내용 생성, 조직, 표현, 교정)에서 어떤 어려움을 겪고 있는지를 파악할 수 있어야 한다. 그리고 평소 글에 대해 어떤 생각을 가지고 있는지, 글을 어느 정도 쓰고 있는지, 어떤 종류의 글을 쓰고자 하는지 등에 대한 정보를 파악해야 한다. 평가를 통해 이러한 것에 대한 정보를 얻는 것이 중요하다.

〈원칙 13: 평가는 지속적으로 해야 한다.〉

평가를 통해 한 학생의 발달 과정을 파악할 수 있다. 일회적인 것보다는 그것이 모아져서 하나의 추이를 볼 수 있었을 때 좀 더 그 학생에 대한 정확한 판단이 가능하다.

〈원칙 14: 평가 결과에 대해 충분히 알리고 피드백을 한다.〉

쓰기 평가를 한 다음에 최대한 그 평가 결과에 대해 학생들에게 알려주고 적절한 피드백을 주는 것이 좋다. 양적 평가였다면 단순히 점수만 제시하지 말고, 가능한 그 학생이 어디에 강점이 있고 어느 점이 부족한지, 그리고 앞으로 어떻게 하면 되는지에 대해 조언을 해 준다. 질적 평가를 할 경우에도 마찬가지이다. 그리고 평소 학생들의 글에 대해 수시로 논평을 해 주도록 한다.

〈원칙 15: 평가 결과를 정리해 두고, 이를 적극적으로 활용해야 한다.〉

보통 평가를 한 후에는 결과물을 버리는 경우가 많이 있다. 지필 평가를 했든 관찰 평가를 했든 평가 결과를 체계적으로 모아두는 것이 좋다. 그리고 다양한 방식으로 평가했다고 하더라도 그 평가 결과가 제대로 활용되지 않는 것 같다. 학생이나 학부모 입장에서 보면 서열화된 정보만을 보게 된다. 그것도 한 학기에 한두 번 정도가 고작이다. 교사, 학생, 학부모 모두 평가 결과에 대해 충분히 알아야 하고, 이를 적극적으로 활용할 수 있어야 한다.

2) 쓰기 평가의 목표와 내용

쓰기 평가의 목표는 학생들의 쓰기 능력을 정확하게 진단하고 그들에게 적절한 피드백을 해 주는 데 있다. 쓰기 능력을 평가할 때 무엇을 평가할 것인가 하는 것은 매우 중요한 문제이다. 이는 쓰기 평가의 대상 또는 내용을 일컫는 것이다. 이 문제는 곧 평가 도구의 타당도를 말하는 것으로, 타당도는 평가 도구가 갖추어야 할 가장 중요한 요소이다.

쓰기 평가의 내용은 여러 가지로 나눌 수 있다. 대상의 성격을 중심으로 나누어 쓰기에 대한 지식, 기능, 태도로 나누는 경우가 있을 수 있고, 쓰기 과정별로 필요한 능력, 글의 종류별(갈래별)로 필요한 능력 등으로 나누어 볼 수도 있다.

대상의 성격으로 나누는 경우 일반적으로 쓰기에 대한 지식, 기능(또는 전략), 태도로 나눈다. 여기에서 쓰기에 대한 지식은 주로 수사학적인 지식이나 개념을 말한다. 예를 들어 논설문은 보통 서론, 본론, 결론으로 나누고 서론과 본론, 결론의 비율은 1:3:1로 나눈다고 하는 것을 들 수 있다. 또는 문장을 쓰는 데 필요한 문법적 지식도 쓰기 지식에 포함된다. 그러나 이른바 내용적 지식은 쓰기 지식에 포함되지 않는다. 예를 들어 컴퓨터의 구조에 대한 글을 쓰게 할 때, 컴퓨터의 구조에 대한 지식이 이 글을 쓰는 데 중요한 영향을 끼치지만 이것을 쓰기 지식에 포함해서 평가의 대상으로 삼을 수는 없는 일이다. 기능 또는 전략은 쓰기를 하는 데 필요한 방법을 말하는 것으로, 예를 들어 내용을 실제로 생성하고 조직하는 데 필요한 능력을 말한다. 태도는 쓰기에 대한 관심이나 흥미, 동기 등을 말한다.

쓰기 평가의 내용(대상)을 설정할 때, 과정별로 접근하는 것도 한 방법이 된다. 즉, 내용을 생성, 조직, 표현, 교정하는 과정으로 나누고 각각의 과정에서 필요한 쓰기 지식이나 기능 또는 전략, 그리고 태도를 상정하여 평가를 할 수 있다. 여기에서 쓰기 지식이나 태도를 포함했지만, 주로 쓰기 기능 또는 전략을 평가하게 된다.

글의 종류별 접근에서는 글의 갈래별로 필요한 능력을 추출하여 평가하는 것을 말한다. 통상 완성된 한 편의 글을 대상으로 하는데 내용면, 조직면(구성면), 표현면으로 나누어 평가를 한다. 예를 들어 설명문 쓰기의 경우 내용면에서 내용의 정확성이나 풍부성을 들고, 조직면에서는 자연스러운 연결, 표현면에서 맞춤법에 초점을 맞추어 평가할 수 있다.

〈표 7〉 글의 갈래별 강조해야 할 평가 요소

〈정보 전달을 위한 글(설명문, 보고문, 기사문 등)〉
* 내용면: 정확성과 풍부성, 객관성, 공정성, 정보의 구체성, 정보간의 관련성
* 조직면: 연결의 자연스러움, 통일성, 완결성, 적절한 조직 구조, 이해하기 쉬운 구조
* 표현면: 정확성, 다양한 기법(그림, 표 등) 활용, 적절한 문체와 어조, 어법에 맞는 문장 표현

〈설득을 위한 글(논설문, 논술문 등)〉
* 내용면: 논거의 타당성, 논거의 정확성과 풍부성, 논거의 참신성
* 조직면: 적절한 조직 구조, 논리성, 일관성, 통일성, 완결성, 논지 전개의 자연스러움
* 표현면: 표현의 명확성, 설득적 문체와 어조, 어법에 맞는 문장 표현

〈정서 표현을 위한 글(시, 소설 등)〉
* 내용면: 독창성 또는 참신성(개성), 다양성, 흥미성, 감동성
* 조직면: 전개(구성)의 다양성, 형식성, 참신성
* 표현면: 형식성, 독창성, 정서 표현적 장르에 적절한 문체, 다양한 표현 기법(비유)

〈친교를 위한 글(편지, 초대장, 사과문 등)〉
* 내용면: 진실성, 진솔성, 풍부성
* 조직면: 적절한 형식, 내용 흐름의 자연스러움, 참신성, 진실성
* 표현면: 적절한 형식(편지, 초대장 등), 친교 목적의 글에 적절한 문체

3) 쓰기 평가 방법

(1) 선다형 평가

선다형 검사는 몇 개의 답지 중에서 하나를 고르는 것으로 객관식 평가의 가장 전형적인 형태이다. 이는 쓰기 지식이나 기능(또는 전략)을 평가하는 데 주로 사용된다. 이때 쓰기 지식이라 함은 일반적으로 문법, 어법, 문장의 구조나 문체, 비유법, 주제문 작성법, 문법적 문제 등에 대한 수사학적 또는 문법적인 지식을 말한다.

선다형 쓰기 평가의 전형적인 예는 대학 수학 능력 시험의 언어 영역(쓰기)에서 찾아볼 수 있다. 수능 시험에서는 질문에 대해 몇 개의 답지를 제시한 후에 이 중에 하나를 고르는 방식을 택하고 있다. 이런 식의 평가는 실제 쓰기 능력을 평가하지 않는다는 점에서 간접 평가에 해당된다.

(2) 논술형 평가

논술형 평가는 실제로 한 편의 글을 쓰게 한 후에 이를 대상으로 평가하는 방식을 말한다. 현재 대학 입학 시험에서 몇몇 대학이 치르는 논술 시험이 여기에 해당된다. 이 방식은 실제 쓰기 능력을 평가하는 방법으로는 가장 일반적인 것이라 할 수 있다.

무엇보다 이 방식은 실제 쓰기 능력을 평가할 수 있다는 점에서 선다형 검사에 비해 바람직하다. 주로 한 편의 글을 대상으로 한다는 점에서 다른 비형식적 평가에 비해서는 대규모를 대상으로 치를 수도 있고 신뢰도도 높다. 물론 선다형 평가에 비해서는 비용이 훨씬 많이 들고 신뢰도가 낮다.

논술형 평가가 선다형 검사에 비해서는 훨씬 비용이 많이 들지만 선다형 검사에 비해서는 훨씬 바람직한 방법이라는 점에서 앞으로 이 방법을 많이 실시하는 것이 좋다. 그리고 대학별로 이루어지는 논술 시험과 같이 비교적 대규모로 실시하는 평가에서도 실시하고 있는데, 이를 확대해서 국가 수준의 시험에서도 도입할 필요가 있다. 이때 가능한 글의 분량을 짧게 하고 평가 항목을 구체화하면 채점 시 신뢰도를 확보하면서도 직접 평가의 장점을 살릴 수 있다.

논술형 평가에서 평가 요소(기준)를 설정하는 것이 중요하다. 신뢰도를 확보하면서도 실제 쓰기 능력을 평가해야 하기 때문이다. 글의 종류와 관계없이 공통적으로 필요한 요소가 있고, 글의 종류에 따라 특별히 강조해야 할 요소가 있다. 그러므로 실제 평가 기준을 정할 때에는 글의 종류와 관계없이 두루 강조해야 할 요소를 설정한 다음, 특정 글의 종류를 강조하기 위한 요소를 추가해서 최종 평가 기준을 설정하면 된다. 일반적으로 쓰기 평가를 할 때 쓰기 평가의 내용(기준)은 일련의 쓰기 과정별로 설정하는 방법과 완성된 글을 대상으로 중요 요소를 중심으로 추출하는 방법이 있는데, 논술형 평가에서는 후자의 방식을 택한다.

일반적으로 논술 평가에서 채점 방식으로 흔히 세 가지를 든다. 분석적 평가(analytic scoring), 총체적 평가(holistic scoring), 주요 특질 평가(primary trait scoring)가 그것이다. 분석적 평가는 한 편의 글에 대해 내용면, 조직면, 표현면 등으로 나누어 각각에 대해 점수를 매긴 후 나중에 종합하는 방식이다. 총체적 평가는 분석적 평가에서 다룬 요소를 고려하되 글의 전체적인 인상을 평가하는 것을 말한다. 주요 특질 평가는 특정한 한두 요소에 초점을 두어 평가하는 것을 말한다. 주요 특질 평가를 할 때에는 분석적 평가의 기준을 참고하면 될 것이다.

분석적 평가는 총체적인 평가에 비해 객관도를 높일 수 있는 방식이다. 분석적 평가에서는 학생의 글이 갖추어야 할 조건을 좀 더 명확하게 파악하는 데 도움이 된다. 하지만 총체적 평가에 비해 시간이 많이 걸리고 평가 기준을 만드는 것이 번거로운 단점을 지니고 있다. 총체적 평가는 부분보다는 글의 전체를 평가할 수 있고, 분석적 평가에 비해서는 타당도가 높고 비용과 시간을 줄일 수 있다는 장점을 지니고 있다. 물론 분석적 평가를 할 때에도 글의 전체적인 면에 관심을 가져야 하며, 총체적 평가를 할 때에는 분석적 평가를 할 때 고려하게 되는 요소를 충분히 염두에 두어야 할 것이다. 주요 특질 평가는 분석적 평가나 총체적 평가에 비해 간편하고 신뢰도가 높지만 한정된 부분만 평가한다는 단점을 지니고 있다.

(3) 관찰형 평가

교사 관찰형 평가는 평소 학생들의 쓰기 행위에 대해 면밀하게 관찰해서 그 결과를 정리, 분석하는 평가이다. 일화기록법이라고 해서 평소에 학생들의 쓰기 행위와 관련된 정보를 최대한 자세히 기록하는 것도 있을 수 있고, 체크리스트와 같이 그러한 행동을 했으면 체크를 해 두는 방식도 있을 수 있다.

교사 관찰형 평가는 학생들의 쓰기 행위에 대한 다양한 정보를 얻을 수 있다는 장점을 지닌다. 한 편의 완성된 글을 대상으로 할 경우에, 다양한 정보를 파악하기 어렵지만 교사 관찰형 평가를 통해서는 쓰기에 대한 지식이나 기능(또는 전략), 태도에 대해 풍부한 정보를 얻을 수 있다. 특히 다른 방법으로는 학생들의 쓰기 태도를 평가하기 어려우나, 이 방법으로는 어느 정도 가능하다는 점도 염두에 둘 필요가 있다. 그렇지만 교사 관찰형 평가는 교사나 학생 모두에게 상당한 부담을 주며, 신뢰도가 매우 낮아 서열화를 위한 평가에서는 사용하기 어렵다는 단점을 지니고 있다.

관찰형 평가에는 일화 기록법이나 체크리스트법, 면담법 등이 있다. 일화 기록법은 평소 학생들의 쓰기 행위와 관련된 것을 수시로 관찰, 기록해 두는 것을 말한다. 특별한 항목을 정하지 않고 학생들의 쓰기 행위에 대해 가능한 많은 양의 정보를 파악하는 데 초점이 있다. 체크리스트법은 학생들의 쓰기 행위와 관련하여 체크리스트를 만들어 둔 다음 그러한 행동을 했으면 체크를 해 두는 방식을 말한다.

체크리스트법은 보통 '예, 아니오'와 같이 2분법을 사용하지만 경우에 따라서는 '상, 중, 하'나 '매우 자주, 자주, 보통' 등과 같은 척도를 사용할 수도 있다. 체크리스트에 포함할 수 있는 요소는 다양한데, 쓰기에 대한 지식, 기능이나 전략, 태도 등이 모두 포함된다. 특히 쓰기 태도에 무게 중심을 둔다. 그리고 체크를 하는 시기를 보면, 수업 시간에 할 수도 있지만 수업이 끝난 직후에 할 수도 있다. 그리고 수업 시간에 학생들이 보인 행동에 대해 할 수도 있고, 학생들이 완성해 놓은 글을 대상으로 할 수도 있다.

면담법은 학생들의 쓰기 행위에 대해 교사가 협의를 하는 것을 말한다. 협의의 내용은 여러 가지일 수 있다. 쓰기에 대한 지식, 기능이나 전략, 태도 등이 모두 포함된다. 그런데 보통은 쓰기에 대한 태도에 초점이 있다. 물론 좀 더 구체적으로 들어가서 한 편의 글을 쓰는 과정에서 각 학생들이 사용한 전략을 그 대상으로 할 수 있지만, 사실 면담을 통해 이런 것을 파악하기는 어렵다.

질문지법은 쓰기 행위에 대해 여러 가지 질문지를 만들어 학생들에게 작성하게 하는 방법이다. 질문지의 내용에는 여러 가지가 포함될 수 있다. 쓰기에 대한 지식, 쓰기 기능이나 전략, 그리고 쓰기 태도 등이 포함된다. 질문지법은 일화기록법이나 면담법과 연결해서 사용하면 그 가치를 더 드러낼 수 있다.

(4) 자기평가·동료 평가법

자기 평가나 동료 평가는 말 그대로 자기나 동료가 글을 평가하는 것을 말한다. 쓰기 과정에서 평가가 이루어질 수도 있으나 보통은 한 편의 완성된 글을 대상으로 한다. 물론 이 방법은 서열화를 위한 데 있지 않다. 다만 학생들이 자기의 글이나 동료의 글을 평가하는 과정에서 글을 평가하는 능력을 갖게 되고 이는 곧 자기가 글을 쓸 때 도움을 주는 데 주된 목적이 있다.

(5) 포트폴리오법

포트폴리오(portfolio)는 학생의 성취 정도를 평가하는 데 도움이 되는 각종 자료, 예를 들어 학생의 산출물, 평가 결과, 체크리스트 등을 모아놓은 것을 말한다. 화가나 사진 작가, 디자이너 등이 흔히 평가를 위해 자신의 작품을 모아놓은 포트폴리오를 간직하고 있다고 하는데 이와 유사한 성격을 지닌다. 요즈음에는 학교에서 학생들의 독서와 쓰기 능력을 평가하기 위해 포트폴리오를 곧잘 활용하고 있다. 이러한 포트폴리오를 중심으로 한 평가가 포트폴리오법이다. 사람에 따라서는 활동철 평가법이나 간이총평법 등으로 부르기도 한다.

포트폴리오법은 여러 가지 이점을 지니고 있다. 첫째, 포트폴리오는 장기간에 걸친 학생들의 능력을 발달적 관점에서 평가할 수 있다. 이는 일회적으로 할 때보다는 좀 더 안정적으로 학생들의 능력을 정확하게 판단할 수 있다. 둘째, 장기간에 걸쳐서 이루어지기 때문에, 학생들의 발달적 수행 정도를 파악하는 데에 도움이 된다. 셋째, 학생이 산출하는 글쓰기의 다양한 측면을 평가할 수 있다. 포트폴리오에는 여러 가지가 포함되기 때문에, 학생들의 발달적 쓰기 능력뿐만 아니라 쓰기에 대한 태도나 흥미 등도 함께 평가할 수 있다.

그러나 포트폴리오법은 교사나 학생 모두에게 상당한 부담을 줄 수 있다. 그리고 평가시 교사의 주관이 많이 개입될 수 있어 평가의 신뢰도는 낮을 가능성이 높다. 또한 학생들이 자기가 했는지, 아니면 다른 사람이 했는지를 판가름하기 어렵기도 하다. 그리고 포트폴리오법은 상당한 시간과 비용이 전제되어야 한다.

포트폴리오법을 실시할 때에는 다음과 같은 점에 유의한다.

첫째, 교사는 무엇에 대해 평가할 것인지를 분명히 한다. 포트폴리오법은 다양한 정보를 파악하는 데 초점이 있지만, 너무 확대해 놓으면 교사나 학생 모두에게 너무 많은 부담을 준다. 평가 기준을 명확히 함으로써 학생들이 모아서 제출해야 할 내용도 그만큼 제한될 수 있다.

둘째, 필요에 따라 여러 가지 유형의 포트폴리오를 적절히 활용한다. 포트폴리오의 유형으로는 다섯 가지가 있을 수 있는데, 각 유형은 나름의 역할을 한다. 전시용 포트폴리오, 평가용 포트폴리오, 증거용 포트폴리오, 과정 포트폴리오, 혼합 포트폴리오가 그것이다(Valencia & Place, 1994). 전시용 포트폴리오는 미술가들이 전통적으로 사용해 온 것으로 가장 대표적인 작품을 모아놓은 것을 말한다. 평가용 포트폴리오는 영역별로 대표적인 것을 모아 놓은 것인데, 학생들 간에 비교 평가를 하는 데 도움이 된다. 증거용 포폴리오는 자신의 증진 정도를 보여줄 수 있는 것을 모두 모아 둔 것인데,

최대한 다양하고 많은 수를 모아두는 것이 좋다. 과정 포트폴리오는 어떻게 학습을 했는지를 보여주는 것을 목적으로 하는데, 프로젝트의 각 단계별로 자신이 한 일을 기록하거나 각 단계에서 나온 산출물을 보여주는 것이다. 혼합 포트폴리오는 앞에서 말한 몇 개의 포트폴리오를 통합한 것을 말한다. 예를 들어 평가를 위한 포트폴리오에 전시용 포트폴리오나 과정 포트폴리오를 포함하는 것이다.

셋째, 완성된 글뿐만 아니라 미완성된 글도 모아두게 할 수 있다. 그리고 꼭 형식을 갖춘 글이 아니더라도 평소에 메모해 둔 것, 체크리스트, 퀴즈, 표준화 검사 결과, 비형식적 검사 결과, 학습 일지, 마인드맵(그래픽 조직자) 등도 평가 대상에 포함할 수 있다.

넷째, 앞에서 말했듯이 모든 것을 포함할 수는 없기 때문에 어떤 것을 포함해야 할지는 학생이 결정할 수도 있지만 교사와 함께 하는 것이 좋다. 물론 학생뿐만 아니라 교사가 학생들의 포트폴리오를 자주 보고 적절한 도움을 준다. 그리고 포트폴리오를 평가하는 기준도 함께 만드는 것이 좋다.

다섯째, 포트폴리오를 간직하게 할 때 적절한 형식을 갖추게 하면 학생들에게 부담을 덜 주면서 필요한 정보를 얻는 데 도움이 된다. 예를 들어 파일철 한 권과 공책 한 권 등으로 제한을 하고, 필요하면 공책에도 칸을 만들거나 날짜 등을 기록하는 란을 공통으로 만들게 할 수 있다.

여섯째, 교사가 학생들의 포트폴리오에 대해 수시로 관심을 보이고 그것을 활용해서 한 편의 글을 써 보게 하는 활동을 자주 하는 것이 좋다. 교사가 처음에는 강조하다가 관심을 보이지 않으면 학생들도 대충하게 되고, 평가 자료 제출 기간에 임박해서 벼락치기식 자료 수집을 할 수 있다.

일곱째, 포트폴리오법을 평가 방법으로만 한정하지 않도록 한다. 즉, 일련의 포트폴리오를 계획하고 실행, 평가하는 과정이 곧 쓰기를 지도하는 과정임을 분명히 인식한다.

참고문헌

김봉순(1999), 쓰기 영역의 수행 평가 방안, 〈국어교육〉 100, 한국어교육학회.

김명순(2003), 국어과 쓰기 교육과 쓰기 활동의 이해, 〈敎育課程硏究〉 21-1.

김정자(2004), 텍스트 언어학과 작문 교육, 〈텍스트 언어학〉 17, 텍스트언어학회.

김창원 외(2015), 2015 개정 교육과정에 따른 교과 교육과정 개발 연구, 한국교육과정평가원.

박영목(1991), 중·고등학교에서의 작문 지도, 〈논문집〉 42, 한국국어교육연구회.

박영목(1994), 의미 구성에 관한 설명 방식, 〈선청어문〉 22집, 서울대 국어교육 연구회.

박영목(1995), 〈작문 연구의 최근 동향과 전망〉, 제6회 국어교육 연구발표대회 자료집.

박영목(1999), 국어 표현 과정과 표현 전략, 〈독서연구〉 4, 한국독서학회.

박영목(1999), 작문 능력 평가 방법과 절차, 〈국어교육〉 99, 한국어교육학회.

박영목(2002), 협상을 통한 의미 구성과 협동 작문, 〈국어교육〉 107, 한국어교육학회.

박영목(2005), 작문 지도 모형과 전략, 〈국어교육〉 124, 한국어교육학회.

박영목(2008), 〈작문 교육론〉, 역락.

박영목·한철우·윤희원(2001), 〈국어과 교수 학습 방법 탐구〉, 교학사.

박영목·한철우·윤희원(2003), 〈국어교육학 원론〉, 박이정.

박영민(2003), 의미 구성과 표현의 대응, 그리고 필자의 발달, 〈새국어교육〉 66, 한국어교육학회.

박영민(2003), 자료 텍스트의 관계 유형과 작문 교육, 〈청람어문학〉 27집.

박영민(2006), 쓰기 교육에서 지식의 범주와 교육 내용의 구조, 〈국어교육학연구〉 25, 국어교육학회.

박영민(2006), 중학생의 쓰기 동기에 영향을 미치는 요인, 〈국어교육학연구〉 26, 국어교육학회.

박태호(1996), 〈사회구성주의 패러다임에 따른 작문 교육 이론 연구〉, 한국교원대 대학원 석사 논문.

박태호(2000), 〈장르 중심 작문 교수 학습론〉, 박이정.

신헌재 외 역(2004), 〈구성주의와 읽기·쓰기〉, 박이정.

신헌재·이재승(1997), 쓰기 교육에서 과정 중심 접근의 의미, 〈한국초등국어교육〉 13, 한국초등국어교육학회.

염은열(2000), 표현교육의 연구 경향에 대한 비판적 고찰, 〈국어교육학연구〉 11, 국어교육학회.

우한용 외(2006), 〈인터넷 시대의 글쓰기와 표현교육〉, 서울대 출판부.

원진숙 역(2004), 〈생태학적 문식성 평가〉, 한국문화사.

원진숙(1994), 〈작문 교육의 이론적 기초와 방법론 연구〉, 고려대 박사 논문.

원진숙(1999b), 쓰기 영역 평가의 생태학적 접근—대안적 평가방법으로서의 포트폴리오를 중심으로,

〈한국어학〉 10, 한국어학회.

원진숙(2001), 구성주의와 작문, 〈초등국어교육〉 18, 초등국어교육학회.

원진숙(2001), 초등 국어과 교수 학습 모형 개발 연구, 〈국어교육학연구〉 12, 국어교육학회.

원진숙(2005), 대학생들의 학술적 글쓰기 능력 신장을 위한 작문 교육 방법, 〈어문논집〉 51, 민족어문학회.

원진숙(2008), 〈쓰기 교육〉, 한국어와 한국어 교육, 한국문화사.

원진숙 · 황정현 역(1998), 〈글쓰기의 문제 해결 전략〉, 동문선.

이봉희 역(2007), 〈글쓰기 치료〉, 학지사.

이수진(2007), 〈쓰기 수업 현상의 이해〉, 박이정.

이완기(2007), 〈초등영어교육론〉, 문진미디어.

이재기(2006), 쓰기 교육에서 학생 필자의 자리, 〈청람어문교육〉 33, 청람어문교육학회.

이재승 편저(2004), 〈아이들과 함께 하는 독서와 글쓰기 교육〉, 박이정.

이재승(1998), 과정 중심 쓰기 교육의 구현 방안, 〈청람어문학〉 20, 청람어문교육학회.

이재승(1998), 쓰기 과정 연구의 전개 양상과 지향점, 〈새국어교육〉 56, 한국국어교육학회.

이재승(2002), 〈글쓰기 교육의 원리와 방법〉, 교육과학사.

이정숙(1997), 〈인지적 도제를 통한 작문 교육 이론 연구〉, 한국교원대학교 석사 논문.

이주섭(1998), 〈범교과적 쓰기 지도에 관한 연구〉, 한국교원대 석사 논문.

정희모(2006), 〈글쓰기 교육과 협력 학습〉, 삼인.

정희모 · 이재성(2005), 〈글쓰기의 전략〉, 들녘.

조연주 외 역(1997), 〈구성주의와 교육〉, 학지사.

조해숙 외 옮김(1994), 〈사회 속의 정신-고등 심리 과정의 발달〉, 성원사.

최인자(2000), 대화주의 이론과 작문교육의 문화 생산 모델, 〈국어교육연구〉 7, 국어교육학회.

최인자(2000), 장르의 역동성과 쓰기 교육의 방향성, 〈문학교육학〉 5, 한국문학교육학회.

최현섭 · 박태호 · 이정숙(2000), 〈구성주의 작문 교수 학습론〉, 박이정.

한철우 · 성낙수 · 박영민(2003), 〈사고와 표현-작문 워크숍과 글쓰기〉, 교학사.

Calfee & Perfumo(1996), *Writing Portfolios in the classroom-Policy and Practice, Promise and Peril*. LEA.

Farr Roger, Tone Bruce(1994), *Portfolio and Performance Assessment-Helping Students Evaluate Their Progress and Writers*, Harcourt Brace College Publishers.

Flower, L.(1994), *The Construction of negotiated meaning*, Southern Illinois University Press.

Elbow, Peter(2000), *Everyone can write*, Oxford University Press.

Elbow, Peter & Belanoff, Pat(2000), *A Community of Writers − A Workshop Course in Writing*, McGraw Hill.

Graves, L, Richard ed.(1999), *Writing, Teaching, Learning−A Sourcebook*, Heinemann.

Hillocks, George Jr.(1995), *Teaching Writing as Reflective Practice*, Teachers College Press.

Hyland, Ken(2003), *Second Language Writing*, Cambridge University Press.

Gail. E. Tompkins(1994), *Teaching Writing*, Macmillan Publishing Company.

Johns, M. Ann(2002), *Genre in the Classroom; Multiple Perspectives*, LEA.

Leslie Lauren, Jett−Simpson Mary(1997), *Authentic Literacy Assessment−An Ecological Apprach*, Longman.

Murray D. M.(1980), Writing as process: How writing finds its own meaning, In T. R. Donovan and B. W. McClelland (eds.), *Eight approaches to teaching composition*, NCTE.

National Writing Project and Carl Nagin(2003), *Because Writing Matters−Improving Student Writing in our Schools*, Jossey−Bass.

Nystrand et al.(1993), "Where did composition studies come from?", *Written Communication* 10/3.

Sommers, Nancy(1982), "Responding to student Writing", *College Composition and Communication* 32, pp.148−156, NCTE.

Tompkins, E. Gail(1994), *Teaching Writing−Balancing Process and Product*, Macmillan College Publishing Company.

Yancey Kathleen Blake ed.(1992), *Portfolios in the Writing Classroom*, NCTE.

탐구문제

1. 쓰기의 성격에 대해 구체적인 예를 들어 설명하시오.

2. 쓰기에 대한 관점을 비교 설명하고, 각각이 가지고 있는 장점과 단점을 설명하시오.

3. 쓰기 내용 체계표에 있는 중요 개념들을 구체적인 예를 들어 설명하시오.

4. 교육과정에 제시된 학년별 쓰기 교육의 주된 내용을 설명하시오.

5. 과정 중심의 쓰기 지도의 장점과 단점에 대해 설명하시오.

6. 내용 생성 활동의 예를 구체적인 예를 들어 설명하시오.

7. 특정한 글의 종류를 선정하여 완성된 글을 평가하는 기준을 만들어 보시오.

문법 교육

5장

1. 문법 영역의 성립과 문법 교육의 성격

'문법'이란 영역 명칭은 2007년 개정 국어과 교육과정(2007년 12월, 교육인적자원부 고시 제 2007-79호)에서 도입된 용어이다. 문법 영역은 4차 교육 과정에서 처음으로 '언어'라는 명칭으로 설정되었다. 그 이전의 교육과정에서 문법 관련 내용은 듣기, 말하기, 읽기, 쓰기 영역에 통합하여 가르쳐 왔다. 문법 교육을 내용으로 하는 '언어' 영역은 4차, 5차, 6차 교육 과정까지 계속 유지되다가 제7차 교육과정(1997년 12월 30일, 교육부 고시 제1997 - 15호)에서 '국어 지식' 영역으로 바뀌었다. 이후 2007년 개정 교육과정에서 다시 '문법'으로 바뀐 후 이 영역 명칭을 현행 2015 개정 교육과정까지 유지하고 있다. 문법 영역은 이미 제4차 교육과정(1981년 12월 31일, 문교부 고시 제442호) 시기부터 국어과의 하위 영역 중 하나로 독립되어 설정된 '언어' 영역을 계승한 것이며, 국어 문법 지도를 핵심으로 하는 일련의 교육적인 과정을 포함하고 있다. 이 절에서는 이러한 문법 교육의 영역 설정 문제를 검토하는 것으로 시작하여 국어과 문법 교육의 성격, 문법 영역에 고유한 문법 교육의 내용과 방법, 평가 등의 논제를 다루는 것으로 하겠다.

1) 문법 영역의 성립

국어과의 하위 영역은 제1차 교육과정 시기부터 제3차 교육과정 시기까지는 거의 '언어 기능' 중심의 내용으로 일관되어 왔다. 말하기, 듣기, 읽기, 쓰기가 중심이 되었으며, 쓰기를 글씨 쓰기와 글짓기의 두 영역으로 나눈 적도 있다. 하지만, 실제 교육 현장에서는 국어과는 기본적인 네 개의 언어 기능 · 말하기, 듣기, 읽기, 쓰기 · 의 신장을 돕는 교과라는 생각 외에 언어, 문학, 작문을 함께 가르치는 교과로 인식되어 왔다고 할 수 있다.

그런데 제4차 교육과정 시기에는 이 두 관점을 통합한다는 생각에서 '언어 활동'과 '언어 활동의 바탕이 되는 지식'을 나누어 생각하게 되었다. '언어 활동'은 '표현 · 이해'이고, 이들의 바탕이 되는 것으로 '언어 현상'과 '문학 현상'이 있다고 보았다. '표현 · 이해'를 밝히는 학문으로 '수사학'을, '언어 현상'을 밝히는 학문으로 '언어학'을, '문학 현상'을 밝히는 학문으로 '문학론'이 가능할 것으로 전제한 것이다. 그리하여, 국어과의 영역으로 언어 기능을 담당하는 '표현 · 이해', '언어 현상'을 담당하는 '언어', '문학 현상'을 담당하는 '문학' 영역이 설정되었다. 그러나 이렇게 세 영역으로 나누게 되자, 국어과가 마치 상호 이질적인 요소가 뒤섞인 단순 복합체인 것처럼 인식하는 결과를 초래하였다(문교부, 1987: 233). 즉 각 영역의 특성은 무엇이며, 각 영역 간의 상호 관계는 어떠하며, 각 영역은 국어과의 교육 목표 성취에 어떻게 기여하는지에 대한 연구, 다시 말하면 '표현 · 이해'의 언어 활동에 관련되는 사고 과정, '언어'나 '문학' 영역의 학습이 학생들의 언어 사용 기능을 돕는 데, 그리고 문학 작품 감상력 신장에 어떻게 관련되는지에 대한 연구가 수행되지 않은 상태에서 상호 이질적인 요소를 뒤섞어 놓았다는 것이다.

이러한 문제점을 극복하기 위하여 제5차 교육과정에서는 국어과의 지도 영역을 크게 '국어 생활'과 '국어 문화'로 선정하고, 국어과의 궁극적인 목표를 '국어 사용 기능의 신장'과 '국어와 국문학에 대한 이해와 관심'을 높이는 것으로 설정하였다. 국어 사용 기능의 신장은 주로 말하기, 듣기, 읽기, 쓰기 영역의 지도와 관련되며, 국어와 국문학에 대한 이해와 관심은 각각 '언어'와 '문학' 영역과 관련된다.[2] 이와 같은 생각은 제6차 교육과정에서 거의 그대로 이어져, 국어과는 국어과 교육 목표를 성취하는 데 상호 보완적으로 기여하면서 층위가 서로 다른 '언어 사용 기능', '언어', '문학'으로 구성된다는 입장을 취하되, 국어 교과의 도구 교과로서의 성격을 강조하여 '말하기', '듣기', '읽기', '쓰기', '언어', '문학'으로 국어과의 지도 내용을 구분하고 있다(교육부, 1993: 116).[3]

---

[2] 제5차 교육과정에서의 국어과의 목표는 학교급별로 각기 따로 설정되어 있다. 언어의 경우, 초등학교는 "국어에 관한 초보적인 지식을 익히고, 국어를 올바르게 사용하게 한다."로, 중학교는 "국어에 관한 기초적인 지식을 익히고, 국어를 정확히 사용하게 한다."로, 고등학교는 "언어와 국어에 대한 체계적인 지식을 익히고, 국어를 바르게 사용하게 한다."로 되어 있다.

[3] 제6차 교육과정에서의 학교급별 국어과의 목표는 제5차 교육과정의 그것과 거의 같다. 언어의 경우, 초등학교는 "국어에 관한 초보적인 지식을 익히고, 국어를 올바르게 사용하게 한다."로, 중학교는 "국어에 관한

국어과의 내용의 여섯 영역(말하기, 듣기, 읽기, 쓰기, 언어, 문학) 가운데, 특히 언어 영역에 대한 명칭이 적절하지 못하며 오히려 '국어 지식'이란 명칭이 더 적합할 것이라는 의견이 개진되어(리의도, 1995: 15~56), 많은 사람들이 관심을 가지게 되었다. 교육부 교육과정에서 '국어에 관한 지식'을 다루는 영역의 명칭을 '언어' 영역이라 하고 있으며, 더러는 그 성격을 좀 더 명확히 드러내고자 '언어 지식' 영역이라 부르기도 한다. 하지만, '국어에 관한 지식'이라고 규정하면서도 굳이 '언어(지식)' 영역이라 하는 것은 문제가 있으며, '국어 지식' 영역이라 하는 것이 더 나을 것이란 것이다. 그리하여, 제7차 교육과정부터는 영역 명칭을 '국어 지식'으로 바꿔 부르게 되었다. 제7차 교육과정에서 '언어'라는 영역명 대신 '국어 지식'이라는 영역명을 사용한 것은 "교과명으로서의 '국어'와 영역명으로서의 '언어'의 관계 등의 문제를 해소하고, 이 영역의 교육 내용적 성격과 교육의 목적 및 방향을 보다 분명히 하기 위함"(교육부, 1998: 20)이라 할 수 있을 것이다.

즉, '언어'라는 영역명이 지나치게 포괄적인 데서 제기되는 여러 가지 문제를 해결하기 위함이었다. 특히, 창의적인 국어 사용 능력 신장과 밀접하게 관련되어 있는 표현력과 이해력 또한 '언어'의 범주에 포괄될 수 있다는 점, 보통 교육의 일환으로 실천되는 초·중등 학교의 국어 교육이 언어학 일반이나 국어학의 지식 체계를 가르치는 데 목적이 있지 않다는 점, 국어에 대한 지식으로 한정하는 것이 교육 내용의 선정과 각각의 교육 내용의 성격을 명료히 하는 데 기여한다는 점을 중시하여 조정하였다(교육부, 1998: 4쪽 참고). 이뿐만 아니라 '언어'는 '국어'의 상위 개념인데 상위 개념이 하위 개념의 한 영역명이 된다는 것은 모순이기도 하다. 이러한 이유에서 '언어'라는 영역명이 7차 교육과정에서 '국어 지식'으로 바뀌게 되었다.

그러나 2007 개정 교육과정에서는 '국어 지식'이라는 용어가 다시 '문법'이라는 명칭으로 바뀌게 되었다. 그 이유는 앞에서도 언급했지만 "'국어 지식'에서 '국어'가 지나치게 포괄적이어서, 듣기·말하기·읽기·쓰기·문학 영역 모두를 지시한다는 점, '국어 지식'에서 '지식'이 '쓰임과 활용'까지를 포괄하지 못한다는 점"(교과부, 2008: 18, 각주 2) 그리고 하위 범주는 '국어'가 상위 범주인 '언어'를 그 하위 체계에 포함하고 있다는 점 등과 같은 문제에 따른 것이다. 즉 '국어 지식'이라는 말 역시 그 내용 체계의 '국어의 본질' 범주에 '언어의 특성'이라는 상위 개념인 '언어'를 하위 요소로 포함하고 있어 모순이라는 지적에 따른 것이다. 이러한 문제를 해결하기 위하여 2007년 개정 교육 과정부터 현재까지 '문법'이라는 영역 명칭이 사용되고 있다.

기초적인 지식을 익히고, 국어를 바르게 사용하게 한다."로, 고등학교는 "언어와 국어에 대한 체계적인 지식을 익히고, 국어를 바르게 사용하게 한다."로 되어 있다.

2) 문법 교육의 성격

국어과 교육에서 '문법 교육'은 교과 교육적 목적과 영역 설정의 논리를 바탕으로 일찍부터 전개되어 왔다. 문법을 국어과 교육의 주요한 내용 항목으로 여기는 데에는 일반적인 동의가 이루어지고 있지만 '문법', 나아가 '문법 교육' 자체를 바라보는 관점에는 차이가 늘 발생한다. 문법 교육은 다양한 관점들의 조화를 찾아 발전해 왔으며 이러한 과정이 독자적인 문법 교육의 체계화, 이론화, 가치 확립에 동력이 되어 왔던 것이 사실이다. 따라서 국어과 문법 교육에 대한 이해는 문법이나 문법 교육에 대한 개념과 관점 이해를 명확히 하는 것으로 출발할 필요가 있다.

(1) 문법 개념의 이해

일반적으로 '문법'은 단어, 문장을 구성하거나 운용하는 방법 또는 이를 연구하는 학문으로 한정적으로 이해되는 경우가 많았다. 특히 언어학이나 국어학의 관점이 그러한데, 단어 단위에서 언어에 접근하는 형태론, 문장 단위를 주로 연구하는 통사론 두 분야에 한정하여 문법을 논의하고 있는 것이다. 그러나 문법의 개념은 지속적으로 확장되어 온 것을 볼 수 있으며 이제는 개별 언어에 대한 광범위한 설명적 체계 전반을 포괄하는 것으로 이해되고 있다. 즉 형태론이나 통사론뿐만 아니라 음운론, 어휘론, 의미론, 화용론 등의 논의 또한 문법 연구의 관점에서 전개되는 것이다.

국어과 교육에서 문법 교육은 문법을 교과 교육의 목적에서 대상화하고 재구성한 소위 '교육 문법'을 대상으로 이루어진다. 교육 문법은 국어학이나 언어학 분야에서 수행된 광범위한 문법 연구의 주요한 성과를 토대로 하지만 국어 문법 교육의 내용으로서 가치를 지닌 것들로 선별하고 구성한 문법이다. 국어학의 성과들이 문법 교육에 활용되기 위해서는 국어 문법 교육의 성격과 국어 문법 교육의 목표에 부합해야 한다. 국어학 연구 결과를 문법 교육의 성격과 목표에 부합하도록 변환시키는 과정을 문법의 국어과 교육적 변환이라고 할 수 있다. 국어학의 연구 결과 가운데는 그 자체로 국어 문법 교육의 내용이 될 수 있는 것도 있을 것이고, 국어학의 연구 결과이지만 국어 문법 교육의 내용이 되기 어려운 것도 있다. 국어 문법 지식을 도출하는 과정 자체가 문법 교육의 내용이 될 수도 있다. 이것은 모두 문법 교육의 성격과 목표에 기대어 판단할 수 있을 뿐이다. 따라서 교육의 내용으로서의 문법은 국어학의 연구 성과 중 문법 교육의 목표를 달성하는 데 필요한 요소만을 추출하여 교육 목표를 성취하는 데 요구되는 형식으로 체계화하여야 한다. 이러한 교육 문법은 학생들이 국어 능력을 높이기 위해서 필수적인 문법 능력을 갖추도록 하며 실생활에 사용되는 국어의 원리를 탐구하는 방법을 갖추도록 한다. 궁극적으로는 학생들의 언어생활과 문화생활을 개선하는 데에도 필요한 능력을 갖추도록 한다는 점에서 한정된 문법론의 지식과는 차이를 지니는 것이다.

(2) 문법 교육에 대한 관점

국어과 교육에서 문법 교육을 바라보는 관점은 몇 가지로 나뉜다. 물론 근본적으로 문법 교육이 불필요하다고 보는 관점이 있다. 소위 문법 교육에 대한 무용론을 주장하는 것인데, 국어과 교육에서 이러한 문법 교육 무용론은 크게 힘을 얻지는 못하였다. 문법 교육의 가치를 인정하는 입장에서는 크게 세 가지 관점에서 문법 교육을 이해하고 있다. 첫째, 문법을 국어의 사용 기능 신장에 기여할 수 있는 기반 지식의 가치를 지닌 것으로서 교육해야 한다고 보는 '기반 지식적 관점'이다. 둘째, 국어의 사용 기능 신장과 관계없이 문법은 국어에 대한 체계적인 지식으로서 독자적으로도 충분히 교육할 가치가 있는 것으로 파악하는 '독자적 관점', 셋째, 문법 교육이 국어에 대한 체계적인 지식과 국어 이해에 필요한 내용 전반을 아울러야 한다는 '포괄적 관점'이 그것이다.

① 기반 지식적 관점

'기반 지식적 관점'에서는 국어과 교육에서 문법 교육의 가치를 인정하지만 문법 영역의 독자성을 인정하는 데에는 차이를 보인다. 즉 국어과 교육에서 문법은 국어 사용 능력의 각 활동(듣기, 말하기, 읽기, 쓰기) 영역에서 기초적인 지식 요소로 제시될 수 있는 것이기 때문에 문법 영역 자체의 독자성이 인정될 필요가 없다는 것이다. 이는 문법 영역이 듣기·말하기, 읽기, 쓰기 영역과 같은 기능 영역에 종속되어 있는 것으로 보는 입장이다. 이를 '기능 우위 기반 지식적 관점'으로 칭하기도 한다. 반면, 문법 영역의 독자성을 인정하는 입장에서는 문법을 국어 사용 능력을 가능하게 하는 가장 기초적이며 기본적인 것으로 보고, 듣기·말하기, 읽기, 쓰기 기능은 반드시 문법을 학습해야만 신장될 수 있는 것으로 파악하고 있다. 문법 지식이 언어 사용 기능에 전제되고 사실상 언어 사용 기능 학습에 선행하는 있는 것으로 보기 때문에 '지식 우위 기반 지식적 관점'으로 불리기도 한다.

기반 지식적 관점은 국어과 교육에서 가장 주가 되어야 하는 것을 듣기, 말하기, 읽기, 쓰기와 같은 국어를 사용하는 기본적인 언어 기술에 두는 입장이다. 따라서 문법 지식은 국어를 사용하는 데에 기반인 것으로 보며 문법 영역을 국어 사용 기능 영역인 듣기·말하기, 읽기,

쓰기 등과 대등하지 않은 것으로 파악한다. 여기서 국어과의 하위 영역으로 문법 영역을 따로 설정할 필요가 없다는 '기능 우위 기반 지식적 관점'이 가능하게 된다. 물론 '지식 우위 기반 지식적 관점'에서는 문법 영역의 독자적 설정 가치를 인정한다. 국어과 교육에서 문법이 지닌 기반 지식으로서의 가치 문제는 국어과 교육의 본질을 정의하는 데에도 시사하는 바가 크다고 할 수 있다.

② 독자적 관점

'독자적 관점'에서는 기반 지식적 관점이 국어과 문법 교육을 언어 사용의 기능 관점에서만 보기 때문에 문법 영역의 범위를 지나치게 축소시키고 결과적으로 교육적 가치를 지닌 문법 지식들을 국어 교육에서 도외시할 수 있다고 본다. 따라서 언어의 사용 기능을 고려한 것이 아니더라도 문법의 교육적 가치를 독자적으로 인정하는 것은 물론이고 문법 영역 역시 다른 영역과 대등한 자격을 갖는 것으로 파악하고 있다. 권재일(1995: 160~163)에서는 위에 제시한 문법 지식들의 교육적 가치로 다음 네 가지를 들고 있다. 첫째, 국어과 교육에서 언어와 국어에 대한 체계적인 지식을 갖추고, 국어의 발전과 민족의 언어문화 창조에 이바지하도록 교육하는 것은 당연히 필요하다는 것이다. 둘째, 언어는 생각을 표현하는 수단이나 단순히 그러한 수단에 그치고 마는 것이 아니라 이를 사용하는 사람들의 정신세계를 형성하는 중요한 구실을 하게 되고 한 국가나 민족은 이러한 공통된 언어 구조에 이끌려 공통된 정신, 생각을 가지게 되어, 공통된 문화를 형성하게 되기 때문에 필요하다는 것이다. 셋째, 학교 교육에서 국사에 대한 이해, 사회나 자연 현상에 대한 이해를 필요로 하듯이, 국어에 대한 체계적인 지식은 단순히 국어학자의 몫만이 아닌, 우리 민족 모두의 몫이기 때문에 필요하다는 것이다. 넷째, 세종 대왕의 한글 창제, 그리고 한글의 과학성과 그 문화적 가치, 주시경 선생의 본받을 만한 국어에 대한 태도 등이 언어 사용 능력의 향상에 기여하지 못한다 하더라도 이들은 국어에 대한 올바른 태도와 가치관을 형성하게 하여 국어의 발전과 민족의 언어문화 형성에 이바지하는 데에 필요하다고 보고 있다.

③ 포괄적인 관점

문법 교육에 대한 '포괄적 관점'은 문법 교육이 '국어라는 언어에 대한 체계적인 지식'과 '규범에 맞는 국어의 사용 지식', '효과적인 국어생활을 할 수 있도록 하는 문법 능력', '언어와 국어의 문화적 가치 인식', 나아가 '발견 혹은 탐구 절차를 경험시키는 사고력 배양'까지를 광범위하게 포괄하는 영역으로서 가치를 지닌다는 점을 강조하는 입장이다. 포괄적 관점에서는 '문법'을 한정적인 관점으로 파악하면 문법 교육의 목표를 설정하고 가치를 확인하는 모든 작업에 혼란이 초래될 수밖에 없다고 본다. 즉 언어의 체계에 대한 지식으로만 한정하거나 사용을 위한 기반으로서만 한정하는 것 모두를 지양하고 국어 이해에 필요한 내용 전반으로 확장하는 것을 통해 문법 영역의 정체성을 확보하자는 입장인 것이다.

따라서 포괄적인 관점에서는 국어 교육의 항목들을 기능, 문학, 언어(문법)의 3대 영역으로 가른다고 전제할 때, '국어' 과목에서 반드시 다루어야 할 만한 내용들이지만 기능 영역이나 문학 영역에 속하기 어려운 나머지 내용들은 대개 언어(문법) 영역에서 다루어질 수 있다고 본다. 즉, 국어 사용 기능 신장의 기반 지식이 되는 문법 지식뿐만 아니라, 그렇지 않지만 교육할 만한 가치가 있는 문법 지식들도 문법 영역에 포함시켜 지도하되, 국어 사용 기능에 기반이 되는 것은 국어 사용 기능과 관련시켜 지도하고자 한다. 결국, 포괄적 관점에서 문법을 국어과에서 가르쳐야 한다고 보는 것은 국어 사용 기능의 신장에 기여할 수 있는 것이 많기 때문이며, 또 국어 기능과는 직접적으로 관련되지는 않더라도 학생들에게 전수해야 하는 국어(언어)와 관련된 가치 있는 내용들이 있기 때문이다. 포괄적 관점은 국어 사용 기능 영역과 문법 영역을 대등한 관계로 설정하며, 두 영역 모두 그 독자성을 인정하고 있다.

(3) 문법 교육의 가치

국어과 교육의 관점에서 문법은 국어 사용 기능 신장을 위한 지식 기반이 되고, 국어 현상에 대한 탐구 능력 신장을 위한 대상이 되며, 문법 지식 자체가 국어 문화유산이 되기도 하고, 한국인의 정신세계 형성 수단이 되기도 한다. 이러한 관점에서 문법 교육의 가치 또한 확인할 수 있다.

① 공동체 의식 형성 수단

국어 문화유산이나 한국인의 정신세계 형성 수단으로 기능하는 문법 지식을 교육하는 목적은 국어과의 고유성을 강화해 주는 것과 관련된 한국적인 사고를 형성시키고, 국어 순화, 국어를 사랑하는 마음, 국어 문화 창조, 국어 발전에 이바지하려는 태도를 길러 주기 위해서이다. 이러한 교육을 통해 궁극적으로는 국어를 사용하는 공동체 구성원들에게 소속감과 일체감을 주어 정체성을 인식하도록 해 준다. 이와 같은 언어의 문화적·이데올로기적 특성 때문에 태도 교육이 중요하다. 그런데 한국 문화의 유산이나 한국인의 정신세계 형성 수단으로서의 성격을 갖는 문법 지식은 국어 사용 능력 신장 즉 듣기, 말하기, 읽기, 쓰기 능력 신장을 위한 문법과는 무관하다.

이러한 성격을 갖는 문법 지식으로는 언어와 주변 세계와의 관계 즉, 언어(국어)와 문화와의 관계 · 언어(국어)와 사회와의 관계 · 언어(국어)와 사고와의 관계 · 언어와 국가와의 관계, 자국어의 국외 보급, 표준어와 문화어, 한국어의 특징(국어의 특질), 음운상의 특징, 단어의 특징, 문장상의 특징, 담화상의 특징, 한국의 문자, 한글 창제, 국어의 역사, 국어 운동 등이 있다. 이뿐만 아니라 언어의 사회성, 언어의 역사성, 언어의 창조성, 언어의 규칙성, 언어의 자의성, 언어의 분절성 등과 같은 언어의 본질과 관련된 내용은 인류의 문화유산이자 사람을 문명인이게 해 준다는 점에서 여기에 포함시킬 수 있다. 이 밖에도 인터넷 언어, 국어 순화, 신조어, 표준어와 방안 등도 이와 같은 성격의 교육 문법 지식에 포함시켜 다룰 수 있다.

태도적인 측면, 즉 정의적인 측면은 인지적인 측면 못지않게 중요하다. 국어에 대해 자부심을 느끼고 사랑하는 마음을 갖는 것은 정의적인 측면이지만 제7차 교육과정이나 2007년 개정 교육과정, 2009년 개정 교육과정에서 인지적 영역으로 분류한 지식과 기능의 뒷받침이 필요하다. 그러나 국어에 대한 자부심이나 사랑하는 마음을 함양하기 위한 문법 지식은 듣기, 말하기, 읽기, 쓰기 기능(국어 사용 기능)의 직접적인 기반 지식이 되지는 않는다. 정의적인 측면이 인지적인 측면과 밀접한 관련이 있지만 앞서 언급한 문법 지식은 국어 사용 기능과 관련된 인지적인 요소는 아니다.[4]

② 기능 신장의 기반 지식

국어 사용 능력 신장을 위한 지식 기반으로서의 성격과 국어 현상에 대한 탐구 목표로서의 성격은 인지적인 면과 관련된다. 국어 사용 기능 신장을 위한 지식 기반으로 기능하는 문법 지식은 듣기, 말하기, 읽기, 쓰기를 위한 토대가 된다. 정확하고 유창한 의사소통을 위해서는 문법에 대한 이해가 필수적이다.

그런데 인간은 태어나면서부터 언어 능력(linguistic competence)을 가지고 있기 때문에 자라면서 자동적으로 문법 지식을 습득하게 되어 자국어로 의사소통을 하는 데 큰 불편을 겪지 않는다. 그래서 의사소통에 필요한 문법 지식의 교육적 필요성은 과소평가되고 있는 것이 사실이다. 마치 우리가 살아가는 데 공기가 없어서는 안 되지만 그 중요성에 대해서 별로

---

4) 국어과의 목표를 창의적인 국어 사용 능력 신장으로 규정하게 되면 이러한 내용이 국어과에서 다루어지기 위해서는 그 관련성이 밝혀져야 한다.

느끼지 못하는 것과 같다. 그 결과 문법은 가르칠 필요가 없다는 극단적인 얘기까지 나오게 되었다.

그러나 양태식·김정수(2004)에서는 초등학생들의 접속 부사와 겹받침 낱말의 정확한 사용에 문제가 많음이 일기 조사 결과 밝혀졌고, 국립국어연구원의 각종 실태 조사 결과 보고서[5]는 국민들의 정확한 국어 사용에 문제가 많음을 보여 주고 있다. 학생이나 성인 할 것 없이 특정한 유형의 글이나 담화를 그 유형의 특성에 맞게 생산하는 데에 매우 어려움을 겪는 경우도 흔히 볼 수 있다.

이와 같이 정확하고 효과적으로 의사소통을 하는 데에 기반 지식으로는 한국어의 발음, 단어 만들기, 단어의 쓰임, 문장 구성, 문법 요소의 기능과 쓰임, 텍스트(담화) 구성, 텍스트(담화) 전략, 텍스트(담화) 표지, 어문 규범, 표준어 등이 고려될 수 있다.

③ 탐구적 사고력 신장의 수단

국어 현상에 대한 탐구 대상으로서의 문법 교육에 대한 논의는 제6차 교육과정 이래 2009년 개정 교육과정까지 활발히 이루어져 왔다. 국어 현상을 탐구하여 국어에 내재해 있는 질서를 발견하고 이를 국어 사용에 활용함으로써 국어 사용 능력을 향상시킬 수 있다고 보고 있다. 탐구 활동을 통해 발견한 지식은 교사에 의해 주입되는 지식보다 훨씬 내면화하기 쉽다는 강점이 있다. 이뿐만 아니라 국어 현상에 대한 탐구 능력을 향상함으로써 국어적인 고등 사고 능력을 신장시킬 수 있다.

국어 현상에 대한 탐구 활동의 목적은 학습자가 범하는 오류를 교정해 주기 위해서, 즉 국어 사용 능력 신장을 위해서만은 아니다. 그러한 목적은 오히려 탐구 활동의 부수적인 것이다. 탐구 활동의 목표는 문법 지식 자체가 아니라 그것을 발견해 내는 과정에 초점이 놓여 있다. 문법 지식 자체는 객관적이지 못한 것도 있고, 시대에 따라 변화하는 것도 있으며, 체계화하기 어려운 경우도 있다. 또 학습자의 발달 단계별로 탐구해야 할 문법 지식의 종류도 같지 않다.

국어 현상에 대한 탐구 활동의 본질적인 목적은 탐구 과정을 통해 문법 지식을 발견하고 이를 체계화하는 능력을 길러 국어 현상에 대한 탐구 능력을 높임과 동시에 국어 정보화의

---

5) 국립국어연구원 조사한 국민들의 국어 사용 실태 보고서 '실용문 실태 연구(2003), 어문규범준수실태조사(I)(2000)~(IV)(2004), 초등 학생의 글쓰기 실태 조사와 능력 신장 방안 연구(2003), 국정연설문의 실태(2003), 제품 설명서의 문장 실태 연구1(2003), 2(2002), 법조문의 문장 실태 조사(2001), 법령문의 국어학적 검토(2002)에서는 문법 지식의 부족이 국어 생활에 미치는 영향이 매우 큼을 확인할 수 있다.

기반 지식이 되는 문법 지식을 찾아내는 소양을 길러 주는 데 있다.

여기에 해당하는 문법 지식으로는 음운 체계, 음운 규칙, 품사 분류, 조어 방법, 문장의 종류, 문장의 연결, 문법 표지와 규칙, 수행 표지와 원리, 텍스트 구조 표지와 구성 원리 등 음운, 형태, 단어, 문장, 텍스트(담화) 전반이 포함될 수 있다.

이러한 능력과 소양의 함양은 국어의 본질, 국어의 구조를 밝혀 국어와 국어 문화의 발전은 물론 국어를 사용하는 한국인의 정신세계를 규명하여 국가의 정체성과 한국인의 유대감을 갖게 해 준다. 교육 문법의 이와 같은 성격은 기초 능력의 바탕 위에 새로운 발상과 도전으로 21세기 세계화·정보화 시대를 주도할 자율적이고 창의적인 한국인을 육성하고자 하는 2009년 개정 공통 교육과정이 추구하는 인간상과도 부합한다.

2. 문법 교육의 목표와 내용

1) 문법 교육의 목표

문법 영역은 제4차 교육과정 시기부터 국어과의 한 영역으로 독립적으로 설정되었다. 이 시기에 문법 교육의 위상은 학교급별로 제시된 국어과 교육의 목표를 통해서 확인할 수 있다. 제4차 교육과정에서 국어과의 교과 목표는 초등학교의 경우 전문 목표로 "일상의 국어 생활을 바르게 하고, 국어를 소중히 여기게 한다."로 제시되어 있었고, 제5차와 제6차는 "국어 생활을 바르게 하고, 국어를 소중히 여기게 한다."로 되어 있었다. 전문 목표 아래는 세 가지 하위 목표가 제시되어 있었는데 문법(언어) 영역은 제4차의 경우 "국어에 관한 초보적인 이해를 가지게 한다."로 되어 있었고, 제5차와 제6차는 "국어에 관한 초보적인 지식을 익히고, 국어를 올바르게 사용하게 한다."로 되어 있었다. 제7차 교육과정과 2007년 개정 교육과정, 2009년 개정 교육과정은 국민 공통 기본 교육과정을 표방하여 학교급별 목표를 따로 제시하지 않았을 뿐 아니라, 국어과의 목표도 국어 교육의 내용 체계에 따른 영역별 목표를 별도로 제시하지 않고 있다.

2009년 개정 교육과정은 2007년 개정 국어과 교육과정의 목표 제시 방식을 유지하여 '전문'과 '세부 목표'로 구분하여 국어과 교육과정의 목표를 제시하였다. 전문에서는 학습자가 학습의 결과로서 '알아야 할 것(이해 영역)', '실천해야 할 것'(실천 영역), '지녀야 할 태도'(태도 영역)를 중심으로 기술하고 있다. 세부 목표는 전문의 내용을 구체화한 것으로 세 개의 항으로 구성되어 있다. 첫 번째는 국어 능력 신장을 위해서 국어과에서 배우고 익혀야 할 지식은 국어 활동, 국어·문학에 대한 지식임을 밝히고 있다. 두 번째는 국어 능력은 담화와 글을 수용하고 생산하는 능력이며, 이러한 능력을 신장시키기 위해서는 관련된 지식과 기능을 학습해야 한다는 점을 강조하였다. 세 번째는 정의적 교육 내용과 관련된 목표로서 국어 세계에 대한 흥미, 언어 현상의 탐구, 국어의 발전과 국어 문화의 창조를 강조하였다.

이러한 국어과 교육과정의 세부 목표를 통해서 보면, 2009 개정 교육과정에서 말하는 문법 영역의 목표는 기본적으로 국어 사용 능력 향상을 전제로 한 국어(언어)에 관한 지식의 이해이며, 문법 교육의 목적이 다양한 국어 사용 상황에서 활용할 수 있는 지식 교육, 그리고 국어 현상에 대한 지속적인 탐구 활동을 통하여 국어의 발전과 미래 지향의 국어 문화 창조에 있음을 알 수 있다.

2015 개정 국어과 교육과정도 영역별 목표 설정을 따로 하지 않기 때문에 교육과정 문서에 제시된 국어과 교육의 목표를 통해 문법 교육의 목표를 확인하게 된다.

> 국어로 이루어지는 이해·표현 활동 및 문법과 문학의 본질을 이해하고, 의사소통이 이루어지는 맥락의 다양한 요소를 고려하여 품위 있고 개성 있는 국어를 사용하며, 국어 문화를 향유하면서 국어의 발전과 국어문화 창조에 이바지하는 능력과 태도를 기른다.
>
> 가. 다양한 유형의 담화, 글, 작품을 정확하고 비판적으로 이해하고 효과적이고 창의적으로 표현하며 소통하는 데 필요한 기능을 익힌다.
> 나. 듣기·말하기, 읽기, 쓰기 활동 및 문법 탐구와 문학 향유에 도움이 되는 기본 지식을 갖춘다.
> 다. 국어의 가치와 국어 능력의 중요성을 인식하고 주체적으로 국어 생활을 하는 태도를 기른다.

총괄 목표에서는 '문법의 본질을 이해하고'를 통하여, 세부 목표에서는 '문법 탐구에 필요한 기본 지식을 갖춘다.'의 내용이 문법 영역과 관련된 부분으로서 이를 통하여 문법 교육의 목표를 추론하게 된다. 그런데 이러한 목표 진술은 문법 영역의 목표와 분명히 연결되기 어려운 측면들이 있다. 2015 개정 교육과정의 내용 체계 구성은 가로축에서 '핵심 개념', '일반화된 지식', '내용 요소', '기능'을 설정하고 세로축은 '본질', '수행', '태도'로 이루어져 있다. 문법 영역의 경우도 내용 체계 구성 방향은 이와 크게 다르지 않은 것으로 보아야 한다. 총괄 목표이든, 세부 목표이든 문법 영역을 제외한 나머지 듣기·말하기, 읽기, 쓰기, 문학 영역은 명제적 지식뿐만 아니라 수행과 관련된 개념, 기능과 관련된 개념, 태도와 관련된 개념이 목표에 반영되어 있다. 그러나 문법 영역은 명제적 지식, 수행과 관련된 개념, 기능과 관련된 개념과 목표를 연결 짓기가 어려운 것이다. '태도' 범주를 나타내는 '다' 항을 제외하고, '본질'과 '기능' 과 '수행' 범주와 세부 목표가 어떻게 관련되는 것인지 확정하기 어렵다. '가' 항은 '기능', '수행' 과 관련된 목표이나 문법 영역과는 관련이 없다. '나' 항은 '지식' 범주와 관련된 목표이나 문법 영역의 목표에 해당하는 '문법 탐구에 도움이 되는 지식을 익힌다'가 의미하는 바가 무엇인지 명료하지 않다. '문법 탐구에 도움이 되는 지식'이란 명제적 지식을 말하는지, 절차적 지식을 말하는지 혹은 이 둘을 모두 말하는지 명확하지 않다. 또 총괄 목표의 '문법의 본질을 이해하고'가 나타내는 의미와 '문법 탐구에 도움이 되는 지식을 익힌다.'가 어떤 관계에 있는지도 이해하기 쉽지 않다.

2015 개정 국어과 교육의 목표 중 문법 영역과 관련된 목표를 이해하는 데 이러한 문제가 생기는 것은 2015 개정 국어과 교육과정의 '문법' 영역의 '지식' 범주와 관련된 목표 진술이 변화된 것에서 연유하는 것이기도 하다.

[교육과정별 문법 영역 관련 세부 목표 진술 양상]
ㄱ. 제6차 국어과 교육과정: 국어에 관한 초보적 지식을 익히고(교육부, 1992:47)
ㄴ. 제7차 국어과 교육과정: 언어에 대한 기본적인 지식을 익혀(교육부, 1997:29)
ㄷ. 2007 개정 국어과 교육과정: 국어에 대한 기본적인 지식을 익혀(교육인적자원부:17)
ㄹ. 2009 개정 국어과 교육과정: 국어에 대한 기본적인 지식을 익힌다.(교육과학기술부, 2011: 3)
ㅁ. 2015 개정 국어과 교육과정: 문법 탐구에 도움이 되는 기본 지식을 갖춘다.(교육부, 2015:4)

(2)에서 볼 수 있듯이 제6차 교육과정에서부터 2009 개정 교육과정까지는 문법 영역의 명시적 목표가 '국어에 대한/언어에 대한 기본적인 지식을 익히'는 것으로 진술되어 있다. 주지하다시피 이 경우의 '국어'나 '언어'는 '문법'을 가리키는 것이다. 즉 문법 영역 목표의 핵심은 문법 지식을 익히는 것이었다는 것을 이해할 수 있다. 그러나 2015 개정 국어과 교육과정의 문법 영역과 관련된 목표는 '문법 탐구에 도움이 되는 기본 지식을 갖춘다.'라고만 진술되어 그 목표가 의미하는 것이 무엇인지 명확하지 않은 것이다.

2015 개정 교육과정의 목표 진술은 국어과의 성격을 명시하는 내용을 통해 보완적으로 이해될 수 있을 것이다. 2015 교육과정은 2009 교육과정과 달리 문서 체제에 있어서 '목표' 진술

과 별도로 '성격'을 따로 명시하는 변화를 보이고 있다. 국어과의 성격을 진술하며 특히 하위 영역에 대하여는 "이들 영역에 관한 기본 지식을 갖추고 개성적이고 품위 있는 국어 사용의 기능을 익히며 주체적으로 국어 생활을 영위하는 태도를 지님으로써 국어교육의 목표를 달성할 수 있다."는 점을 강조한다. 이러한 진술의 맥락에서 문법 영역은 "국어의 제반 현상을 탐구하여 국어를 깊이 있게 이해하고 국어 의식을 높이는 활동을 한다."라고 규정하고 있음을 볼 수 있다. 이러한 성격 진술의 내용을 통해서 볼 때, 목표 진술로 명시되는 "문법의 본질 이해", "문법 탐구에 필요한 기본 지식"은 국어를 깊이 있게 이해하고 국어 의식을 기를 수 있는 국어의 제반 현상과 관련된 내용임을 확인할 수 있는 것이다. 이러한 문법 교육의 목표는 문법 교육의 내용을 결정하는 주요한 바탕이 된다. 문법 교육의 내용은 교육과정의 내용 체계와 성취 기준을 통해 확인할 수 있다.

2) 문법 교육의 내용

(1) 문법 영역의 내용 체계

2015 개정 교육과정은 학교 교육 활동을 통해 길러지는 '핵심 역량(일반 역량)'과 교과 학습의 결과로서 기대되는 능력인 '교과 역량'을 고려하여 개발되었다. 총론에서 제시된 '핵심 역량'은 '자기관리 역량', '지식정보처리 역량', '창의적 사고 역량', '심미적 감성 역량', '의사소통 역량', '공동체 역량'이며 이러한 핵심 역량 개념을 기조로 하면서도 교과 고유의 특성을 살린 교과별 '교과 역량'을 제시하는 것이다. 교과 역량은 관련 교과의 교육과정 전반에 걸쳐 다루어지도록 하고 있는데, 국어과 교육과정에 제시된 교과 역량은 '비판적·창의적 사고력, 자료·정보 활용 능력, 의사소통 능력, 공동체·대인관계 능력, 문화 향유 능력, 자기 성찰·계발 능력'이다. 2015 개정 국어과 교육과정은 국어과 교과 역량 개념을 국어과 교육의 '성격' 부분에 제시하고 있으며 뒤이어 국어과 교육의 목표와 내용 체계, 성취 기준을 제시하고 있다. 2015 개정 국어과 교육과정은 기존의 교육과정에 비해 그 내용 체계상의 변화도 두드러진다. 내용 체계의 변화 양상을 내용 체계 구성의 관점과 내용 체계의 특징으로 나누어 접근해 보도록 하겠다.

① 내용 체계 구성의 관점

2015 개정 교육과정의 교과 내용 체계는 '핵심 개념' 중심으로 정교화 되었다는 특징을 지닌

다. '핵심 개념'이 구심점이 되어 '일반화된 지식', '학년(군)별 내용 요소', '기능'이 내용 체계의 중심적인 가로축이 되고 교과별, 영역별 핵심 개념이 세로축을 형성하여 내용 체계를 재구조화하고 있는 것이다. 내용 체계를 구성하는 교과 공통의 주요 개념들을 우선 정리해 보면 다음과 같다.

[2015 개정 교과 교육과정의 내용 체계 구성 요소별 의미(이광우 외, 2015)]
핵심 개념 : 교과가 기반으로 하는 학문의 가장 기초적인 개념이나 원리. 학생들이 각 교과를 학습한 후 반드시 알아야 하며 그 교과의 정체성을 가장 잘 설명해 줄 수 있는 구심점 역할을 하는 대표 개념.
일반화된 지식(내용) : 학년(군) 및 학교 급을 통해 학생들이 반드시 알아야 할 지식을 일반화된 진술문의 형태로 제시한 것으로 핵심 개념들을 구체적으로 표현한 것. 학습 내용의 일반 원리의 성격.
학년(군)별 내용 요소 : 교과의 성격, 영역, 핵심 개념, 일반화된 지식에 근거하여 학년별, 학교 급별로 배워야 할 핵심적인 내용.
기능 : 학습자가 해당 교과 영역에서 할 수 있어야 할 것을 가리킴. 해당 교과 및 영역 고유의 탐구 기능 및 사고방식을 반영하고 성취 기준의 수행 부분을 제시하는 중요한 근거.

이들 네 개 범주가 가로축을 형성하고 국어과 핵심 개념이 세로축을 형성하여 아래와 같은 내용 체계의 기본 틀이 형성된다. 핵심 개념으로서 '본질', '수행'('담화와 글의 유형', 국어 활동의 '구성 요소와 전략'), '태도'의 주요 항목이 배열되어 있다.

〈표 1〉 2015 개정 국어과 교육과정 내용 체계의 기본 틀

영역	핵심 개념		일반화된 지식	학년(군)별 내용 요소					기능
				초등학교			중학교 1~3학년	고등학교 1학년	
				1~2학년	3~4학년	5~6학년			
	본질								
수행	담화와 글의 유형								
	구성 요소 및 전략								
	태도								

세로축을 구성하는 항목들은 전통적으로 교육과정의 내용 체계를 구성해 왔던 주요 범주들과 일정 부분 관련성을 지니고 있다. 제7차 교육과정에서 내용 체계 범주는 '본질', '원리', '태도', '실제'로 구분된 바 있고, 2007 교육과정에서는 '태도'가 삭제되면서 '맥락' 범주가 추가되었다. 2009 교육과정에서는 '맥락' 범주를 '지식' 범주의 하위에 두면서 그 위상을 약화 시키고 대신 '태도' 범주를 재설정하였다. 이러한 흐름이 2015 교육과정에서도 유지되면서 내용 체계의 세로축, 즉 문법 영역의 핵심 개념을 '본질', '수행', '태도'로 범주화하게 된 것이다.

'본질'과 '태도' 범주는 제7차 교육과정이나 2009 개정 교육과정의 해당 범주와 크게 다르지 않다. 그런데 '수행' 범주는 이전 교육과정에 없던 새로운 범주이다. 수행 범주는 다시 '담화와 글의 유형' 범주와 국어 활동의 '구성 요소 및 전략'범주로 구분하여 제시하고 있다. '담화와 글의 유형' 범주는 2007 개정, 2009 개정 교육과정의 국어 활동의 목적과 이에 따른 담화와 글의 유형과 관련된 명제적 지식을, '구성 요소 및 전략' 범주는 '맥락'과 관련된 지식6)과 해당 영역의 국어 활동을 수행하는 방법 즉 절차적 지식을 그 내용으로 하고 있다(한국교육과정평가원, 2015:87 참고).

② 내용 체계의 특징

2015 개정 국어과 교육과정에서 설정한 문법 영역의 내용 체계는 앞서 제시한 2015 교육과정 내용 체계의 기본적인 틀을 따르고 있기 때문에 가로축에서 핵심 개념에서 출발하여 일반화된 지식으로 나아가고 이어 학년군별 성취 기준에 해당하는 내용 요소를 직접 제시한 뒤 기능을 배치하고 있다. 세로축에는 '국어의 본질', '국어 구조의 탐구와 활용', '국어 규범과 국어생활', '국어에 대한 태도'로 재구조화하여 제시하고 있는 것이다. 주지하다시피 내용 체계의 가로축은 총론의 관점에 따른 교과 공통의 범주로서 설정되어 있고 세로축의 내용 요소들은 국어과 문법 영역에 고유한 내용 요소라고 할 수 있다. 따라서 세로축의 범주들은 2009 교육과정과 비교를 통해 새로 설정된 특징을 좀 더 명확히 살필 수 있을 것이다.

---

6) 구성 요소 범주를 '맥락' 지식이 포함되는 것으로 본 이유는 다음과 같다. 구성 요소 범주에 '듣기·말하기'는 '화자, 청자, 맥락'을, '읽기'는 '독자, 글, 맥락'을, 쓰기는 '필자, 글, 맥락'을 제시하고 있다. 담화나 글에 대한 의미 구성에 화자와 청자, 독자와 필자도 모두 맥락으로 작용하기 때문이다.

<표 2> 2009년 개정 교육과정 문법 영역 내용 체계

실제
국어 문화와 자료
구어 자료, 문어 자료
다양한 매체와 국어 자료

지식	탐구와 적용	태도
언어의 특성 국어의 구조 국어의 규범	국어의 분석과 탐구 국어 지식의 적용 국어 생활의 점검과 문제 해결	국어의 가치와 중요성 국어 탐구에 대한 흥미 국어 의식과 국어 사랑

⇩

<표 3> 2015년 개정 교육과정 문법 영역 내용 체계

핵심 개념	일반화된 지식	학년(군)별 내용 요소					기능
		초등학교			중학교	고등학교	
		1~2학년	3~4학년	5~6학년	1~3학년	1학년	
▶국어의 본질	국어는 사고와 의사소통의 수단이 되는 기호 체계로서, 언어의 보편성을 바탕으로 하여 고유한 국어문화를 형성하며 발전한다.			• 사고와 의사소통의 수단	• 언어 기호	• 역사적 실체	• 문제 발견하기 • 자료 수집하기 • 비교·분석하기 • 분류·범주화하기 • 종합·설명하기 • 적용·검증하기 • 언어생활 성찰하기
▶국어 구조의 탐구와 활용 • 음운 • 단어 • 문장 • 담화	국어는 음운, 단어, 문장, 담화로 구성되며 이들에 대한 탐구를 통해 국어 지식을 얻고 이를 언어생활에 활용할 수 있다.		• 낱말의 의미 관계 • 문장의 기본 구조	• 낱말 확장 방법 • 문장 성분과 호응	• 음운의 체계와 특성 • 품사의 종류와 특성 • 문장의 짜임 • 담화의 개념과 특성	• 음운의 변동 • 문법 요소의 특성과 사용	
▶국어 규범과 국어생활 • 발음과 표기 • 어휘 사용 • 문장·담화의 사용	발음·표기, 어휘, 문장·담화 등 국어 규범에 대한 이해를 통해 국어 능력을 기르고 바른 국어생활을 할 수 있다.	• 한글 자모의 이름과 소릿값 • 낱말의 소리와 표기 • 문장과 문장 부호	• 낱말 분류와 국어사전 활용 • 높임법과 언어 예절	• 상황에 따른 낱말의 의미 • 관용 표현	• 단어의 정확한 발음과 표기 • 어휘의 체계와 양상의 활용 • 한글의 창제 원리	• 한글 맞춤법의 원리와 내용	
▶국어에 대한 태도 • 국어 사랑 • 국어 의식	국어의 가치를 인식하고 국어를 바르게 사용할 때 국어 능력이 효과적으로 신장된다.	• 글자·낱말·문장에 대한 흥미	• 한글의 소중함 인식	• 바른 국어 사용	• 통일 시대의 국어에 대한 관심	• 국어 사랑과 국어 발전 의식	

2009년 개정 교육과정에서 '실제'는 성취 기준 선정 범주에 해당하고, '지식', '탐구와 적용', '태도'는 내용 요소 선정 범주에 해당하며, 내용 요소는 실제 즉 음운, 단어, 문장, 담화·글 등과 같은 국어 자료를 수용하고 생산하는 데에 요구되는 세부적인 지식, 기능, 태도를 의미한다. 학년군별 내용 성취 기준은 이들 세 가지 범주에서 각각 선정하였고 '지식'은 형식적, 본질적, 명제적 지식을 의미하는 것이다. 문법 영역은 언어의 특성, 국어의 구조, 국어의 규범을 포함한다. '탐구와 적용'은 국어 자료를 탐구하고 지식을 적용하는 데 관여하는 사고의 절차나 과정으로 분석과 탐구, 국어 지식의 적용, 국어 생활의 점검과 문제 해결을 포함하고 '태도'는 국어의 가치와 중요성, 국어 탐구에 대한 흥미, 국어 의식과 국어 사랑을 포함하였다.

2015 교육과정의 경우에는 총론의 관점에서 확정된 기본 틀을 지니고 출발하였기 때문에 국어과의 내용 체계 논리를 고유하게 적용하게 어려운 측면이 있다. 국어과는 개념 중심의 교과로만 보기 어려운 점이 있기 때문에 핵심 개념 도출, 핵심 개념에서 출발하는 논리나 핵심 개념을 구체적으로서 설명하는 내용으로서 일반화된 지식을 상정하는 방식에서 명료한 설득력이나 설명력을 확보하기 쉽지 않은 것이다.

문법 영역의 핵심 개념으로 설정된 '국어 구조의 탐구와 활용'범주의 일반화된 지식 "국어는 음운, 단어, 문장, 담화로 구성되며 이들에 대한 탐구를 통해 국어 지식을 얻고 이를 언어생활에 활용할 수 있다."에서는 '탐구'를 강조하고 있으며, 탐구 결과를 언어생활에 활용할 것을 강조하고 있다. '국어 규범과 국어생활'범주의 일반화된 지식 "발음·표기, 어휘, 문장·담화 등 국어 규범에 대한 이해를 통해 국어 능력을 기르고 바른 국어생활을 할 수 있다."는 국어 규범의 이해와 바른 국어생활을 강조하고 있다. 전자는 '국어 구조'를 탐구를 통해 이해하고 언어생활에 활용하는 것이고 후자는 '국어규범'을 이해하고 바른 국어생활을 하는 것이다. '국어 구조'를 탐구하여 이해하는 것, '국어규범'을 이해하는 것 외에 차이가 무엇인지 구분하기 쉽지 않다. '국어 구조의 탐구와 활용' 범주의 단어나 단어의 구조를 탐구하여 언어생활에 활용하는 것과 '국어 규범과 국어생활' 범주의 어휘를 사용하는 것, '국어 구조의 탐구와 활용' 범주의 문장과 담화의 구조를 탐구하여 언어생활에 활용하는 것과 '국어 규범과 국어생활' 범주의 문장·담화의 사용이 어떤 차이가 있는지도 파악하기 어렵다.

이뿐만 아니라 '국어 규범과 국어생활' 범주의 어휘의 사용, 문장의 사용, 담화의 사용이 국어 규범의 문제인지도 의문이다. 한편 국어 구조의 하위 범주 설정도 더 심도 깊은 논의가 필요하다. '음운, 단어, 문장'은 추상적인 언어 단위이고 '담화'는 '발화, 문단'등과 함께 구체적인 언어 사용의 단위이다. 추상적인 언어 단위는 맥락 독립적인 데 비해, 구체적인 언어 사용 단위는 맥락 의존적이라는 점에서 차이가 있다. 이처럼 차원이 다른 단위를 같은 차원으로 나열하는 것도 '국어 구조의 탐구' 범주의 하위 범주로 적합한지 깊은 논의가 필요하다.

(2) 문법 영역의 성취 기준

2015 개정 교육과정은 학습량의 적정화를 기조로 하여 2009 교육과정에 비해 성취 기준의 수가 줄었고 성취 기준의 내용 또한 간략화되었다는 특징을 지닌다. 성취 기준의 제시는 학년군 성취 기준 아래 영역별로 전개되고 있으며 성취 기준에 대한 해설은 선별적으로 이루어진다. 여기에 '주요 학습 요소'를 따로 부가하고 있다. 성취 기준 아래에는 '교수 - 학습 방법 및 유의 사항'과 '평가 유의 사항'이 함께 기술되어 있으며 학년군마다 〈국어 자료의 예〉를 제시하고 있다. 여기서는 성취 기준의 내용, 주요 성취 기준 해설과 주요 학습 요소만을 소개하도록 하겠다.

[1~2학년군]

초등학교 1~2학년 문법 영역 성취기준은 학습자가 기초 문식성을 습득하여 학교에서의 국어생활에 원활히 적응하도록 하는 데 중점을 두어 설정하였다. 한글을 해득하고 낱말과 문장, 문장 부호를 바르게 사용하며 말과 글에 대한 관심을 갖게 하는 데 주안점을 둔다.

[2국04-01] 한글 자모의 이름과 소릿값을 알고 정확하게 발음하고 쓴다.
[2국04-02] 소리와 표기가 다를 수 있음을 알고 낱말을 바르게 읽고 쓴다.
[2국04-03] 문장에 따라 알맞은 문장 부호를 사용한다.
[2국04-04] 글자, 낱말, 문장을 관심 있게 살펴보고 흥미를 가진다.

(가) 학습 요소

한글 자모의 이름과 소릿값 알기, 소리와 표기의 관계 이해하기, 문장 부호 바르게 사용하기, 글자 · 낱말 · 문장에 흥미 갖기

(나) 성취기준 해설

[2국04-02] 이 성취기준은 소리와 표기가 일치하는 낱말과 그렇지 않은 낱말이 있음을 알고 소리와 표기 사이의 관계를 이해하여 낱말을 바르게 쓰는 능력을 기르기 위해 설정하였다. 소리와 표기가 일치하는 쉬운 낱말부터 소리와 표기가 일치하지 않는 낱말로 점차

학습 범위를 확장하며 소리와 표기가 일치하지 않는 낱말을 어법에 맞게 적을 수 있도록 한다. 또한 소리와 표기가 일치하는 낱말이나 그렇지 않은 낱말을 그 소릿값에 맞게 바르게 읽을 수 있도록 한다.

[2국04-04] 이 성취기준은 주변의 글자, 낱말, 문장에 대해 무심코 넘어가지 않고 민감하게 받아들이며 호기심을 바탕으로 탐구하는 자세를 기르기 위해 설정하였다. 예를 들어 낱자 하나를 바꾸면 낱말의 의미가 달라지거나 하나의 글자가 여러 낱말에서 쓰일 수 있는 것을 발견하는 등 일상생활에서 사용하는 글자, 낱말, 문장에 관심을 갖도록 하는 데 중점을 둔다.

(다) 교수 - 학습 방법 및 유의 사항

이 시기의 학습자는 기초 문식성을 습득하는 단계임을 감안하여, 받침이 없는 낱말이나 글자 수가 적은 낱말에서 시작하여 점차 그 범위를 확장해 나가도록 한다.

한글 자모의 이름과 소릿값을 알고 정확하게 발음하고 쓰는 교수 - 학습의 과정에서는 자음과 모음이 모여 글자를 만드는 방식을 쉽게 이해할 수 있도록 기본 음절표나 낱말 카드 등을 활용할 수 있다.

소리와 표기의 관계에 대해 지도할 때에는 소리와 표기가 같은 낱말, 소리와 표기가 다른 낱말 두 가지 모두를 다루도록 하고, 교수 - 학습의 초기에는 발음이나 표기가 지나치게 어려운 낱말이나 글자 수가 지나치게 많은 낱말을 피하도록 한다.

문장에 따라 알맞은 문장 부호 사용하기를 지도할 때에는 평서문, 의문문, 감탄문과 같은 용어를 노출할 필요는 없으며 문장에 따라 마침표, 물음표, 느낌표 등이 나타나는 양상을 알게 한다. 문장의 유형과 직접 관련이 없지만 쉼표는 필요하면 같이 지도할 수도 있다.

글자, 낱말, 문장에 흥미나 관심 가지기를 지도할 때에는 학습자가 국어 현상에 대해 창의적이고 비판적으로 사고할 수 있는 기회를 제공한다는 생각으로 교수 - 학습을 이끌어 가도록 한다.

(라) 평가 방법 및 유의 사항

한글 자모의 이름과 소릿값을 알고 정확하게 발음하고 쓰는 것과 같은 기초 문식성 관련 평가는 듣기 · 말하기, 읽기, 쓰기와 관련된 기초적인 의사소통 능력을 배양하기 위한 학습 과정 전반에 대한 평가의 일부가 되도록 통합적으로 평가한다.

낱말을 바르게 읽고 쓰기와 관련된 평가는 읽기 영역과 쓰기 영역을 통합하여 할 수 있다. 글자, 낱말, 문장에 대한 흥미와 관심에 대한 평가는 교사에 의한 관찰, 자기 평가와 동료 평가, 상황 학습이나 놀이 학습 등의 방법을 활용할 수 있다.

[3~4학년군]

초등학교 3~4학년 문법 영역 성취기준은 낱말과 문장을 사용하는 능력과 한글을 소중히 여기고 언어 예절을 지키며 의사소통하는 능력을 갖추는 데 중점을 두어 설정하였다. 낱말, 문장 및 높임법에 대한 이해를 통해 기초적인 국어 사용 능력을 기르는 데 주안점을 둔다.

[4국04-01] 낱말을 분류하고 국어사전에서 찾는다.
[4국04-02] 낱말과 낱말의 의미 관계를 파악한다.
[4국04-03] 기본적인 문장의 짜임을 이해하고 사용한다.
[4국04-04] 높임법을 알고 언어 예절에 맞게 사용한다.
[4국04-05] 한글을 소중히 여기는 태도를 지닌다.

(가) 학습 요소

낱말 분류하기(기본형, 모양이 바뀌는 낱말, 모양이 바뀌지 않는 낱말), 낱말의 의미 관계 이해하기(비슷한 말, 반대말, 상·하위어), 기본적인 문장의 짜임 알기, 높임법 바르게 사용하기, 한글을 소중히 여기는 태도 갖기

(나) 성취기준 해설

[4국04-01] 이 성취기준은 낱말 분류에 대한 기초적인 지식을 바탕으로 하여 국어사전에서 낱말을 정확하게 찾는 능력을 기르기 위해 설정하였다. 형태(모양)나 의미 등을 생각하면서 여러 가지 낱말을 분류해 보는 활동을 통해 주요 품사(명사, 동사, 형용사)를 변별할 수 있도록 한다. 이를 통해 낱말의 기본형을 이해하고 국어사전에서 낱말을 찾는 방법을 지도한다.

[4국04-02] 이 성취기준은 낱말들이 의미 관계를 가지고 있음을 알고 어휘에 대한 관심과 호기심을 갖도록 하기 위해 설정하였다. 비슷한 말, 반대말, 상·하위어에 중점을 두어

낱말 간의 의미 관계를 지도하고, 연상 활동이나 말놀이를 통해 다양한 어휘를 익힐 수 있게 한다. 그리고 비슷한 말, 반대말, 상·하위어 등을 여러 상황에서 활용해 봄으로써 어휘력을 신장하도록 한다.

[4국04-03] 이 성취기준은 기본적인 문장의 짜임을 익히고 이에 따라 문장을 만드는 능력을 기르기 위해 설정하였다. 문장은 기본적으로 동작이나 상태의 주체를 나타내는 부분(주어부)과 주체에 대해 서술하는 부분(서술어부)으로 나눌 수 있다. 주어부와 서술어부의 역할을 이해하고 정확하게 문장을 사용하도록 한다. 단, 주어나 서술어와 같은 문장 성분은 다루지 않는다.

[4국04-05] 이 성취기준은 한글의 소중함과 제자 원리에 대한 기초적인 이해를 바탕으로 하여 한글을 바르게 사용하고 가꾸려는 태도를 기르기 위해 설정하였다. 한글이 어떤 점에서 우리에게 소중한 의미를 갖고 있는지, 어떤 면에서 독창적이고 과학적인지 등을 탐구함으로써 한글의 우수성과 독창성을 알고 한글을 사랑하는 마음을 가질 수 있게 한다.

(다) 교수-학습 방법 및 유의 사항

낱말의 분류를 지도할 때에는 학습자에게 낱말 분류의 경험을 제공함과 아울러 국어사전(종이 사전, 인터넷 사전)에서 낱말을 찾는 데에 필요한 방법적 지식을 익힐 수 있게 하고, 국어사전에서 낱말을 즐겨 찾는 태도를 지니게 하는 데 중점을 둔다.

낱말의 의미 관계 파악을 지도할 때에는 어휘망 그리기 등 여러 가지 활동을 통해 한 낱말과 연관된 다양한 어휘를 익히게 한다. 사전을 통해 자신이 조사한 낱말을 이용하여 연상 활동이나 말놀이를 해 보고 어휘에 대한 관심을 가지도록 한다.

기본적인 문장의 짜임을 지도할 때에는 용어의 개념을 지도하기보다는 여러 가지 예시 자료를 활용하여 문장의 짜임을 이해하도록 한다. 학습자에게 기본적인 문장의 짜임을 보여 주는 사례를 제시한 다음, 이와 짜임이 유사한 문장을 생성해 보도록 할 수 있다.

높임법에 대해 지도할 때에는 높임법과 관련된 지식을 전달하는 데 중점을 두기보다는 학습자가 자주 틀리고 어려워하는 높임법 사례를 제시하여 문제의식을 유발하고 그것을 바로잡는 경험을 제공하는 데 중점을 둔다.

한글의 창제 과정, 한글의 우수성을 보여 주는 다양한 매체 자료를 활용하여 자연스럽게 한글을 소중히 여기는 태도를 기를 수 있게 한다. 또한 한글이 없거나 쓸 수 없는 상황을 상상하여 역할극을 해 보는 등 학습자가 흥미를 느낄 수 있는 다양한 학습 방법을 사용할 수도 있다.

(라) 평가 방법 및 유의 사항

국어사전에서 낱말 찾기를 평가할 때에는 사전을 찾는 데 필요한 지식뿐만 아니라 사전에서 낱말을 찾는 수행 과정을 직접 관찰하여 평가하도록 한다.

낱말과 문장, 높임법, 한글과 관련하여 비판적·창의적 사고력과 탐구 능력을 평가하는 데 중점을 둔다.

한글의 소중함을 깨닫게 해 주는 자료에 관해 자기 주도적으로 발표하거나 다른 학습자와 토의하고 그 내용을 공유하게 함으로써 자료·정보 활용 능력과 의사소통 능력을 평가할 수 있다.

[5~6학년군]

초등학교 5~6학년 문법 영역 성취기준은 언어의 기본 특성과 낱말, 문장에 대한 이해를 바탕으로 하여 학습자의 국어 능력을 점차 확장하는 데 중점을 두어 설정하였다. 낱말에 대한 이해와 활용 능력을 신장하고 어법에 맞고 바람직한 국어 문장과 표현을 사용하는 태도를 기르는 데 주안점을 둔다.

[6국04-01] 언어는 생각을 표현하며 다른 사람과 관계를 맺는 수단임을 이해하고 국어생활을 한다.
[6국04-02] 국어의 낱말 확장 방법을 탐구하고 어휘력을 높이는 데에 적용한다.
[6국04-03] 낱말이 상황에 따라 다양하게 해석됨을 탐구한다.
[6국04-04] 관용 표현을 이해하고 적절하게 활용한다.
[6국04-05] 국어의 문장 성분을 이해하고 호응 관계가 올바른 문장을 구성한다.
[6국04-06] 일상생활에서 국어를 바르게 사용하는 태도를 지닌다.

(가) 학습 요소

언어의 기능(사고와 의사소통의 수단), 낱말 확장 방법 알기(합성, 파생), 낱말의 의미 파악하기(문맥적 의미, 다의어, 동음이의어), 관용 표현 활용하기, 문장 성분 이해하기, 호응 관계 이해하기, 국어를 바르게 사용하기

(나) 성취기준 해설

[6국04-01] 이 성취기준은 언어가 자신의 느낌을 표현하는 수단이자 인간관계 형성의 수

단임을 알고 국어 활동을 하는 자세를 기르기 위해 설정하였다. 언어의 기능에는 지시적·정보적·친교적·정서적·명령적 기능이 있는데, 언어가 대상과 상황 맥락에 따라 다양하게 표현되어 인간관계 형성에 중요한 영향을 미친다는 것을 이해하게 하는 데 중점을 둔다.

[6국04-02] 이 성취기준은 낱말의 확장 방법(합성, 파생)을 이해하고 이를 바탕으로 하여 낱말의 의미를 정확하게 파악함으로써 다양한 언어 사용 상황에서 적절하게 활용하는 능력을 기르기 위해 설정하였다. 우리가 접하는 낱말들은 다양한 낱말 확장 방법에 의해 만들어졌음을 탐구 활동을 통하여 이해하도록 한다. 또한 여러 가지 확장 방법을 통해 만들어진 낱말의 의미를 추론하고 의사소통 상황에서 적절하게 사용할 수 있도록 한다.

[6국04-03] 이 성취기준은 상황에 따라 낱말이 다양하게 해석될 수 있음을 알고 상황에 따라 낱말의 구체적인 의미를 파악하는 능력을 기르기 위해 설정하였다. 낱말의 의미는 의사소통 상황의 구체적인 맥락이나 문맥에 따라 달라질 수 있다. 소리는 같고 뜻은 다른 낱말이나 다양한 의미를 갖는 낱말을 주요 학습 대상으로 하며, 낱말들의 의미가 어떻게 다른지를 다양한 사례를 통해 탐구하도록 한다.

(다) 교수-학습 방법 및 유의 사항

낱말의 분류를 지도할 때에는 학습자에게 낱말 분류의 경험을 제공함과 아울러 국어사전(종이 사전, 인터넷 사전)에서 낱말을 찾는 데에 필요한 방법적 지식을 익힐 수 있게 하고, 국어사전에서 낱말을 즐겨 찾는 태도를 지니게 하는 데 중점을 둔다.

낱말의 의미 관계 파악을 지도할 때에는 어휘망 그리기 등 여러 가지 활동을 통해 한 낱말과 연관된 다양한 어휘를 익히게 한다. 사전을 통해 자신이 조사한 낱말을 이용하여 연상 활동이나 말놀이를 해 보고 어휘에 대한 관심을 가지도록 한다.

기본적인 문장의 짜임을 지도할 때에는 용어의 개념을 지도하기보다는 여러 가지 예시 자료를 활용하여 문장의 짜임을 이해하도록 한다. 학습자에게 기본적인 문장의 짜임을 보여 주는 사례를 제시한 다음, 이와 짜임이 유사한 문장을 생성해 보도록 할 수 있다.

높임법에 대해 지도할 때에는 높임법과 관련된 지식을 전달하는 데 중점을 두기보다는 학습자가 자주 틀리고 어려워하는 높임법 사례를 제시하여 문제의식을 유발하고 그것을 바로잡는 경험을 제공하는 데 중점을 둔다.

한글의 창제 과정, 한글의 우수성을 보여 주는 다양한 매체 자료를 활용하여 자연스럽게 한글을 소중히 여기는 태도를 기를 수 있게 한다. 또한 한글이 없거나 쓸 수 없는 상황을 상상하여 역할극을 해 보는 등 학습자가 흥미를 느낄 수 있는 다양한 학습 방법을 사용할 수도 있다.

(라) 평가 방법 및 유의 사항

국어사전에서 낱말 찾기를 평가할 때에는 사전을 찾는 데 필요한 지식뿐만 아니라 사전에서 낱말을 찾는 수행 과정을 직접 관찰하여 평가하도록 한다.
낱말과 문장, 높임법, 한글과 관련하여 비판적·창의적 사고력과 탐구 능력을 평가하는 데 중점을 둔다.
한글의 소중함을 깨닫게 해 주는 자료에 관해 자기 주도적으로 발표하거나 다른 학습자와 토의하고 그 내용을 공유하게 함으로써 자료·정보 활용 능력과 의사소통 능력을 평가할 수 있다.

앞서 잠시 언급한 바와 같이 2015 개정 교육과정은 학습량 적정화의 기조를 바탕으로 하여 2009 개정 교육과정까지 이어져 왔던 내용 항목들 중 상당수가 삭제되었음을 확인할 수 있다. 물론 새로 신설된 항목들이 있고 학년군이나 학교 급을 달리 하여 재배열된 것들도 있어서 내용상의 균형을 유지하려는 모습을 발견할 수 있다. 2009 개정 교육과정과 비교해 볼 때 2015 초등 문법 영역 성취 기준으로 삭제, 및 신설된 성취 기준은 다음과 같이 살펴볼 수 있다.

〈표 4〉 2015년 개정 초등 문법 영역 성취 기준의 삭제 및 신설 항목

	삭제	신설
1~2 학년군	(2) 다양한 고유어(토박이말)을 익히고 소중히 여기는 태도를 기른다.	[2국04-04] 글자, 낱말, 문장을 관심 있게 살펴보고 흥미를 가진다.
3~4 학년군	(2) 표준어와 방언의 가치를 알고 상황에 따라 효과적으로 사용한다. (4) 문장을 끝내는 다양한 방식을 알고 자신의 의도에 맞게 문장을 사용할 수 있다.	[4국04-05] 한글을 소중히 여기는 태도를 지닌다.
5~6 학년군	(1) 발음과 표기, 띄어쓰기가 혼동되는 낱말을 올바르게 익힌다. (4) 절을 연결하는 다양한 방식을 알고 표현 의도에 맞게 문장을 구성한다.	[6국04-01] 언어는 생각을 표현하고 다른 사람과 관계를 맺는 수단임을 안다.

삭제된 성취 기준은 어휘(토박이말)와 어문 규범(표준어; 맞춤법) 그리고 문장(문장 유형, 복합문)과 관련된 내용이다. 신설된 내용은 국어에 대한 흥미, 태도, 사용의 문제를 더욱 환기하는 관점에서 기술되고 있다는 점을 확인할 수 있다. 성취 기준이 재배열은 주로 어휘 단위에 대한 교육 내용이 많이 관련이 되고 표기 교육에 대한 내용도 볼 수 있다.

〈표 5〉 2015년 개정 초등 문법 영역 성취 기준의 재배열

2009 교육과정		2015 교육과정	
학년	성취 기준	학년	성취 기준
1~2 학년군	(3) 낱말과 낱말의 의미 관계를 알고 활용한다.	3~4 학년군	[4국04-02] 낱말과 낱말의 의미 관계를 파악한다.
3~4 학년군	(1) 소리와 표기가 다를 수 있음을 알고 낱말을 바르게 발음하고 쓴다.	1~2 학년군	[2국04-02] 소리와 표기가 다를 수 있음을 알고 낱말을 바르게 읽고 쓴다.
	(3) 국어의 낱말 확장 방법을 알고 다양한 어휘를 익힌다.	5~6 학년군	[6국04-02] 국어의 낱말 확장 방법을 탐구하고 적용한다.
5~6 학년군	(3) 고유어, 한자어, 외래어의 개념과 특성을 알고 국어 어휘의 특징을 이해한다.	7~9 학년군 (중학교)	[9국04-04] 어휘의 체계와 양상을 탐구하고 활용한다.

3. 문법 교수 – 학습 방안

국어과 교육과정의 문법 영역 교수 - 학습에서 특히 강조하고 있는 것은 문법 교육의 내용이 반복·심화될 수 있도록 지도하되, 다양한 국어 현상을 원리 중심으로 탐구하여 언어 지식을 생성하는 경험을 강조하고, 학습한 내용이 바람직한 국어 생활에 활용될 수 있도록 하는 것이다. 이러한 문법 지도를 위해서는 주요한 문법 교육의 원리를 이해하고 이를 바탕으로 효과적인 문법 교육의 방법을 모색할 필요가 있다.

1) 문법 교수 – 학습의 원리

국어과 교육의 목표와 내용에 부합하는 문법 교수 - 학습의 원리는 '거시적인 원리'와 '미시적인 원리'로 나누어 살필 수 있다. 거시적인 원리는 문법 교육의 지향점이라고 할 수 있는

것으로서 문법 교육의 목표에서부터 평가까지 문법 교육 전반에 적용되는 것이다. 미시적인 원리는 구체적인 문법 교육의 실행에 필요한 교수 - 학습 설계 및 활동 자료 구성에 적용되는 것이다.

(1) 거시적 원리

문법 교육의 지향점으로 이해되는 문법 교수 - 학습의 거시적 원리들은 문법 교육의 가치를 다시 확인하는 원리이기도 하다. 따라서 문법 교육을 통한 사고력 신장, 국어 사용 능력의 발달, 국어 문화 창달, 세 측면과 관련된 사고성, 도구성, 문화성 원리로 나타난다.

① 사고성의 원리

국어과 문법 교육은 전통적으로 학습자들의 '사고' 그리고 '탐구'를 강조해 왔다. 문법을 고정된 지식으로서 받아들이는 것이 아니라 문법을 배우는 과정 자체가 끊임없는 생각의 과정이어야 하고 또한 문법에 대한 학습이 새로운 생각을 할 수 있는 계기가 되어야 한다는 것이다. 국어의 다양한 측면을 발견하고 경험하는 것을 통해 국어를 총체적으로 이해할 수 있도록 하는 데에 국어과 문법 교육의 본질적인 목표가 있으며, 따라서 문법 교육은 문법을 통해서 그리고 문법을 계기로 열린 생각, 새로운 사고를 할 수 있도록 전개되어야 하는 것이다. 이것이 바로 문법 교수 - 학습의 '사고성의 원리'이다.

국어 지식 중 많은 경우는 고정 불변의 지식이 아니다. 대부분의 학습자와 교육자는 문법 지식은 으레 객관적이고 불변적인 것으로 이해한다. 예를 들면 국어의 품사가 9개로 범주화된다거나, 국어의 문장 성분은 '주어, 목적어, 서술어, 보어, 관형어, 부사어, 독립어'가 있는 것으로 이해하고 있다. 또 '-겠-'은 미래를, '-았-'은 과거를 나타내는 것으로 가르치고 있으며, 문장의 종결 방법에 따른 종류에도 평서문, 의문문, 명령문, 청유문, 감탄문 5종류가 있는 것으로 설명하고 있다. 그러나 문장 종류에 대한 내용만 보더라도, 의도를 기준으로 해서 보면 그 종류가 훨씬 다양해진다. 발화 의도에 따라 문장의 종류를 나누어 보면, '대상을 설명하는 문장, 놀라는 문장, 감탄하는 문장, 부탁하는 문장, 제안하는 문장, 설득하는 문장, 사실을 전달하는 문장, 시키는 문장, 요청하는 문장, 권유하는 문장, 약속하는 문장, 질문하는 문장' 등을 설정할 수 있다. 문장의 종류에 대한 구분 논의는 여러 관점에서 이루어질 수 있는 것이며 단순히 문장 부호에 대응시켜 판별할 수 있는 것도 아니다. '문장의 종류'는 고정된 지식 획득의 대상이 아니라 사고의 대상이 되어야 하는 것이다.

마찬가지로 문법 영역의 전통적인 내용 항목 중 하나로 한글 표기법이 있다. 초기 문자 지도와 관련된 한글 표기법 지도는 전통적으로 기계식 단어 암기와 받아쓰기 활동을 먼저 떠올리게 하는 부분이다. 한글 표기법 지도 또한 사고성의 원리에서 계획될 필요가 있다. 관련 성취 기준으로 2015 개정 교육과정 1~2학년군 문법 영역에서는 "소리와 표기가 다를 수 있음을 알고 낱말을 바르게 읽고 쓴다."를 찾을 수 있다. 이 성취 기준은 2007 교육과정에서는 1학년 문법 영역에서 "소리와 표기가 다를 수 있음을 이해한다.", 2학년에서는 "표기와 소리가 다른 낱말을 정확하게 표기한다."로 제시되었고 2009 교육과정에서는 3~4학년군 문법에서 "소리와 표기가 다를 수 있음을 알고 낱말을 바르게 발음하고 쓴다."로 지속적으로 제시되었던 내용이다. 초등학교 학습에서 필요한 것은 성취 기준에 제시된 대로 '소리와 표기가 다를 수 있음을 이해하는 것'에 초점이 맞춰져야 한다. 단순히 '틀린 글자를 찾아 바르게 고치게 하는 활동'은 소리와 표기가 다를 수 있음을 이해시키는 활동과는 거리가 있다. 단지 틀린 표현을 바르게 고치는 재인 수준의 활동이 아니라, 성취 기준에 부합하도록 소리와 표기의 관계를 인지하거나 이해할 수 있는 활동이 되어야 한다. 학습자의 사고 활동을 촉진하고 학습자가 주도적으로 소리와 표기가 다른 낱말이 있음을 이해하고 그 원리를 발견해 낼 수 있도록 활동 자료를 구성하여야 한다.

요컨대 국어 문법 가운데 우리가 고정 불변의 지식으로 알고 있는 것 중 많은 부분은 그렇지 않다. 가변적인 지식을 절대적인 것인 양 제시하여 설명하는 방식은 학습자의 사고력 신장의 측면에서 효과적이지 않다. 국어과에서 문법을 다룰 때는 학습자의 사고를 확장할 수 있는 내용을 선정하고 사고력을 신장시킬 수 있도록 교수 - 학습 활동이 이루어져야 하는 것이다.

② 도구성의 원리

국어과에서 '도구'라는 개념은 국어가 의사소통의 수단으로서 도구가 되거나 다른 교과를 학습 하는 수단으로서의 도구가 될 때 사용된다. 이러한 특징 때문에 국어과를 도구 교과라고 말한다. 또한 국어과에서 기르고자 하는 사고력은 타 교과 학습이나 창의적인 생활의 도구가 되기 때문에 이러한 국어과의 특징을 고려하여 도구 교과라고 하기도 한다.

문법 교육의 원리로서 '도구성'은 문법이 국어 사용 능력 신장을 위한 '도구'가 되는 측면을 특정하는 개념이다. 즉 듣고 말하고 읽고 쓰는 기본적인 국어생활에서의 언어 기능과 관련된 능력을 높이기 위해서는 도구로서의 문법 능력이 필요하다는 것이다. 국어의 표현 및 이해 기능에서 문법 능력의 도구적 특성을 확인하는 것은 그리 어려운 일이 아니다. 간결하고도 논리적인 논설문을 쓰기 위해서는 문장의 호응 구조를 잘 익혀서 정확한 문장을 만들 줄 아는 것이 중요한 바탕이 되고 격식적인 면담의 상황에서 적절한 말하기를 수행하려면 높임법의 어휘들에 대한 지식이 요구된다. 교육과정에 명시된 듣기·말하기, 읽기, 쓰기의 언어 사용 기능 영역 성취 기준들에서 어휘, 문장, 담화 차원의 형태, 의미, 용법에 대한 지식들이 바탕에 깔려 있다는 점을 확인할 수 있다.

국어 문법이 듣기, 말하기, 읽기, 쓰기 능력을 신장시키는 데 도구가 된다는 점은 더 이상 강조할 필요가 없다. 그리고 이러한 능력을 신장시키는 데 요구되는 문법 지식의 국어과 교육적 가치에 대해서도 의심의 여지가 없다. 그러나 국어 문법 가운데 국어 사용 기능 신장에 도구가 되는 문법 지식과 그렇지 않은 문법 지식을 구분해 내는 것, 도구적인 성격의 문법 지식을 아동의 발달 단계를 고려하여 학년의 수준에 맞게 배열하는 것에 대해서는 아직 많은 연구가 이루어져야 한다.

③ 문화성의 원리

2007년 개정 국어과 교육과정에 따른 국어과는 "~ 미래 지향적인 민족의식과 건전한 국민 정서를 함양하며, 국어 발전과 국어 문화 창달에 이바지하려는 뜻을 세우게 하기 위한 교과"로서의 성격을 띠고 있기도 하다. 국어과의 성격을 이와 같이 규정한 것은 국어과가 문화 교과로서의 성격이 있다는 것을 나타낸다. 문화 가운데 핵심이 언어(국어)라는 것은 대부분 인정하는 바다. 국어의 발전과 국어 문화 창달에 이바지하려는 뜻을 세우게 하는 것은 물론이고 국어를 통하여 미래 지향적인 민족의식과 건전한 국민 정서를 함양하도록 하는 것 역시 문화 교과로서의 성격을 나타내는 것과 다르지 않다. 왜냐하면 특정 문화는 특정 지역에, 특정한 기간에 거주하는 사람들의 공통된 사고가 표현되어 만들어진 것이기 때문에 공동체 의식과 국민정서를 함양하는 것은 결국 공통된 문화를 생산하는 것에 귀결된다고 하겠다.

예컨대 한국 사람들은 하늘, 바다, 산, 들을 모두 '푸르다'라고 표현한다. 한국 사람들은 하늘, 바다, 산, 들을 나타내는 색깔이 모두 같은 또는 비슷한 색이라고 인식하는 것이다. 그런데 각각을 바라보는 위치가 어디냐, 또 어떤 부분을 보느냐, 누가 보느냐 등에 따라 '파랗다, 새파랗다, 퍼렇다, 시퍼렇다, 푸르다, 푸르스름하다, 파르스름하다, 검푸르다' 등과 같이 느낌을 달리하여 나타낸다. 이러한 한국 사람들의 인식이 다른 언어를 사용하는 사람들과 차이 가운데 하나이다. 또 '눈'에 대해서 에스키모인들은 땅에 쌓여 있는 눈, 바람에 밀려가고 있는 눈, 바람에 밀려 쌓인 눈을 가리키는 낱말이 다른 데 비해, 영국인들은 눈을 세분하는 낱말이 없고, 아즈텍족들에겐 눈, 얼음, 추움의 개념이 한 낱말로 표현된다고 한다. '마챠'와 관련된 말도 한국인에겐 쌍두마차, 포장마차, 역마차가 있는데 현재까지 생활 속에서 통용되는 말은 포장마차가 유일하다. 그런데 미국인에게 carriage, coach, cart, wagon, chariot, tandem, buggy, brougham, barouche 등의 낱말이 있다. '소'를 나타내는 말도 마사이어에서는 16가지가 있는데 한국어에서는 4~5가지가 고작이다.

어떤 현상이나 대상의 인식은 언어로 명명될 때 그 개념이 범주화된다고 할 수 있다. 같은 현상을 두고도 언어로 명명하는 방식과 종류는 같지 않다. 따라서 현상에 대한 인식은 어떤 언어를 사용하는 언중이냐에 따라 다르고 그 인식 양태에 따라 생산하고 수용하는 문화도 달라진다. 그러므로 한국어에는 한국어를 사용하는 사람들의 인식이 반영되어 있어 다른 언어를 사용하는 사람들과 구별된다. 또 한국어를 사용하는 사람들의 인식이나 사고가 고유하기 때문에 이러한 사고 작용으로 생산되는 문화도 고유하고 문화에 대한 이해도 고유한 것이다. 언어의 이와 같은 성질을 이 글에서는 언어의 문화성이라고 이름하고, 이 측면을 고려한 문법 교육의 원리를 문화성의 원리라고 명명하고자 한다.

세계에는 5,000종에서 7,000종의 언어가 사용되고 있다고 한다. 자국 또는 자기 민족, 부족의 언어를 사용할 때 그 언중들의 사고를 가장 잘 표현할 수 있는 것은 당연하다. 이러한 특성이 자국어 교육과 외국어 교육의 차이를 드러내는 본질이라고 할 만하다. 자국어를 다른 언어로 바꾸었을 때 언어의 변화로 인한 정신의 변화, 문화의 변화가 연쇄적으로 진행된다. 따라서 언어가 바뀐다는 것은 곧 언중들의 정체성이 바뀐다는 것과 같다. 국어과 교육에서 한국어의 고유성, 한국어의 특성, 국어와 사고, 국어와 문화 등을 다루는 것은 한국 사람들의 정체성을 교육하는 것으로 국어 사용 기능 신장 즉 '도구 교과'로서의 국어과 이상의 의미가 있다고 하겠다.

다만 이와 같은 내용을 어떤 방식으로 교육을 할 것인지에 대해서는 더 깊은 논의가 필요하다. 지금까지와 같이 교사가 설명의 방식으로 지식을 전달하면 학습자는 암기하고 그 결과를 평가받도록 하는 교수 - 학습 방식은 큰 효과가 없다고 하겠다. 오히려 이러한 주입식의 방법은 그 내용에 대한 국어과 교육적 가치에 부정적인 인식을 주기까지 했다. 내용 자체가 무의미한 것이 아니라 어떤 방법으로 가르칠 것인가에 관심을 가져야 할 것이다.

문법 영역에서 문화적인 측면의 내용은 국어에 대한 지식 자체(국어에 대한 전반적인 이해), 국어의 특질, 국어의 역사, 한글의 우수성·과학성, 국어와 사고, 국어와 문화, 국어와 민족 또는 국민, 국어의 보존과 발전, 국어의 세계화, 표준어와 방언, 남한어와 북한어, 국어의 어휘 체계(고유어, 한자어, 외래어/전문어, 유행어, 은어) 등이 포함될 수 있다.

사실 지금까지 문법 교육은 도구성의 원리에 초점이 맞춰져 이루어진 감이 있었다. 또 문화성의 측면에서도 문법 교육이 이루어져 왔으나 국어 문법 체계 자체에 대한 이해가 중심이었다. 왜 국어 문법 체계가, 그것도 절대적인 지식이라고 할 수 없는 문법 체계가 국어과의 내용이 되어야 하는지에 대해서는 당위론적인 관점에서 받아들여졌다. 그러나 문법 체계에 대한 당위론적 주장에 대해서는 많은 논란이 있는 것이 사실이다. 당위론적인 측면에서 문법 체계에 대한 교육이 아니라 한국 사람과 국어 문법의 관계, 한국적인 사고와 국어 문법의 관계, 한국적인 문화와 국어 문법의 관계를 구체적으로 교육 내용화하는 것이 필요하겠다.

(2) 미시적 원리

국어과 문법 교육의 목표나 가치에서는 거시적 원리가 설정되지만 문법 교육의 구체적이고 미시적인 실행 차원에서는 미시적 원리가 설정된다. 국어과 교과서, 수업 자료, 수업 계획서 등을 문법 교육의 관점에서 구성하는 데에 바탕이 되어 주는 미시적 원리로서 과정성, 실제성, 위계성, 통합성의 원리를 들 수 있다.

① 과정성의 원리

문법 교육의 내용 구성에 있어서는 학습자들이 학습의 결과로서 도달하게 되는 고정적 지식을 제시하기 보다는 탐구의 과정을 통해 문법적 사고와 다양한 국어의 측면을 경험하도록 해야 한다. 과정성의 원리는 이렇게 결과적 지식이 아니라 과정적 탐구를 강조하는 원리로 이해될 수 있다. 과정성의 원리에서는 문법 교육 내용으로서 지식이 아닌 '활동'을 구성하는 것이 핵심이다. 특히 '국어 탐구 활동' 혹은 '국어 인식 활동'의 구성이 중요하며 이들은 다음과 같은 요건을 갖추어서 설계될 필요가 있다(노명완 외, 2013).

> 국어 인식 활동의 대상
> : 다양한 변이형으로 실현되는 살아 있는 실제 국어의 양상 인식하기
> 국어 인식 활동의 초점
> : 체계, 정체성의 표지, 가치의 매개체, 문화(요소) 등으로 존재하는 국어의 속성 인식하기
> 국어 인식 활동의 성격
> : 분석적, 규범적, 비판적, 창의적으로 국어를 인식하기

먼저, 문법이 고정된 지식으로서만 다루기 어렵다는 점은 국어의 실제 양상이 다양한 '변이형'을 지니기 때문이다. 동일한 의미의 단어가 어떤 지역 방언이 되는가에 따라 달라지기도

하고 일상적으로 사용하는 대화의 말과 방송 뉴스에서 사용하는 앵커가 사용하는 말에도 차이가 있다. 이러한 변이형의 집합체가 실제 국어의 모습이 되기 때문에 국어 문법을 탐구하는 과정이 어떤 변이형들을 대상으로 할 것인지를 고려할 필요가 있는 것이다. 다음으로, 국어 인식 활동이 그 과정에서 문법적 체계에 초점을 둘 것인지, 특정 개인이나 집단의 정체성 문제, 가치 전달 문제, 문화적 속성 등에도 주목할 것인지를 생각해야 하고, 마지막으로 국어 인식의 활동이 분석적인 활동이 될 것인지, 규범 이해의 활동이 될 것인지 아니면 비판적, 창의적 활동의 일환으로 구성될 것인지를 판별해야 하는 것이다.

국어 탐구, 국어 인식의 활동은 어떤 대상, 초점, 성격 등에서 구성되든 본질적으로 과정을 통해서 문법을 경험하고 이해하는 절차들을 강조한다. 이를 통해 고정된 문법 지식을 획득하는 것이 아니라 사용으로 이어질 수 있는 문법 활동을 경험하게 되는 것이다.

② 실제성의 원리

국어 사용을 위한 기반 지식으로 기능하는 요소이건, 국어적 사고력 신장을 위한 요소이건, 국어 문화적 요소이건 교육 문법으로 다루어지기 위해서는 학생들의 수준, 학생들의 국어 생활 맥락과 실제적으로 관련된 것이 중심이 되어야 한다. 또 실제 학생들의 국어 사용 실태를 고려한 내용을 선정하여 교수 - 학습이 이루어져야 학생들의 국어 능력, 국어적 사고력 신장에 도움이 될 뿐만 아니라 흥미도 이끌어낼 수 있다. 이와 같은 문법 교육의 원리를 '실제성의 원리'라고 부르고자 한다.

문법 영역의 교수 - 학습 내용의 많은 경우는 학습자의 입장에서가 아니라 교사와 어른의 입장에서 제시하고 설명해 왔다. 초등학생들의 문법 지식 적용 및 사용에 대한 양상을 분석하여 이를 교육 내용과 연결시켜야 한다. 학생들이 실제 사용한 자료를 바탕으로 학습 내용을 도출하여 학생들의 실제적인 국어 능력을 신장시키는 데 기여하여야 하고 학생들의 실제 사용한 자료를 토대로 교수 - 학습이 이루어짐으로써 동기 유발에도 도움을 줄 수 있어야 한다.

예컨대, 초등학생이 쓴 다음 글을 보자.

ㄱ. 산으로 들어가서 소트라테스 호수에서 얼름썰매를 탔다.그리고 숙소로 올라와서 올빼미 언덕에서 포대를 깔고 썰매를 탔다. 그리고 말구리 폭포에서 놀기도 했다. 그리고 연극도하고, 장기자랑을 했다.

ㄴ. 그것이 무엇이냐면 어리광을 부렸고 또 말대꾸를 하고 말을 너무 많이 하였다. 그래서 이제부턴 잘하겠고 반성도 하겠고 이 런것도 잘 지키겠고 말대꾸 여러 가지 등을 잘 하겠다.

ㄷ. 이종성은 참 재미있고, 조한준은 먹성이 많아서 건강하고, 이의훈은 좀 머리가 좋은 것 같다. 그리고 앞으로 잘하려고 서로 노력해야 할 일은 남은 먼저 도우려고 노력해야 한다는 것이다.

(ㄱ)~(ㄷ)에서 볼 수 있는 것처럼, 초등학생 가운데 미숙한 필자는 절과 절, 문장과 문장을 연결할 경우에는 접속 어미 '-고'나 접속 부사 '그리고'를 남발하는 경향이 있다. (ㄱ)의 경우 '그리고'가, (ㄴ)의 경우 '-고'가 자주 사용되었다. '그리고'로 연결한 문장과 '-고'로 연결한 전체 문장과 각각의 절은 각각을 독립해서 보면 의미적으로나 문법적으로 문제가 전혀 없다. 즉 텍스트의 응집성과 통일성에서는 거의 완전하다고 말할 수 있다. 그러나 텍스트다움(텍스트성, textuality)에서는 그렇지 않다. 텍스트다움을 구성하는 조건 가운데 용인성이 떨어져 한국어 화자가 사용하는 자연스러운 텍스트가 되지 못한다.

이처럼 초등학생, 특히 중·고학년의 경우는 '그리고', '그래서', '그러나', '하지만'의 기본 의미(중심 의미)를 몰라 제대로 사용하지 못하는 경우는 드물다. 오히려 의미도 알고 있고, 일이 일어난 순서대로 '그리고'나 '-고'를 사용하여 문장과 문장, 절과 절을 연결하여 문법적인 문장을 구성하는 방법은 정확하게 알고 있으나, 용인성이 떨어지는 텍스트를 구성하는 경우가 다반사이다. 이와 같은 학생들의 국어 사용 실태 분석을 바탕으로 학생들의 국어 생활에 부합하는 내용이 다루어져야 할 것이다.

③ 위계성의 원리

이 절에서는 교육 문법의 내용 구성과 배열, 교수 - 학습 자료 구성 시에 내용 간의 위계성을 고려하여야 한다는 것을 논의하고자 한다. 위계성의 원리는 문법 영역에 국한되는 것이 아니라 다른 영역과 다른 과목에서도 일반적으로 고려되는 원리이다. 그런데 교육 문법의 내용 선정 원리로 새삼 강조하여 재론하는 것은 교육 문법의 내용을 선정하여 교수 - 학습 활동을 구성할 때 이에 대한 고려가 부족한 경우가 종종 있기 때문이다.

예를 들어 2007년 개정 교육과정에 따르는 '쓰기' 교과서에서 표기와 발음의 관계를 교수-학습하기 위하여 제시한 낱말들을 정리하면 다음과 같다.

<표 6> 발음과 표기의 관계 관련 교과서 제시 낱말

1-1	1-2	2-1	2-2
생년필(색년필), 알림쨩(알림장), 줄넘끼(줄넘기), 생이리야(생일이야), 하라버지(할아버지), 갈께요(갈게요), 지우게(지우개), 주사이(주사위), 빌통(필통), 색쫑이(색종이), 국쑤(국수), 꼬치(꽃이), 꼬츨(꽃을), 꼬체(꽃에), 꼳꽈(꽃과), 가치(같이), 따라감니다(따라갑니다), 노랐습니다(놀았습니다), 씯씀니다(씻습니다), 먹씀니다(먹습니다), 닥씀니다(닦습니다), 씀니다(씁니다), 노리터(놀이터), 느껴서(늦어서), 숙째(숙제), 만흔데(많은데), 옌날(옛날), 뿌려씀니다(뿌렸습니다), 누러케(누렇게), 조아해씀니다(좋아했습니다)	왜삼촌(외삼촌), 풀립(풀잎), 그런대(그런데), 꽃꼬지(꽃꽃이), 여덜(여덟), 시게(시계), 오래(올해), 마나(많아), 조아(좋아), 깨끗히(깨끗이), 꺼꾸로(거꾸로), 여르메(여름에), 힘드러따(힘들었다), 지그믄(지금은), 따뜨타고(따듯하고), 나문닙(나뭇잎), 머글(먹을)	외냐하면(왜냐하면), 조아하는(좋아하는), 있잔아(있잖아), 그래서(그래서)	안았어요(않았어요), 실었는데(싫었는데), 걷모습(겉모습), 단풍납(단풍잎), 지우게(지우개), 이러케(이렇게), 노라타(노랗다) 않 보여(안 보여), 괜찬겠다(괜찮겠다), 재미있을 꺼야(재미있을 거야)

<표 6>에서 확인할 수 있는 것처럼 학년별 위계성이 전혀 고려되어 있지 않다. 오히려 1학년 1학기의 교수-학습 대상 낱말의 수준이 가장 난도가 높아 보이기까지 한다. 더구나 '지우게, 주사위, 필통, 숙제'는 표기와 소리가 다른 경우가 아니며, '노랐습니다(놀았습니다), 뿌려씀니다(뿌렸습니다), 좋아해씀니다(좋아했습니다)'는 '노랃씀니다, 뿌렫씀니다, 좋아핻씀니다'라고 해야 표준 발음에 대한 정확한 표기가 된다. 이러한 자료 구성의 오류는 모두 관련 성취기준을 정확하게 이해하지 못한 데서 비롯된 것이다.

문법 영역은 지식 내용의 성격이 강하고 각 지식의 위계가 분명한 만큼 이러한 위계를 고려하여 교육 내용을 제시할 필요가 있다. 또한 학생들의 수준을 고려하여 각 학생들의 수준에 맞는 교육 내용을 적절한 시기에 도입하도록 해야 한다. 교육 내용을 위계화할 때 고려해야 하는 주요한 요소는 특히 학생 요인과 학문 요인이라고 할 수 있다. 학생들의 수준과 흥미를 고려하면서 교육 내용 항목 자체가 갖고 있는 이론적 정합성과 위계성을 유지해야 하는 것이다.

④ 통합성의 원리

국어과에서 통합은 영역의 통합, 성취 기준, 학습 내용의 통합 등을 일컫는다. 문법 영역의 경우에도 이와 같은 통합의 개념은 유효하다. 문법 영역과 쓰기 영역의 통합으로 '어법에 맞는 글 쓰기, 상황과 문맥에 맞는 어휘 · 표현의 사용, 문장의 논리적 연결, 글쓰기와 텍스트(담화)의 구조, 텍스트 유형, 텍스트의 기능, 텍스트 표지, 텍스트 지식, 텍스트 관련 맥락 등이 함께 교수 - 학습되는 것은 모두 문법과 쓰기 영역의 통합을 통하여 이루어질 수 있다. 문법과 말하기 · 듣기(화법) 영역의 통합으로는 표준어, 방언, 표준 발음, 높임법을 고려하는 화법, 반언어적 표현과 비언어적 표현을 고려한 화법을 관련지은 수업을 생각해 볼 수 있다. 문법과 읽기 영역은 단어의 정확한 발음, 글자의 짜임, 띄어 읽기, 단어의 의미 관계 파악, 글의 구조에 따른 내용 간추리기, 텍스트 표지를 활용한 읽기 방법 이해, 국어 운동, 한글 창제에 대한 이해 등은 모두 문법 영역과 읽기 영역을 통합하여 지도할 수 있는 부분이다. 읽기와 텍스트(담화)의 구조, 텍스트 유형, 텍스트의 기능, 텍스트 표지 등을 통합하여 지도하는 것 역시 가능하다. 지금까지 문법 영역은 이와 같은 방식으로 통합 지도가 되어 왔다.

특히 2015년 개정 교육과정은 영역 간의 통합이 재구성되는 방향으로 나타났다. 초등 문법 영역의 성취 기준 중에서 영역 간의 통합이 드러나는 양상을 살펴 보면 다음과 같다(김창원 외, 2015).

〈표 7〉 2015년 개정 교육과정 성취 기준의 영역 간 통합 양상(초등 문법 영역)

학년군	성취 기준	특성
1~2 학년군	[2국04-02] 소리와 표기가 다를 수 있음을 알고 낱말을 바르게 읽고 쓴다.	읽기, 쓰기와의 통합
	[2국04-03] 문장에 따라 알맞은 문장 부호를 사용한다.	쓰기와의 통합
3~4 학년군	[4국04-03] 기본적인 문장의 구조를 이해하고 쓴다.	쓰기와의 통합
	[4국04-04] 높임법을 알고 언어 예절에 맞게 사용한다.	쓰기, 말하기와의 통합
5~6 학년군	[6국04-04] 관용 표현을 이해하고 적절하게 활용한다.	쓰기, 말하기와의 통합
	[6국04-05] 국어의 문장 성분을 이해하고 호응 관계가 올바른 문장을 구성한다.	쓰기, 말하기와의 통합

이외에 여기서는 국어과에서 간과되어 온 한 가지를 통합에 포함시켜 논의하고자 한다. 바로 문어와 구어의 통합 교육이 바로 그것이다. 초등학생들의 글쓰기에는 구어체가 매우 많이 나타나는 경향이 있다. 그렇기 때문에 초등학생들의 일기를 준구어로 일컫기도 한다. 그러나 '설명하는 글, 주장하는 글' 등에 구어체가 혼용되어 있으면 좋은 글이라고 하기 어렵다. 즉 텍스트 맥락에 알맞은 표현을 사용하지 않았기 때문이다. 같은 사전적 의미를 가지고 있는

표현이더라도 말에서 주로 사용되는 것과 글에서 주로 사용되는 것을 어린 시절부터 구분해서 쓰도록 가르쳐야 한다. 교육 문법의 학습 내용을 선정하거나 교수-학습을 위한 자료를 개발할 때 문어뿐만이 아니라 구어에 대한 사용 양상도 충분히 고려하여 이 두 영역을 통합하여 지도함으로써 균형을 갖춘 문법 교육이 이루어져야 한다.

2) 문법 교육에서의 교수-학습의 절차와 방법

문법 지식은 듣기, 말하기, 읽기, 쓰기를 할 때에 국어를 바르고 정확하게 사용할 수 있는 기초가 된다. 따라서 문법 지도에서는 문법 지식과 국어 활동의 관련성, 일상적인 국어 생활에서 문법 지식을 활용하는 능력 등을 강조하여야 한다. 또한 문법 지도에서는 문법 자체에 대한 설명보다는 구체적인 언어 자료를 통하여 학습자 스스로 규칙을 발견하고 적용할 수 있도록 탐구 학습의 형태를 강조할 필요가 있다. 특히 듣기, 말하기, 읽기, 쓰기 영역과 통합하여 지도하도록 각별히 유의하여야 한다.

문법 영역에서는 국어를 어떻게 보고 있을까를 먼저 생각해 보기로 하자. 문법 영역에서의 문법을 좁은 뜻으로 해석하여 맞춤법, 표준어 규정과 관련된 지식으로 국한해서 생각하는 것은 잘못이다. 국어과의 문법 영역에서 문법이란 앞에서 알 수 있듯이 국어에 대한 일체의 지식을 말하는데, 이는 언어 현상으로서 우리말에 녹아 있는 원리나 규칙에 대한 이해라고 할 수 있다. 그러므로, 음운, 낱말, 문장 수준뿐 아니라, 문법 현상, 담화의 세계 등에서 나타나는 원리나 규칙에 관한 지식까지 다 포괄할 수 있는 개념이다.

이와 같은 점은 국어 학습이 실제 어떻게 이루어지는가에 대한 관찰로 분명히 드러날 수 있다. 국어 학습은 선조적인 순서로 일어나는 것이 아니다. 실제 국어 학습은 현실 생활에서의 국어 사용 중의 오류, 언어 사용 능력의 발달, 국어 지식 요소들 간의 상호 작용 등으로 규정되는 유기적 절차라고 할 수 있다. 각 개인의 언어 발달이 선조적 성격보다는 유기적 성격을 띠게 된다는 사실은 언어 구조가 따로따로 학습되는 게 아니라, 서로 상호 작용한다는 사실에 부분적인 이유가 있다. 예컨대, 특정 담화 구조와 긴밀히 연관된 학습 문제는 각 구조가 수행할 고유한 역할이 있는 반면, 그것은 또한 다른 구조들과 내적으로 연관되어 있다는 사실을 통해 확인될 수 있다.

문법에 관해 교실 교육에서 명시적으로 가르쳐야 하는지, 그렇지 않은지에 관해 학자들 간에 의견이 갈리는 일이 있다. 언어 현상에 나타나는 각 요소는 - 그것이 어휘적 요소이건, 음운적 요소이건, 단어적 요소이건, 문장 관련 요소이건, 담화와 관련되는 요소이건 간에 - 일상생활에서의 의사소통 과정에 실제적 언어 사용 능력을 위한 유효한 수단이 되는 일이 분명하기 때문에 명시적으로 교수되어야 하리라 본다. 언어 학습은 반드시 목표 행동에 대한 반복적 시도로 짜여져 있을 필요는 없는 무언가를 가르치는 일이 있을 수 있는 것이다.[7] 그리고, 형태 중심의 연습은 성공적 의사소통에 초점이 놓인 과제 활동을 수행하게 될 때 의미 있는 활동으로 자리를 옮겨가게 될 것이다.

문법 요소를 제대로 가르치기 위해서는 아이들에게 우리말에 자연스레 배어 있는 원리나 규칙에 대한 탐구 능력을, 아이들 스스로 깨칠 수 있도록 도와주는 것이 중심이 되어야 할 것이다.

다양한 학습 단계와 상황에서 사용할 수 있는 유용한 문법 학습 지도 단계를 여기서 제시하고자 한다.[8] 이 단계는 언어 자료 제시하기, 제시한 것 분석하기, 분석한 것 토의하기, 토의한 것 보고하기의 절차를 거치는데, 모든 단계는 풍부한 읽기와 쓰기 상황을 동시에 제공하는 것이 좋을 것이다.

(1) 제1 단계: 언어 자료 제시하기

언어 자료 제시하기는 교사가 학생들에게 문법 학습의 대상이 되는 요소가 포함된 언어 자료를 제시하는 단계이다. 이 단계에서는 다음과 같은 점을 유의하면 좋을 것이다.

> 문법 학습의 대상 요소가 포함되어 있는 실제적인 언어 자료를 제시한다. 구두 언어 자료, 문자 언어 자료, 미디어 자료 등 어떤 것이어도 상관없다.
>
> 학습 대상 요소는 학습자의 학년에 따라 조금씩 달리 적용하는 것이 합리적이다. 저학년의 경우는 낱말 또는 낱말이 포함된 형태론적 구성이 적절하다. 중학년의 경우는 통어론적 구성에서 문장 단위까지가 적절하다. 고학년의 경우는 문단이나 문단의 연결, 나아가 텍스트 전체로 시야를 넓혀 갈 수 있는 자료가 적절할 것이다.
>
> 실제 학습에서 적용할 때는 학습 대상 요소가 포함된 문장 단위로 하는 것이 합리적이지

---

7) 언어 학습은 학습 순환의 어떤 단계에서 기능적 수행에 대한 의도적인 연습을 함의하는 일이 있다고 하더라도, 그것이 반드시 기능적 수행과 똑같은 것일 필요는 없다.

8) 문법 학습 지도는 한 차시 혹은 한 단원의 학습 시간을 요하는 것이 아니고, 말하기/듣기 시간, 혹은 읽기나 쓰기 시간의 일부로 행해지고 더욱이 말하기 활동이나 읽기 학습 등 다른 학습 활동의 일부와 함께 행해지기 때문에 조각 학습(mini-lesson)의 성격이 강하다. 그렇기 때문에, 한국어 문법 학습 자체에 너무 많은 시간을 할애해서는 곤란할 것이다.

만, 경우에 따라서는 텍스트 속에서는 대비되는 둘 이상의 학습 대상 요소를 탐색하는 것이어도 상관없다.

학습 대상 요소는 학습 대상끼리의 언어학적 특징 때문에 다른 학습 대상 요소와 대비되거나 대조되는 요소일 경우도 있지만, 그 텍스트에서 언어 사용 기능 신장에 유의미한 역할을 하는 요소가 되면 더욱 좋을 것이다.

(2) 제2 단계: 제시한 것 분석하기

제시한 것 분석하기는 학습자가 언어 자료에서 찾은 학습 대상 요소를 학습자 스스로 직접 분석해 보는 단계이다. 이 단계에서는 다음과 같은 점을 유의하면 좋을 것이다.

학습 대상 요소를 형태론적 구성이나 통사론적 구성 사이의 연결 관계를 생각하면서 먼저 읽거나 써 보게 한다. 이 때, 체언과 조사 사이, 어간과 어미 사이, 선행 성분과 통사론적 관계로 맺어지는 후행 성분 사이, 조사 및 어미가 만들어 내는 문장 전체의 의미 형성과 관련되는 성분 사이 등을 관찰하는 것이 중요하다.

읽거나 쓸 때 텍스트에 제시된 낱말과 낱말, 어절과 어절의 연결에 유의하면서 살펴보게 한다. 낱말과 낱말, 어절과 어절의 연결 관계에서 유의미한 역할을 하는 요소가 무엇인지 가려서 분석하도록 한다.

같거나 유사한 환경에서의 언어 형식의 연결에서 발견되는 특징을 생각하면서 문장이나 텍스트를 분석하게 한다. 이 때, 같은 자리에 올 수 있는 말, 혹은 같은 자리에서 바꾸어 넣을 수 있는 말이 어떤 것인지 분석하도록 한다.

현재 제시된 언어 요소와 바꾸어 넣을 수 있는 말이나 앞뒤 자리에 놓일 수 있는 언어 형식이 어떤 것이 있는지 생각하면서 다시 읽어 보고 그 특징이 무엇인지 상세하게 기록하게 한다.

(3) 제3단계: 분석한 것 토의하기

분석한 것 토의하기는 학습자들이 짝꿍이나 자기 소집단의 친구들과 함께 자기가 분석한 것, 아니면 다른 친구가 분석한 것에 대한 의견을 교환하면서 다른 친구와 생각을 공유해 보는 단계이다. 이 단계에서는 다음과 같은 점을 유의하면 좋을 것이다.

자기 자신이나 다른 학습자가 분석한 언어 형식에 대해서 서로 이야기하게 한다. 서로 이야기를 나눌 때는 선입견에서 '맞다, 틀리다'의 눈으로 보지 말고, 자기가 분석한 것은 이러한데, 친구가 분석한 것은 어떻게 되어 있는지 알고자 하는 것이 중요하다.

친구가 분석한 자료 가운데 자기가 언뜻 보기에 이상하거나 잘못된 분석이 혹시 보이지 않는지 서로 이야기하게 한다. 이때, 어떤 생각에서 그렇게 분석하였는지 진솔하게 이야기하도록 한다.

내가 분석한 자료가 이상하거나 잘못된 분석이라 친구가 말한 경우 그가 생각하는 바른 분석 방법이 어떠할지 친구에게 말해 보게 한다. 이때, 친구가 자기 생각을 말할 때 친구의 생각을 있는 그대로 일단 받아들여야 그의 말을 중간에 끊지 않도록 한다.

자기가 분석한 언어 형식에 대하여 다른 학습자가 이상하거나 잘못되었다고 한 경우, 자기가 분석한 것과 다른 사람이 분석한 것 사이의 차이점이 무엇인지 서로 이야기하고 대비 자료를 만들 준비를 하게 한다.

(4) 제4단계: 토의한 것 보고하기

토의한 것 보고하기는 지금까지의 문법 관련 학습을 통해 학습자들이 생각하고 확인한 것을 정리하여 구두 언어나 문자 언어로 발표하는 단계이다. 이 단계에서는 다음과 같은 점을 유의하면 좋을 것이다.

언어 형식 및 언어 형식의 연결에 대하여 소집단에서 토의한 것을 정리하여 학급 전체 학생들 대상으로 말이나 글로 발표하게 한다.

형태소 연결의 제약이나 말이음 규칙이 적용된 경우는 그런 규칙이 적용되지 않는 사례와 대비하여 정리하여 보고하게 한다.

같은 시간의 학습 사항 가운데 비슷하거나 관련된 사항이 있으면 정리하여 발표하게 한다.

발표한 내용을 정리하여 학급 문집이나 학급 신문의 기사거리로 제공하여 문집이나 신문 형태로 만들게 한다.

특히 6차 교육 과정 이래 현행 교육 과정까지 문법 교육에서 탐구 학습이 강화되어 오고 있다. 앞에서도 언급되었듯이 2009년 개정 교육과정에서는 문법 지도에서는 다양한 국어 현상을 원리를 중심으로 참구하여 언어 지식을 생성하는 경험을 하고, 학습한 내용이 바람직한 국어 생활에 활용될 수 있어야 함을 강조하고 있다.

이러한 문법 교수-학습을 위하여 '언어 자료 제시하기 → 제시한 것 분석하기 → 분석한 것 토의하기 → 토의한 것 보고하기'의 절차를 지식 탐구 학습 모형의 절차에 접목하여 수업을 전개하는 것이 효과적이다. 지식 탐구 학습 모형의 특징과 절차를 제시하면 다음과 같다.

지식 탐구 학습은 구체적인 국어 사용 사례나 자료의 검토를 통하여 국어 생활에 일반화할 수 있는 개념이나 규칙을 발견하는 데 초점을 두는 학습자 중심의 모형이다. 교사는 학습 과제를 제시하고 학습자가 자발적으로 주어진 맥락에서 다양한 언어 자료를 탐구하고, 그 속에서 일반화할 수 있는 개념이나 규칙을 발견하도록 권장한다. 이러한 과정에서 학습자는 스스로 학습의 필요성을 느끼고 배우게 되므로 유의미한 학습을 할 수 있고 기억 또한 오래 할 수 있을 것이다. 또 발견 학습 활동을 성공적으로 마쳤을 때 학습자는 지적인 쾌감을 맛보고 새로운 문제에 도전하려는 강한 내적 동기를 형성할 수 있게 된다.

〈표 8〉 지식 탐구 학습 모형과 문법 교수-학습 절차

지식 탐구 과정	주요 활동	문법 교수-학습 절차
문제 확인하기	- 학습 문제 확인 - 배경 지식 활성화	- 언어 자료 제시하기
자료 탐색하기	- 기본 자료 탐구 - 추가 자료 탐구	- 분석하기 - 토의하기
지식 발견하기	- 자료 간 관련성 찾기 - 지식의 발견	- 토의한 것 보고하기
지식 적용하기	- 지식의 적용 - 지식의 명료화 및 정리	- 적용 및 활용하기

문제 확인하기 단계는 학습 문제를 발견 또는 확인하고 관련 배경 지식을 활성화하는 단계이다. 이 단계는 언어 자료 제시하기 단계에 해당한다. 자료 탐색하기 단계는 문제를 해결하기 위하여 둘 이상의 사례를 검토하는 단계로, 일관성 있는 지식을 추출할 수 있도록 다양한 사례 제시와 함께 교사의 적극적인 비계가 필요한 단계이다. 이 단계에서는 자료에 대한 분석이 이루어지고 그 방법으로 토의 활동이 진행될 수 있다. 지식 발견하기 단계는 둘 이상의 실제 사례로부터 공통점이나 차이점을 추출함으로써 일반화 할 수 있는 개념이나 규칙을 발견하는 단계이다. 이 단계 역시 토의 활동을 통해 수업 전개가 가능하며 발견한 지식을 발표하여 함께 생각해 본 후 최선을 지식을 도출해 내는 활동이 이루어질 수 있다. 지식 적용하기

단계는 발견한 개념이나 규칙을 실제의 언어생활에 적용 및 활용하는 단계이다.

3) 문법 교육을 위한 방법과 자료

문법 교육을 위한 대부분의 현대 언어 학습 교재와 자료는, 의미 있는 활동을 지닌 학습 과제를 통해 학습해야 할 요소에 대한 반복적 연습이 될 수 있도록, 놀이와 같은 상황을 설정 하는 것이 좋을 것이다. 여기서는 문법 요소의 선택과 관련된 몇 가지 사항을 제시해 보기로 한다(Haycraft, 1978: 44~54).[9]

(1) 문법 요소의 선택

교사가 채택하는 문법 요소는 교사가 사용하고 있는 책들에 의해 어느 정도 고려된 것이지 만, 교사는 학생들에게 적절하다고 생각되는 문법 요소의 범위에서 선택할 것이다. 문법 요소 의 구분은 다음의 가, 나 사이에서 이루어질 필요가 있다.

> 가. 능동적 요소 · 학생들이 이해하고 있는 국어 지식 요소 가운데 말하고 쓰는 데 있어서 정확하게 발음할 수 있고 적극적으로 표현할 수 있는 표현
> 나. 수동적 요소 · 학생들이 문맥에서 인식하고 이해하기는 하지만 그들 스스로 정확 하게 표현하지는 못하는 요소.

그리고 채택된 요소는 제한적일 필요가 있다. 만약 너무 많이 소개된다면 학생들은 많은 언어 표현들을 받아들이는 것으로 인해 오히려 혼란스러워 할 것이다. 때때로 학생들과 교사 들 모두가 정반대로 추측한다. 왜냐하면 교과서나 노트에 씌어진 광범위한 언어 표현의 목록 이 명확한 축적의 의미를 준다. 이것은 줄기도 가지도 없고, 오직 잎사귀만 있는 나무를 상상 하는 것이 좋을 것이다. 구조가 없는 광대한 양의 어휘, 즉, 관용구나, 숙어, 그리고 의사 전달 을 위한 표현들은 언어의 숙달을 가져다주지 못한다. 이것은 마치 많은 나뭇잎들은 나무가

---

9) John Haycraft는 외국어로서의 영어 교육을 위한 논의 가운데 언어 사용 기능, 구조적 패턴, 어휘, 발음법, 듣기 연습, 말하기 연습 등을 중심으로 방법, 자료와 기술 등에 관해 언급하고 있다. 여기서 참고한 것은 주로 어휘에 관련된 사항인데, 이들을 문법 요소 일반의 지도를 위한 자료로 확대 재해석하여 우리말 예를 중심으로 재구성한 것이다.

아니라 단지 퇴비인 것과 마찬가지이다.

여기에 기본이 될 수 있는, 문법 요소 선택에 확실한 지침이 될 수 있는 것들이 있다.

① 일반적 낱말들

일상적으로 사용되는 언어 표현이나, 학생들이 필요로 하는 언어 표현을 국어 수업을 통해 선택하는 것이 중요하다. 교사가 가르치는 특정한 문법 지식 요소는 학생들의 마음에 유용하게 작용할 것이다. 교사는 여기서 어휘나 언어 표현이 분류되어 있는 교과서, 그리고 흔히 사용하는 일상적 언어 요소들에서 도움을 받는다.

② 학생들의 요구

어떤 학생이 특정한 문법 요소에 관해 알기 원한다면, 그것은 언제나 가르칠 만한 가치가 있다. 왜냐하면 그러한 동기가 그 학생이 그 요소를 확실히 기억하게 하기 때문이다. 그러나 그것들 모두가 그 요소의 유용성을 알아낸 것이 아니라면, 전체 학생에게 그것을 가르치려 해서는 안 된다. 예를 들어, 한 학생이 '글자와 발음이 다른 경우'에 적극적으로 관심을 보이며 그와 관련된 규칙을 알고자 한다면 이것은 아마도 그가 사전에서 그런 낱말을 찾을 것이라는 것을 암시한다.

교사가 자기 학급 학생들의 언어적 배경 지식을 안다는 것은 중요하다.[10] 그것은 교사에게 자기 학급 학생들이 가장 필요로 하고 알기 바라는 문법 요소들이 무엇인지를 알려 줄 것이다. 그러나 학생들은 교사가 별로 필요로 하지 않는 문법 요소를 가르친다면 실망할 것이다.[11] 저학년 수준이라 할지라도, 그들의 관심사 및 흥미와 관련된 특정한 문법 요소나 언어 표현을 선택하는 것이 훨씬 좋을 것이다. 예컨대 교사는 가정보다는 학교와 관련된 어휘를 제공하는 것이 훨씬 더 좋다는 것을 알아야 한다. 또한 특정 주제나 제재와 관련된 것보다는 그들이 현재 공부하고 있는 주제 및 제재와 관련된 언어 표현을 고르는 것이 훨씬 가치 있을 것이다.

여기서는 또래 활동도 유용하다. 드라마 마당, 글쓰기 마당, 역할극 마당 등을 활동의 요소로 하고 학생들에게 그들의 관심 분야에 적용할 수 있는 언어 표현을 포함한 계획을 만들게

---

[10] 외국인 학생, 혹은 다문화 가정 자녀가 다수 재학 중인 학급에서의 문법 영역 지도에서는 이런 점에 대한 배려가 필수적이다.

[11] 부모 양쪽이 다 한국인인 경우와 부모 가운데 어느 한 쪽이 외국인인 경우 이런 점에 대한 차이가 매우 클 것이다.

하는 게 좋을 것이다. 여기서 가장 필수적인 것은 교사 자신이 각 공간에 대한 배경 지식을 알기 위해 각 분야에 대해 가능한 한 많은 것을 알고 있어야 한다는 것이다.

③ 학생들의 언어

만약 교사가 거의 균질적인 언어 사용 능력을 가지고 있는 학생들로 구성된 학급을 가르치고 있다면, 그들의 언어 사용 실태에 대한 지식은 교사에게 그들 언어에 있는 어떤 언어 표현은 다른 어떤 요소와 관련을 맺을 수 있는지 파악하여 학생들에게 쉽게 배울 수 있는 방법을 제시할 수 있을 것이다.

반면에 한 학급 안에서 매우 이질적 언어 능력을 가진 학생들이 뒤섞여 있다면 교사는 이들을 몇 개의 모둠으로 나누거나, 짝 활동 혹은 학생 개개인의 능력에 따른 지도 방법이나 학습 절차도 모색해 보아야 할 것이다. 왜냐하면 똑같은 언어 표현도 서로 다른 언어 능력을 지닌 학생 사이에서 다른 의미를 가질 수 있다는 것을 기억해야 하기 때문이다.

학생에 따라 동일한 낱말이나 낱말 연쇄에 대해 발음의 차이점이 발견될 수 있을 것이다.12) 그러므로 어떤 낱말을 제시하기 전에 먼저 중부 방언권 출신의 발음법과 다른 특정 방언권 학생이 있을 경우 소리의 교정이나 발음 유형의 연습을 하면 더 효과일 수 있다.

④ 낱말 만들기

일반적 규칙이 형성될 수 있기 때문에 특정 어근을 중심으로 혹은 특정 접사를 중심으로 한 낱말을 선택하여 다양한 낱말 만들기 활동을 펼쳐 보는 것이 좋을 것이다. 예로 〈높다〉 - 〈높이〉, 〈깊다〉 - 〈깊이〉 등이다.13) 또 다른 예로 우리말에서 특정한 낱말 끝에　- 꾸러기를 가진 것은 같은 의미를 갖는다는 사실이다. 〈욕심꾸러기〉, 〈말썽꾸러기〉 등이 그 예이다.

⑤ 화제 요소

여러 방면에서, 연속된 범주 속에 있는 어느 한 요소를 가르치는 것은 더 쉽다. 왜냐하면 학생들은 그의 마음속에서 서로 연관된 언어 표현의 유형을 형성할 수 있을 것이기 때문이다. 그러나 교수 상황에 의해 옮겨지고 있는 것에 주의해야 할 것이다. 예컨대 가게에서 물건을

---

12) 부모의 방언권에 따른 발음법의 차이를 유심히 관찰해 볼 필요가 있을 것이다. 언어 사용역(register)의 차이도 상당히 클 수 있다.

13) 방언권에 따라 낱말 만들기 방법도 다른 경우가 있다. 중부 방언에서 '볍씨'라고 하는 데 비해, 동남 방언에서는 '씻나락'이라고 하는 예가 그러하다.

사기 위한 짧은 대화를 하는 경우를 생각해 보자. 교사의 목표는 그들에게 기본적으로 필요한 표현을 가르치는 것이다.

> 가. "나비 모양의 머리핀을 사고 싶은데요."
> 나. "어떤 색깔을 원하세요?"
> 다. "진주색이면 좋겠어요."

이런 것들로부터 교사는 제한된 수의 다른 표현을 만들 수 있다. "나비 모양의 머리핀 있습니까?", "나비 모양의 머리핀 팝니까?" 등. 이런 변화를 이용하는 활동을 하도록 할 것이며 같은 모둠의 친구들은 가게 주인과 손님으로 역할 놀이를 하면서 다양한 언어 표현을 익히도록 하는 것이 좋을 것이다.

⑥ 대조 분석

많은 낱말이 다른 상황이나 특수화된 곳에도 적절하다. 예를 들어 만약 교사가 자동차와 관련된 어휘를 선택하고 있다면 기차, 비행기, 택시, 버스와 같은 다른 의미의 운송 수단에도 공통적인 말을 선택할 가치가 있다. 그러므로 교사는 더 넓게 적용하고 더 쓸모 있게 하고 다른 상황에 따라 어휘를 수정할 수 있다. 교사가 일단 가능한 한, 많은 다른 범위와 관련된 기본적 어휘를 제공한다면 그들은 나중에 그것이 필요할 때 더 특수화된 어휘를 적절히 사용하게 될 것이다.

⑦ 관련 짜임새

많은 문장 짜임새나 담화 짜임새는 그들 자신의 고유한 표현 구조나 어휘를 필요로 하는 일이 있다. 예컨대, "설령 아무리 ~한다고 하더라도", "설마 ~할 리가 있겠느냐?" 등등 우리말의 경우 화식 부사뿐 아니라, 특정한 표현 구조를 요하는 언어 표현이 상당수 있는데, 이와 유사한 관련 짜임새를 제시하는 것이 효과적인 지도 방법이 될 수 있을 것이다.

(2) 새 요소 제시하기

수업에서 새로운 문법 요소와 관련된 언어 표현을 제시하기 전에 다음 사항을 기억하는 게 도움이 될 것이다.

> 먼저 말하는 형식으로 언어 표현을 가르치고 학생들이 그것들을 잘 표현할 수 있을 때만 쓰는 형태도 소개하라. 그러면 학생들은 항상 노력하고 그런 언어 표현을 구사할 것이다. 마치 그들 자신의 언어가 쓰여진 것처럼. 그리고 당신이 이런 것들을 깨기 힘들 것이다.
>
> 문맥에서 새 언어 표현을 제시하도록 시도하라.
>
> 변용은 필수적이다. 연습 후 당신이 제시해 왔던 언어 표현을 혼성하라.

교재에서 교사가 사용하지 않은 새로운 언어 표현을 소개한다면 그것들을 공책에 적어 두고 다시 볼 수 있도록 하는 게 좋을 것이다. 새로운 언어 표현을 제시하는 방법이 많이 있다. 여기에 그것들 가운데 몇 가지가 있다.

① 맥락 속에서

새로운 언어 표현이 문단이나 담화 속에 나타나면 이미 알고 있는 문장 속의 다른 언어 표현을 통해 의미를 추론할 수 있다. 예컨대,

> 가. "가을 숲 속에서 (   )"
> 나. "우리는 어릴 적 고향 마을에서 (   ) 하며 놀았습니다."

와 같은 식으로 다양한 말의 쓰임을 맥락 속에서 사용해 보게 하는 연습을 시킬 수 있다. 이런 연역적 과정은 특히 문단이나 이야기 읽기를 사용하는 데 특별히 적용된다. 녹음된 것이든, 읽는 것이든, 말하는 것이든 간에 상관없다.

② 맥락 만들기

많은 추상적 어휘나 특정 텍스트의 전체 의미가 부분 의미의 합으로 이루어져 있지 않는

경우를 가르치는 효과적인 방법은 학생이 그 의미를 추론할 수 있는 상황이나 문맥을 만듦으로써 될 수 있다.

③ 묘사와 뜻매김

교사는 말거리를 묘사하거나 뜻매김(정의)을 함으로써 문법 능력을 넓혀 갈 수 있다. 비록 그림이 더 효과적일지라도 "교탁 위에 있는 꽃병은 어떻게 생겼니?", "교실 뒤 학습란의 그림 가운데 영희의 그림에서 집은 어떻게 그려져 있지?", "교실 앞 화단의 봄꽃의 모양에 관해 말해 보겠니?" 등등으로 문제를 제시할 수 있다.

④ 교실 밖에서

교사는 자기 학급 학생들을 거리로 데리고 나와 가게 유리창에 또는 거리에서 보도록 하고 소개할 수 있다. 통제는 자제하고 수정도 여기서는 많이 요구된다. 그러나 그것을 가르치는 데 있어 생기 있고 새로운 언어 표현을 생생한 상황 속에서 배우는 것이다.

⑤ 주제

이미 교실에서 다루었던, 수많은 간단한 주제들이 있다. 다른 것들은 아마 유리를 통해 보여졌던 것들로 필요할 때 보여질 수 있었던 것이었다.

이러한 것들은 기계처럼 특별한 수업을 위해 분해되고 조립되는데, 이용되는 포크, 스푼에서 시작하여 훨씬 더 간단해지거나 복잡해질 수 있다.

⑥ 그려보기

교사가 특히 많은 기술을 가지고 있지 않더라도 간단한 주제를 칠판에 나타낼 수 있다. 그가 매우 형편없이 그린다면 추측 게임은 그가 사실상 그린 것들을 맞출 때까지 계속된다.

⑦ 마임

이것은 행동하는 데 특히 유용하다. '먹기', '마시기', '뛰기', '넘어지기' 등등. 그것들은 또한 이러한 동사와 관련된 주제를 포함할 수 있다. '우유를 마시다.', '과자를 먹다.' 등. 교사가 낱말을 말할 때 학생들이 하는 마임을 통해 수정할 수 있다.

⑧ 반대말 또는 반의 관계

학생들이 어떤 낱말의 반대말을 알게 될 때 그 낱말의 의미를 더 명확히 알게 되는 일이 종종 있다. 〈같다〉 : 〈다르다〉, 〈맞다〉 : 〈틀리다〉, 〈옳다〉 : 〈그르다〉 등의 예에서 알 수 있듯이, "내 생각은 네 생각과 틀려."라는 말을 흔히 쓰지만, 실은 "내 생각은 네 생각과 달라."와 같은 식으로 말해야 한다. 그 이유는 〈틀리다〉의 반대말과 〈다르다〉의 반대말을 확인해 봄으로써 금방 알 수 있기 때문이다.

⑨ 비슷한말 또는 유의 관계

비슷한말을 찾아서 뜻을 구별해 보게 하는 것은 어휘 학습에서 가장 재미있는 것 가운데 하나다. "나는 지금 그럴 틈이 없다, 나는 지금 그럴 겨를이 없다."가 다 가능하지만, "문 틈에 끼어 있는 게 뭐지?"는 가능하지만, "문 겨를에 무엇이 끼어 있지?"는 불가능하다. 이와 같은 사례는 토박이말과 외래어 사이에도 많이 볼 수 있다. 예컨대, "긴 머리 소녀"는 잘 어울리는 것 같은데, "장발의 소녀"는 좀 이상하다.

⑩ 바꿔 말하기

학습하고자 하는 낱말을 잘 모를 때 그것을 다른 말로 바꿔 말하게 하는 방식이다. 그와 관련되는 시청각적 자료가 있으면 훨씬 간단하다. 확실히, 교사가 특별히 서두른다면 문장 짜임새나 관용 표현을 이용하는 것보다 개별 낱말로 해석하는 게 훨씬 더 쉬울 수 있다. 그러나 이질적인 언어 능력 집단인 학급에서는 교사가 필요로 하는 모든 낱말을 해석하는 것이 매우 힘들 것이다. 또한 상황을 통해서 의미를 추적하는 것은 학생들이 그것이 무엇인지 드디어 발견할 때 더욱 빛을 발하게 되는 것이다. 교사가 만약 어휘를 바꿔 말한다면 그때 문맥에서 낱말을 확실히 예시하는 게 좋다. 그렇지 않으면 학생들은 그것을 쉽게 잊을 것이다. 유사한 낱말이 서로 다른 언어에서 항상 정확한 의미를 발휘한다.

⑪ 그림/반짝 카드

잡지나 도해된 광고들의 넓은 분류들의 존재는 그림이 부엌, 의복, 차, 인테리어 등과 같은 특별한 어휘를 쉽게 찾을 수 있게 한다는 것을 의미한다. 그림이나 새로운 카드를 만들어 카드판에 붙일 수 있다.

⑫ 괘도

이것들은 시각적으로 명쾌한 이상으로 시각적 교재로 어휘나 문장 표현을 제시할 수 있기 때문에 가치가 있다. 이런 것들을 이용해 문법 요소를 제시하는 한 가지 방법은 다음과 같다.

> 가. 벽에 괘도를 걸고 한 10개쯤, 아무것도 써 넣지 말고 주제를 정하라. 학생들이 그것들을 이해하여 그것들과 친숙하도록 한다.
> 나. 주제를 지적하고 다시 학생들에게 그것이 무엇인지 말하도록 한다.
> 다. 학생들이 그 요소와 친해져서 그것을 표현할 수 있게 되면 칠판에 쓰게 한다.
> 라. 주제를 다시 한 번 지적하고 칠판에서 그것과 일치하는 요소를 찾도록 한다.
> 마. 그 낱말을 지워 버리고 학생들에게 구두로 말하게 하거나 쓰게 한다.
> 바. 학생들이 그들이 배운 언어 표현을 쓰도록 하고 벽의 괘도의 일부분을 묘사하도록 한다.

이런 방식으로 교사는 학생들이 문법 요소를 반복하게 하고 다른 교수법으로 접근해서 그들의 흥미를 지속시킨다. 결국 교사는 묘사를 통하여 학생들이 문법 요소를 통합하게 한다. 며칠 뒤 변용을 위해 괘도를 걸고 재빨리 같은 과정을 해 보면 좋을 것이다. 물론 이런 과정은 그 주제 자체의 묘사, 모순, 의문 등으로 변용될 수 있다.

⑬ 낱말 놀이

낱말 놀이는 그 종류가 매우 다양하고 이미 제시된 어휘나 어휘를 포함하고 있는 언어 표현을 연습하고 활용해 봄으로써 이해 어휘를 사용 어휘로 정착시키는 데 결정적인 역할을 할 것이다. 관련 낱말 짝짓기, 어떤 말과 가까운 색깔 찾기, 말잇기 놀이, 십자말 맞추기, 스무 고개, 수수께끼, 삼행시 짓기 등이 있을 수 있다.[14] 십자말 맞추기는 모둠 과제나 개인 과제에 특히 유용하다. 그리고 스무 고개는 다소 진보된 수업이다. 만약 교사가 절차를 정의한다면 교사는 어떤 것도 알 수 없는 학생들에게 문제를 제시하고 교사가 원하는 표현 구조의 연습을 확실히 하도록 한다.

---

14) 삼행시 짓기에 관해서는 국민적 관심이 매우 높다. 학생들에게 삼행시를 지어 보게 함으로써 언어 표현에 대한 지식뿐 아니라, 텍스트성에 관해 능력을 신장시키는 전략으로 구사할 수 있을 것이다.

게임이나 십자말풀이의 대부분은 학생들이 이미 아는 어휘를 변용시킨다. 그러나 그것들은 학생들이 그러고 나서 알기를 원하는 것에 대해 무지함을 드러내게 하기도 한다. 따라서 교사는 스스로에게 왜 이런 게임을 이용하는지 자문해 보고 가능한 한 효과적으로 자신의 교육 목표를 실현하는 게 중요하다.

4. 문법 영역의 평가

1) 문법 영역의 평가 목표 및 원리

'문법' 영역의 평가 목표는 문법 지식의 이해와 탐구 및 적용 중심으로 설정하되, 문법 지식의 단순한 암기가 아닌 국어의 구조와 문법의 작동 원리를 파악하고 생활 속에 적용, 실천하는 능력에 중점을 두어 설정한다. 어휘와 어법 관련 평가 목표는 개별 단어의 발음, 표기, 뜻에 대한 정확한 이해, 의사소통 상황에서 어휘 사용의 적절성, 창의적인 어휘 사용 능력, 올바른 어법에 따른 문장 구사 능력에 중점을 두어 설정한다(교과부, 2011: 75).

문법 영역의 평가는 몇 가지 기본적인 원리를 제시할 수 있다. 그것은 문법 영역의 평가가 문법 지식 자체에 대한 평가가 일차적인 목표라고 하더라도, 이를 통해 국어 생활 즉 듣기, 말하기, 읽기, 쓰기 등의 언어 활동에 활용할 수 있어야 한다. 이런 점을 고려하면, 문법 영역의 평가는 적어도 다음과 같은 몇 가지 원리를 지켜야 할 것으로 생각된다.

(1) 실제성의 원리

실제 현실 생활에서 쓰이고 있는 언어 표현을 중심으로 문법 지식을 평가하여야 하리라는 것이다. 따라서, 평가의 대상이나 자료로서는 다른 사람들이 실제 사용한 말이나 글에서 뽑아 온 것을 중심으로 학생들로 하여금 자기 점검의 자료로 삼도록 하여야 할 것이다. 이것은 언어 학습 과정에서의 자료의 실제성과 함께 현대 언어 교육의 평가 과정에서도 가장 강조되어야 할 원리 가운데 하나이다.

(2) 계열성의 원리

국어과 교육에서 학습 대상이 되는 문법 지식은 계열성을 지닐 수 있도록 배열하여야 할 것이다. 따라서, 문법 영역의 평가도 이와 같은 국어 자체가 지니고 있는 문법 지식의 성격에 맞게 평가 계획을 수립하고, 평가 문항을 개발하여야 할 것이다. 계열성을 확보하기 위해서는 문법 지식 자체가 가지고 있는 내부적인 계열성뿐 아니라, 학습자의 언어 발달 단계에서의 계열성도 고려하여야 할 것이다. 문법 지식 자체의 내부적인 계열성이란 교육과정의 국어 사용의 실제에서 제시된 음운, 단어, 문장, 담화 등 단위에 따른 계열성을 참고하여야 할 것이다.[15] 학습자의 언어 발달에서의 계열성은 음운 발달, 표기법 발달, 문법 능력의 발달, 문장 형성 능력의 발달 등에 따른 계열성을 참고하여야 할 것이다.

(3) 단계성의 원리

학습자들은 문법 요소를 단계적으로 습득할 것이기 때문에, 문법에 관련된 평가 문항을 개발할 때에도 문법 학습에 임하는 학생들의 학습 심리적인 난이도, 언어 사용 상황에서의 빈도 등을 중심으로 단계성을 고려하여야 하리라 본다. 그것은 학습의 일반적 단계에서 말하는 단계성의 원리를 적용해 보면 좋을 것이다. 학생들에게, 쉬운 것 먼저, 어려운 것 나중, 단순한 것 먼저, 복잡한 것 나중, 언어 활동에서의 사용 빈도면에서 보아 빈도가 높은 것 먼저, 낮은 것 나중, 학생들의 언어 사용 과정에서의 오류 현상 가운데 오류가 심한 것 먼저, 덜 심한 것 나중 등의 단계를 지키도록 하여야 할 것이다.

(4) 다양성의 원리

문법 영역의 평가는 이 평가를 통해 다양한 언어 사용 기능의 신장뿐 아니라, 다른 영역의 교육에도 도움이 될 수 있는 발판으로 세우기 위해 다양하게 구성하여야 할 것이다. 국어 학습은 언어 사용 기능인 듣기, 말하기, 읽기, 쓰기 등의 기능 신장을 중심으로 이루어지지만, 문법 요소는 쓰기 영역에만 포함되어 있는 것이 아니라, 듣기, 말하기, 읽기 영역 등에도 함께 뒤섞여 있다. 그러므로, 문법 영역에 관한 평가 문항을 개발하기 위해서는 이들 모든 영역에 다양하게 적용될 수 있는 내용을 근간으로 엮어야 할 것이다.

---

15) 음운의 경우, 단모음 먼저, 중모음 나중, 변동 규칙의 경우 보편적-필연적 변동 먼저, 한정적-필연적 변동 다음, 임의적 변동 다음 순서가 되어야 할 것이다. 단어의 경우, 단일어 먼저, 복합어 나중, 단의어 먼저, 다의어 나중, 고유어 먼저, 한자어나 외래어 나중 등의 순서가 될 것이다. 문장의 경우, 홑문장 먼저, 겹문장 나중, 겹문장 중에서는 이어진 문장 먼저, 안긴 문장 나중 차례가 되어야 할 것이다. 담화/글의 경우에는 문장과 문장 사이의 연결고리 가운데 형식적인 연결고리 먼저, 내용적인 연결고리 나중의 차례가 되어야 할 것이다.

2) 문법 영역 평가의 방법

문법 영역의 평가 방법도 다른 영역과 마찬가지로 일반적인 평가의 방법을 적용할 수 있다. 문법 영역의 평가에 사용할 수 있는 평가 방법은 평가 도구, 평가 기준, 평가 주체, 평가 시기 등의 범주에 따라 몇 가지로 나눌 수 있다.

평가 도구는 크게 객관식 평가와 수행 평가로 나누어 생각할 수 있다. 객관식 평가는 선택형 또는 완성형 문항으로 이루어진 필기시험을 통해 학생의 능력을 평가하는 것이며, 수행 평가는 '평가자가 피평가자들의 학습 과제 수행 과정이나 결과를 직접 관찰하고, 관찰 결과를 전문적으로 판단하는 평가 방식'(허경철, 1999)이라 할 수 있다. 특히 문법 영역에 대해 수행 평가를 실시하려고 할 경우 문법 영역의 학습 내용 가운데 수행 평가를 할 수 있는 것과 할 수 없는 것을 사전에 따져 본 후, 주로 비공식적 평가 장면에서 수행 평가를 시도하여 활용해 보는 것이 좋을 것이다.

평가 기준 측면에서 평가는 절대 기준 평가와 상대 기준 평가로 나누어 볼 수 있다. 절대 평가는 목표 지향 평가로 교수 - 학습의 목표에 대해 학생들이 도달해야 할 기준을 미리 정한 후 이에 따라 학생의 성취 정도를 판단하는 것이다. 상대 평가는 규준 지향 평가로 평가를 시행할 전체 집단을 대상으로 평가를 실시한 후 전체 학생들이 획득한 점수를 기준으로 해서 규준을 정해서 이에 따라 학생의 점수가 어느 정도 위치에 있는가에 의해 평가하는 것이다.

평가 주체의 측면에서 평가는 교사에 의한 평가와 학생에 의한 평가로 나누어 볼 수 있다. 현재의 평가는 대부분이 교사의, 그것도 교사 1인에 의해 평가하는 방식이 주를 이루고 있다.[16] 하지만 평가의 교육적 측면을 고려하거나 결과의 수용 측면 등을 고려할 때 학생에 의한 평가를 활성화하는 것이 필요하다.[17]

평가의 시기 측면에서 볼 때 평가는 진단 평가, 과정 평가, 결과 평가로 나눌 수 있다. 진단 평가는 어떤 단원의 학습을 위해 수업 시작 전에 학습자가 알고 있어야 할 지식이나 기술을 갖고 있는지를 점검하는 출발점 행동 평가 또는 투입 행동 평가를 뜻한다. 과정 평가는 교수 - 학습 과정에서 시행되는 평가로 이를 통해 학습자의 학습 상태를 알아보고 교수 - 학습 과정에서 피드백의 효과를 준다. 결과 평가는 교수 - 학습 과정이 모두 끝난 다음 그 성취도를 파악하기 위해 실시하는 평가이다.

문법 영역의 평가도 평가 계획, 평가의 목표와 내용, 평가 방법, 평가 결과의 활용 등에 관

---

16) 오늘날 평가의 객관도를 높이기 위한 방안의 하나로 교사 집단 평가를 하는 경우도 있다.
17) 학생 평가는 학생 자신이 자신의 학업 성취도에 대해 자기 평가를 하는 수도 있고, 학생들 간의 상호 평가도 할 수 있다.

해 충분한 준비와 자료를 마련해 두어야 할 것이다.

　문법 영역의 평가 계획을 수립할 때에는 다른 영역에서의 평가와 마찬가지로 문법 영역의 특성을 고려하여 학습자의 국어 사용 능력을 타당하고 신뢰 있게 평가하도록 하여야 할 것이다. 이를 위해서는 평가 목표와 평가 내용에 적합한, 다양한 평가 방법을 사용하여, 지식적인 측면, 탐구적인 측면, 맥락적인 측면 등을 포괄할 수 있도록 음운, 단어, 문장, 담화/글 등 국어 사용의 실제적인 자료나 장면을 통하여 평가하여야 할 것이다. 문법 영역의 평가 목표는 단편적인 국어 지식 그 자체보다는 지식을 도출하는 탐구 과정과 지식의 활용에 중점을 두어 설정해야 할 것이다.

　문법 영역의 평가 내용은 문법 영역의 특정 분야에 치우친 평가를 지양하고, 각 분야의 학습 영역에서 골고루 선정해야 한다. 그리고, 국어 사용 능력을 구성하는 하위 요인과 이 요인이 통합적으로 실현되는 능력을 평가할 수 있게 선정하여야 할 것이다.

　문법 영역의 평가는 다양한 방법을 활용할 필요가 있다. 지필 평가, 면접법, 조사법 등을 사용하여 국어 지식과 그 지식의 적용력을 평가한다. 평가 목표와 상황에 따라 필요한 경우에는 영역 통합적 평가 방법을 활용할 수도 있을 것이다.[18] 국어 지식의 습득 여부를 판단하기 위한 평가에서는 전통적인 지필 평가 방법, 예를 들어 선택형, 완성형 등의 문항을 활용할 수 있다. 그런 경우에도 읽기 능력을 평가하는 제재와 관련하여 단편적인 지식을 묻는 방식보다는 국어 관련 지식을 잴 수 있는 별도의 문항을 구성하여 평가하는 것이 바람직할 것이다. 국어 지식의 활용 측면을 강조하는 경우는 학습한 국어 지식을 실제의 국어 사용 상황에 적용하는 능력을 중시하여 평가할 수도 있다. 예를 들어 '문법' 영역의 교육 내용으로서 어휘, 문장에 대한 지식의 습득과 활용 수준을 말하기 또는 쓰기 평가의 한 평가 요소로서 설정하여 평가하는 것이다. 그리고 '문법' 영역의 정의적 학습 요소인 '태도' 요인은 면접법이나 조사법 등을 활용하여 평가할 수 있다.

　문법 영역의 평가 결과는 학습자의 국어에 대한 지식 습득의 성취 수준을 파악하고, 교수-학습 방법, 교재나 평가 도구의 개선에 적절히 활용되어야 할 것이다. 이뿐만 아니라, 평가 결과는 학습 과정상의 문제점을 분석하여 이를 학습자, 교사, 학부모, 행정가에게 알려 주어 학습자의 국어 사용 능력을 향상시키는 데 활용할 수 있도록 하여야 할 것이다.

---

18) 실제 초등학교 국어과의 평가 과정에서는 '문법'이나 '문학' 영역의 경우 그 영역 자체의 평가보다는 영역 통합적 평가 방법을 더 선호한다고 할 수 있다.

참고문헌

강경호 외(2009), 〈초등국어과 수업 방법〉, 박이정.

고영근(1989), 〈국어 형태론 연구〉, 서울대학교출판부.

교육과학기술부(2008), 〈교육부 고시 제2007-79호에 따른 초등학교 교육과정 해설(III)〉.

교육과학기술부(2011), 〈국어과 교육과정(교육과학기술부 고시 제2011-361호[별책 5]〉.

교육부(1993), 〈교육부 고시 제1992-16호에 따른 국민 학교 교육과정 해설(I)〉.

교육부(1994), 〈중학교 국어과 교육 과정 해설〉, 대한교과서주식회사.

교육부(1997), 〈국어과 교육과정(교육부 고시 제1997-15호 별책 5)〉.

교육부(1998), 〈교육부 고시 제1997-15호에 따른 초등학교 교육과정 해설(III)〉.

교육인적자원부(2007), 〈국어과 교육과정, 교육인적자원부 고시 제2007-79호 별책 5〉.

국립국어원(2005), 〈외국인을 위한 한국어 문법 1-체계 편〉, 커뮤니케이션북스.

권재일(1995), 어학적 관점에서 본 언어 지식 영역의 지도 내용, 〈국어 교육 연구(서울대학교 사범대
    학 국어교육연구소)〉 2, 서울대학교.

김광해 외(1997/2001), 〈국어 지식 탐구〉, 박이정.

김석득(1992), 〈우리말 형태론-말본론-〉, (주)탑출판사.

김중신(2011), 2011 개정 국어과 교육과정의 개정 작업에 대한 비판적 점검 II(2011 개정 국어과 교
    육과정에 대한 국어 교육 관련 학회의 연합 학술대회 자료집).

남기심(2001), 〈현대 국어 통사론〉, 태학사.

남기심 · 고영근(2011), 〈표준국어문법론(제3판)〉, 탑출판사.

리의도(1995), '국어 지식'의 본질과 교재화, 〈한국 초등 국어 교육〉 11, 한국 초등 국어 교육 학회.

문교부(1987), 〈교육과정 해설, 문교부 고시 제87-9호〉.

민현식 외(2011), 〈2011 국어과 교육과정 개정을 위한 시안 개발 연구〉, 교육과학기술부.

박인기 외(1999), 〈국어과 수행 평가〉, 삼지원.

박태권 외(1982), 〈국어학 개론〉, 정화 출판 문화사.

박형우(2009), 문법 교육과 관련된 탐구 학습의 문제점과 개선 방안, 〈새국어교육〉 82, 한국국어교
    육학회.

서울교육대학교 · 한국교원대학교 국정도서국어편찬위원회(2011), 〈초등학교 국어 교사용 지도서〉(6
    학년 1학기), (주)미래엔컬처그룹.

손영애(1986), 국어과 교육의 성격과 내용 체계, 〈선청어문〉 14 · 15, 서울대 국어교육과.

신지영(2000), 〈말소리의 이해-음성학 · 음운론 연구의 기초를 위하여〉, 한국문화사.

양태식(1997), 초등 국어 교육의 성격과 과제, 〈한국어 교육〉 12, 한국어문교육학회.

양태식(2003), 받아쓰기에 대한 진단적 검토, 〈한국어교육〉 18, 한국어문교육학회.

양태식(2008). 〈다문화 교사를 위한 한국어 이해론〉. 서울교대 국어교육과.

양태식 외(2013), 〈초등 국어과 교육의 이해〉, 도서출판 박이정.

양태식·김정수(2004), 학습자용 말뭉치를 기반으로 한 국어 지식 내용 연구—초등 학생들의 이음씨
　　사용 양상을 중심으로-, 〈한국어교육〉 19, 한국어문교육학회.

이경화·이수진·이창근·전제응(2008), 〈기초 문식성 지도 방안〉, 박이정.

이기문(1972), 〈국어사 개설〉, 탑 출판사.

이문규(2010), 문법교육론의 쟁점과 문법 교육의 내용, 〈국어교육〉 133, 한국국어교육학회.

이병규(2002ㄱ), 국어 지식 교육의 위상 재고, 〈초등국어교육〉 12, 서울교대 초등국어교육연구소.

이병규(2002ㄴ), 국어 지식의 성격과 국어 지식 영역의 목표, 〈한국어교육〉 17, 한국어문교육학회.

이병규(2005), 국어 지식 교육의 성격과 국어과 교육의 영역 체계, 〈국어교육학연구〉 22, 국어교육
　　학회.

이병규(2006), 문법 영역의 내용 선정 방법 연구, 〈한국어문법〉 4, 한국문법교육학회

이병규(2008ㄱ), 새 국어과 교육과정 문법 영역의 비판적 이해, 〈한국초등국어교육〉 37, 한국초등국
　　어교육학회.

이병규(2008ㄴ), 국어과 교육 과정의 문법 영역 내용 조직 양상 연구 1, 〈한말연구〉 23, 한말연구학회.

이병규(2008ㄷ), 국어과 교육 과정의 문법 영역 내용 조직 양상 연구 2, 〈청람어문교육〉 38, 청람어
　　문교육학회.

이병규(2008ㄹ), 국어과에서의 문법 교육과 한국어교육에서의 문법 교육의 특징 비교 연구, 〈이중언
　　어학〉 38, 이중언어학회.

이병규(2009), 한국어 교육 문법의 내용 구성 방향 연구, 〈새국어교육〉 81, 한국국어교육학회.

이병규(2012ㄱ), 국어 문법 교육의 원리 탐구, 〈새국어교육〉 90호, 한국국어교육학회.

이병규(2012ㄴ), 국어 문법 교육의 교수-학습 자료 개발의 원리, 〈초등국어교육연구〉 48, 한국초
　　등국어교육학회.

이병규(2012ㄷ), 문장의 유형에 대한 초등 국어 문법 교육 내용 연구, 〈한국초등국어교육〉 50, 한국
　　초등국어교육학회.

이병규(2016), 2015 개정 국어과 교육과정 문법 영역의 비판적 분석 연구, 〈한국초등국어교육〉 61,
　　한국초등국어교육학회.

이성영(1995), 언어 지식 영역 지도의 필요성과 방향, 〈국어 교육 연구〉 2, 서울대학교 사범대학 국
　　어교육연구소.

이홍우(1983), 〈지식의 구조와 교육〉, 교육 과학사.

이희승(1949), 〈초급 국어 문법〉, 박문서관.

전은주(2011), 2011 개정 국어과 교육과정의 발전적 전개 방향, 〈2011 개정 국어과 교육과정의 개정 과정에 대한 점검과 실행 방안〉, (2011 개정 국어과 교육과정에 대한 국어 교육 관련 학회의 연합 학술대회 자료집).

정경일 외(2000), 〈한국어의 탐구와 이해〉, 박이정.

정준섭(1994), 국어과 교육과정의 역사적 전개에 관한 연구, 경원 대학교 대학원 박사 학위 논문.

최영환(1995), 언어 능력 신장의 관점에서 본 언어 지식 영역의 지도 내용, 〈국어 교육 연구〉 2. 서울대학교 사범대학 국어교육연구소.

최현배(1987), 〈우리말본(열네 번째 고침)〉, 정음문화사.

한국교원대학교 국정도서국어편찬위원회(2009), 〈초등학교 국어 교사용 지도서(1학년 2학기)〉, (주) 미래엔컬처그룹.

한국교원대학교 국정도서국어편찬위원회(2010), 〈초등학교 국어 교사용 지도서(1학년 1학기)〉(초판 2쇄), (주)미래엔컬처그룹.

한국교원대학교 국정도서국어편찬위원회(2010), 〈초등학교 국어 교사용 지도서(2학년 1학기)〉(초판 2쇄), (주)미래엔컬처그룹.

한국교원대학교 · 서울교육대학교 국정도서편찬위원회(2010), 〈초등학교 국어 교사용 지도서(3학년 2학기)〉, (주)미래엔컬처그룹.

허경철 외(1999), 〈초 · 중등학교 교과별 수행 평가의 실제(1)〉, 연구보고 ORM 99 - 3 - 1, 한국 교육과정 평가원.

허웅(1981), 〈언어학〉, 샘 문화사.

허웅(1983), 〈국어학〉, 샘 문화사.

허웅(1995), 〈20세기 우리말의 형태론〉, 샘 문화사.

Thornbury, Scott.(1999, 2nd. 2000), How to Teach Grammar, Longman.

Gagne E. D. et al.(1993), The Cognitive Psychology of School Learning, Haper Collins College Publishers.

Haycraft, J.(1978), An Introduction to English Language Teaching, Longman.

Nunan, D.(1991), Language Teaching Methodology, Phoenix ELT.

탐구문제

1. 문법 영역의 성립 과정을 설명하시오.
2. 문법의 개념을 설명하시오.
3. 문법 교육에 대한 관점과 문법의 성격을 설명하시오.
4. 문법 영역의 목표와 내용 체계를 설명하시오.
5. 2015년 개정 교육과정의 문법 영역의 교육 내용의 특징을 설명하시오.
6. 문법 교수 – 학습의 거시적 원리를 설명하시오.
7. 문법 교수 – 학습의 미시적 원리를 설명하시오.
8. 문법 영역의 교수 – 학습 절차 4단계를 지식 탐구 학습 모형에 적용하여 예를 들어 설명하시오.
9. 문법 교육을 위한 방법과 자료 가운데 새 요소 제시하기에서 '맥락 속에서'와 관련된 사항을 설명하시오.
10. 문법 영역 평가의 원리를 설명하시오.

문학 교육

6 장

1. 문학의 본질과 성격

문학의 본질이 무엇인가에 대한 답을 찾기는 쉽지 않다. '문학이란 무엇인가?'라는 물음은 '인생이란 무엇인가'라는 물음과 닮았다. 인생이란 무엇인가에 대해 답해야 할 때 다양한 물음들이 파생되듯이 문학이 무엇인가를 설명할 때에도 또 다른 질문들을 포함한다. '문학'이라는 단어의 어원과 개념 규정, 문학의 존재 방식과 기능, 문학의 소통 구조, 문학인 것과 문학이 아닌 것등의 구분 등 다양한 질문들이 연쇄적으로 일어난다. 그러나 그 해답은 명쾌하게 마무리되지 않는다. 문학이 무엇인가에 대해 이렇게 답을 하기 어려운 이유는 문학이라는 개념은 현재 진행형의 변화하는 스펙트럼이기 때문이다. 인간의 욕망이 있는 곳에 문학이 존재했고 그 존재 방식은 시대와 장소에 따라 다양한 모습으로 변화됐으며, 현재에도 각양각색의 모습으로 존재 양식을 달리하고 있다.

현재 우리가 생각하는 '문학'은 전통적인 '문학'과 다르다. 오늘날 '문학'이 언어 예술로서의 'literature'에 상응하는 개념이라면, 전통 한국 사회에서 '문학'은 학식 일반을 포괄적으로 가리키는 말로서 '문'이나 '학문'과 같은 의미를 지니고 있었다. 또 문학 장르를 구분하는 방법도 현재와 달랐다. 오늘날 산문 문학의 장르는 시, 소설, 수필, 희곡 등으로 구분되지만, 전통 사회의 산문 장르는 전(傳), 찬(讚), 논(論), 설(設), 송(頌), 서(序), 표(表) 등 100여 개가 넘는 다양한 문종(문체·장르)으로 구분되었다(이지영, 2012). 예컨대, 현재의 '문학'은 음악, 미술, 연극과 같은 병렬 개념, 예술과 같은 상위개념, 시, 소설, 희곡과 같은 하위 개념, 역사, 철학 등의 대응 개념, 미(美, beauty), 정(情, feeling)과 같은 설명 개념들과의 관계 속에 위치한다.

그러나 전근대 사회에서 '문학'은 음악, 미술, 연극 등의 개념과 병렬적 위치에 놓여 있지 않았으며, 예술의 하위 개념이 아니라 대립 개념에 더 가까웠고, 미(beauty)나 정(feeling)보다는 도(道, truth)나 리(理, reason/principle)를 추구하는 개념이었다. 이렇게 문학의 본질은 다양한 측면에서 설명할 수 있다. 그러나 확실한 것은 문학이 어떤 일을 하고 있다는 것이다. 여기서는 창조와 수용의 메커니즘을 바탕으로 문학의 성격을 설명하고자 한다.

시인은 '시적인 관습'에 대한 감각을 창조하거나 수용하는 과정을 통해 시를 창작한다. 여기서 '시적 관습'이란 어떤 텍스트가 시로서 받아들여질 수 있는 개연성이나 핍진성(versimilitude)과 같은 시적인 관례(convention)를 말한다. 이러한 관례들은 시인에 의해 창조되고 비평가와 연구자들에 의해 '시성(poeticity)'으로 축적됐으며 독자들이 가진 장르 인식이나 당대의 생활 감각과 상호작용하면서 확대·재생산되었다. 시를 수용한다는 것은 시를 읽고 무엇인가 인식한다는 것, 곧 관례에 의해 시행되는 정서나 규범을 체화하고 따르게 된다는 의미를 지닌다. 한편, 새롭게 창조한다는 것은 당대 독자들이 인정하는 인식의 경계를 돌파하는 데서 이루어진다.

시인의 감성은 시와 시인을 바라보는 관점의 변화를 통해 이해할 수 있다. 시를 창작하는 과정에서 감성의 역할은 낭만주의적 관점에서 강조되었다. 보편적인 이성을 추구했던 계몽주의와는 달리 낭만주의 시대에는 다양하고 독창적인 개성과 정서를 중시했다(Beardsley, 2005 : 286). 그것은 감성이 이성의 한계를 넘어서서 숨겨져 있는 자연의 신비와 아름다움을 파악하는 정신적 힘이라고 믿었기 때문이다. 이러한 낭만주의적 인식론은 일종의 정서적 직관주의(emotional intuitionism)이다. 낭만주의 입장에서 시인이 가진 시적 감성은 천재의 그것과 같다고 여겨졌다. 풍부하고 섬세한 감성, 자유롭고 활달한 상상력, 강렬하고 자발적인 자기표현의 열정은 보통 사람에게서 찾아보기 힘들기 때문이다(Abrams, 1953: 47~48). 낭만주의의 입장에서 시적 감성은 시인의 개성에 지배되는 것으로서 천부적인 재능에 가깝다.

그러나 20세기에 들어 시인의 개성에 대한 회의가 일어나기 시작했다. 이것은 동일성을 지닌 자아 개념의 해체로 인해, 시인을 자율적 주체로 보는 관점이 더 이상 유효하지 않게 되었기 때문이다. 따라서 시인의 개인적 재능이나 능력에 앞서 사회 전통과 구조가 시인의 자아 형성의 토대가 된다는 인식이 생겨났다. 구조주의적 시각에서 볼 때 시인이 쓴 시는 아무리 개인적인 작품일지라도 더 이상 개인만의 목소리는 아닌 것이다. 아도르노(Adorno)는 "결코 내가 아니라 '우리'가 말을 한다"고 하면서 개인적인 발화는 원칙상 존재할 수 없음을 말한다(Zima, 1993 : 148 149). 그에게 시적 감성은 새로운 것을 발견하는 능력이 아니라 이미 있는 보통의 정서를 조합한 정서 표현에 불과하다. 시 창작 과정에서 시인의 개성이 개입되는 것이 아니라 시인은 단지 여러 정서의 화학적 변화를 매개하는 것일 뿐이다.

시 창작의 원천으로 판단되었던 감성은 시인의 개성이 부정됨으로써 변화를 맞는다. 감성의 근원이 시인 개인에서 그러한 개인이 있게 한 배후의 현상이나 사회의 구조가 된 것이다. 시를 쓰는 시인의 현재 모습은 시인이 가지는 다양한 주체의 모습 중 하나라는 것이다. 이러한 관점을 받아들인다면, 감성은 시인이 처한 사회구조 안에서 시인 주체가 차지하는 위치에 따라 발현되는 '욕망'이 된다. 낭만주의적 시각에서 시적 감성은 개인의 고유한 자질이며 특징이었지만, 구조주의적 시각에서 시적 감성은 사회구조의 결과물인 것이다. 그러나 이러한 두 입장은 모두 감성을 인간의 수동적 특성으로 간주하고 있다. 시인이 인식한 양상들은 사물에 대해서 취할 수 있는 관점을 넘어서는 것이 많다. 시인들은 보이는 측면과 아울러 보이지 않는 측면을 숙고하여 시로 나타내기 때문이다.

흰나비는 날개를 접은 채로
밀잠자리는 날개를 편 채로
배추 포기 사이에 두고
잠들어 있었다.

늦잠을 자도 좋을 만치
밤새 무슨 얘기들 나누었을까.
등 뒤에 하늘에 부는 바람 소리
그냥 말없이 듣기만 했을까.

찬 이슬에 젖은 날개들을
햇살이 가만가만 말리는 사이
나는 발소리 죽여
살며시 그 곁을 떠났다.

임길택(1995), 〈가을 배추밭〉 전문

'가을 배추밭'에서 시적 화자는 '가을 배추밭'에서 작고 여린 것들을 새로운 시선으로 바라보고 있다. 흰나비와 밀잠자리의 이미지를 새롭게 형상화하고 있다. 흰나비와 밀잠자리가 나누었을 이야기와 그들 사이에 흐르던 침묵을 채웠을 바람 소리, 이슬에 젖은 날개를 말리는 햇살, 그들 곁을 떠나는 화자의 발소리까지 시인에 의해 되살아나고 있다. 살아있는 생명에게 저마다의 아름다움을 찾아주는 시인의 시선은 멈춰진 순간을 드러내 줌으로서 세계의 총체성을 보여주고 있다.

순간을 포착하여 우주를 관통하게 하는 시인의 시선은 시인의 개성을 넘어선다. 엘리엇(Eliot)은 시인에게 중요한 것을 '전통'에 대한 인식이라고 보았다(Eagleton 2001: 85 86). 그가 말한 전통은 과거의 문학적 전통에 대한 의식이다. 더 정확히 말한다면 과거로부터 이어져 오는 모든 것을 맹목적으로 답습하는 것이 아니라 적극적으로 그것을 재해석하고 비판적으로 여과함으로써 자신의 것으로 만들려는 의식이다. 엘리엇의 시각에 의하면 감성은 자기 세대를 골수 깊이 의식함과 동시에 전통적인 문화에 대한 인식을 바탕으로 구성된다. 따라서 시인의 감성은 과거성의 인식뿐만 아니라 현재성에 대한 의식도 포함된다. 시인 자신의 현재성을 가장 날카롭게 의식하는 능력이 문학적 감성인 것이다. 이처럼 문학작품은 인간의 가진 인식의 고매함을 드러내며, 세상의 숨겨진 진실과 마주하도록 이끈다.

2. 문학 교육의 목표와 내용

1) 문학 교육의 목표

문학 교육은 학습자가 문학작품을 즐겨 읽고 감상하면서 문학작품의 소통 과정에 능동적으로 참여하도록 하는데, 일차적 목적이 있다. 따라서 문학 교육의 출발점은 무엇을 가르칠 것인가에 대한 논의에서 시작된다. 문학 교육의 내용으로 무엇을 선택하고, 그것을 어떤 틀에 따라 배열할 것인지에 대한 문제는 사회 · 문화적 요구, 학문적 요구, 학습자적 요구와 긴밀한 연관을 맺으며 변화 · 발전하여 왔다. 교육이 학습자를 위해 의도적으로 계획된 활동이라고 할 때, 학습자가 갖추어야 할 능력은 교육 내용의 핵심이 된다.

학습자가 궁극적으로 갖추어야 할 문학 능력은 문학 교육의 목표이면서 내용으로 여겨져 왔다. 문학 능력은 "문학을 할 줄 아는 능력"으로서 문학이 수행되는 층위에 따라 문학적 감수력(literary sensibility), 문학적 사고력(literary thinking ability), 문학적 판단력(literary Judgment), 문학적 지향 의지(literary willingness)로 범주화할 수 있다(우한용 2007: 20~22). 문학적 감수력은 문학작품을 수용하는 능력을 말한다. 학습자는 문학작품의 감상하면서 간접체험을 하게 되는데, 간접체험의 폭이 넓어지고 깊이가 생길수록 현실 세계의 문제나 타인을 이해하고 수용하는 능력도 함께 발달하게 된다. 문학적 사고력은 문학작품을 수용하거나 생산하는데 필요한 사고력을 말한다. 문학작품을 이해하기 위해서는 문학작품의 세계가 갖는 허구성이나 문학적 표현이 의도하는 사상이나 감정을 이해해야 한다. 또한, 작품의 장르성이나 작가의 시대의식을 파악하는 것도 문학적 사고력의 범주에 속한다. 문학적 판단력은 문학작품의 가치를 평가하는 능력으로써, 작품의 내용에 공감하거나 반감하는 인상 평가나 논리적 근거를 바탕으로 문학작품의 가치를 판단하는 비평하는 능력까지 포함한다. 문학적 지향 의지는 문학 작품을 적극적으로 소통하고 문학을 생활화하려는 태도를 말한다. 이렇게 문학 교육의 목표는 문학작품을 통하여 획득하게 되는 다양한 능력을 신장시키는 데 있다.

2015 개정 국어과 교육과정에서는 문학 영역의 교육 목표를 별도로 제시하지 않고 하위 영역의 구별 없이 국민 공통 기본 교육 기간인 1학년부터 고등학교 1학년까지 통합적으로 국어 교과의 교육 목표를 다음과 같이 제시하고 있다.

> 국어로 이루어지는 이해·표현 활동 및 문법과 문학의 본질을 이해하고, 의사소통이 이루어지는 맥락의 다양한 요소를 고려하여 품위 있고 개성 있는 국어를 사용하며, 국어문화를 향유하면서 국어의 발전과 국어문화 창조에 이바지하는 능력과 태도를 기른다.
>
> 가. 다양한 유형의 담화, 글, 작품을 정확하고 비판적으로 이해하고 효과적이고 창의적으로 표현하며 소통하는 데 필요한 기능을 익힌다.
> 나. 듣기·말하기, 읽기, 쓰기 활동 및 문법 탐구와 문학 향유에 도움이 되는 기본 지식을 갖춘다.
> 다. 국어의 가치와 국어 능력의 중요성을 인식하고 주체적으로 국어생활을 하는 태도를 기른다.

위의 국어과 교육 목표에서 문학 교육과 관련된 내용을 추출할 수 있다. 문학 교육의 목적은 문학의 본질을 이해하고 국어문화를 향유하면서 국어문화 창조에 이바지하는 능력과 태도를 기르는 데 있다고 볼 수 있다. 이를 위해서 다양한 유형의 작품을 정확하고 비판적으로 이해해야 하며, 효과적이고 창의적으로 표현할 뿐만 아니라 소통하는 데 필요한 기능을 익혀야 한다. 또한, 문학 향유에 도움이 되는 기본 지식을 익혀야 하는 것이다. 이를 통하여 국어의 가치와 국어 능력의 중요성을 인식하고 주체적으로 국어 생활을 할 수 있는 태도를 함양하게 될 수 있을 것이다. 문학 교육의 목표를 다음과 같이 구체화할 수 있다.

문학의 향유: 4차 산업혁명이라고 일컬어지는 현대사회에서 인간성 말살과 인간 소외 등 인간 존재의 옹호가 요청되고 있고 문학적 필요성과 가치는 더욱 중시되고 있고 '문학 향유'는 이런 관점에서 목표화된 것이다.

상상력의 발달: 문학을 통한 상상력은 언어적 상상력을 기를 수 있다. 또한, 시공간을 자유롭게 초월하여 일종의 판타지적인 경험도 가능하게 한다.

삶의 총체적 이해: 문학 학습을 통해서 다양성 있는 삶의 모습을 이해하고 공감하며 어떤 구조의 시각에서 파악하게 해준다는 점에서 총체적 이해 특성이 되는 것으로 보아야 한다.

심미적 정서의 함양: 문학은 언어로 이루어진 언어적 형상화라 한다. 이로써 형상화된 인간과 사물의 내면에 있는 감동적 요소를 통해서 새로운 이해의 지평을 쌓을 수 있다.

민족 정서의 이해와 습득:문학 교육은 선인들의 문학유산을 통해 민족 정서를 이해하고 창조한다는 목표를 가진다.

2) 문학 교육의 내용 체계

문학 교육에서 어떤 내용을 어떤 내용을 지도해야 하는가를 국어과 교육과정에서는 다음과 같은 내용 체계표로 구조화하여 제시하고 있다. 이 '내용 체계'는 성취 기준을 선정하는 준거의 기능을 하는데 2007 개정 교육과정에서는 다음 〈표 1〉과 같이 쓰기 영역을 '실제', '지식', '기능(수용과 생산)', '태도'의 범주로 나누어 제시하였다. 문학 영역의 내용 체계 구성 원리로 '실제'를 강조하는 맥락의 관점을 적극적으로 반영한 것이다.

〈표 1〉 2009 개정 국어과 교육과정 '문학 영역' 내용 체계

실제		
다양한 갈래의 문학 - 시(시가), 소설(이야기), 극, 수필, 비평 다양한 매체와 문학		
지식	수용과 생산	태도
문학의 본질과 속성 문학의 갈래 문학 작품의 맥락	작품 이해와 해석 작품 감상 작품 비평과 소통 작품 창작	문학의 가치와 중요성 문학에 대한 흥미 문학의 생활화

반면, 2015 교육과정에서는 문학 영역의 내용 체계는 다른 모습을 보인다. 각 영역의 내용은 하위 범주별 '핵심 개념'과 '일반화된 지식'을 바탕으로 하여 '학년(군)별 내용 요소'로 전개하였으며, 이를 통해서 각 영역이 추구하는 통합적 '기능'을 신장하도록 하였다. 학년(군)별로 제시한 내용 요소는 해당 학년(군)에서 집중적으로 다루되, 학년(군) 간 연계성을 바탕으로 하여 다른 학년(군)에서도 융통성 있게 다룰 수 있다. 또한, 국어 활동의 총체성을 바탕으로 하여 특정 영역의 성취기준을 같은 학년(군)의 다른 영역에서 적절하게 활용하여 내용을 구성할 수도 있도록 구성하였다. 2015 개정 교육과정의 문학 영역 내용 체계표는 〈표 2〉와 같다.

〈표 2〉 2015 개정 국어과 교육과정 '문학 영역' 내용 체계

핵심 개념	일반화된 지식	학년(군)별 내용 요소					기능
		초등학교			중학교	고등학교	
		1~2학년	3~4학년	5~6학년	1~3학년	1학년	
▶문학의 본질	문학은 인간의 삶을 언어로 형상화한 작품을 통해 즐거움과 깨달음을 얻고 타자와 소통하는 행위이다.			•가치 있는 내용의 언어적 표현	•심미적 체험의 소통	•유기적 구조	•몰입하기 •이해·해석하기 •감상·비평하기 •성찰·향유하기 •모방·창작하기 •공유·소통하기 •점검·조정하기
▶문학의 갈래와 역사 •서정 •서사 •극 •교술 ▶문학과 매체	문학은 서정, 서사, 극, 교술의 기본 갈래를 중심으로 하여 언어, 문자, 매체의 변화와 함께 시대에 따라 변화해 왔다.	•그림책 •동요, 동시 •동화	•동요, 동시 •동화 •동극	•노래, 시 •이야기, 소설 •극	•노래, 시 •이야기, 소설 •극 •교술	•서정 •서사 •극 •교술 •문학 갈래의 역사	
▶문학의 수용과 생산 •작품의 내용·형식·표현 •작품의 맥락 •작가와 독자	문학은 다양한 맥락을 바탕으로 하여 작가와 독자가 창의적으로 작품을 생산하고 수용하는 활동이다.	•작품 낭독·감상 •작품 속 인물의 상상 •말놀이와 말의 재미 •일상생활에서 겪은 일의 표현	•감각적 표현 •인물, 사건, 배경 •이어질 내용의 상상 •작품에 대한 생각과 느낌 표현	•작품 속 세계와 현실 세계의 비교 •비유적 표현의 특성과 효과 •일상 경험의 극화 •작품의 이해와 소통	•비유, 상징의 효과 •갈등의 진행과 해결 과정 •보는 이, 말하는 이의 관점 •작품의 사회·문화적 배경 •작품의 현재적 의미 •작품 해석의 다양성 •재구성된 작품의 변화 양상 •개성적 발상과 표현	•갈래 특성에 따른 형상화 방법 •다양한 사회·문화적 가치 •시대별 대표작	
▶문학에 대한 태도 •자아 성찰 •타자의 이해와 소통 •문학의 생활화	문학의 가치를 인식하고 인간과 세계를 성찰하며 문학을 생활화할 때 문학 능력이 효과적으로 신장된다.	•문학에 대한 흥미	•작품을 즐겨 감상하기	•작품의 가치 내면화하기	•문학을 통한 성찰	•문학의 주체적 수용과 생활화	

〈표 2〉를 보듯이, 2015 개정 교육과정은 이전 교육과정이 전통적으로 취해 왔던 내용 체계와 매우 다르다. 이전 교육과정에서는 크게 지식, 기능, 태도 영역이 있고 이를 아우르는 실제 영역을 두는 형태였다. 그런데 2015 개정 교육과정은 이전과는 많이 다른 형태를 취하고 있는데, 이는 전체 교과가 내용 체계표를 통일하려고 했기 때문으로 보인다. 우선 핵심 개념은 문학 영역에서 '지식'으로 다루어지는 내용을 제시하였다. 문학의 본질, 문학의 갈래와 역사, 문학의 수용과 생산, 문학에 대한 태도가 제시되고, 하위 학습활동의 범주가 제시되었다. 또한, 일반화된 지식은 핵심 개념을 풀어서 설명한 것으로 말 그대로, 포괄적인 수준에서 학생들이 가져야 할 지식 형태로 진술하고 있다. 학년군별 내용 요소에는 학년군별로 지도해야 하는 핵심 내용을 제시하였다. 이 내용 요소는 성취기준의 근간이 된다. 내용 체계표의 우측에 있는 기능은 이런 내용 요소를 학습함으로써 학생들이 가져야 할 능력 또는 기능이라 할 수 있다.

3) 문학 영역의 교육과정 성취 기준 내용

(1) 성취 기준 위계화의 원리

문학교육은 학습자의 문학능력 신장을 위하여 문학 활동을 대상으로 하는 교육을 말한다. 문학활동이란 문학작품을 생산하고 수용하며 소통시키는 일련의 활동이다. 따라서 문학교육은 학습자에게 문학활동과 관련된 다양한 국면을 체험하게 함으로써 문학을 향유하고 인문학적 소양을 함양하도록 돕는다.

국어과 교육과정은 문학교육에 대한 공식적인 기준이 되며 학교현장에서 어떻게 지도되고 있는지를 예상할 수 있는 자료이다. 국어과 교육과정에서 '문학영역'이 독립적으로 분리된 것은 제4차 교육과정기부터이다. 물론 교수요목기에 '국문학사[19]' 영역이 존재하였으나 중등학교 수준에서만 제시되었으며 그 내용 역시 문학 체험과는 거리가 멀었다. 문학 교육에 대한 활발한 연구와 그 성과(김대행 1987, 박인기 1996, 우한용 1997, 김대행 외 2000, 황정현 외 2000, 신헌재 2002 등)는 1990년대 이후부터라고 할 수 있으므로 제6차 교육과정 이후부터 살펴보는 것이 타당할 수도 있다. 그러나 국어과 교육과정에서 독립적인 영역을 확보한 제4차 교육과정기부터 문학 교육에 대한 깊이 있는 고민이 시작되었다고 판단된다.

---

19) 미군정청 학무국(1946) 교수요목집(1)에서 중학교 교수요목의 '(二) 교수 방침'에 국문학사 관련 내용이 있다. 구체적인 내용은 "국문학의 사적 발달의 대요를 가르쳐, 국민의 특성과, 고유문화의 유래를 밝혀, 문화 사상에의 우리 고전(古典)의 지위와 가치를 알림"으로 설명되어 있다.

문학교육의 방법은 활동중심, 속성중심, 실체중심의 세 범주로 나누어 볼 수 있다. 활동중심 문학교육은 문학작품을 생산하고 수용하며 소통하는 과정에서 사람들이 어떤 일을 하는지에 관심을 둔다. 문학작품을 창작하기위해 글을 쓰기도 하고, 의미있는 작품을 찾아 읽기도 하며, 자신이 좋아하는 작가의 작품발표회에 참여하기도 하고, 작가를 인터뷰하거나 작품이 각색된 영화나 애니메이션 등을 찾아 보기도 한다. 이러한 활동들을 교실 안으로 가지고 와서 유사한 맥락을 연출하여 문학 활동에 참여해 보도록 하는 학습이 활동중심문학교육이다. 활동중심 문학교육은 주로 문학교육의 입문기에 해당하는 초등학교 문학교육의 접근 방식이다. 문학작품을 통하여 다양한 표현 활동을 전개할 수 있다. 또한 문식성 교육을 위해 문학 작품을 활용하는 경우도 활동 중심 문학교육이라고 할 수 있다. 그러나 작품에 대한 진지한 이해 없이 재미있는 활동만을 학습 내용으로 구성할 경우, 학습자는 지식의 체계가 없는 반복적인 경험만을 가질 우려도 있다.

반면 속성 중심의 문학교육은 문학작품을 문학답게 하는 성질을 파악하여 문학의 가치를 이해하도록 하는 교육이다. 속성이란 사물이나 현상의 본질을 이루는 성질을 말하는데, 문학교육에서 속성이란 문학과 문학이 아닌 것을 가르는 속성 즉 '문학성'을 말한다. 따라서 속성 중심 문학교육에서는 문학을 문학답게 만드는 문학의 요소가 무엇인지 파악하고 그 가치를 이해하는데 관심이 있다. 시를 시답게 하는 리듬이나 이미지, 소설을 소설답게 하는 인물, 사건, 배경 등의 의미를 파악하고 작품마다 다르게 형상화되는 문학성의 학습을 교육의 대상으로 삼는다. 그러나 속성 중심 문학교육은 문학작품에 내재한 진실이나 의미의 구조를 파악하려고 노력하기 보다는 문학적 기교를 문학교육의 본질로 오해할 수 있는 약점을 가지고 있다. 또한 문학 능력을 예술적인 재능 교육으로 인식하게 할 수 있는 위험도 있다. 그러나 문학작품을 읽고 마음의 울림을 느끼게 하는 부분에는 문학적 속성이 중요한 부분을 차지하므로, 문학작품이 의미를 중시하면서 속성 중심 교육이 이루어져야 할 것이다. 속성 중심 문학교육은 초등학교 중학년부터 중·고등학교에 걸쳐 이루어진다. 특히 중학교 교육과정에서 속성 중심의 문학교육이 본격적으로 이루어진다고 할 수 있다.

세 번째 문학교육의 접근방법은 실체 중심 문학교육이다. 실체 중심 문학교육은 문학작품이나 작가 등 문학현상의 장(field)에서 실체적으로 존재하는 작품이나 작가에 관심을 가진다. 따라서 문화사의 관점에서 동일문화를 공유한 사람들 사이에서 사회적 유대감을 형성하도록 돕는 문학작품들의 목록을 중시한다. 어떤 작품 언제 누구에 의해 창작되었는가를 이해하는 것이 실체중심 문학교육의 접근 방식으로 주로 문학사를 다룬다. 신라시대의 향가의 특성, 최초의 자유시인 주요한의 불놀이 등 문학사적으로 의미있는 작품을 읽고 문학사적 의의를 다루는 것이다. 실체중심 문학교육은 활동 중심, 속성 중심 문학교육이 충분히 다루어진 후에 이루어지는 활동이다. 이를 통해 학습자의 인생에 영향을 미친 문학작품들을 묶어서 개개인의 문학사를 갖도록 하는 것이 실체 중심 문학교육의 최종 목적이라고 할 수 있다. 그러나 실체중심 문학교육은 자칫 문학사의 암기로 이어져 도식적인 분류에 집중한 문학교육이 될 우려가 있으며, 문학이 가지는 변화성이나 복합성을 도외시할 위험도 있다. 실체 중심 문학교육은 주로 고등학교의 문학교육에서 이루어진다.

앞서 살펴본 문학교육의 세 가지 접근 방식은 학년 수준에 따라 활동 중심, 속성 중심, 실체 중심으로 위계를 갖는다. 다만 초등학교 수준에서 활동 중심 문학 교육을 충분히 접하여 문학에 대한 흥미와 관심을 가진 학습자가 속성 중심 문학교육을 받으며 문학에 대한 개념적 이해를 할 수 있으며, 속성 중심 문학교육을 통해 문학성과 장르적 특성 등에 대해 충분히 학습한 학습자가 실체 중심 문학교육을 받으며 한국 문화와의 관계 속에서 한국 문학작품의 존재 가치를 이해할 수 있게 된다. 그 중에서도 문학교육의 입문기인 초등학교 문학교육은 문학작품에 대한 흥미와 관심을 불러일으키기에 매우 중요한 시기이다.

(2) 학년군별 영역 성취 기준

[1~2학년군]

초등학교 1~2학년 문학 영역 성취기준은 문학에 대하여 친밀감과 흥미를 느끼도록 하는 데 중점을 두어 설정하였다. 재미있는 발상과 표현이 담긴 작품을 활용하여 말의 재미를 느끼거나 작품에 묘사된 인물이나 사건을 상상하고 자신의 생각이나 느낌, 경험을 자유롭게 표현하는 활동을 통해 문학에 입문하도록 하는 데 주안점을 둔다.

[2국05-01] 느낌과 분위기를 살려 그림책, 시나 노래, 짧은 이야기를 들려주거나 듣는다.
[2국05-02] 인물의 모습, 행동, 마음을 상상하며 그림책, 시나 노래, 이야기를 감상한다.
[2국05-03] 여러 가지 말놀이를 통해 말의 재미를 느낀다.
[2국05-04] 자신의 생각이나 겪은 일을 시나 노래, 이야기 등으로 표현한다.
[2국05-05] 시나 노래, 이야기에 흥미를 가진다.

(가) 학습 요소

작품 낭독·낭송하기(느낌과 분위기), 인물의 모습·행동·마음 상상하기, 말의 재미 느끼기, 생각·느낌·경험을 표현하기, 문학에 흥미 갖기

(나) 성취기준 해설

[2국05-01] 이 성취기준은 작품의 내용이나 표현에서 오는 느낌과 분위기를 살려서 노래하거나 낭독 혹은 낭송함으로써 작품의 수용 능력을 향상시키기 위해 설정하였다. 따라서 시나 노래, 이야기 등 다양한 갈래의 작품을 두루 활용하여 목소리의 높낮이, 성량, 속도 등에 대한 감각을 기르도록 한다. 운율과 정서 및 운율과 분위기가 조화로운 작품, 다양한 분위기를 엿볼 수 있는 작품을 통해 내용과 표현이 서로 연관된다는 점을 이해하도록 하는 데 중점을 둔다.

[2국05-03] 이 성취기준은 놀이 요소를 가진 말을 통해 문학의 즐거움을 느끼도록 하기 위해 설정하였다. 갈래를 시나 노래에 한정할 필요는 없으며, 여러 갈래의 작품은 물론 일상적 대화 등을 통해 언어의 놀이적 성격을 인지하고 문학을 즐겨 향유하도록 한다. 의성어와 의태어, 두운이나 각운, 율격이 두드러진 말, 언어유희, 재치 있는 문답, 수수께끼, 끝말잇기 등에서 재미를 느끼게 한다.

[2국05-04] 이 성취기준은 일상생활의 다양한 경험을 문학적으로 표현함으로써 그 즐거움을 맛보고 문학 활동에 자신감을 갖도록 하기 위해 설정하였다. 시나 노래, 이야기의 특성이나 요건에 얽매이지 않고 자유롭게 표현하도록 하며, 이전에 배운 다른 작품을 모방하여 표현하는 것도 허용될 수 있다. 문학이 경험의 언어적 표현이라는 점을 익히도록 하는 데 중점을 둔다.

(다) 교수 - 학습 방법 및 유의 사항

낭송이나 낭독을 지도할 때에는, 작품이 특정한 느낌과 분위기를 고유하게 가지고 있다 하더라도 이를 낭송하는 과정에서는 또 다른 느낌과 분위기를 빚어낼 수 있으므로 허용적인 분위기 속에서 다양한 활동이 이루어지게 한다.

재미있는 발상과 표현을 통해 창의력을 신장하도록 하고, 경험을 표현하는 활동에서는 인성 함양도 이루어질 수 있도록 한다.

'재미'가 엄밀한 학문적 개념으로 쓰이는 용어가 아니므로 그 의미를 폭넓게 보고 유연하게 접근하도록 한다.

문학적 완성도에 구속되지 않고 일상적 언어생활의 연장선상에서 문학에 접근하도록 함으로써 문학에 대한 친밀감을 형성하도록 한다.

노래와 시, 이야기 등 특정한 문학 갈래에 국한하지 말고 만화, 애니메이션 등 갈래의 범위를 넓히거나 역할극과 같은 연극적 기법을 활용함으로써 학습자의 흥미와 관심을 유발하도록 한다.

문학의 기능이나 효용에 대한 일방적 설명을 지양하고, 문학에 대한 유의미한 경험과 기억을 바탕으로 하여 자발적으로 문학을 향유하는 습관을 형성하도록 한다.

(라) 평가 방법 및 유의 사항

허용적인 분위기 속에서 시나 노래, 이야기를 감상하고, 느낀 점과 생각을 자유롭게 표현하도록 하고 이를 관찰하여 평가한다.

시나 노래, 이야기를 교과 외 시간에도 흥미를 갖고 즐겨 접하도록 독려하고 이를 누적적으로 기록하여 평가한다.

작품에 대한 학습자의 반응에 대해 옳고 그름을 평가하기보다는 다른 학습자들과 반응을 공유하는 과정을 통해 자신의 생각과 느낌을 스스로 점검해 보는 기회를 제공한다.

[3~4학년군]

초등학교 3~4학년 문학 영역 성취기준은 작품으로 형상화된 세계를 포괄적으로 이해하며 감상하고 그 결과를 다양한 방법으로 표현하는 능력을 갖추는 데 중점을 두어 설정하였다. 학습자의 흥미와 발달 단계에 맞는 작품을 찾아 읽고 감상의 결과를 능동적으로 표현하면서 문학을 즐기는 태도를 기르는 데 주안점을 둔다.

[4국05-01] 시각이나 청각 등 감각적 표현에 주목하며 작품을 감상한다.
[4국05-02] 인물, 사건, 배경에 주목하며 작품을 이해한다.
[4국05-03] 이야기의 흐름을 파악하여 이어질 내용을 상상하고 표현한다.
[4국05-04] 작품을 듣거나 읽거나 보고 떠오른 느낌과 생각을 다양하게 표현한다.
[4국05-05] 재미나 감동을 느끼며 작품을 즐겨 감상하는 태도를 지닌다.

(가) 학습 요소

감각적 표현의 효과 느끼기, 인물·사건·배경 이해하기, 이야기의 흐름 파악하기, 이야기 이어서 구성하기, 작품에 대한 생각과 느낌 표현하기, 작품을 즐겨 읽기

(나) 성취기준 해설

[4국05-01] 이 성취기준은 언어가 인간의 오감을 자극하며, 이에 따라 구체적인 이미지를 형성하고 정서를 환기하는 기능이 있다는 점을 이해하며 문학 활동을 하도록 하기 위해 설정하였다. 문학, 특히 시에서 시각적 이미지나 청각적 이미지를 중심으로 감각을 환기하는 문학적 표현의 기능에 대해 알고 시적 언어의 용법을 이해하는 데 중점을 두었다. 의성어와 의태어, 비유적 표현을 비롯한 여러 가지 시어의 감각 환기 기능을 통해 인간의 오감을 자극하는 시적 표현의 재미를 느끼도록 한다.

[4국05-02] 이 성취기준은 서사 갈래나 극 갈래의 작품을 수용할 때 인물, 사건, 배경이라는 핵심적인 요소를 중심으로 이야기를 이해하는 능력을 기르기 위해 설정하였다. 서사 갈래와 극 갈래가 인물, 사건, 배경으로 구성된다는 점을 바탕으로 하여 옛이야기, 창작 동화, 아동극, 애니메이션 등에서 인물과 사건의 관계, 사건과 배경의 관계 등을 파악하는 데 중점을 두도록 한다. 육하원칙을 적용하면 인물은 '누가'에, 사건은 '무엇을, 왜, 어떻게'에, 배경은 '언제, 어디서'에 해당된다는 점을 이해하도록 한다.

(다) 교수 - 학습 방법 및 유의 사항

창의적 표현을 중심으로 학습자의 창의적 사고를 계발하도록 하고, 다양한 삶에 대한 간접 경험을 통해 타자에 대한 이해의 폭을 넓힘으로써 인성 함양에도 기여하도록 한다.

수용에 초점이 있는 학습 요소라 하더라도 발산적 사고 활동을 바탕으로 하여 창의적 재구성이나 창작 활동이 이루어지도록 지도한다.

작품을 선정할 때에는 문자로 기록된 문학에 국한하지 말고 아동극이나 동영상 등도 적극적으로 활용한다.

감각적 표현을 지도할 때에는 작품의 특정 구절과 다섯 가지 감각을 기계적으로 연결하는 데 초점을 두지 말고 그 표현 효과에 집중하여 지도한다.

인물, 사건, 배경을 지도할 때에는 이들 요소를 개별적으로 확인하게 하기보다는 이야기 속에서 상호 연관성을 파악하도록 하는 데 중점을 둔다.

독후 활동으로서 생각과 느낌 표현하기를 지도할 때에는 전형적인 감상문 쓰기 외에 인물에게 보내는 편지 쓰기, 일기 쓰기 등으로 활동을 다양화하고, 듣기·말하기와 연계한 작가 혹은 인물과의 가상 인터뷰, 미술 교과와 연계한 그림 그리기 등의 활동을 하도록 한다.

문학의 생활화를 위해 학교나 가족 혹은 또래 집단을 소재로 한 작품 중에서 현재 자신이 겪고 있는 고민을 성찰하는 데 도움이 되는 작품을 찾아 읽도록 하며, 교과서에 수록된 작품에 국한하지 않고 다양한 작품을 교수 - 학습 자료로 활용한다.

(라) 평가 방법 및 유의 사항

인물, 사건, 배경을 통해 작품 이해하기에 대한 평가는 작품을 읽고 난 후 느낀 점이나 생각을 학습자끼리 공유하는 과정에서 이들 요소를 중심으로 작품을 이해하고 있는지 자연스럽게 확인하도록 한다.

문학적 지식을 단편적으로 확인하기보다는 작품을 감상하는 가운데 문학 지식을 적절하게 활용할 수 있는지를 평가하는 데 중점을 둔다.

교수 - 학습에서 다룬 지식이나 내용을 직접적으로 확인하기보다는 작품을 감상한 결과를 다양한 방법으로 표현하는 과정에 중점을 두어 평가한다.

교과서에 수록된 작품에 국한하지 않고 학습 주제와 연관된 다양한 작품을 적절하게 활용하여 평가한다.

독후 활동으로서 생각과 느낌을 표현하는 능력을 평가할 때에는, 작품에 대한 수렴적인 이해보다는 발산적인 감상 능력에 중점을 두도록 한다.

[5~6학년군]

초등학교 5~6학년 문학 영역 성취기준은 문학의 수용과 생산 활동을 통해 자아를 성찰함으로써 문학이 개인의 성장을 돕는 자양분이 된다는 점을 경험하는 데 중점을 두어 설정하였다. 문학의 내용과 형식적 특성에 대한 이해를 바탕으로 하여 작품을 수용하고 다양한 갈래로 표현하며 다른 독자들과 능동적으로 소통하는 데 주안점을 둔다.

[6국05-01] 문학은 가치 있는 내용을 언어로 표현하여 아름다움을 느끼게 하는 활동임을 이해하고 문학 활동을 한다.
[6국05-02] 작품 속 세계와 현실 세계를 비교하며 작품을 감상한다.
[6국05-03] 비유적 표현의 특성과 효과를 살려 생각과 느낌을 다양하게 표현한다.
[6국05-04] 일상생활의 경험을 이야기나 극의 형식으로 표현한다.
[6국05-05] 작품에 대한 이해와 감상을 바탕으로 하여 다른 사람과 적극적으로 소통한다.

(가) 학습 요소

문학의 의의(가치 있는 내용, 아름다운 표현), 작품 속 세계와 현실 세계 비교하기, 비유적 표현, 이야기나 극으로 표현하기, 작품을 매개로 하여 소통하기, 작품에서 발견한 가치 내면화하기

(나) 성취기준 해설

[6국05-01] 이 성취기준은 문학이 가치 있는 내용을 언어로 표현하여 아름다움을 느끼게 하는 언어 활동의 일환이라는 점을 이해하고 문학 활동을 하는 자세를 기르기 위해 설정하였다. 문학 작품의 아름다움은 가치 있는 내용에서도, 언어 표현의 참신성이나 함축성에서도 생성된다는 점을 이해하는 데 중점을 둔다. 작품의 내용과 표현을 꼼꼼하게 분석하기보다는 내용과 표현의 아름다움을 느끼며 문학을 즐기는 수준의 활동이 되도록 한다.

[6국05-02] 이 성취기준은 작품 속의 인물·정서·상황·배경·분위기 등이 현실 세계를 반영한 것이지만, 작품 속 세계는 허구적 세계여서 현실 세계와는 구별된다는 점을 인식하며 문학 활동을 하는 능력을 기르기 위해 설정하였다. 시와 이야기, 생활문 등 갈래에 따라 차이는 있지만, 문학 작품 속의 세계가 현실에 바탕을 두면서도 현실 세계를 있는 그대로 묘사한 것이 아니라 허구적으로 구성된 것이라는 점에 초점을 맞추어 문학적 상상력을 동원하여 감상하도록 하는 데 중점을 둔다.

[6국05-04] 이 성취기준은 이야기와 극 만들기 활동을 통해 이야기와 극의 기본적인 원리를 이해하는 한편, 이를 다른 교과의 학습을 위한 도구로 활용하는 능력을 기르기 위해 설정하였다. 이야기와 극은 문학의 주요한 갈래로서 그 자체로 교수-학습의 주요한 내용이기도 하지만, 모든 교과에서 교수-학습 활동을 위한 도구로 활용될 수도 있다. 일상생활의 경험 중 즐겁거나 감동을 받았던 일, 슬프거나 속상했던 일, 부끄럽거나 후회스러웠던 일 등을 내용으로 삼아 이를 이야기나 극의 형식으로 표현하도록 한다.

(다) 교수-학습 방법 및 유의 사항

개념적 지식은 가급적 배제하고 문학이 자아 성찰과 지적·정서적 성장에 기여하는 바

를 중심으로 그 효용을 직접 경험하도록 한다.

문학의 의의를 지도할 때에는 문학 활동이 언어 능력의 신장에 기여할 수 있음을 이해하도록 함으로써 영역 통합적으로 접근하도록 한다. 문학의 가치 있는 내용은 인성 함양과, 세련된 표현은 창의적 능력과 각각 연결되며, 문학이 언어 활동의 하나라는 점을 강조한다.

작품 속 세계와 현실 세계의 관계를 다룰 때에는 문학 작품이 허황된 세계를 근거 없이 꾸며낸 것이라는 오해가 생기지 않도록 작품 속 세계와 현실 세계의 차이를 과도하게 강조하지 않도록 한다.

비유적 표현을 지도할 때에는 개성적 · 독창적 표현의 가치를 존중하되 널리 알려진 상투적 비유도 활용하도록 한다. 다만 기존 작품에서 베끼는 등의 쓰기 수행이 일어나지 않도록 쓰기 윤리를 강조한다.

일상생활의 경험을 이야기나 극으로 표현하기를 지도할 때에는 역할극은 물론 만화 그리기, 극본 구성 등 다양한 형식으로 수행하도록 한다. 극본을 구성하고 극화 활동을 할 때에는 비교적 긴 시간에 걸쳐 계획적으로 준비하여 2인 이상이 참여하고 신체의 움직임과 표정, 말투를 두루 고려하도록 한다. 이때 표정이나 동작 등 연기의 요소보다 내용을 이루는 경험의 가치에 초점을 맞추도록 한다.

작품 이해와 소통에 대해 지도할 때에는 문학적 표현의 의미만이 아니라 거기에서 얻는 느낌이나 생각의 차이도 함께 다룸으로써 작품의 개방성만이 아니라 인간의 다양성을 이해하는 데 중점을 둔다. 그리고 작품 해석의 개방성과 다양성을 보장한다 하더라도, 해석에는 최소한의 합리적 타당성은 있어야 하므로 지나치게 기이한 해석은 경계하도록 한다.

학습자가 작품에 대한 질문을 만들고, 함께 답을 찾아가는 대화로 수업이 진행될 수 있도록 한다.

(라) 평가 방법 및 유의 사항

평가를 위한 별도의 시간을 할애하거나 활동을 계획하기보다는 수업 및 학교생활에서 학습자의 수행과 태도의 변화 과정을 직접적 · 누적적으로 기록하여 평가한다.

개념적 지식에 대한 이해는 가급적 배제하고 문학을 즐겨 감상하는 능력에 중점을 두어 평가한다.

수업에서 다룬 내용이라고 하더라도 단편적인 정보에 초점을 맞추지 말고 작품 전체에 대해 추론적, 비판적, 창의적 사고를 발휘할 수 있도록 평가 도구를 구성한다.

형성 평가에서는 학습 목표에 초점을 맞추더라도 총괄평가에서는 작품에 대한 전체적인 감상 능력과 창작 능력을 측정하도록 한다.

교과서에 수록된 작품에 국한하지 않고 같은 또래 학습자들의 다양한 작품을 활용하여 평가한다.

비유적으로 표현하는 능력을 평가할 때에는 참신성과 개성은 물론 공감의 폭을 중요하게 고려한다.

이야기나 극의 형식으로 표현한 것을 평가할 때에는 완성도보다는 학습자가 즐겁게 참여하고 적극적으로 표현하려는 태도에 관심을 갖는다.

3. 문학 교수 – 학습 방안

다음 장에서는 초등학교에서 이루어지는 입문기 문학교육의 방법으로서 문학 기반 문식성 교육의 방법을 소개하고자 한다.

1) 문학 기반 문식성교육의 개념

문학 기반 문식성교육은 문식성을 신장시키기 위해 문학작품을 활용하는 교육을 말한다. 문식성은 일반적으로 글을 읽고 쓸 줄 아는 능력을 말한다. 기술의 발달로 다양한 매체를 통한 의사소통이 이루어지고, 누구나 쉽게 매체에 접근할 수 있게 되면서 문식성 종류도 다다양해 지고 있다. 학문 분야에 따라 가족 문식성, 역사 문식성, 수학 문식성과 같이 표현되기도 하고, 매체의 종류에 따라 컴퓨터 문식성, 시각 문식성, 카메라 문식성 등으로 표현하기도 하며, 사용 언어에 따라 외국어 문식성, 이중언어 문식성, 다중언어 문식성 등으로 쓰이기도 한다. 이와 같이 문식성은 특정한 사회문화적 맥락과 필요성에 따라 공동체의 탐구 대상이나 사용 매체를 이해하고 활용할 수 있는 능력을 통칭하는 용어로 사용되고 있다. 문학 기반 문식성도 문학작품을 활용하여 학습자의 문식성을 신장시키도록 유도하는 교육으로 정의할 수 있다.

세계적으로 문식성교육차원에서 아동문학작품을 활용하기 시작한 것은 1970~80년대부터이다(Kramsch & Kramsch, 2000). 우리나라의 공교육 현장에도 제5차 교육과정기(1987~1992)부터 본격적으로 아동문학작품이 활용되었다. 교본이나 독본의 형태보다는 문학성 높은 작품들이 제재로 활용되기 시작한 것이다. 국어활동이 학습자의 인지능력과 밀접한 관계 속에서 다루어져야 하고, 학습자의 인지능력은 학습자의 발달단계나 흥미, 삶의 맥락을 이해하고 적용함으로서 신장될 수 있다는 인식이 교육계 저반에 퍼지게 되었다. 또한 문학작품에 대한 인식의 변화도 문학 기반 문식성교육을 활성화시키는 역할을 하였다. 문학작품을 가감삭제 불가능한 철옹성이 아니라 하나의 담화(discourse)로 받아들이게 된 것이다.

문학작품을 하나의 담화로 인식한다는 의미는 독자의 읽기 목적에 따라 활용 가능한 (exploitable) 텍스트로 판단한다는 것이다. 이제 누구와 어디에서 무엇을 하며 문학작품을 즐길 것인지를 판단하는 일은 작가의 몫이 아니라 독자의 몫이 되었다. 반면 문식성교육에서 문학작품을 활용할 경우, 문학작품이 가지고 있는 고유한 문학성을 훼손시킬 수 있다는 우려도 있다. 문학작품이 제재로 쓰이려면 학습 목적에 따라 수정, 삭제되거나 변형되기도 하고, 전체 작품이 아닌 일부분을 떼어내어 학습하는 경우가 자주 일어나기 때문이다. 문학작품을 교수 - 학습적으로 변용할 경우 작품의 심미성은 파괴될 수밖에 없다는 지적이다. 이러한 시선은 18세기 낭만주의를 기반으로 하는 문학교육의 원리이다. 깨진 달걀을 원상태로 만드는 일이 불가능한 것처럼 분절된 문학작품은 원작이 담고 있던 의미를 파괴한다는 것이다. 그러나 문학작품을 변형 불가능한 것으로 신성시하는 태도는 학습 주체인 학습자를 수동적인 존재로 받아들이게 한다. 또한 문학작품이 교육의 맥락 안으로 들어오거나 독자의 삶으로 옮겨오기도 어렵다. 문식성교육에서 문학작품을 활용하는 의도는 문학작품의 의미를 무너뜨리는 것이 아니라 문학작품의 완고한 자기만족성에서 벗어나 소통성을 확대시키려는 것이다. 음악이나 그림 등의 다른 매체와 결합하며 창조적으로 분절되거나 결합을 하듯, 문학작품이 교육적인 상황과 결합하여 학생의 사고를 확장하는 데 활용되는 것은 문학성 확장의 발판이 될 수 있다.

문학작품을 고립적이고 고정된 의미 안아 가두어 둔다면, 문학작품은 대중과 점점 더 멀어질 것이다. 문학은 언어교육과 창조적으로 결합하기 위한 장(場, field)의 구실을 해야 한다. 문학작품은 문자와 그림, 음악이나 영화, 빛이나 소리 등 여러 가지 다른 매체와 결합될 수도 있고, 듣고, 말하고, 읽고, 쓰는 다양한 언어 행위와도 결합하여 학습자의 사고를 확장하는 기제가 될 수 있다.

2) 문학 기반 문식성교육의 의의

 아동의 언어 발달 과정은 문학작품을 읽음으로써 더욱 활성화될 수 있다. 문학작품을 읽으면서 풍부한 어휘를 만나게 되고 문맥 속에서 언어의 의미를 습득할 수 있기 때문이다. 아동은 문학작품 속의 대화나 등장인물의 생각, 시대적인 배경 등을 파악하면서 진공 속에 존재하는 언어가 아니라 맥락 속에 살아있는 언어를 접하게 된다. 문학작품을 활용한 문식성교육의 의의를 구체적으로 살펴보면 다음과 같다.

 첫째, 문학작품을 활용하여 학생들에게 재미있고 흥미로운 학습 활동을 제공할 수 있다. 문식성의 발달은 독해 기능이나 작문 전략을 습득하는 것으로만 향상되지 않는다. 습득된 기능이나 전략이 실제 독서 활동에서 사용되고 학생들에게 내면화되어야 한다. 문학작품은 독자에게 다양한 지식을 줄 뿐만 아니라 인간의 삶을 세계와 관련하여 총체적으로 인식하도록 유도한다. 호기심 많은 아이들은 마음속에 새로운 정보를 획득하려고 하고 낯선 장소나 사건, 인물에 관심을 보인다. 단순히 문식성 학습내용을 문제집 풀이 하듯이 학습한다면, 학습자는 학습 부담감과 지루함을 느낄 것이다. 문학작품의 문식성 학습활동을 더욱 흥미롭게 설계할 수 있다.

 둘째, 문식성에 대한 긍정적이고 적극적인 태도를 형성하는 데 도움을 줄 수 있다. 세계적인 아동문학 고전인 샬롯의 거미줄 (Charlotte's Web, E.B. White, 1952)에는 글을 읽고 쓸 줄 아는 거미 '샬롯'이 등장한다. 샬롯은 돼지 윌버를 구하기 위해 '대단한 돼지(some pig)'라는 거미줄 글씨를 새긴다. 크리스마스 만찬을 위한 고깃감이 될지도 모르는 돼지 윌버를 구하기 위해 샬롯이 선택한 것은 글쓰기였다. 더욱 흥미를 끄는 것은 샬롯이 선택한 글귀이다. '돼지를 구해주세요!' 나 '불쌍한 돼지를 살려주세요!'와 같이 윌버의 바람을 그대로 드러내는 문장이 아니다. '대단한 돼지'라는 간단한 한 마디-명료하지만 다양한 의미를 품고 있는 은유적인 말이었다. 샬롯이 선택한 말은 문학적이다. '대단한(some)'과 '돼지(pig)'는 아이들의 일상 대화에서 흔히 들을 수 있는 '기층언어'(유종호, 1989: 69~70)이다. 기층언어는 말을 배우기 시작하는 아이들의 언어로서 일상대화에서 흔히 쓰이는 어휘들을 말한다. 어떤 말이 흔하게 쓰인다면 의미의 스펙트럼 역시 넓고 풍부하다는 뜻이다. 아동문학은 운문이든 산문이든 간에 기층언어를 주로 사용한다. 기층언어가 다양한 사람들에게 사용되면서 끊임없이 의미를 보태거나 옮겨가듯이 아동문학의 단순한 겉모습은 다양한 속뜻을 담고 독자에게 다가간다. 삶과 죽음의 아슬아슬한 갈림길에서 샬롯의 한 마디는 윌버의 목숨을 구한다. 이렇게 단순함 속에서 퍼져 나가는 깊이와 품격이 바로 아동문학의 힘이자, 문식성의 힘이기도 하다. 셋째,

학생들에게 아름다운 문장을 읽는 기회를 제공하고 좋은 문장의 본보기를 보여줄 수 있다. 문학작품을 언어의 예술 혹은 언어로 미를 창조하는 예술이라고 한다. 이 말은 두 가지 측면에서 문학 언어의 성격을 드러낸다. 첫째, 문학작품은 언어를 재료로 삼아 아름다운 의미를 창조해 낸다. '포도의 빛깔이 선명하다' 는 문장은 의미를 뚜렷하게 드러내 준다. 하지만 느낌이나 정서가 묻어나지는 않는다. 이와 유사한 의미를 가진 문학적 표현으로 '포도는 달빛을 머금고 익는다.'가 있다. 이것은 뚜렷한 의미뿐만 아니라 포도가 익기까지의 시간과 그것이 빚어낸 빛깔이나 풍미를 상상하게 한다. 문학의 를 아름답게 묘사하고 있다. 둘째, 인간이 사물이나 현상에 이름을 붙이듯 문학작품은 일상어와 다른 새로운 의미의 언어를 창조한다. 언어가 처음 발생하던 때에 사물과 현상에 이름을 붙이는 것과 같이 문학의 언어는 화자의 정서나 사물의 특성을 표현하기 위해 새로운 언어를 창조한다. 예를 들어 시에 사용되는 의성어와 의태어는 일상어와 다르게 표현되는 경우가 많다. '흙 속에서 지렁이가 음물음물 진흙 똥을 토해 낸다.', '밀릉슬릉 주름진 건파도가 쓸고 간 발자국'에서 '음물음물'이나 '밀릉슬릉'과 같은 시어들은 일상어에서 흔히 쓰이는 말이 아니다. 그러나 '음물음물'은 지렁이가 진흙을 토해내는 모습, '밀릉슬릉'은 곱고 쩐득거리는 갯벌바닥의 주름진 모습을 절묘하게 표현하고 있다.

3) 문학 기반 문식성교육의 원리

(1) 문학작품에서 학습자의 언어 경험을 떠올리도록 한다.

문학교육에서 학습자에게 제공되는 교육활동은 그 자체가 삶이면서 앎이어야 한다(진선희, 2009). 이를 위해서 학습자들이 처한 상황과 사회·문화적인 맥락을 고려한 학습이 이루어져 한다고 역설하고 있다. 문학에 대한 지식이나 기능의 설명 혹은 고립된 연습으로는 국어과의 수행과 학습자의 실제적 앎은 분리된다는 것이다. 추상적인 지식이나 기능은 그 자체만으로는 학습자의 삶에 유의미하지 않고 구체적인 상황 맥락이 없이는 학습자의 반성적 사고도 이루어 질 수 없다는 것이다. 문학작품은 화석화된 어휘에 맥락을 불어 넣어 주는 역할을 한다. 문학작품이 세계를 반영하고 현실을 재현하기 때문이다. 문학작품 안에서 형성되는 텍스트 내의 맥락은 문학작품 속 어휘들의 관계를 통해서 구성된다. 화자, 목소리, 인물, 시대적 배경, 대사, 사건, 풍경 묘사 등을 통해 문학작품의 진실성이 형성된다. 문학작품을 읽는 것은 또 하나의 세계를 경험하는 것이며 작품의 의미는 문학작품이 형성하고 있는 내적 맥락과 독자의 현실 맥락이 조우하여 완성된다.

〈그림 1〉 현덕 글·박형진 그림(2000), ≪고양이≫ 부분

예컨대, 학습요소 '흉내 내는 말을 이해하고 표현할 수 있다' 와 같은 문식성 학습 요소를 지도하는 경우를 상정할 수 있다. 흉내 내는 말에 대한 일상생활의 경험을 이끌어낼 수도 있지만, 현덕의 고양이 같은 작품을 활용하여 학습의 맥락을 형성할 수 있다. 고양이 는 고양이의 행동을 따라하는 세 명의 아이들의 모습을 생생하고 우스꽝스럽게 표현하고 있다. 이야기 속에는 '살살', '야옹야옹'과 같이 모양이나 소리를 흉내 내는 말이 반복적으로 사용되고 있다. 또한 반구체적인 삽화를 통해, 아이들이 머릿속으로 상상하는 모습과 그들이 실제로 움직이는 모습들을 오버랩하여 나타내고 있어 '흉내 내는 말의 쓰임과 느낌이 충분히 살려내고 있다.

(2) 구두언어와 문자언어를 복합적으로 활용한다.

최근 문학작품은 다양한 형식으로 변화되고 있다. 동시가 그림책으로 변화하기도 하고 옛이야기는 다양한 이본으로 재화되고 있으며, 영화나 애니메이션으로도 재창작되고 있다. 작품의 다양한 형식을 활용하여 문식성 학습을 다채롭고 흥미있게 구성할 수 있다.

〈그림 2〉 백희나 ≪구름빵≫(2004)과 만화

그림책 『구름빵』(2004)은 애니메이션으로 더욱 인기를 끌었고, 아동연극으로 상연되어 공연되기도 하였다. 읽기 기능을 향상시키기 위해 그림책을 읽어주거나 학습자가 직접 읽고 내용을 파악하는 활동을 구성할 수 있다. 애니메이션을 보여주면서 학생들이 듣기 기능은 물론 인물들의 표정이나 몸짓, 대화를 들으면서 비언어적·반언어적 의사소통의 양상을 경험하도록 유도할 수 있다. 또한 학습자가 구름빵 공연을 보게 된다면, 등장인물의 말이나 행동에 직접적으로 반응하면서, 바람직한 관람 태도나 예절까지도 지도할 수 있을 것이다.

다양한 문학작품의 양식을 활용하면 아직 문식성 능력이 미숙한 학습자도 문식성 학습활동에 쉽게 참여하도록 유도할 수 있다. 미숙한 독자들은 능숙한 또래 독자들로부터 소외되기 쉽다. 미숙한 독자들은 다른 독자들과의 대화나 학습활동에 참여하는 기회가 상대적으로 적다. 그러나 애니메이션이나 동극을 활용하면 소외된 하위 집단의 학습자들을 학습 활동에 참여시키기 유리하다. 이 밖에도 기초문식성 지도를 위해 리듬이 단순한 동요나 노래를 활용할 수 있다.

(3) 아름답고 재미있는 표현에 유의하여 활동을 구성한다.

문학성은 문학작품이 가지고 있는 고유한 특성이다. 문학작품 속의 아름답고 재미있는 표현을 이해하는 일은 문학작품의 의미를 찾아 음미하는 가장 빠른 방법이다.

달, 달, 달팽이
팽이, 팽이, 달팽이
달 뜨면 달 이고
더듬더듬
밤길 홀로 걷는 달팽이

최승호, 〈달팽이〉 전문

최승호의 〈달팽이〉는 말놀이 동시이다. 이 시에서는 '달팽이'를 '달+팽이'로 분리하여 '달'과 '팽이'를 반복적으로 부른다. 그런데 신기하게도 달과 팽이의 모습은 달팽이집의 모양을 닮아 있다. 달빛 아래 홀로 걷는 달팽이를 '달을 이고 더듬더듬' 걸어간다고 재미있게 표현하고 있다. '달팽이'라는 말소리와 달팽이의 모습이 달팽이의 본 모습을 해명해 주면서 시적인 긴장감을 생성해 내고 있다. 문식성 활동에서 최승호의 〈달팽이〉를 활용할 때에는 '달, 달, 달팽이/ 팽이, 팽이, 달팽이'의 말소리와 달, 팽이, 달팽이의 모습을 연관시켜 학습활동을 구안할 수 있다.

황선미의 「샘마을 몽땅깨비」에는 아름다운 표현이 자주 등장한다. 아래 예시 부분도 그중의 하나이다. 이 부분은 삼백년 전에 몽땅깨비가 여자친구 버들이와 한 약속을 지키는 장면이다. 버들이의 후손인 아름이를 위해 약속을 지키고, 결국 몽땅깨비는 은행나무에 들어가 칠백년을 갇혀 지내게 된다. 여기서 몽땅깨비가 버들이에게 한 약속의 말과 미미의 걱정을 안심시키는 말은 독자의 정서적 공감을 주는 아름다운 표현이다. 문학의 아름다운 표현은 독자의 기억 속에 오래 기억되며, 인간의 삶을 긍정하고, 지금 여기 현실에서 반드시 있어야 하는 삶의 본래 자리가 무엇인지 깊이 들여다보도록 유도한다. 문식성 활동을 구안할 때 작품의 아름다운 부분에 유의하여 제재를 선정하는 일이 매우 중요하다.

> 몽땅깨비는 오래 전 친구인 버들이에게 마음으로 말했습니다.
> '버들아, 뒤란으로 샘을 끌어 오겠다고 약속한 지 삼백년이나 흘렀구나. 약속을 너무 늦게 지켜서 미안해. 하지만 네 자손들이 저 샘물을 마실 거야. 너를 기억하면서. 버들아, 나 이제야 생명의 소중함을 깨달았단다.'
> 몽땅깨비는 아름이의 손을 잡고 발길을 돌렸습니다.
> 어두워지자 몽땅깨비의 몸에서 빛이 나기 시작했습니다. 왼쪽 주머니에서 미미가 얼굴을 내밀고 말했습니다.
> "이제 기와집에는 다시 안 와?"
> "미미야, 지금 여기는 사람의 땅이야. 옛날에 내가 삶과 어울려 살고 싶어서 터를 내주었기 때문이지. 하지만 도깨비 터라는 사실은 변하지 않아. 사람들 세상 같아도 사람 마음대로 할 수 없는 곳이 될 거야."
>
> 황선미, 「샘마을 몽땅깨비」 부분

4) 문학 기반 문식성교육을 위한 작품 선정

문학 기반 문식성교육은 문학을 통하여 이루어지는 문식성 신장교육이다. 문식성 신장을 위해 문학작품을 제재로 삼되, 문학성 높은 작품을 다루어 학습자의 문학적 감성을 자극하고 문학작품에 대한 흥미나 관심을 높이고자 하는 부차적인 목적도 달성해야 한다. 학습 목표와 활동에 따라 어떠한 문학작품을 선정하느냐가 관건이다. 문식성교육을 계획하고 실행하는 동안 염두에 두어야 하는 작품 선정의 원리는 다음과 같다.

(1) 학습자의 발달 수준에 맞는 작품

문식성 학습을 위한 작품은 학습자의 문식성 수준에 적합해야 한다. 초등학습자들은 학년에 따라 문식성의 수준이 매우 크며 관심사도 달라진다. 아이들은 인지적·정서적·신체적 발달단계에 따라 관심의 소재가 달라지면서 선호하는 작품의 경향도 함께 변한다. 초등학교 저학년 아이들은 동물이나 상상의 인물이 나오는 이야기와 생활 주변에서 일어나는 이야기에 큰 관심을 보인다. 초등학교 중학년은 과학이나 발명 또는 취미 생활과 관련된 이야기를 좋아한다. 이후 초등학교 고학년이나 중·고등학생들은 모험담이나 미스테리에 집중하며, 역사동화와 같이 역사적 사건에 대한 뒷이야기를 선호한다. 이 밖에도 여학생들은 남학생들에 비하여 가족구성원이나 친구들 사이에서 일어나는 일상이야기에 흥미가 높으며 로맨틱한 소설을 좋아한다. 학습자의 생활이나 관심사를 반영한 문학작품일수록 학생들의 반응을 활발하게 이끌어 낼 수 있는 것이다.

짜장 짬뽕 탕수육 은 전학 온 학생을 친구로 받아들이게 되는 과정을 보여주는 작품이다. 남학생들 간의 보이지 않는 알력 싸움과 그들의 관심사를 통해 갈등 해결의 실마리를 찾는다. 이 작품은 중학년 학습자의 관심사를 흥미있게 다루고 있어 중학년을 위한 문식성 제재로 적합하다.

(2) 언어의 아름다움과 재미를 느낄 수 있는 작품

문학은 언어의 보고이다. 문학작품에는 아주 쉬운 언어부터 높은 수준의 언어까지 생생하고 다양한 언어의 모습을 보여준다. 학생들이 어려서부터 문학작품을 접하면서 언어를 통한 다양한 소통 상황을 이해하고, 자신의 삶과 세계를 총체적으로 받아들게 된다. 문학이 가진 아름다운 언어는 우리가 모르는 곳에서 은밀하게 나오기 보다는 일상생활과 긴밀하게 연결되어 있다. 문학의 언어는 일상적인 언어에 대한 새로운 감각을 일깨워준다.

이문구의 〈산너머 저쪽〉은 아이들의 일상적인 경험과 차이를 보인다. 산너머 저쪽에 실제로 별똥이 있거나 은하수가 모아서 생긴 바다가 있지는 않다. 그러나 이 시를 읽으면 자연의 신비로움과 아름다움을 느낄 수 있다. 말이라는 것은 일정한 지시적 의미를 지닌다. 말을 사용하는 공동체의 오래된 관습이나 역사가 고스란히 녹아 있기 때문이다. 문학의 언어는 이러한 관습을 넘어 경험할 수 없는 것들 그리고 그 속에 숨겨져 있을 것만 같은 자연의 아름다움을 떠오르게 한다. 또한 제주도 '꼬리따기' 노래를 현대적으로 개작한 작품인 권윤덕의 〈시리동동 거미동동〉은 반복되는 구절이나 동일한 음절이 나타나는 동요이다. 이 작품은 끝말잇기의 형식을 취하고 있어 반복되는 표현에서 재미를 느낄 수 있다.

〈그림 3〉 권윤덕 글·그림(2003), ≪시리동동 거미동동≫

(4) 문식성에 대한 긍정적인 태도 형성을 돕는 작품

문학작품에는 문식성과 관련된 다양한 인물과 사건들이 등장한다. 애틋한 편지 한 통으로 갈등 관계가 풀리기도 하고, 벽에 쓰인 글귀로 과거의 비밀을 파헤치기도 한다. 또한 문자와 음성 혹은 색다른 그림 기호를 써서 외계인과 소통하는 이야기도 있다. 이러한 이야기들은 문식성을 기반으로 하는 의사소통 활동과 타인과의 소통이 얼마나 중요한지 드러내 준다.

원유순의 「까막눈 삼디기」(웅진닷컴, 2000)는 문식성의 중요성을 초등학교 학생들의 일화로 들려준다. 「까막눈 삼디기」에는 글을 읽지 못하는 '장삼덕'이 등장한다. 가정 형편상 글을 깨우치지 못한 삼덕이는 친구들에게 까막눈이라고 놀림을 받는다. 하지만 통영에서 전학 온 '연보라'의 도움으로 한글을 읽게 되고, 반 친구들과도 화해하게 된다. 이 작품에서 삼덕이가 글을 읽는다는 것은 다른 친구들과 소통할 수 있게 되었다는 의미이다. 인간에게 문식성은 굳게 닫힌 소통의 빗장을 여는 열쇠 같은 것이다. 따라서 문식성 학습을 위한 문학작품에는 문식성에 대한 긍정적인 인식이 담겨 있어야 한다.

(5) 다양한 활동으로 구성할 수 있는 작품

문식성 학습은 듣기, 말하기, 읽기, 쓰기 등 다양한 기능을 익힐 수 있는 활동이 필요하다. 따라서 제재로 쓰이는 작품은 학습자의 다양한 표현 활동을 이끌 수 있는 내용을 갖추고 있어야 한다. 앤서니 브라운의 기분을 말해봐 에는 기분을 표현하는 다양한 문장이 등장한다. '하늘을 걷는 것처럼 자신만만하다가', '머리끝까지 화가 날 때도 있고', '슬플 때도 있지만', '혼 날까봐 걱정이 될 때도 있어' 등의 표현이 고릴라의 표정과 함께 나타나 있다. 각각의 표현은 책의 한 쪽을 모두 차지하고 있는데, 그림의 배경이나 그림 속의 작은 소품들을 자세히 살펴 보면, 그러한 기분을 느끼는 상황을 유추할 수 있는 것들이다. 따라서 이 작품을 활용하여 다양한 문식성 학습 활동을 구성할 수 있다. 예를 들어, 실제 문장을 실감나게 읽고 여러 사람 앞에서 말하는 활동(읽기학습+말하기학습), 등장인물과 비슷한 기분을 느꼈을 때를 생각하고 글로 쓰는 활동(쓰기학습), 고릴라의 표정을 보며 고릴라의 마음을 파악하는 활동(매체 이해 학습) 등을 구성할 수 있다.

〈그림 4〉 앤서니 브라운(2011), ≪기분을 말해봐≫

5) 문학 기반 문식성교육의 방법

문학작품을 문식성교육에 활용하는 방법에는 크게 두 방향이 있다. 첫째, 문식성 기능 별로 문학작품을 활용한 단원이나 활동을 구성하는 것이다. 문식성 관련 학습 목표를 중심으로 단원을 구성하여 문식성 목표에 맞는 다양한 문학작품을 활용하는 방식이다. 둘째, 핵심 도서를 사용하는 것이다. 주요 도서 목록을 선정하여 그 중에서 한 권을 선정하여 함께 읽고, 문학작품과 관련지어 다양한 문식성 활동을 구성하는 방식이다. 여기서는 문식성의 기능에 따라 적합한 문학작품을 선정하여 지도하는 방법을 문식성의 수준별로 설명하고자 한다.

(1) 한글 자모와 짜임 익히기

전통적인 한글 자모 교육은 자음과 모음의 순서대로 쓰면서 외우거나, 기본 음절표를 활용하여 자모의 짜임을 익히는 활동이 주를 이루었다. 이러한 접근 방식을 발음중심 지도방법이라고 한다. 발음중심 지도방법에 활용할 수 있는 작품에는 기차 ㄱㄴㄷ 가 있다. 이 작품은 동일한 음절을 가지고 있는 낱말을 이용하여 이야기를 구성하고 있는 책이다. 이 책에는 새로운 단어나 한글 자모와 관련된 단어를 학습하는 동음절 연상법도 있다. 예를 들어 '기다란'의 '기'와 '기차'의 '기'가 같은 소리를 내는 같은 모양의 글자임을 인식하도록 하는 것이다. 이 방법은 철자에 유의하기 때문에 맞춤법이나 정서법 학습에 유의하다. 기차 ㄱㄴㄷ 와 같은 그림책은 문자 자체에 치중할 수밖에 없는 동음절 연상법을 보완하기에 적합하다. 단어가 의미하는 바를 그림으로 보여주고 있기 때문이다. 이 밖에도 냠냠 한글 가나다 와 같이 글자의 짜임을 그림과 함께 보여주는 그림책도 있다. 초성과 중성, 종성의 어울림을 재미있는 그림과 함께 제시하고 있다.

〈그림 5〉 정낙묵 글 · 이제호 그림(2010), ≪냠냠 한글 가나다≫

문자의 모양이나 구성 원리보다는 문자나 단어의 의미 이해에 중점을 주는 지도 방법을 의미중심 지도법이라고 한다. 의미중심 지도법에는 단어식과 문장식이 있다. 단어식은 '나비', '자동차', '어머니' 와 같은 단어를 단순한 사물 그림이나 상황과 함께 제시하는 것이다. 소리치자 가나다 는 '가'부터 '하'까지의 낱자들을 저학년 학습자의 일상생활과 연결하여 보여주고 있다. 아이들이 일상생활에서 흔히 접할 수 있는 상황을 제시하여 재미있게 낱자를 배울 수 있도록 구성되어 있다. 최근에는 발음중심 방법과 의미 중심 방법을 절충하여 지도할 수 있는 다양한 문학작품들이 제공되어 한글을 익히는데 도움을 주고 있다.

〈그림 6〉 박정선글 · 백은희그림(2014), ≪소리치자 가나다≫

(2) 소리 내어 읽기

기초문식성 지도의 방법으로 소리내어 읽기가 있다. 글을 소리내어 읽는 활동은 글읽기의 유창성을 촉진하기 위해 초등학교 저학년 과정에서 흔하게 다루어지는 문식성 학습 내용이다. 소리내어 읽기를 지도하기 위해서는 먼저 교사가 시범독을 해야 한다. 학생들은 교사가 읽어 주는 말소리, 속도, 끝맺음 억양 등을 참조하여 모범적인 읽기의 예를 습득하고, 자신의 읽기 행위를 점검할 수 있다. 교사의 시범독은 문자를 해득하지 못한 저학년 학습자들에게 주로 활용하지만, 고학년 학습자들을 위해서도 필요하다. 우리나라의 교사나 학부모들은 아이들이 문자를 해득한 이후에는 스스로 읽게 해야 한다는 강박관념을 가지고 있는 듯 하다. 초등학교 에서도 1~2학년 교실을 제외하면 중학년 이후의 교실에서는 주로 묵독 하는 광경을 보게 된 다. 그러나 미국이나 유럽의 교육 현장에서는 교사의 시범독은 초등학교 모든 교실에서 흔히 볼 수 있는 풍경이다. 한 연구 결과에 의하면 미국 초등교사의 70%정도가 매일 학생들에게 읽어 주기 방법을 쓰고 있으며, 37%의 중등교사들도 매일 3-4회에 걸쳐 시범독을 하고 있다고 한다(Lacedonia, 1999). 교사의 시범독은 모범적인 읽기 행위를 보여줄 뿐만 아니라 학습자의 독서 흥미를 이끌거나 문학작품에 대한 공감대를 이끌어 내기에 유용한 방법이다.

모범독을 위한 문학작품은 먼저 한글 자음과 모음을 중심 소재로 지은 동시들을 활용할 수 있다. 최승호의 〈도롱뇽〉과 같은 작품은 발음 연습(Tong twist)을 하기에 적당하다. 둘째, '띄어읽기' 학습을 위해 동요나 동시조를 활용할 수 있다. 동요나 시조의 경우 음수율을 지키고 있어서 띄어읽기를 처음 지도하기에 적합하다. 이후에는 짧은 그림동화를 활용하여 의미단위(chunk)로 띄어 읽는 활동을 할 수 있다. 한규호의 나도 사자 무서워 와 같은 작품은 받침이 없는 글자로만 이루어진 그림동화이다. 또한 이야기의 내용이 대화체로 되어 있어서 말할 때와 같이 자연스럽게 의미단위로 끊어 읽을 수 있도록 유도할 수 있다. 셋째, 띄어 읽기가 자연스럽게 되었을 때, 분위기와 느낌을 살려 글을 낭독하거나 시를 낭송하고, 이야기를 구연하는 문식성 학습 활동을 할 수 있다. 이야기의 경우 옛이야기와 같이 구어체로 쓰인 동화를 활용할 수 있다. 김진우의 재주 많은 여섯 형제 (2007)는 구어체로 쓰인 옛이야기이다. 구어체 옛이야기는 자연스럽게 말하기 활동으로 전환될 수 있어 구연활동을 쉽게 설계할 수 있다(한명숙, 2008).

〈그림 7〉 한규호 글 · 모아진 그림(2012), ≪나도 사자 무서워≫

'읽어주기(read aloud)'를 '구연(storytelling)'과 동일한 활동으로 여기거나 구별하지 않고 언급하는 경우가 많으나 두 활동을 엄연히 구별된다. 부모가 잠자리에서 아이들에게 책을 읽어주듯이 특별한 소품이나 목소리의 기교 등이 없이 책을 읽어 주는 활동이 소리 내어 읽어 주기(read aloud)라면 동화 구연처럼 적당한 소품과 목소리의 기교 등을 적극적으로 활용하여 청중들 앞에서 연행하는 활동을 구연(storytelling)이라고 할 수 있다. '독자 극장(readers' theater)'이 학습독자의 읽어주기 활동 격이라면 '역할극(role play)'은 학습독자의 구연 활동 격이다. 여러 사람이 함께 하나의 이야기나 시를 소리 내어 읽어 주기 활동도 할 수 있는데,

이러한 활동을 독자 극장(Readers Theater)이라고 한다. 독자 극장은 '낭독극'이라고도 불리는데, 글을 보고 정확하고 유창하게 읽는 것을 목표로 삼는다. 독자 극장이 성공적으로 이루어졌을 때, 연극이나 역할극을 시도할 수도 있다.

> 옛날 옛날 어느 깊은 산골에, 재주 많은 여섯 쌍둥이가 살고 있었어. 병든 아버지는 죽기 전에 여섯 형제를 불러 놓고 저마다 재주에 맞는 이름을 붙여 주었지.
> "첫째야, 너는 방 안에 앉아서도 천 리 만 리 밖의 일을 훤히 아는 재주가 있으니 이름을 천리만리라 해라."
> "둘째 너는 아무리 단단히 잠가 둔 문도 딸깍 여는 재주가 있으니 이름을 딸깍여니라 하고."
>
> 김진우 글, 김미숙 그림(2007),　재주 많은 여섯 형제　부분

(3) 어휘력 확장하기[20]

문학작품을 활용하여 다양한 어휘 학습을 구성할 수 있다(McKeown & Beck, 2002, 이향근 2009). 맥퀀과 벡(McKeown & Beck)은 어휘력에서 현저하게 낮은 수준을 보이는 저학년 학습자들은 텍스트에 쉽게 몰입하지 못하고 자연스럽게 그것을 이해하는 능력도 부족하다고 하였다. 어휘력이 낮은 학생들은 첫째, 다른 장르의 글보다 이야기를 읽어 주었을 때 적극적으로 반응하고, 둘째, 읽어준 내용 보다는 자신의 기존 경험에 기대어 글을 이해했으며, 셋째, 글자보다는 그림을 보고 내용을 이해하는 특성을 보였다. 이렇게 어휘력이 낮은 학생들은 글을 이해하는 데 오류를 범하기 쉽다. 따라서 문식성 능력 신장을 위해서는 어휘력 신장을 반드시 수반되어야 하는 능력이라고 볼 수 있다. 어휘력 신장을 위해서 문학작품을 활용하는 학습 과정은 〈그림 8〉과 같이 나타낼 수 있다.

〈그림 8〉 어휘력 확장하기 지도 과정

---

20) 이 부분의 내용은 이향근(2010)을 근간으로 하였다.

어휘 확장하기 지도를 위해서 교사가 유의해야 하는 점은 다음과 같다. 첫째, 교사는 읽어 줄 이야기를 선정해야 한다. 대상 도서를 선정할 때에는 주제가 직설적으로 표현된 옛이야기 류의 이야기보다는 글의 내용을 통해서 간접적으로 의미를 보여주려고 하는 이야기를 선택하여야 한다. 어휘력을 향상시키기 위해서는 먼저 학습자가 문학작품의 내용에 흥미를 느끼고 관계맺기(engagement)를 할 수 있어야 한다. 따라서 직접적으로 어려운 어휘를 드러내는 작품보다는 글 전체의 내용이나 주제를 파악하면서 새로운 어휘를 접할 수 있도록 학습활동을 구안하는 것이 좋다. 둘째, 교사는 학습자에게 지도할 어휘를 선정해야 한다. 어휘의 선정은 주로 문학작품 안에 있는 단어 중에서 선택할 수도 있고 주제나 제재와 관련된 어휘를 작품 밖에서 선택할 수도 있다. 셋째, 작품의 내용이해나 선정된 학습 어휘와 관련된 질문을 구성해야 한다. 흔히 교사가 이야기를 읽어주고 학생들에게 하는 질문은 닫혀 있는 형식을 취하는 경우가 많다. 예를 들어 "노마는 어떤 것만 빼고 다 좋아한다고 했는데, 그게 뭐지?"와 같이 단순히 "예/ 아니요" 혹은 단어 한 개로 답할 수 있는 질문을 한다. 물론 이러한 질문도 문학 작품의 내용에 몰입하도록 유도하는 데 매우 용이하다. 하지만 더욱 중요한 것은 학습자의 사용 어휘를 확장시키기 위하여 학습자의 사고를 자극하는 발문이 이루어져야 한다. 예를 들어, "왜 노마가 그렇게 행동했을까?", "기봉이가 싫다고 한 이유는 무엇일까?", "만약 너희들이 그것을 눈 속에 떨어뜨렸다면, 너희는 그것을 찾을 수 있었을까?" 등이 사고력을 발산하는 질문의 예이다.

저학년 학습자를 위한 문학작품에는 현덕의 뽐내는 걸음으로 를 들 수 있다. 뽐내는 걸음으로 는 동화임에도 불구하고 운율이 느껴지는 간결한 문장을 사용하고 있다. 또한 어떤 물건을 소유할 때 느껴지는 뽐내는 마음이 잘 드러나 있다. 이 작품을 통해서 가르칠 수 있는 어휘로는 '뿌듯하다, 자랑하다, 만족하다' 를 추출할 수 있다. 중학년을 위한 어휘학습 제재로 필리파 피어스의 학교에 간 사자 를 활용할 수 있다. 학교에 간 사자 에 실려 있는 동화 여덟편은 모두 아이들의 상상력과 사고를 자극하고 어린이들의 정서와 심리를 잘 그려내고 있는 작품들이다. 그 중에서도 '무지무지 잘 드는 커다란 가위'와 '학교에 간 사자' 는 아동의 풍부한 상상력을 보여주는 글이다. 마지막으로 고학년을 위한 문학작품으로는 오카다 준의 신기한 시간표 를 들 수 있다. 신기한 시간표 는 일상적으로 학교에서 일어날 법 한 이야기가 옴니버스 식으로 엮여진 책이다. 환타지적 요소가 적절히 들어가 현실과 꿈이 공존하는 신기한 이야기들이 펼쳐져 있다. 출석부를 보건실로 가져다주어야 하는 간단한 일에 힘겨워 하고, 자신이 괴롭힌 친구에게 돌멩이가 되어 버리라고 주문을 걸어 정말로 돌멩이로 변했을까봐 걱정도 하는 초등학교 학생들의 갈등을 유쾌하게 풀어내고 있다. 이 책의 이야기들을 통하여 지도할 수 있는 어휘에는 '상상하다, 화해하다, 주저하다, 상상하다, 가정하다, 각오하다, 꺼림칙하다' 등을 선정할 수 있다. 위에서 살펴본 문학작품에서 선정할 수 있는 교육용 어휘는 아래와 같다.

〈표 3〉 문학작품과 교육용 어휘의 예

이야기 제목	작가	교육용 어휘
뽐내는 걸음으로	현덕	뿌듯하다, 만족하다, 자랑하다
학교에 간 사자	필리파 피어스	갑작스럽다, 약속하다, 다소곳하다, 겨냥하다, 굴복하다, 소원, 우정
신기한 시간표	오카다 준	상상하다, 화해하다, 주저하다, 가정하다, 각오하다, 꺼림칙하다

(4) 좋은 문장을 활용하여 책 만들기

좋은 문장을 중심으로 책을 만드는 활동은 주로 읽기 후에 이루어지는 활동이다. 학교 현장에서는 책을 읽고 난 후에 주로 독후 활동지를 완성하도록 한다. 독후 활동지는 줄거리를 요약하고 글에 대한 자신의 감상 내용을 간단하게 적거나 그림을 그리는 형식을 취하고 있다. 좋은 문장을 활용하여 책을 만드는 활동은 구체적인 감상을 표현하기 전에 학습자가 문학작품에서 가장 기억에 남는 문장이나 표현에 집중할 수 있도록 유도할 수 있다. 또한 학습자가 마음에 들어하는 문장을 찾는 활동은 자신의 경험이나 느낌에 의존하는 경우가 많기 때문에 인지적 부담도 적으며, 좋은 문장이나 표현을 익힐 수 있는 기회를 제공한다.

문학작품을 읽고 좋은 문장을 찾아 책을 만들어 보는 활동은 작품을 읽는 즐거움을 북돋우어 줄 뿐만 아니라 작품에 대하여 더욱 진지하게 상호 작용할 수 있는 기회를 준다. 책속의 아이디어를 분석하고, 주요한 주제, 개념 등에 대해 비판적으로 사고하도록 문학작품과 직접적으로 대면하게 한다. 또한 좋은 문장에 비추어 학습자 자신의 생각을 분석하거나 종합할 수 있는 기회를 주고 그들이 학습한 것으로부터 창조적인 사고를 할 수 있도록 이끈다. 학습자들은 좋은 문장을 찾기 위해 보물찾기 하듯이 문학작품을 다시 한 번 읽는 기회를 갖게 될 것이다. 또한 문학작품을 읽고 작품에서 가장 기억에 남는 장면이나 문장을 기록하는 것은 학생들의 읽기 활동과 쓰기 활동을 통합하는 효과적인 방법이다. 또한 글로 읽을 부분을 그림으로 나타내도록 하거나 인상적인 부분을 글로 다시 표현하도록 하는 활동은 학생들에게 상상력을 극대화 시켜주는 학습이 될 수 있다. 나아가 직접 책을 만들어 보게 하는 활동도 쓰기 능력을 향상시키는 데 도움이 된다.

좋은 문장을 찾아 책을 만들기 위해서 학생들은 먼저 자신이 읽은 문학작품에서 기억에 남는 문장이나 장면을 떠올리도록 해야 한다. 학습자가 문학작품의 회상하면서 어렴풋하게 기억에 남는 문장이나 장면에 대해서는 다시 책을 찾아보도록 한다. 저학년에게는 주요 문장을 주고 주요 단어를 찾아 쓰게 할 수도 있으며, 주요 문장과 관련된 그림을 주고 색칠을 하거나 그림을 그리도록 할 수도 있다. 미니북의 경우 한 쪽에 한 두 문장 정도를 쓰도록 하는 것이 적당한데, 문장의 기본 문형을 익히거나 암기하는데도 유용하다.

(5) 인상적인 부분 찾아 그림 그리기

문학작품에서 인상적인 부분을 찾아 그림으로 표현하는 활동에는 '상징적 표상법(SRI, Symbolic Representation Interview)'이 있다(신헌재·이향근, 2012). 상징적 표상법은 학습자에게 이야기나 시에서 인상적인 부분을 찾도록 하고, 그와 관련하여 간단한 그림을 그린 후에 그림을 보면서 감상을 나누는 활동이다. 지도 순서는 다음과 같다.

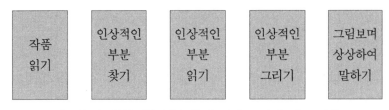

〈그림 9〉 인상적인 부분 찾아 그림 그리기 지도 과정

인상적인 부분을 찾아 그림 그리기 활동을 위해서 교사는 먼저 학습자에게 문학작품 전체를 읽도록 해야 한다. 다음으로 학생들은 전체 이야기나 시에서 인상적인 부분을 선택하고 그 부분을 소리 내어 읽는다. 가능하면 여러 번 소리 내어 읽도록 하는 것이 좋은데, 글을 읽으면서 떠오르는 장면을 그림으로 그리도록 한다. 그림 그리기에 미숙한 학생들에게는 등장인물이나 사물을 뜻하는 색종이 조각을 마련해서 간단히 그 위에 이름을 쓴 후, 그 종이를 활용해서 인상적인 부분을 표현하도록 한다. 그림을 완성한 후에는 소집단 안에서 함께 이야기하도록 하고, 실물화상기 등을 활용하여 여러 사람 앞에서 말하기 활동을 할 수도 있다. 인상적인 부분에 대하여 그림과 함께 말을 할 때에는 독자 자신이 그 장면 속에 들어가 있다고 상상하도록 유도해야 한다. 따라서 인상적인 부분을 설명할 때에도 학습자가 이야기 속의 한 등장인물이 되어서 장면을 묘사하도록 유도해야 한다. 예를 들어 "노마가 뛰어가는 뒷모습이

보여요. 손을 들고 눈물을 닦고 있는 것 같아요."와 같이 인상적인 장면 안에서 보고 있는 것, 들리는 소리, 독자 자신의 느낌을 표현하도록 한다. 이러한 과정을 통해 독자가 기억하는 것, 등장인물에 동일시하는 것, 의문스러워 하는 것 혹은 예측하는 것 등이 자연스럽게 이야기 될 수 있다(Enciso, 1998 : 47~50).

도시의 산

공룡 같은 포크레인이
산허리를
덥석 물어뜯던 날

산은 몸부림치며
누런 속살을 드러낸 채
초록빛 피를
뚜욱뚝 흘리며
산새 울음으로 울었습니다.

여기저기
풀꽃으로 수놓은
순한 산짐승들의
푸른 놀이터에

거대한 아파트가
들어설 때마다
파아란 하늘도
병이 들어 누웠습니다.

이국제(2008), 〈도시의 산〉 전문

〈그림 10〉은 〈도시의 산〉을 읽고 학습자가 인상적인 부분을 찾아 그린 그림이다(이향근, 2012 : 137). 〈도시의 산〉은 시각적 이미지가 강한 시이다. '누런 속살', '초록빛 피', '파아란 하늘', '풀꽃으로 수놓은' 등 색깔이 연상되는 시어들이 등장한다. 〈가〉를 그린 학생은 〈도시의 산〉에서 2연이 가장 인상적으로 판단하였다. 산의 아픔은 인간의 책임이라는 반응을 보였다. 그는 포크레인에게 속살을 뜯긴 산의 모습을 선명하게 나타내었고, 뒤에 있는 다른 산과 새들이 두려워하는 모습을 그렸다. 마지막 연을 인상깊게 느낀 학생은 〈나〉와 같이 그렸다. 파란 하늘이 슬퍼하는 모습과 산이 잘려나간 곳에 서 있는 아파트를 표현한 것이다. 그림에서 보이는   모양은 독자 자신이 서 있는 위치를 표시한 것이다. 장면 속에 들어가 있다고 상상하면서 말할 수 있도록 포스트잇처럼 탈부착이 되는 종이를 활용하여 학습자의 위치를 표시하도록 할 수 있다.

 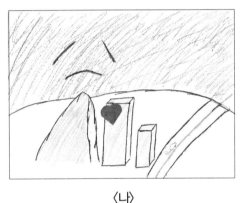

〈가〉   〈나〉

〈그림 10〉 인상적인 부분 찾아 그림그리기 학생활동 자료

(6) 작가에게 질문하기[21]

문학작품을 활용한 토론 방법으로 '작가에게 질문하기(Questing the Author)'가 있다. 작가에게 질문하기는 학생들에게 작가의 입장에서 책을 읽도록 하고 작가에게 물어보고 싶은 질문을 만들어 다른 독자들과 토론하는 학습 방법이다(Beck & Mckewon, 2006, 이향근, 2013). 저자는 자신의 작품을 구성하면서 자신 만의 의도와 전략을 활용한다. 저자는 이야기의 재미를 더하기 위해 일부러 정보를 숨기도 하고, 때로는 과장시키기도 한다. 또한 대부분의 독자가 알고 있는 것은 언급하려 하지 않는 경향이 있다. 저자에게 질문하기는 학습자에게 작품을

---

21) 이 부분의 내용은 이향근(2013)을 근간으로 하였다.

퇴고하고 있는 작가가 된 것처럼 생각하고 문학작품을 읽도록 하는 방법이다.

이 방법은 초등학교 고학년부터 중·고등학교 혹은 성인에 이르기까지 추상적 사고 능력(formal thinking)이 가능한 학습자에게 적용할 수 있다. 처음에는 전체 학급을 대상으로 하는 교수-학습 방법으로 구안되었으나, 소그룹이나 개별 학습자를 지도하는 데에도 유용한 방법으로 인정받고 있다(Gald & Liang, 2003). 또한 설명적 텍스트(expository text)나 문학 텍스트(literary text)에 관계없이 그 효과가 입증된 바 있다(Beck & Meckwon 2006, Galda & Liang 2003). 작가에게 질문하기의 절차를 간단하게 나타내면 〈그림 11〉과 같다.

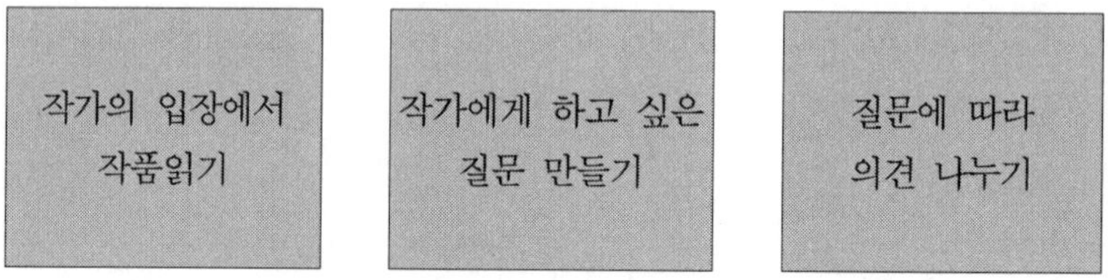

| 작가의 입장에서 작품읽기 | 작가에게 하고 싶은 질문 만들기 | 질문에 따라 의견 나누기 |

〈그림 11〉 작가에게 질문하기 학습 단계

〈그림 11〉에서 작가에게 질문하기 방법은 크게 세 단계로 이루어져 있음을 알 수 있다. '독서 입장 세우고 작품 읽기'는 '작가'처럼 읽는 활동이다. 이것은 학습자가 작가라고 생각하고 읽도록 하는 것이다. 두 번째 과정인 '질문 만들기'는 작품을 읽으면서 더 알고 싶은 내용이나 자신이 이해하지 못하는 부분 혹은 자신의 생각과 비슷하거나 다른 부분에 대하여 질문을 만드는 활동이다. 이러한 질문들은 작품의 부분에 집중하여 이루어지며, 작품 전체 내용과 관련해서도 만들 수 있다. 질문이 완성되면, 학급 친구들과 질문을 논제로 토론을 진행한다. 토론 활동은 읽는 중 활동과 읽은 후 활동으로 구성될 수 있다. 읽는 중 활동에는 작품을 다시 함께 읽어가면서 작품의 부분적인 내용에 대한 질문을 논의한다. 학습자 개인마다 궁금한 점이나 논의할 점이 있을 때, 읽기를 멈추고 함께 논의하는 것이다. 이렇게 작품을 끝까지 함께 읽고 난 후에, 작품 전체에 대한 질문이나 남아 있는 질문들을 함께 토론한다.

겨울비 오고 어두운데
까마귀 한 마리
입에 불을 달고 날아간다

찬비를 맞으며

감 한 쪽 물고 가는
어미 까마귀 부리 끝이
숯불처럼 뜨겁다

김환영(2010), 〈감 한 쪽〉

작가에게 질문하기 활동을 위해 김환영의 〈감 한 쪽〉을 활용할 수 있다. 〈감 한 쪽〉은 호흡이 짧으면서도 검은 저녁의 이미지와 붉는 숯의 이미지가 대립되어 시 전체의 이미지가 선명하고 강렬하다. 또한 유사한 어휘가 등장하고 제목과 내용을 함께 읽어내면서 시의 의미를 찾기에 좋은 텍스트이다. 시적 화자는 겨울비 내리는 저녁 어스름에 날아가는 까마귀를 보고 있다. '겨울비', '까마귀', '어둠' 모두 차갑고 무거우며 침침한 분위기를 드러낸다. 그런데 '까마귀가 입에 불을 달고 날아간다'고 표현함으로써 불의 색깔을 드러나게 언급하지 않았지만, 벌겋게 달아오르고 있는 것 같은 느낌을 준다. 시의 제목인 '감 한 쪽'에서 독자는 까마귀가 입에 있는 것이 감일 것이라고 예상을 할 수 있다. 2연에서는 겨울비를 '찬비'로 표현하면서 더욱 차갑고 음산한 분위기를 고조 시키고 있으며 까마귀가 물고 가는 불이 '감 한 쪽'임이 드러난다. 또한 1연에서 시적 화자는 추운 겨울날 먹이를 찾아 새끼에게 들고 가는 '어미 까마귀'로 상상한다. 어미 까마귀가 물고 가는 감 한 쪽의 색깔만큼이나 새끼를 향한 어미 까마귀의 마음도 그렇게 숯불처럼 뜨거울 것이다. 이러한 어미 까마귀의 새끼에 대한 열정은 어떤 대상에 대해 가지는 독자의 열정과 연결될 수 있다. 〈감 한 쪽〉은 작품의 문면에 화자가 드러나 있지 않다. 시적 화자가 문면에 드러나느냐 그렇지 않느냐에 따라서 학생들의 인식 차이가 발생하므로(신헌재·이향근, 2012), 여기서는 '저자의 입장'이 아니라 '말하는이'의 입장이 되어 글을 읽도록 한다.

〈표 4〉〈감 한 쪽〉에 대한 질문의 예

시의 내용	질문 내용
겨울비 오고 어두운데 까마귀 한 마리 입에 불을 달고 날아간다	읽은 내용의 재진술하기 · 시인은 무엇을 보고 있나요? · '불을 달았다'라는 것은 어떤 모습을 표현할 것인가요? 제목의 회상과 읽을 내용의 예상하기 · '불'은 무엇을 말하는 것일까요? · 까마귀는 어디로 가고 있는 것일까요?

시의 내용	질문 내용
찬비를 맞으며 감 한 쪽 물고 가는 어미 까마귀 부리 끝이 숯불처럼 뜨겁다	읽은 내용의 의미 구성하기 · 까마귀의 부리 끝이 뜨겁다고 표현한 이유는 무엇인가요? 1연의 내용과 연관시키기 · 시인이 1연에서 말한 '겨울비'를 여기서는 '찬비'로 표현한 이유는 무엇일까요? · 이 부분은 시인이 1연에서 말한 것과 어떻게 연관되나요? 시 전체의 의미 구성하기 · 어미 까마귀는 감 한 쪽을 들고 어디로 가는 것일까요? 왜 그렇게 생각하였나요? · 시 전체에서 느껴지는 분위기는 어떠한가요? 선명하게 드러나 보이는 색깔이 있나요? 그 느낌은 어떠한가요? · 시인이 이 시를 통해서 말하고 싶은 것은 무엇일까요?

4. 문학 교육의 평가

문학 교육의 평가는 학습자의 문학 체험이 얼마나 깊이있게 이루어졌는가에 초점을 두어야 한다. 따라서 문학작품을 이해하고 감상하는 과정에서 나타나는 학습자의 지적, 정서적 경험의 밀도를 측정하고 내면화 양상을 살펴야 한다.

문학 영역 평가는 구체적인 작품의 해석 및 감상능력에 초점을 두고, 작품 전체에 대한 열려진 반응을 중심으로 이루어지는 것이 바람직하다. 비판적 사고와 창의적 사고의 전 영역에 걸쳐서 작용하는 정신 능력이라 할 수 있다. 감상 수행 활동 자체를 누가적으로 평가하는 방식을 취하는 것이 바람직하다.

문학교육의 '목표'라는 것은 분화하여 고립적으로 운영할 경우 평가 오류 가능성이 있다. 문학이 과학, 사회과의 지식구조와는 다른 수용구조를 가졌다는 점을 이해할 필요가 있다. 따라서 목표 중심 평가를 할 때는 전체 목표체계와 관련하여 파악하고 작품 단위의 목표를 고려하고 분화된 목표들을 관련성이 있는 것끼리 통합하여 그것을 평가 목표로 재구성하는 전략이 필요하다. 인지적 목표와 정의적 목표의 자연스러운 융합을 추구하는 평가가 되도록 한다.

한편, 문학 교육에서는 '목표'라는 형식을 의도적으로 벗어나려는 시도가 효과적일 수 있다는 데서 탈목표의 평가를 생각해 볼 수 있다. 학생들은 문학을 통해 사물과 인간을 바라보면서 그것을 공감적으로 이해하는 감성의 변화를 물어야 하며, 단시간에 측정되는 평가보다는 장기간 교사의 관찰로 이루어지는 평가를 지향해야 한다.

문학 수행평가가 의미있게 이루어지 위해서는 지속적 관점에서 이루어져야 한다. 문학영역은 국어과의 언어기능 영역과 활동상의 강한 연계를 가진다. 즉, 문학의 이해, 감상을 듣고 말하고, 읽고, 쓰는 언어기능 활동을 통해서 수행해내는 것이다. 이들 영역은 상호 허용적 관련 속에 있다. 그러나 하나의 활동으로 구성된 수행 활동으로 학습자를 평가한다면 수행의 일부분을 놓고 전체로 확대 해석하는 결과를 낳을 수도 있으므로 주의해야 한다. 따라서 포트폴리오 방법을 활용하는 것이 유용한데 이를 더 유용하게 하려면 '지금 여기의 학생들'의 실정에 맞게 평가목적을 정의하고, 누가, 언제 할지를 넣고, 개별 작품에 관한 준거를 마련하는 것이 중요하다.

특히 수행평가의 결과는 학생들에게 피드백하는 것이 중요하다. 따라서 학생의 수준을 총체적으로 파악하고 잘하는 점과 미흡한 점을 판단할 수 있는 교사 평가 뿐만 아니라 학생들의 상호평가 및 자기 점검 평가도 용이하게 활용될 수 있다. 스스로 판단함으로써 현수준을 인식하고 반성하면서 바람직한 방향으로 조정하는 과정을 통해 다른 활동에 전이를 높일 수 있다.

참고문헌

김대행(1987), 문학의 개념과 문학 교육론, 국어교육, 제59집, 서울: 서울대학교 사범대.

김대행 외(2000), 『문학 교육원론』, 서울: 서울대학교출판부.

박인기 외(2005), 『문학을 통한 교육』, 서울: 삼지원.

박인기(1996), 『문학 교육과정의 구조와 이론』, 서울: 서울대학교출판부.

신헌재(2002), 학교 문학 교육의 위상과 지향점, 문학 교육학제10호, 서울: 한국문학 교육학회.

신헌재 · 이향근(2012), 초등 학습자의 시적 화자 이해 양상과 교육적 방향, 한국초등교육연구 제23
집 1호, 서울교육대학교 초등교육연구원, pp.95-115.

엄해영(2005), 창작과 수용과정의 변증법으로서의 문학, 한국어교육 제22호, 한국어문교육학회,
pp.155-184.

엄해영(2009), 연극을 통한 소설 읽기, 초등국어교육 제18호, 서울: 서울교육대학교 초등국어교육연
구소.

엄해영 · 이향근(2012), 황동규 작시법을 활용한 시창작 교육 방법 시론, 초등교육연구, 서울교육대학
교 초등교육연구원.

우한용 외(1997), 『문학 교육과정론』, 서울: 대경문화사.

유종호(1989), 『문학이란 무엇인가』, 민음사.

이지영(2012), '문학' 개념의 역사, 새국어생활 제22권 제4호(2012년 겨울).

이향근(2009), 옛이야기의 구술성과 교수 학습 방안 모색, 한국초등국어교육 제41집, pp.237-265.

이향근(2010), 이야기 읽어주기 방법을 활용한 질적 어휘력 향상 연구, 독서연구 제24호, 한국독서학
회, pp.411-444.

이향근(2013), 시 텍스트 이해 학습에서 "저자에게 질문하기 방법(QtA)"의 적용, 새국어교육, 한국
국어교육학회, pp.221-247.

이향근(2015), 『시 교육과 감성의 힘』, 서울: 청동거울.

진선희(2009), 국어과 교육 내용 '맥락'의 구현 방향, 국어교육연구 제45집, 국어교육학회, pp.245-286.

한명숙(2008), 구연의 매체적 기능과 국어과 교수 · 학습의 전망, 국어교육 제126호, 국어교육학회
pp.78~103.

황정현 외(2000), 『문학수업방법』, 서울: 박이정.

Abrams(1953), *The Mirror and the Lamp: Romantic Theory and the Critical Tradition*.
Oxford University Press.

Beardsley, Monroe C.(2005), *Aesthetics from classical Greece to the present*, 『미학사』,

이성훈·안원현 옮김, 서울: 이론과 실천.

Beck, I. L., McKeown(2006), Improving Comprehension With Questioning the Author, scholastic.

Beck, I. L., McKeown, M. G., Hamilton, R. L.,& Kucan, L.(1997), Questioning the author: Anapproach for Enhancing Student Engagement with Text. Newark, DE: International Reading Association.

Beck, I. L., McKeown, Sandra, C., Kucan L. & Worthy, J.(1996), "Questioning the Author: Yearlong Classroom Implementation to Engaged Students with Text" Elementary School Journal 96(4), 385-414.

Eaglton, Terry(1996), *Literacy Theory: In Instruction*, 김현수 역(2000), 『문학 이론 입문』, 서울: 인간사랑.

Enciso(1998), "Good/Bad Girls Read Together : Pre-adolescent Girl's Co-authorship of Feminie Subject Positions During a Shared Reading Event", English Education,; Feb.1998; 30; Academic Research Library. pp.44~62.

Galda, L. & Liang L. A.(2003), "Literature as Experience or Looking for facts: Stance in the Classroom", Reading Research Quarterly, 38(2), 268~276.

Mckeown, M. G., Beck I. L. & Worthy, M. Jo(1993), "Grappling with Text Ideas: Questioning The Author", Reading TeacherVol.46,No.7. International Reading Association.

Morrow, L. M.(2001), Literacy development in the Early Years(4th ed.). Boston: Allyn & Bacon.

Rosenblatt, R.(1938), Literature as Exploration, 엄해영 외 옮김(2006), 『탐구로서의 문학』, 서울: 한국문화사.

Rosenblatt, R.(1978), The Reader, The Text, The Poem, 엄해영 외 옮김(2008), 『독자, 텍스트, 시』, 서울: 한국문화사.

Zima, Peater, V.(2001), *Textsoziologie*, 허창훈 외 역, 『텍스트 사회학이란 무엇인가』, 서울: 아르케.

탐구문제

1. 문학교육의 개념과 목적을 설명하시오.
2. 문학교육의 세 가지 접근 방법을 예를 들어 설명하시오.
3. 문학 기반 문식성 교육의 개념을 설명하시오.
4. 문학 기반 문식성 교육의 방법을 설명하시오.
5. 문학 기반 문식성 교육에서 문학작품의 선정 원리를 예를 들어 설명하시오.
6. 문학작품을 활용하여 한글 자모를 지도하는 방법을 설명하시오.
7. 문학작품을 활용하여 소리내어 읽기를 지도할 때 주의해야 할 점을 설명하시오.
8. 문학작품을 활용하여 어휘력을 신장시킬 수 있는 방법을 설명하시오.
9. 문학작품을 읽고 간단한 그림을 나타내어 감상하는 방법을 예를 들어 설명하시오.
10. 문학작품을 읽고 적용할 수 있는 '저자에게 질문하기' 방안을 예를 들어 설명하시오.